Premium Poker Publishing

PokerBooks.de

Dan Harrington
Bill Robertie

# Harrington on Hold'em

## Expertenstrategie für No-Limit-Turniere

## Band 2: Das Endspiel

Aus dem Amerikanischen von
Katja Lappe-Liebergesell und Andreas Liebergesell

Premium Poker Publishing

PokerBooks.de

Die Originalausgabe erschien 2005 unter dem Titel Harrington on Hold'em, Expert Strategy For No-Limit Tournaments, Volume II: The Endgame beim Verlag Two Plus Two Publishing LLC.

Autoren: Dan Harrington, Bill Robertie

1. Auflage 2007

Die Deutsche Bibliothek verzeichnet diese Publikation in der Deutschen Nationalbibliografie; detaillierte bibliografische Daten sind im Internet über http://dnb.ddb.de abrufbar.


Übersetzung ins Deutsche: Katja Lappe-Liebergesell, Andreas Liebergesell
Umschlaggestaltung, Layout und Satz: Andreas Dude
Lektor: Rainer Vollmar und Matthias Wahls (Pokerstrategy)
Druck und Bindung: CPI books GmbH, Leck
Printed in Germany

ISBN: 978-3-9811543-2-0

Besuchen Sie uns im Internet: www.PokerBooks.de

*The Man:* To the true gambler,
money is never an end in itself,
but simply a tool;
as language is to thought.

Aus: *The Cincinnati Kid* (1965)

# Inhaltsverzeichnis

# Dan Harrington

Dan Harrington begann im Jahr 1982 professionell Poker zu spielen.

Sein Spitzname ist „Action Dan" – eine ironische Anspielung auf seinen soliden, aber effektiven Spielstil. Er hat verschiedene große No-Limit-Turniere gewonnen – darunter im Jahr 1995 die „European Poker Championships" und das No-Limit-Hold'em-Turnier bei den WSOP (Buy-In 2.500 $) sowie im Jahr 1996 die „Four Queens No-Limit Hold'em Championship".

Seine ersten Erfahrungen mit ernsthaftem Spiel machte Dan mit Schach, wo er sehr schnell zum Meister aufstieg und einer der stärksten Spieler in Neuengland wurde. Er gewann im Jahr 1972 vor allen Spitzenspielern des Landes die Schachmeisterschaften von Massachusetts. Im Jahr 1976 begann er, Backgammon zu spielen – auch das beherrschte er schnell. Bald war er einer der besten Profis in Boston und im Jahr 1981 gewann er in Washington D.C. den World Cup im Backgammon – vor einem Feld mit vielen Weltklassespielern.

Er spielte zum ersten Mal im Jahr 1987 das No-Limit-Turnier der WSOP (Buy-In 10.000 $) mit. An diesem Turnier hat er 13-mal teilgenommen und viermal den Final Table erreicht – ein bemerkenswerter Rekord. Neben dem Gewinn im Jahr 1995 beendete er das Turnier in den Jahren 1987 als Sechster, 2003 als Dritter und 2004 als Vierter. Er ist gemeinhin als einer der größten und meist respektierten No-Limit-Hold'em-Spieler sowie als gefürchteter Gegner in Limit Hold'em Side Games anerkannt. Er lebt in Santa Monica und ist Teilhaber der Immobiliengesellschaft Anchor Loans.

# Bill Robertie

Bill Robertie hat sein Leben dem Schach, Backgammon und jetzt auch Poker gewidmet – nicht nur als Spieler, sondern auch als Schriftsteller. Mit Schach begann er als Junge – inspiriert durch Bobby Fischers Leistungen in der internationalen Schachszene. Während seiner Studienzeit in Harvard errang er den Meistertitel und unterstützte das Schachteam von Harvard bei dem Gewinn einiger Collegemeisterschaften. Nach seinem Abschluss gewann er eine Vielzahl von Schachturnieren – darunter im Jahr 1970 die USA-Meisterschaft im Schnellschach. Er machte sich auch im Blindschach einen Namen; er gab Vorstellungen an bis zu acht Brettern gleichzeitig.

Im Jahr 1976 wechselte er vom Schach zum Backgammon und wurde einer der besten Spieler der Welt. Seine wichtigsten Erfolge sind die Siege bei den Weltmeisterschaften der Jahre 1983 und 1987 in Monte Carlo, der „Black & White"-Meisterschaft in Boston (1979), den Turnieren in Las Vegas in den Jahren 1980 und 2001, den Bahamas Pro-Am im Jahr 1993 und den Istanbul World Open im Jahr 1994.

Er hat einige viel beachtete Backgammon-Bücher geschrieben – das bekannteste ist *Advanced Backgammon* (1991), eine zweibändige Sammlung von 400 Problemen – und *Modern Backgammon* (2002), eine neue Sichtweise der dem Spiel zugrunde liegenden Theorie. Darüber hinaus hat er eine Serie von drei Anfängerbüchern verfasst: *Backgammon for Winners* (1994), *Backgammon for serious Players* (1995) und *501 Essential Backgammon Problems* (1997). In den Jahren 1991 bis 1998 gab er zusammen mit Kent Goulding die Zeitschrift *Inside Backgammon* heraus. Er besitzt einen Verlag – die Gammon Press (www.thegammonpress.com) – und lebt zusammen mit seiner Frau Patrice in Arlington, Massachusetts.

# Einführung

In Band I von *Harrington on Hold'em* erläuterte ich einige der grundlegenden (und nicht so grundlegenden) Konzepte, die Sie benötigen, um ein erfolgreicher *No-Limit-Hold'em-Spieler* zu werden. Wir haben gesehen, wie man eine Hand unter Berücksichtigung aller am Tisch zur Verfügung stehenden Informationen einschätzt, wie man die verschiedenen Spielstile der Gegner in Betracht zieht, wie man Hände analysiert und Pot Odds berechnet und wie man vor und nach dem Flop sowie auf den späteren Straßen spielt.

Der Schwerpunkt in Band I lag in den frühen Phasen eines Turniers, in denen die meisten der folgenden Bedingungen herrschen:

1. Die Tische sind mit 9 oder 10 Spielern voll besetzt.
2. Die Stacks sind im Vergleich zu den Blinds groß.
3. Die Größen der Stacks sind nahezu ausgeglichen.
4. Die Preisgelder sind noch in weiter Ferne.

In diesem Buch werde ich Ihnen zeigen, was geschieht, wenn wir uns dem Ende eines Turniers nähern und einige (oder alle) dieser Bedingungen ihre Gültigkeit verlieren. Seien Sie gewarnt: Das Endspiel unterscheidet sich sehr stark vom Spiel in den frühen Phasen und ich werde viele Ideen einführen, von denen Sie noch nie in einem Pokerbuch gelesen haben. Aber wie in Band I werde ich diese langsam und sorgfältig einfließen lassen – begleitet von einer Fülle von Handbeispielen.

Im Einklang mit Band I beginnt die Nummerierung der Kapitel des Buches dort, wo sie in Band I endete.

## Aufbau

Kapitel 8, „Täuschungsmanöver", ist eigentlich das letzte Kapitel von Band I, aber aus Platzgründen sahen wir uns gezwungen, es in Band II unterzubringen. Im Gegensatz zu den Diskussionen in Band I, die sich größtenteils mit Value Bets beschäftigten, werde ich in diesem Buch Bets besprechen, die nicht den wahren Wert Ihrer Hand widerspiegeln. Wir blicken auf Bluffs, verzögerte Bluffs, Check-Raises und die verschiedenen Arten des Slow Play. Ich werde Ihnen die erforderlichen Voraussetzungen für eine hohe Erfolgsaussicht ihrer Spielzüge aufzeigen.

Kapitel 9, „Wendepunkte", ist vermutlich das wichtigste Kapitel der beiden Bände. Dort werde ich Ihnen zeigen, wie man spielt, wenn die Blinds einen immer größer werdenden Anteil Ihres Stacks darstellen. Ich mache Sie mit dem M- und Q-Verhältnis sowie mit meinem Zonen-Konzept bekannt. Des Weiteren zeige ich Ihnen, wie unterschiedliche Arten von Händen von Zone zu Zone mehr oder weniger spielbar werden.

In Kapitel 10 wird das Spiel an Tischen abgedeckt, an denen Stackgrößen und Wendepunkte stark differieren, sodass jeder Spieler unter anderen Voraussetzungen agiert. Wieder einmal müssen Sie berücksichtigen, wie der Tisch auf jeden möglichen Gegner wirkt, bevor Sie Ihren Zug machen.

Kapitel 11, „Kleine Tische", zeigt Ihnen, wie man spielt, wenn die Anzahl der Spieler am Tisch auf sechs, fünf, vier oder sogar nur drei abnimmt. Starthand- und Eröffnungsanforderungen ändern sich an diesen Tischen dramatisch und natürlich spielen Wendepunkte auch eine größere Rolle.

In Kapitel 12, „Heads-Up", wird Ihnen gezeigt, was zu tun ist, wenn außer Ihnen lediglich ein Spieler verbleibt. Diese Turnierphase dauert normalerweise nicht sehr lang, also müssen Sie geistesgegenwärtig und entschlussfreudig sein, um einen Vorteil herausquetschen zu können.

Kapitel 13 ist unsere Zusammenfassung von Diversem, in der ich einiges Unerledigte anspreche, das nirgendwo anders hineinpasst – wie das Treffen von Absprachen und das Spiel in Turnieren mit mehreren Qualifikanten sowie einige Schlussbetrachtungen über die Psychologie des Spiels.

## Dank an die Foren und andere

Die Two-Plus-Two-Online-Foren sind eine ausgezeichnete Bezugsquelle für Diskussionen und Kommentare. Wir möchten allen Beiträgern danken, die im Anschluss an die Publikation von Band I Kommentare und Vorschläge eingebracht haben. Wir sind für alle dankbar und einige der Ideen haben wir zur Verbesserung von Band II verwendet.

Zum Schluss möchte ich David Sklansky und Mason Malmuth für deren Anmerkungen während der Entstehung dieses Manuskripts und Ed Miller für die Hilfe bei der Erstellung des Index' danken.

# Täuschungsmanöver

## Einführung

In Band I lag der Fokus größtenteils auf den „Value Bets" – Bets, die mehr oder weniger genau die wahre Stärke Ihrer Hand reflektieren. Wenn Sie Poker spielen, können Sie aber nicht einfach nur betten, wenn Sie ein gutes Blatt haben und andernfalls Ihre Karten wegwerfen. Wenn Sie das machen, werden auch die unaufmerksamsten Gegner Sie letzten Endes ausrechnen können. Stattdessen müssen Sie Ihre Value Bets mit einigen Täuschungsmanövern vermischen; Stärke vorgeben, wenn Sie nichts haben, und Schwäche, wenn Sie eine sehr starke Hand haben.

Täuschungsmanöver werden in zwei Hauptkategorien gegliedert: Bluffs, bei denen man eine starke Hand vortäuscht, wenn man tatsächlich nichts hat, und Slow Plays, bei denen man eine schwache Hand vorgibt, obwohl man in Wirklichkeit stark ist. Diese beiden Manöver können schlagkräftige und effektive Werkzeuge sein. Beide Techniken können zu wenig eingesetzt, aber auch überbeansprucht werden.

In diesem Kapitel werfe ich einen Blick auf die verschiedenen Formen, die diese Manöver annehmen können. Ich werde Ihnen zeigen, welche Bedingungen ein Täuschungsmanöver begünstigen und wann solche Spielzüge unterlassen werden sollten. Denken Sie daran, dass Täuschungsmanöver als Ergänzung zu Ihren Value Bets Profit erbringen können, wenn Sie sie richtig einsetzen.

# Bluffen

Ein Bluff ist ein ziemlich geradliniger Plan. Sie haben eine schwache Hand, setzen aber – unter Vortäuschung einer starken – trotzdem. Wenn Ihr Gegner Ihnen glaubt, schnappen Sie sich den Pot.

In diesem Abschnitt werde ich einige konkrete Bluff-Manöver umreißen, die eine überdurchschnittliche Erfolgsaussicht aufweisen. Lassen Sie uns aber zuerst über einige allgemeingültige Charakteristika von Bluffs reden.

**Gegen wie viele Spieler sollten Sie einen Bluff starten?** Je weniger, desto besser. Einer ist besser als zwei und zwei sind besser als drei. Ein Bluff gegen mehr Spieler erweckt den Anschein eines stärkeren Blattes, aber die Wahrscheinlichkeit ist größer, dass jemand eine Hand haben könnte, die stark genug ist, Ihre Bet zu callen oder zu raisen.

**Gegen wen sollten Sie einen Bluff starten?** Der ideale Gegner ist der weak-tighte Spieler. Er denkt, jedes Glas sei halbleer und jeder Kursanstieg eine Seifenblase. Die einzige Hand, die er wirklich bereit ist, bis zum Showdown zu spielen, sind die Nuts. Der weak-tighte Spieler sucht nach einer Ausrede, eine Hand nicht zu spielen. Eine große Bet von Ihnen könnte genau die Ermutigung dazu sein, die er benötigt.

**Gegen welche Stackgrößen sollten Sie einen Bluff starten?** Mittelgroße Stacks sind ein besseres Ziel als kleine oder große. Bei einem kleinen Stack besteht die Gefahr, dass der Spieler in Verzweiflung geraten und entscheiden könnte, dass seine Hand gerade gut genug für ein All-In ist. Der große Stack könnte denken, er sei in einer ausreichend komfortablen Lage, um nachzuschauen, was Sie machen. Der mittelgroße Stack ist wahrscheinlich mehr um die Gefahr besorgt, auf einen kleinen Stack zurückzufallen, als auf die Möglichkeit aus, einen größeren Stack anzuhäufen. Daher ist er – angesichts scheinbarer Stärke – eher bereit, eine moderate Hand zu folden.

Das sind natürlich alles sehr allgemein gehaltene Richtlinien und Sie werden vielen Ausnahmen begegnen. Lassen Sie uns jetzt einen Blick auf einige besondere Arten von Bluffs werfen.

## Bluffen vor dem Flop

Ich würde nicht sagen, dass ein Bluff vor dem Flop lediglich ein Anfängermanöver ist. Es gibt Momente im Poker, in denen ein Bluff vor dem Flop Sinn ergibt – besonders wenn die Blinds im Verhältnis zu den Chipständen stark ansteigen. Dennoch sind Anfänger in der Tat zu oft in den Versuch verwickelt, die Blinds zu stehlen. In der Regel passiert das, weil Anfänger noch nicht die Geduld haben, die langen Phasen schlechter Karten durchzustehen, die sie daran hindern, solide Einsätze zu machen; also starten sie ab und zu mit einem Paar wertloser Karten einen Angriff auf den Pot. (Wir haben in den Übungsfgaben in Band I einige Beispiele gesehen.)

Obwohl diese zufälligen Manöver von Zeit zu Zeit sicherlich funktionieren, werden sie letzten Endes zu einer teuren Angewohnheit. Denken Sie daran, dass die Eröffnungsanforderungen, die ich in Kapitel 5 von Band I dargelegt habe, *bereits die Bluff-Equity enthalten.* Wenn Sie mit etwas wie

auf dem Button raisen, besitzt Ihr Zug bereits eine große Bluff-Komponente. Sie möchten niemanden animieren, sich gegen Sie zu erheben – Sie wollen einfach nur, dass die Blinds folden, und sich den Pot schnappen. Aber falls einer callt, haben Sie immer noch ein spielbares Blatt. Indem Sie Ihre Eröffnungsanforderungen für das Lancieren Ihrer Bluffs heranziehen, erreichen Sie ein zusätzliches Ziel: ein Spiel auf Zufallsbasis. Die Vermischung wird sicherstellen, dass Ihre Bluff-Hände einem zufälligen Zeitplan folgen und Ihr Spiel demzufolge schwerer zu lesen sein wird.

# Die Continuation Bet

Continuation Bets, die wir in Band I kurz diskutiert haben, sind die elementarste Art des Bluffs nach dem Flop. Eine Continuation Bet tritt auf, wenn Sie in der Setzrunde vor dem Flop die Initiative übernommen und Stärke gezeigt haben, den Flop verfehlen und jetzt in der Lage sind, die erste Bet nach dem Flop zu bringen – entweder weil Sie als Erster agieren müssen oder weil die Spieler alle zu Ihnen durchgecheckt haben. In dieser Situation übernehmen Sie mit einer Bet die Initiative. Die Bet setzt Ihre Pre-Flop-Action fort und gibt dem Tisch zu erkennen, dass Sie nach wie vor Stärke besitzen. Da sie zu Ihrem vorherigen Spiel passt, hat diese Bet eine ziemlich hohe Erfolgsaussicht, es sei denn, der Flop hat Ihren Gegner getroffen.

Hier sind einige Gedanken, die bei der Ausführung von Continuation Bets im Gedächtnis behalten werden sollten:

1. **Die Höhe des Einsatzes ist wichtig.** Obwohl es notwendig ist, die Höhe der Continuation Bets zu variieren, um Ihre Gegner im Unklaren zu lassen, sollte die Standard Continuation Bet ungefähr die Hälfte des bestehenden Pots betragen. Das ist einerseits hoch genug, um eine gute Chance auf den Gewinn des Pots zu bekommen, und andererseits niedrig genug, um für sich selber günstige Odds zu schaffen. Bei einer Bet in halber Potgröße brauchen Sie nur in einem von drei Fällen zu gewinnen, um Null auf Null herauszukommen.

2. **Die Anzahl der Gegner ist wichtig.** Die ideale Gegneranzahl bei einer Continuation Bet ist einer. Je mehr Gegner, desto geringer die Erfolgsaussicht. Ich kann gelegentlich eine Continuation Bet gegen zwei Gegner versuchen, aber wenn ich mich drei oder mehr Spielern gegenübersehe, muss ich den Flop treffen, um weiterspielen zu können.

3. **Die Qualität Ihres Blattes ist wichtig.** Haben Sie den Flop komplett verfehlt oder drawen Sie auf eine gute Hand? Komplettes Verfehlen des Flops ist ein guter Indikator für eine Continuation Bet, da es Sie nichts zusätzlich kostet, wenn Ihr Manöver scheitert und Sie die Hand verlassen. Wenn Sie aber auf eine starke Hand drawen,

könnte eine Continuation Bet ein großer Fehler sein, da Sie Ihrem Gegner eine weitere Gelegenheit geben, Sie aus dem Pot zu verjagen. Dieser Ratschlag gilt insbesondere dann, wenn Sie als Letzter an der Reihe sind und Ihren Gegner bereits haben checken sehen. Jetzt ist es wahrscheinlich besser, mit einer Drawing Hand eine Free Card zu nehmen, als eine Continuation Bet zu bringen. (Beachten Sie, dass dieses Konzept das Gegenteil der richtigen Strategie bei Limit Hold'em ist.)

4. **Die Flop-Textur ist wichtig.** Ein gefährlicher Flop ist einer mit mehreren hohen Karten, die die Blätter der anderen Spieler wahrscheinlich getroffen haben. Aus offensichtlichen Gründen sollten Sie nicht in einen gefährlichen Flop hineinbetten, ohne etwas zu haben. Niemand außer einem weak-tighten Spieler wird folden. Niedrige Karten, eine mittlere Karte und ein niedriges Paar oder drei weit auseinander liegende Karten stellen gute Flops für Continuation Bets dar. Flops mit drei verschiedenen Farben sind immer ein zusätzliches Plus.

Sind diese Kriterien nicht erfüllt, wird aus einer Continuation Bet ein Spiel mit geringer Equity, das Sie oft aus einer Hand heraushebelt, die Sie wirklich gerne gespielt hätten. Hier folgt ein konkretes Beispiel:

**Beispiel Nr. 1:** Sie sitzen am Final Table eines großen Turniers im Big Blind. Ihr Stack ist 65.000 $ und der Small Blind hat 83.000 $. Die anderen Stacks reichen von 60.000 bis 180.000 $. Der Small Blind ist ein erfahrener und zäher Spieler, der gerne Fallen stellt. Die Blinds liegen bei 600/1.200 $ und die Antes bei 200 $; der Anfangspot beträgt 3.000 $.

Sie nehmen

auf. Die ersten vier Spieler folden bis zum Small Blind, der weitere 600 $ setzt und callt. *Was machen Sie?*

**Antwort:** KJs ist im Heads-Up ein ziemlich gutes Blatt – also sollten Sie Ihrerseits herausfinden, ob sich der Small Blind sicher ist, spielen zu wollen. Bringen Sie einen Einsatz ungefähr in Höhe des Pots. Meistens wird das die Hand unverzüglich beenden.

Sie raisen auf 3.600 $ und der Small Blind callt. Der Pot beträgt jetzt 10.800 $. Auf dem Flop kommen

Der Small Blind checkt. *Sollten Sie jetzt eine Continuation Bet bringen und wenn ja, wie viel?*
**Antwort:** Dies ist kein geeigneter Moment für eine Continuation Bet. Sie haben Ihre Hand verfehlt, aber einige günstige Draws. Mit einer Dame werden Sie fast sicher gewinnen, während ein König oder Bube ebenfalls ein Out sein könnte. Wenn Sie betten und Ihr Gegner checkraist, müssen Sie Ihr Blatt wegwerfen und damit Ihre Draws. Sein Check könnte Schwäche angedeutet haben, aber er ist sicher imstande, auch eine starke Hand zu checken. Sie haben Position, also wird Ihr Gegner auf dem Turn den ersten Zug machen müssen – und Ihnen damit ein wenig zusätzliche Information geben. Bewahren Sie sich Ihre Draws und checken Sie. Beachten Sie, dass eine Continuation Bet weit mehr Sinn ergeben würde, wenn der Flop Sie komplett verfehlt hätte und Sie keine Draws besäßen.

Sie checken. Im Pot sind weiterhin 10.800 $. Auf dem Turn kommt Q♥. Ihr Gegner checkt. *Was machen Sie?*
**Antwort:** Sie haben Ihre Straight gemacht, aber jetzt liegen drei Herz auf dem Board. Ihr Gegner hat wahrscheinlich keinen Flush, aber Sie können Ihn nicht kostenlos darauf drawen lassen. Ein Einsatz von mindestens der halben Potgröße würde vom ihm verlangen, Odds von 3 zu 1 für einen 4 zu 1 Flush Draw zu akzeptieren; das sollte also ausreichen, ihn zu verjagen, wenn er ein kleines Herz hat. Darüber hinaus ist dieser gering genug, um ihn callen zu lassen, falls er ein Paar Damen oder Two Pair getroffen hat.

**Sie setzen 5.000 $ und der Small Blind foldet.**

Spieler, die von Limit Hold'em zu No-Limit gewechselt sind, werden die Continuation Bet als eine Variation eines Limit-Zuges, der Lead Bet genannt wird, verstehen. Bei Limit Hold'em machen Sie nach dem Flop fast immer eine Lead Bet, weil Ihr Gegner seine Karten meistens einfach wegwerfen wird und die Kosten für diese Information sehr gering sind. Aber bei No-Limit sind die Kosten nicht annähernd so niedrig; Sie machen einen Einsatz, der Sie die Hälfte des Pots statt etwa ein Viertel bis ein Sechstel des Pots kostet, wenn er sein Ziel verfehlt.

# Verteidigung gegen die Continuation Bet

Continuation Bets sind ein schlagkräftiger Bestandteil der No-Limit-Strategie, aber was können Sie machen, wenn Sie selbst mit etwas konfrontiert sind, das eine Continuation Bet sein kann? Was ist die beste Verteidigung?

Der erste Teil einer erfolgreichen Verteidigung ist *Wissen*. Während Sie den Tisch beobachten, wenn Sie nicht direkt in das Geschehen involviert sind, ist eines der wichtigsten Elemente, auf das Sie achten müssen, wie sich Spieler in Situationen verhalten, in denen eine Continuation Bet eine mögliche Strategie ist. Wie oft machen sie Einsätze nach dem Flop, wenn sie davor die Initiative ergriffen haben? Wie viele dieser Bets sind in der Größenordnung des halben Pots (der optimalen Höhe einer Continuation Bet)? Liegen die meisten ihrer Einsätze in diesem Bereich oder bevorzugen sie stattdessen solche in Potgröße? Oder ziehen sie kleine Probe Bets (ein Viertel bis ein Drittel des Pots) vor?

Behalten Sie während Ihrer Beobachtungen eine wesentliche Tatsache im Gedächtnis: *Die meisten Flops verfehlen die meisten Blätter.* Wenn Sie einen bestimmten Spieler vor dem Flop die Initiative übernehmen sehen und er danach nahezu immer bettet, wissen Sie, dass viele dieser Einsätze schlicht Bluffs sind, da er seine Karten nicht derart oft treffen kann. (Auf der anderen Seite ist ein Spieler, der nach dem Flop selten einen Einsatz bringt, aber wenn doch, dann in Potgröße, ein super-tighter Spieler, der die Nuts benötigt, bevor er sein Geld riskiert. Spielen Sie gegen ihn, wenn er nicht bettet und gehen ihm andernfalls aus dem Weg.

Ein starker Spieler ist per definitionem nach dem Flop schwer zu lesen. Hat er vor dem Flop Stärke gezeigt, wird er danach wahrscheinlich in 50 bis 60 % der Fälle die Initiative übernehmen. Er kann nicht derart oft sein Blatt getroffen haben, aber es wird für Sie sehr schwierig zu entscheiden sein, wann er eine starke Hand hat und wann nicht. Seine Einsätze werden auch nicht alle im Bereich der halben Potgröße liegen. Er wird einige Bets in Potgröße, einige Probe Bets und einige Overbets einstreuen. Gegen einen solchen Spieler müssen Sie Ihre maximale Urteilsfähigkeit abrufen, aber meistens brauchen Sie eine starke Hand, um weiterzuspielen.

Eine weitere Tatsache, die Sie beachten müssen: Continuation Bets sind eine gute Taktik gegen einen einzigen Gegner – oder höchstens zwei. Wenn ein (ernstzunehmender) Gegner vor dem Flop die Initiative ergriffen hat, von drei oder vier Gegnern gecallt wurde und nach dem Flop erneut das Heft in die Hand nimmt, wird er nahezu sicher etwas getroffen haben und eine Value Bet machen – keine Continuation Bet. Halten Sie sich aus der Hand heraus, es sei denn, Sie haben auch ein starkes Blatt.

Lassen Sie uns jetzt die interessanten Fälle betrachten. Ihr Gegner, der vor dem Flop die Initiative übernommen hat, macht danach einen Einsatz im Stile einer Continuation Bet. Sie sind sein einziger Gegner. Sie wissen aufgrund Ihrer Beobachtungen, dass dieser Spieler mit einiger Regelmäßigkeit Continuation Bets macht, nachdem er seine Hand verfehlt hat. Wie sollten Sie fortsetzen? Wir nehmen für unsere Analyse einige Unterteilungen vor.

**Fall 1: Der Flop gibt Ihnen ein Monster.** Das ist der erfreulichste Fall, da Ihre Optionen allesamt vorteilhaft sind. Sie haben ein Set, eine Straight oder den Nut Flush gefloppt. (Haben Sie nicht den Nut Flush verhält es sich ein wenig anders. Wir widmen uns dem in Kürze.) Wie können Sie aus Ihrer starken Hand das meiste Geld herausholen?

Der Standard-Spielzug ist, die Continuation Bet nur zu callen, in der Hoffnung, dass Ihr Gegner bereits etwas hat und auf dem Turn erneut die Initiative übernimmt oder dass er auf dem Turn etwas trifft, sodass er später eine Bet von Ihnen callen wird. Wenn er auf dem Turn weiter setzt, werden Sie mindestens diese Bet gewinnen – und möglicherweise viel mehr, falls er bereit ist, mit Ihnen bis zum Showdown zu gehen.

Die andere Möglichkeit ist, seine Continuation Bet zu raisen. Wenn er nichts hat, wird er seine Karten dann wegwerfen (das sieht aus wie ein ungünstiges Ergebnis für Sie, aber denken Sie daran, dass, wenn er an diesem Punkt nichts hat, Sie in dieser Hand sehr wahrscheinlich sowieso nicht mehr Geld gewonnen hätten). Wenn er etwas hat – entweder ein Paar oder einen Draw – könnte er diese Bet callen; ob Sie zusätzliches Geld gewinnen können, hängt davon ab, was er auf der Hand hält und was auf dem Turn kommt.

Von den zwei Möglichkeiten ist gegen die meisten Gegner schlichtes Callen das technisch „bessere" Spiel, da es im Durchschnitt mehr Geld gewinnen wird – wenn Ihre Gegner nicht darauf achten, was Sie machen. Da sie aber unglücklicherweise darauf achten werden, ist es notwendig, gelegentlich zwischen diesen Spielweisen zu variieren. Ich würde eine Mischung aus zwei Drittel Calls und einem Drittel Raises auf Zufallsbasis empfehlen, um sie im Ungewissen zu lassen. Behalten Sie aber eine wichtige Ausnahme im Gedächtnis: Wenn auf dem Flop ein Ass aufgetaucht ist, besteht eine überdurchschnittliche Chance, dass Ihr Gegner mit einem Paar Asse bettet. In diesem Fall sollten Sie seinen Einsatz raisen und darauf vorbereitet sein, auf dem Flop oder dem Turn Ihr ganzes Geld zu setzen.

Der Fall, dass Ihr Monster zwar ein Flush ist, aber nicht die Nuts, ist ein wenig heikler. Lassen Sie uns ein Beispiel betrachten.

**Beispiel Nr. 2:** Blinds 50/100 $. Ein solider, konservativer Spieler in Middle Position setzt 300 $. Aufgrund früherer Beobachtungen besteht sein wahrscheinlichstes Blatt aus zwei hohen Karten, aber er würde ein hohes Paar auf die gleiche Weise behandeln. Sie – auf dem Button – entscheiden sich dazu, mit T♥9♥ zu callen. (Das ist bei Ihnen ein bisschen ungewöhnlich, aber Sie variieren Ihr Spiel, um die anderen im Ungewissen zu lassen.) Die Blinds folden. Nur noch Sie beide sind im Pot, der nun 750 $ beträgt. Ihnen verbleiben jeweils circa 8.000 $. Auf dem Flop kommen Q♥7♥3♥. Er bettet 400 $. *Was sollten Sie tun?*
**Antwort:** Sie haben einen Flush, aber es ist nicht der Nut Flush. Sollten Sie slow spielen und lediglich callen? Das ist eine Möglichkeit, aber es gibt einige Probleme.

Sie könnten bereits geschlagen sein, wenn Ihr Gegner vor dem Flop mit A♥K♥ oder A♥J♥ geraist hat. (Ass mit kleiner Beikarte in Herz ist bei einem soliden Gegner nicht zu erwarten.) Es ist unwahrscheinlich, muss aber berücksichtigt werden.

Ihr Gegner setzt bereitwillig bei diesem Board. Diese Tatsache macht eine Hand mit hohen Karten, die ein Herz enthalten, wahrscheinlicher als eine mit hohen Karten ohne irgendein Herz. Jetzt müssen Sie der Möglichkeit ins Auge sehen, dass Ihr Gegner auf einen Flush drawt, der Sie nicht nur schlägt, sondern auch Ihre gesamten Chips gewinnen könnte.

Unter dem Strich ist in diesem Fall Slow Play mit einem Call zu gefährlich. Ich würde vermuten, dass mein Gegner ein Herz hält und einen Einsatz machen, den man nicht callen kann, wenn man meine Hand sähe. In diesem Fall nehmen wir an, mein Gegner hält A♥Q♣. Jetzt sind sechs Herz im Spiel und sieben im Stapel – von 45 verdeckten Karten. Die Odds für meinen Gegner, auf dem Turn ein Herz zu bekommen, sind 38 zu 7, oder circa 5,5 zu 1. Bei einem Pot, der jetzt 1.150 $ enthält, sollten Sie seinen Einsatz callen (was den Pot auf 1.550 $ erhöht) und um zusätzliche circa 750 $ raisen. Dann bekommt er für einen Call Odds von 3 zu 1 – nicht genug, wenn er wüsste, dass der Flush seine einzige Gewinnchance ist. Wenn er trotzdem callt, macht er einen Fehler – genau das, was Sie erreichen wollen, egal wie die Hand ausgeht.

**Fall 2: Der Flop trifft Ihre Hand, aber Sie haben kein Monster.** Manchmal wird der Flop Ihre Karten treffen und Ihnen ein Middle- oder Bottom Pair bescheren. Ihre Hand ist sicherlich nicht unschlagbar, aber einiges wert. Wenn Ihr Gegner jetzt eine Art Continuation Bet macht, sollten Sie diese callen. Ihre Strategie ist, abzuwarten, was auf dem Turn passiert, und sich den Pot zu schnappen, wenn der Gegner Schwäche zeigt.

Denken Sie daran, dass eine Continuation Bet eine Schwäche enthält: Wenn Sie ungefähr die Hälfte des Pots setzen, offerieren Sie Ihrem Gegner für einen Call Odds von circa 3 zu 1 (wenn im Pot 20.000 $ sind und Ihr Gegner eine Continuation Bet von 10.000 $ macht, müssen Sie 10.000 $ bringen, um einen Pot von 30.000 $ zu sehen – Odds von 3 zu 1). Das sind gute Odds, wenn Sie bereits etwas auf der Hand und darüber hinaus einige Outs haben. Callen Sie also und falls Ihr Gegner auf dem Turn checkt, seien Sie bereit, den Pot anzugreifen. In vielen Fällen verkörpert eine Continuation Bet den letzten Versuch eines Spielers, einen Pot billig zu gewinnen. Wenn dies nicht funktioniert, sind Ihre Gegner eher bereit, ihre Karten wegzuwerfen, als viel Geld zu verlieren. Sie wiederum sind gewillt, etwas Geld zu investieren (bei guten Odds), um herauszufinden, ob sie eine Continuation Bet machten oder nicht.

**Beispiel Nr. 3:** In der Mitte eines Multi-Table-Turniers. Die Blinds liegen bei 300/600 $ und die Antes bei 50 $. An einem Tisch mit 10 Spielern raist der Spieler in fünfter Position mit einem Stack von 35.000 $

vor dem Flop auf 1.500 $ und Sie, mit einem Stack von 40.000 $, callen auf dem Button mit

Das ist eine schwache Hand, aber Sie variieren Ihr Spiel. Die Blinds nach Ihnen folden. Im Pot sind jetzt 4.400 $.

Auf dem Flop kommen

Sie haben Bottom Pair getroffen. Ihr Gegner setzt 2.000 $. *Was machen Sie?*

**Antwort:** Ihr Paar Fünfen ist nicht wertlos, werfen Sie Ihre Karten also nicht zu hastig weg. Es kostet Sie 2.000 $, einen Pot von 6.400 $ zu sehen, also bekommen Sie Pot Odds von 3,2 zu 1. Sie könnten im Moment durchaus die beste Hand haben und falls das nicht der Fall ist, sind die Fünfen und Sechsen vermutlich alle Outs. Callen Sie und schauen, was auf dem Turn passiert.

Sie callen. Im Pot sind jetzt 8.400 $. Auf dem Turn kommt 4♦. Ihr Gegner checkt. *Was machen Sie?*

**Antwort:** Das war eine gute Karte für Sie. Sie bekommen zu den fünf Outs, die Sie bereits hatten, acht zusätzliche und außerdem checkt Ihr Gegner. Sie sollten circa 5.000 bis 6.000 $ setzen. Sie könnten im Moment die Gewinnerhand haben und es stehen Ihnen viele Wege offen, auf dem River eine sehr starke Hand zu erhalten.

Sie setzen 5.500 $ und Ihr Gegner foldet.

**Fall 3: Der Flop verfehlt Sie.** Ihr Gegner brachte vor dem Flop einen Einsatz und Sie haben gecallt. Der Flop hat Sie verfehlt und Ihr Gegner bettet erneut in der Größenordnung einer Continuation Bet. *Was sollten Sie tun?*

**Antwort:** Ohne eine bestimmte Information sollten Sie meistens folden. Es ist keine Schande, in einer Hand, in der Sie nichts haben und nicht wissen, wo Sie stehen, den Verlust von viel Geld zu vermeiden. Sie sollten hier nur unter bestimmten (einigermaßen seltenen) Voraussetzungen spielen.

1. Obwohl Sie Ihre Hand verfehlt haben, haben Sie einen Draw nahe an den richtigen Odds.

2. Sie haben diesen Gegner in der Vergangenheit viele Einsätze in der Art von Continuation Bets machen sehen, sodass es eine begründete Chance gibt, dass er keine Made Hand hat.

3. Sie haben ihn gelegentlich nach einer Bet auf dem Turn folden sehen, nachdem er eine Continuation Bet auf dem Flop gemacht hat.

4. Sie haben nicht gesehen, dass er gute Hände checkt, nachdem sein Einsatz auf dem Flop gecallt wurde.

Treffen all diese Umstände zu, ist es vernünftig, seine Bet mit dem Plan zu callen, ihm auf dem Turn den Pot wegzuschnappen. Denken Sie daran, dass viele Spieler, die auf dem Flop eine Continuation Bet machen, sich auf dem Turn geschlagen geben, wenn sie auf Widerstand treffen.

Seien Sie aber vorsichtig! Zum Stehlen des Pots auf dem Turn sind die Money Odds nicht besonders vorteilhaft. Nehmen wir zum Beispiel an, nach der Setzrunde vor dem Flop sind 2.000 $ im Pot, Sie verfehlen den Flop und Ihr Gegner macht jetzt eine Continuation Bet von 1.000 $. Im Pot sind dann 3.000 $. An diesem Punkt können Sie Ihre Hand folden und verlieren kein weiteres Geld. Wenn Sie sich dazu entscheiden, ihm den Pot abzuringen, müssen Sie jetzt für einen Call 1.000 $ investieren und – angenommen er checkt – eine Bet von 2.000–3.000 $ auf dem Turn. Das ist ein Einsatz von 3.000–4.000 $, um einen Pot zu gewinnen, der gegenwärtig 3.000 $ beträgt. Es ist notwendig, dass Sie sich tatsächlich als Favorit sehen, mit diesem Spiel durchzukommen. Damit das möglich sein kann, müssen Sie Ihren Gegner sehr gut kennen. An einem Tisch voller Unbekannter ist dies kein geeignetes Manöver.

# Probe Bets

Eine Probe Bet ist eine Mischung aus einem Bluff und einer Bet, um Informationen zu bekommen. Sie ist eine Lead-Bet im Bereich zwischen einem Viertel und einem Drittel des Pots. Der Bluff-Anteil rührt daher, dass es letztlich eine Bet ist. Manchmal wird Ihr Gegner auf jeden Einsatz hin seine Karten wegwerfen und in diesem Fall räumen Sie den Pot ohne allzu großes Risiko ab. Aber meistens hat die Probe Bet eine informelle Funktion. Es ist eine Möglichkeit, zwei Fragen zu stellen:

1. Könntest Du mir ein klein wenig über deine Hand verraten?
2. Wäre es nicht schön, wenn wir beide die nächste Karte billig sehen könnten? (Könnten wir uns alle nicht einfach vertragen?)

Wenn ich mit einer Probe Bet konfrontiert bin, setze ich gerne die „Travis-Bickel-Verteidigung"[1] ein: „Du willst irgendetwas über meine Hand erfahren? Du sprichst mit mir? Du sprichst mit MIR?!!" Und dann schleudere ich einen großen Raise rein. Das gewinnt gewöhnlich den Pot – und wenn nicht, bin ich weg. (Ich fange nicht wirklich an zu schreien; es ist nur eine Metapher.)

Obwohl Probe Bets wie eine billige, risikoarme Möglichkeit aussehen, an Informationen zu gelangen, enthalten sie einen eventuell verborgenen Nachteil. Sehen Sie sich das folgende Beispiel an.

**Beispiel Nr. 4:** Spät in einem kleinen Turnier. Die Blinds liegen bei 600/1.200 $ und die Antes bei 75 $. Es sind 10 Spieler am Tisch, also beträgt der Anfangspot 2.550 $. Sie haben 13.600 $ und sind in sechster Position mit 8♦8♠. Der Spieler in erster Position, der 24.000 $ hat, aber weak-tight spielt, callt. Die dazwischen sitzenden Spieler folden bis zu Ihnen. *Was machen Sie?*

**Antwort:** Ein Raise ist zweifellos angemessen. Ein weak-tighter Spieler würde mit einem hohen Paar nahezu sicher raisen – also sehen Sie sich wahrscheinlich zwei hohen Karten oder einem niedrigen Paar gegenüber. In diesem Fall ist Ihre Hand zur Zeit die beste. Sie wollen darüber hinaus sicher gehen, die Spieler nach Ihnen zu verjagen, damit Sie während der Hand Position besitzen.

[1] Travis Bickel: Robert De Niro in *Taxi Driver* (USA, 1976).

Sie raisen auf 5.000 $. Die Spieler nach Ihnen und die Blinds folden. Der erste Spieler callt. Im Pot sind jetzt 12.550 $. Auf dem Flop kommen A♣7♣7♥ und Ihr Gegner setzt 1.200 $. *Was machen Sie?*
**Antwort:** Ihr Gegner, der einen viel größeren Stack hat, setzt 10 % des Pots. Sie haben im Moment möglicherweise die beste Hand, können sich aber nicht sicher sein und wollen auf keinen Fall Ihren gesamten Stack bei dieser Hand verlieren, falls er eine Falle stellt. Callen Sie einfach.

Sie callen. Im Pot sind jetzt 14.950 $. Auf dem Turn kommt J♥. Ihr Gegner setzt weitere 1.200 $. *Was nun?*
**Antwort:** Auf dem Board liegen zwei Overcards zu Ihrem Paar, aber er gibt Ihnen Odds von 12 zu 1, also können Sie nicht folden.

Sie callen. Im Pot sind jetzt 17.350 $. Auf dem River kommt 9♥. Er checkt.

Auf dem Board liegen drei Overcards zu Ihrem Paar und ein Flush-Draw in Herz, also verschwenden Sie an eine Bet keinen Gedanken. Schauen Sie sich einfach seine Hand an.

Sie checken und er zeigt 4♠4♣. Sie gewinnen einen schönen Pot.

Sie haben nichts falsch gemacht und wurden für Ihre Bemühungen mit einem hübschen Pot belohnt. Aber schauen Sie, was Ihrem Gegner widerfahren ist. Sein Call auf Ihren Raise vor dem Flop war schwach. Dann machte er zwei Probe Bets, um Sie davon abzuhalten zu raisen. Das ist ihm geglückt, aber in diesem besonderen Fall hätte er wirklich besser daran getan, nach dem Flop lediglich zu checken und seine Karten wegzuwerfen, falls Sie betten (was Sie getan hätten). Sein Plan funktionierte, kostete ihn aber zusätzliche 2.400 $. Eine Serie von Probe Bets mit einer sehr schwachen Hand ist nicht notwendigerweise eine Verbesserung gegenüber dem Folden – sie sieht nur aktiver aus.

# Squeeze Play

Das Squeeze Play ist ein hochentwickelter und eleganter Bluff. Sie machen einen großen Reraise, nachdem zwei Spieler bereits in den Pot eingestiegen sind – der erste mit einem Raise und der zweite mit einem Call. Der erste Spieler ist zwischen Ihnen und dem zweiten Spieler gefangen (das „Squeeze"). Obwohl er denken könnte, er hätte die Pot Odds und Karten, um gegen Sie zu spielen, kann er sich nicht sicher sein, was der zweite Spieler macht. Daher wirft er seine Karten weg. Der zweite Spieler hat das Gefühl, dass er gegen einen Raiser noch ausreichend Equity besaß – aber nicht gegen einen Reraiser. Also schmeißt er seine Karten ebenfalls weg und Sie schnappen sich den Pot.

Ein gelungenes Squeeze Play ist ein Vergnügen, wenn es funktioniert, aber zu seiner Durchführung müssen verschiedene Vorbedingungen erfüllt sein.

1. Sie brauchen einigen Grund zu der Annahme, dass der erste Spieler nicht ganz das Blatt hält, das er mit seinem Eröffnungs-Raise repräsentiert. Ein Hinweis seiner Körpersprache wäre schön, aber normalerweise suchen Sie sich dazu einen Spieler aus, der eine gewisse Zeit aggressiv gespielt und dabei eindeutig einige schwächere Raise-Blätter forciert hat.

2. Der zweite Spieler darf lediglich callen – nicht reraisen. Wenn er reraist, hat er eine exzellente Hand und Sie dürfen nicht spielen. Wenn er nur callt, könnte er auf einer Drawing Hand sitzen, die er gewillt ist, gegen einen Raiser zu spielen – aber nicht gegen zwei.

3. Sie sollten das Image für zumindest solides, wenn nicht sogar konservatives Spiel besitzen. Versuchen Sie dieses Manöver nicht, wenn Sie vorher schon einmal bei einem Bluff erwischt wurden. Wenn Sie in den letzten Stunden einige Blätter haben zeigen müssen, sollten es gute gewesen sein.

4. Versuchen Sie dieses Manöver nicht, wenn Sie es in dieser Session schon einmal gemacht haben (auch wenn Sie damals tatsächlich

eine Hand hatten). Es ist ein großes Manöver und die anderen werden es im Gedächtnis behalten – überstrapazieren Sie dieses Spiel also nicht.

Wenn dies alles zutrifft, ist das Squeeze Play eine mächtige Waffe, die eine Menge Chips gewinnen kann. Hier ist ein gutes Beispiel aus den World Series.

**Beispiel Nr. 5:** Final Table der WSOP des Jahres 2004. Sieben Spieler sind noch übrig, mit den unten angegebenen Chipständen und Positionen.

| | | | |
|---|---|---|---|
| Small Blind | Glen Hughes | 2.375.000 $ | |
| Big Blind | David Williams | 3.250.000 $ | A♠Q♣ |
| 1 | Josh Arieh | 3.890.000 $ | K♥9♠ |
| 2 | Al Krux | 2.175.000 $ | |
| 3 | Greg Raymer | 7.920.000 $ | A♣2♣ |
| 4 | Matt Dean | 3.435.000 $ | |
| 5 | Dan Harrington | 2.320.000 $ | 6♥2♦ |

Die Blinds betrugen 40.000/80.000 $ und die Antes 10.000 $, also lag der Pot zu Beginn bei 190.000 $.

**Josh Arieh.** Josh eröffnete die Setzrunde mit einem Raise auf 225.000 $ – etwas weniger als das Dreifache des Big Blinds. Bis zu diesem Zeitpunkt war Josh am Final Table aktiv aufgetreten und seine Bet sah für die anderen Spieler wie ein typischer Standard-Raise seinerseits aus. Tatsächlich sind K9o ein wenig schwach für einen Eröffnungs-Raise – auch an einem Siebener-Tisch. Ich bevorzuge für einen Value Raise an solch einem Tisch Hände wie AT, A9 und KQ.

**Al Krux.** Foldete sein Blatt.

**Greg Raymer.** Greg hat den Tisch lange ausgequetscht, auch wenn seine Karten in der letzten Stunde ein wenig abgekühlt waren und seine Führung etwas knapper geworden ist. Er entscheidet sich, mit A2s zu callen. Das ist ebenfalls eine aggressive Spielweise, aber so wie die Karten verteilt sind, ist er gegenüber Josh sogar Favorit.

Würde Josh konservativ spielen, müsste das Gap-Konzept angewendet werden und Greg benötigte für einen Call eine viel stärkere Hand, als Josh sie für eine Eröffnung braucht. Da Josh aggressiv gespielt hat, braucht Raymer kein derart starkes Blatt. Ich würde in Raymers Position mit denselben Händen callen, die ich für eine Eröffnung in dritter Position benötige – A7, A6, KQ und jedes Paar. Mit mittleren Paaren würde ich sogar raisen und versuchen, die Hand vor dem Flop zu gewinnen. Ich würde aber nicht mit A2 callen – ein Blatt, bei dem die Gefahr zu groß ist, dominiert zu werden.

**Matt Dean.** Foldete sein Blatt.

**Dan Harrington.** Natürlich konnte ich 62 wegwerfen, aber Raymers Call hat die perfekten Bedingungen für ein Squeeze Play geschaffen. Mein Eindruck von Arieh war, dass er zwar eine gute Hand, aber kein Premium-Blatt hatte (Raymer könnte zu dem gleichen Schluss gekommen sein). Wenn ich mit dieser Einschätzung richtig liege, wäre es für ihn nahezu unmöglich, einen großen Raise – mit Raymer im Rücken – zu callen. Auf der anderen Seite indiziert Raymers Call wahrscheinlich eine Hand, die nicht stark genug für einen Raise ist. Er könnte auch eine Hand bedeuten, die nach Raymers Meinung ausreichend ist, einen Einsatz von Arieh zu callen (der bisher loose gespielt hat), aber keinen von mir (der bisher konservativ gespielt hat). Auf jeden Fall war klar, dass ein großer Raise von mir eine exzellente Chance hatte, den gesamten Pot unverzüglich zu gewinnen.

Die nächste Frage, die sich stellte, war: Auf wie viel sollte ich raisen? Hierbei erinnerte ich mich daran, wie die vergangenen paar Stunden am Tisch gespielt wurde. Im Allgemeinen war der Tisch loose und die Spieler hatten die Bereitschaft gezeigt, Raises aufgrund guter Pot Odds zu callen. (Das variiert von Final Table zu Final Table. Im Jahr 2003 war er ein wenig tighter.) Ich nahm an, dass ein normal großer Raise – auf vielleicht 450.000 oder 500.000 $ – eine überdurchschnittliche Chance hatte, gecallt zu werden. Deshalb machte ich einen für mich ungewöhnlich hohen Einsatz: 1.200.000 $. Ich wollte beide – Arieh und Raymer – wissen lassen, dass ich mich, indem ich mehr als die Hälfte meiner Chips setze, selber in eine Situation bringe, in der ich Pot Committed bin, damit sie nicht auf die Idee kommen zu callen, um mich nach dem Flop aus der Hand zu treiben.

**Glen Hughes.** Foldete sein Blatt.

**David Williams.** Williams hatte die besten Karten am Tisch – AQo! Unglücklicherweise bestand die Action vor ihm aus Raise, Call und großem Reraise; AQ können dieser Sequenz einfach nicht standhalten. Folgerichtig (aus dem, was er wusste) foldete er sein Blatt.

**Josh Arieh.** Er zeigte kein Interesse daran, gegen zwei aktive Spieler nach ihm K9o zu spielen, also foldete er.

**Greg Raymer.** An diesem Punkt musste er annehmen, dass sein Ass entweder von einem Ass mit höherem Kicker dominiert wird oder er sich einem mittleren bis großen Paar gegenübersieht. In jedem Fall hatte er nicht annähernd die notwendigen Pot Odds, also foldete er.

# Semi-Bluff beim No-Limit

Ein Semi-Bluff ist ein Einsatz nach dem Flop, der zum Teil ein Bluff und zum Teil eine Value Bet ist. Der Flop hat Ihnen etwas gebracht – oder eine Kombination aus mehreren Elementen, sagen wir ein mittleres Paar plus einen Straight- oder Flush Draw. Sie bezweifeln, dass Ihre Hand im Moment die beste am Tisch ist, aber sie könnte es sein. Wenn Sie Ihren Draw treffen, wird sie es nahezu sicher sein. In diesem Fall könnten Sie mit einem, wie wir es nennen, Semi-Bluff die Initiative übernehmen. Das ist eine Bet, die wahrscheinlich profitabel sein wird, weil sie viele Gewinnmöglichkeiten bietet:

1. Sie könnten unverzüglich gewinnen, wenn Ihr Gegner seine Hand foldet.

2. Sie könnten gecallt werden, aber gewinnen, weil Ihre Hand tatsächlich die beste ist.[2]

3. Sie könnten gecallt werden, aber aufgrund Ihres Draws gewinnen.

Da Ihr Einsatz Stärke repräsentiert, könnten Sie außerdem die Turn- und River-Karte kostenlos sehen, weil Ihr Gegner einen zukünftigen Check als Falle interpretieren und von einer Bet Abstand nehmen könnte.

Der Semi-Bluff funktioniert natürlich am besten gegen einen tighten Gegner. Aber wenn Sie denken, dass Ihr Gegner seine Karten mit einer Wahrscheinlichkeit von ungefähr 30 % unverzüglich wegwirft, ist der Semi-Bluff für gewöhnlich ein lohnenswertes Manöver, auch wenn Ihr Plan einen Fold auf einen direkten Raise beinhaltet.

Der Semi-Bluff beim No-Limit wird häufig mit einem All-In verknüpft. Normalerweise wollen Sie mit Ihren sehr starken Händen nicht All-In gehen, weil Sie die anderen zum Callen ermutigen möchten – und nicht vertreiben wollen. Eine Semi-Bluff-Hand, bei der Sie zum Beispiel ein Paar und ein Flush Draw halten, ist ein wahrscheinlicherer Kandidat für ein All-In. Jetzt würden Sie Ihren Gegner liebend gerne

[2] Die traditionelle Definition eines Semi-Bluffs, wie sie in David Sklanskys *The Theory of Poker* beschrieben ist, lässt diese Option unberücksichtigt.

davonlaufen sehen; Sie haben Outs, basierend auf dem Flush Draw, während das Paar zusätzlich einige Outs bringt. Die vielen Gewinnmöglichkeiten machen diesen Zug profitabel.

Gute Spieler verstehen dieses Argument, während das Anfänger und Fortgeschrittene oft nicht tun. Die meisten Spitzenspieler würden denken, dass sie sich einem Semi-Bluff Flush Draw gegenübersehen, wenn auf dem Board zwei Karten gleicher Farbe liegen und ihr Gegner eine große Bet macht oder All-In geht.

Eine nette Variante des Semi-Bluffs bei No-Limit unter Experten ist ein Manöver, das einen Semi-Bluff lediglich *vortäuscht.*

Sehen Sie sich das nächste Beispiel sorgfältig an.

**Beispiel Nr. 6:** Final Table bei einem großen Turnier. Es sind noch fünf Spieler übrig. Sie sind im Big Blind mit einem durchschnittlich großen Stack von 100.000 $. Der Button, ein fantasievoller und aggressiver Spieler, hat ein wenig mehr Chips als Sie, ungefähr 110.000 $. Die Blinds liegen bei 600/1.200 $ und die Antes bei 200 $, demnach beträgt der Anfangspot 2.800 $. Die ersten beiden Spieler folden, der Button raist auf 5.000 $ und der Small Blind foldet. Sie halten A♥3♠. *Was sollten Sie tun?*

**Antwort:** Mit ausreichend Chips besteht für Sie keine Veranlassung, sich in grenzwertige Situationen zu bringen. In dieser Situation sieht Ihre Lage aber ziemlich gut aus. Der Button setzt mehr als das Vierfache des Big Blinds, ein überdurchschnittlicher Raise, der aussieht, als würde er es vorziehen, dass Sie sich leise zurückziehen. Sie müssen 3.800 $ bringen, um einen Pot von 7.800 $ zu sehen, also bekommen Sie Odds von mehr als 2 zu 1. Und schließlich haben Sie ein Ass – wenn auch kein starkes. Es ist halbwegs wahrscheinlich, dass Sie im Moment die beste Hand am Tisch haben, demnach haben Sie einen sehr klaren Call.

Sie callen und auf dem Flop kommen A♠T♣3♣. Sie agieren als Erster. Im Pot sind jetzt 11.600 $. *Was machen Sie?*

**Antwort:** Unter diesen Umständen kann Top- und Bottom Pair als eine sehr starke Hand eingestuft werden. Wenn Ihr Gegner ursprünglich versucht hat, den Pot zu stehlen, könnte ihn eine Bet verjagen, ein Check aber veranlassen, erneut einen Steal zu versuchen. Checken Sie und schauen, ob ein wenig zusätzliches Geld herauszuholen ist.

Sie checken und der Button setzt 12.000 $. *Was machen Sie?*

**Antwort:** Sie könnten callen, aber die Kombination Ihrer Calls vor und nach dem Flop mit einem Ass auf dem Board wird auch dem stumpfsinnigsten Gegner ein wenig verdächtig erscheinen. Wenn er kein Ass hält, werden Sie aus dieser Hand nicht mehr Geld herausschlagen.

Sie könnten auf weitere 12.000 $ raisen. Er wird dann wahrscheinlich seine Hand folden, aber er könnte auch mit einem Paar Asse dabeibleiben. Mit niedrigeren Paaren sollte er sich davonmachen und Ihnen den Pot überlassen.

Oder Sie könnten All-In gehen! Mit den beiden Kreuz auf dem Board ist eine Erklärung für diesen Spielzug, dass Sie einen Semi-Bluff ansetzen. Sie repräsentieren eine Hand mit zwei Kreuz, mit der Sie darauf abzielen, dass Ihr Gegner sich davonschleicht und Ihnen diesen beträchtlichen Pot überlässt – und falls nicht, werden Sie einige Outs haben. Meistens wird dieser Zug – wie Ihre anderen Optionen – natürlich nur den derzeitigen Pot gewinnen. Aber gelegentlich wird der Button Ihren augenscheinlichen Bluff callen, nur um anschließend herauszufinden, dass es im Endeffekt gar keiner war!

Sie gehen All-In und Ihr Gegner foldet.

# Angriff durch die Hintertür

## Betten, wenn auf einer späten Straße eine hohe Karte kommt

Ein weiterer hübscher Bluff, den Sie im Arsenal haben sollten, ist, was ich als den „Angriff durch die Hintertür" bezeichne. Auf der vierten oder fünften Straße taucht eine gefährliche Karte auf, eine, die die Hand drehen könnte. Sie verfehlt Ihr Blatt, aber Ihr Gegner weiß das nicht; Sie machen eine große, Angst einflößende Bet und er foldet.

Das ist ein schöner Zug, wenn Sie ihn ausführen können, aber dafür sind eine Reihe von Vorbedingungen erforderlich.

1. **Die Karte muss zu einigen Händen, die Sie spielen könnten, glaubhaft passen.** Wenn ein König oder eine Dame auf einem Board mit hauptsächlich niedrigen Karten kommt, *überdenken Sie nochmals die Setzfolge* und vergewissern sich, dass Karten wie AK, AQ oder KQ zu Ihren bisherigen Einsätzen passen.

2. **Machen Sie dieses Manöver gegen einen Spieler von mittlerer Stärke.** Schwache Spieler widmen ihren eigenen Karten weit mehr Aufmerksamkeit als denen ihrer Gegner (ein wichtiger Grund, warum sie schwach sind). Ihre subtile Falle könnte schlicht unbemerkt bleiben. Andererseits hat ein sehr starker Spieler das alles schon gesehen. Er wird sich Gedanken machen, ob Sie ein Täuschungsmanöver ausführen und könnte etwas in Ihrer Betsequenz entdecken, was Ihnen verborgen geblieben ist. Ein mittelstarker Spieler ist ein gutes Ziel; er wird sehen, was Sie repräsentieren und sich darüber Sorgen machen.

3. **Machen Sie dieses Manöver gegen einen Spieler, der gezeigt hat, dass er Karten wegwerfen kann.** Gehen Sie in Gedanken noch einmal durch, was Sie von ihm schon gesehen haben. War er bereits einmal in der Lage, seine Karten wegzuwerfen, wenn er schon einige Chips in den Pot getan hat? Einige Spieler können ihre Hand nicht wegwerfen, wenn Sie

damit bereits ein paar Einsätze gemacht haben. Vergewissern Sie sich, dass Ihr Gegner eine Hand aufgeben kann.

4. **Wie bei den meisten Bluffs ist es besser, ihn gegen einen tighten Gegner als gegen einen loosen zu starten.**

# Der Dark Tunnel Bluff

Hollywood produziert viele billige Horrorfilme, die einem ziemlich simplen Muster folgen. Ein bis an die Zähne mit Äxten und Beilen bewaffneter, verrückter Geisteskranker stolziert herum und begeht schwere Körperverletzung. Ein Haufen weiterer Typen entscheidet, dass das der wirklich geeignete Zeitpunkt ist, auf der Suche nach Indizien in Höhlen, Tunneln und verlassenen Häusern herumzugeistern. Während das Publikum aufschreit, fertigt der Wahnsinnige sie auf immer blutrünstigere Weise ab.

Dieses Szenario erinnert mich oft daran, wie Anfänger und Fortgeschrittene an Pokerhände herangehen. Sie machen Einsätze, die weder richtige Bluffs, aber eben auch keine Value Bets sind. Es sind einfach nur ... Einsätze. Ich bezeichne diese als „Dark Tunnel Bluffs". Man weiß nicht, wo man steht, und man weiß auch nicht, was man macht – aber es scheint aktiver zu sein zu betten als nicht, also bringt man mehr Geld in den Pot. Am Ende verliert man einen großen Pot, in dem man nie eine realistische Chance hatte.

Die Heilung dieses Syndroms ist einfach: Halten Sie sich von dunklen Tunneln fern. Seien Sie sich immer bewusst, warum Sie einen Einsatz bringen und was Sie sich davon erhoffen. Jede gute Bet sollte Ihnen entweder eine Chance geben, den Pot unverzüglich zu gewinnen, oder Sie mit Informationen über die Karten Ihrer Gegner ausstatten, damit Sie sich im weiteren Verlauf der Hand danach richten können.

**Beispiel Nr. 7:** Erster Tag eines großen Turniers. Die Blinds liegen bei 100/200 $, bis jetzt gibt es keine Antes. Sie sitzen im Big Blind mit 17.000 $ an Chips. Der Small Blind, ein bekannter Weltklassespieler, hat 22.000 $. Alle folden bis zum Small Blind, der callt. Sie haben

*Was machen Sie?*
**Antwort:** Im Pot sind 400 $ und Sie haben sehr wahrscheinlich die beste Hand; also haben Sie keinen Grund, nicht zu setzen. Der Call Ihres Gegners bedeutet am ehesten, dass er eine einigermaßen spielbare Hand hat und den Flop billig sehen möchte. Setzen Sie einfach 300 oder 400 $ und Sie werden den Pot sehr wahrscheinlich sofort gewinnen.

Tatsächlich raisen Sie auf 1.000 $ und Ihr Gegner callt.

1.000 $ ist ein ungewöhnlich hoher Einsatz. Wenn Ihr Gegner bereit gewesen wäre zu folden, hätte er das vermutlich nach einem 400-$-Raise getan.

Auf dem Flop kommen

Der Small Blind checkt. Im Pot sind jetzt 2.400 $. *Was sollten Sie tun?*
**Antwort:** Der Flop hat Sie verfehlt, aber er könnte auch Ihrem Gegner nicht geholfen haben. Die Flop-Textur ist für Sie nicht gerade berauschend; die Dame und die Zehn sind sicherlich gefährliche Karten. Aber seine wahrscheinlichsten Karten sind Ass-x oder ein mittleres Paar, also könnten Sie weiterhin die beste Hand haben. Da Sie vor dem Flop die Initiative ergriffen haben, ist es eine Überlegung wert, mit einer Continuation Bet nach dem Pot zu greifen und zu sehen, ob man die Hand beenden kann. Selbst wenn Ihre Bet gecallt wird, könnten Sie 10 Outs haben. Mit einem Buben bekommen Sie eine Inside Straight und auch Asse oder Könige könnten Outs sein.

Andererseits wäre es möglich – wie im vorhergehenden Beispiel – einfach eine Free Card zu nehmen. Wollen Sie Ihrem Gegner mit 10 Draws auf die mögliche Gewinnerhand eine Chance geben, Sie aus dem Pot zu werfen?

Das in solch einer Situation von mir bevorzugte Manöver ist die *verzögerte* Continuation Bet: checken, um eine Free Card zu nehmen, und dann auf dem Turn betten, wenn der Gegner checkt. Ein Spezialist auf diesem Gebiet ist Daniel Negreanu, der es bei vielen Gelegenheiten bis zur Perfektion verfeinert hat.

Sie setzen 1.500 $ und Ihr Gegner callt. Im Pot sind jetzt 5.400 $. Auf dem Turn kommt 8♥. Ihr Gegner checkt. *Was nun?*
**Antwort:** Sie haben Ihre Hand nicht verbessert, aber weiterhin Outs und Ihr Gegner gab Ihnen die Gelegenheit zu einer Free Card auf dem River. Checken Sie und nehmen die Free Card.

Tatsächlich setzen Sie 2.000 $ und Ihr Gegner callt.

Der „Dark Tunnel Bluff" zeigt seine hässliche Fratze! Sie brachten vor dem Flop einen Einsatz und wurden gecallt, dann machten Sie das Gleiche nach dem Flop und wurden gecallt. Ihr Gegner teilt mit, dass er etwas hat und nicht gewillt ist aufzugeben. Ihre letzte Bet war begründet, aber diese kleine Bet ist einfach nur pure Aggression. Was hat dieser Einsatz für einen Sinn, abgesehen davon, dass er einen Pot versüßt, den Sie ziemlich sicher bereits verloren haben? Wenn Ihr Gegner raist, werden Sie folden müssen und haben sich selber aus dem Pot geschmissen.

Spieler, die auf diese Weise betten, denken gewöhnlich, dass der Verzicht auf einen Einsatz Schwäche bedeutet. Ihr Einsatz vor dem Flop zeigte Stärke, ihre Continuation Bet zeigte Stärke und jetzt fürchten sie, dass ein fehlender Einsatz offenbaren wird, dass sie bisher nichts haben. Das ist alles richtig, aber kein Grund, weitere 2.000 $ zu verschwenden *wenn diese Bet den Pot nicht gewinnen kann.*

Auf dem River kommt J♣ – das gibt Ihnen eine Straight. Ihr Gegner checkt, Sie gehen All-In und er callt nach langem Nachdenken. Sie zeigen Ihre Straight und er J♦9♠.

Sie haben sich mit viel Glück retten können und gewinnen einen schönen Pot.

# Slow Play

Slow Play ist das Gegenteil eines Bluffs. Sie haben eine starke Hand, wollen aber eine schwache repräsentieren, um mehr Geld in den Pot zu locken. Das Slow Play ist eine schlagkräftige Waffe, die entweder einen großen Pot gewinnen oder einen Gegner aus dem Turnier werfen kann. Die große Gefahr beim Slow Play ist, dass Sie einen großen Pot verlieren könnten, indem Sie jemand anderem Free Cards geben, die dessen Hand schließlich stärker werden lassen als Ihre. Ein weiteres Problem besteht darin, dass man manchmal einen kleineren Pot erobert, als man ihn durch Verzicht auf Slow Play hätte gewinnen können.

Ich werde in den folgenden Abschnitten einen Blick auf charakteristische Beispiele für das Slow Play werfen. In der Zwischenzeit beschreibe ich einige Richtlinien für das Slow Play im Allgemeinen.

**Gegen wen sollten Sie slow spielen?** Das beste Ziel ist der looseaggressive Spieler, weil er oft einen Einsatz bringt. Er mag es, Spielern, die schwach zu sein scheinen, den Pot wegzuschnappen, also wird ihn ein Check wahrscheinlich zu dem Einsatz verleiten, den Sie benötigen. Slow Play gegen einen weak-tighten Spieler ist wahrscheinlich einerseits Zeitverschwendung und andererseits gefährlich. Indem Sie ihm Free Cards gewähren, geben Sie ihm die Möglichkeit, Geld von Ihnen zu gewinnen, haben aber selber keine Chance, sein Geld zu schnappen, da er mit einer schwachen Hand nicht setzen würde. (Wenn Sie ein richtiges Monster slow spielen, trifft diese Argumentation natürlich nicht zu, da er keine Outs hat.)

**Gegen welche Stacks sollten Sie slow spielen?** Große und kleine Stacks sind die besten und mittlere die schlechtesten Ziele.

Beachten Sie, dass diese Kriterien das genaue Gegenteil unserer Voraussetzungen für Bluffs sind. Die besten Situationen zum Bluffen sind die schlechtesten für das Slow Play – und vice versa.

### Slow Play vor dem Flop

Sehr wenige Blätter sind legitime Kandidaten für ein Slow Play vor dem Flop. Sie könnten zum Beispiel vorziehen, mit einem Blatt wie AQ eher zu callen als zu raisen, aber dann variieren Sie Ihr Spiel, damit Ihre Gegner Ihr Setzmuster nicht erkennen. Das Gleiche gilt für eine Hand wie ein Paar Zehnen in Early Position, wenn Sie als Erster um den Pot spielen. Sie können auf das Fünf- oder das Dreifache des Big Blinds raisen oder nur callen, aber die Idee eines Calls ist nicht, mehr Spieler in den Pot zu bekommen, sondern lediglich, Ihr Blatt zu verschleiern, damit es nicht so leicht erkannt werden kann.

Die einzigen Hände, mit denen tatsächlich ein legitimes Slow Play betrieben werden kann, sind Asse, Könige und manchmal Damen. Ich benötige aber auch mit derart starken Blättern einige Voraussetzungen, ehe ich versucht bin, die Hand slow zu spielen.

1. Ich befinde mich an einem vollen oder nahezu vollen Tisch – 9 bis 10 Spieler.

2. Ich bin in Early Position und vor mir ist keiner in den Pot eingestiegen.

3. Der Tisch ist im Allgemeinen loose und aggressiv, mit vielen Raises und Reraises vor dem Flop. Die loosen und aggressiven Spieler sitzen zu meiner Linken.

Ich halte nach einer Situation Ausschau, in der ich callen kann, weil mit einer großen Wahrscheinlichkeit nach mir geraist wird. Ich muss an einem vollen Tisch in Early Position sitzen, damit so viele Spieler wie möglich noch in der Lage sind zu raisen. Ich will natürlich, dass diejenigen, die raisen, loose und aggressive Spieler sind. Weniger offensichtlich, aber ebenso wichtig, ist, dass ich als Erster agiere. Wenn jemand vor mir geraist oder gecallt hat, wird ein Call meinerseits dazu führen, die Action abzuschwächen (auch an einem loosen Tisch), da bereits zwei Spieler Stärke gezeigt haben. Das richtige Spiel nach einem Raise oder Call ist, mit meinem hohen Paar einfach zu raisen. Denken Sie daran, dass mehrere Limper ein verheerendes Ergebnis für das hohe Paar sind. Wie immer in diesem Fall, ist Ihr letztliches Ziel, gegen einen einzigen Gegner Heads-Up zu spielen – mit einem Pot, der so groß wie möglich ist.

Beachten Sie, dass David Sklansky ein ungewöhnliches Spiel befürwortet, dass hier Erwähnung finden soll. Er zieht es manchmal vor, mit einem Paar Asse in Middle Position zu limpen, nachdem ein Limper in den Pot eingestiegen ist, und wenn die Spieler ein wenig loose und die Stacks groß sind. Mehrere Limper könnten einen Spieler in Late Position dazu verleiten, einen großen Raise zu bringen, oder es könnte Ihnen ermöglichen, ein total verstecktes Set mit Assen zu spielen, wenn auf dem Flop ein Ass auftaucht. Die gelegentlichen riesigen Gewinne, die aus diesen Situationen resultieren, entschädigen für den Verlust an Equity, wenn Sie genötigt sind, einen ungeraisten Pot gegen mehrere Limper zu spielen. Für diese Spielweise müssen Sie aber erfahren genug sein, Ihre Asse aufgeben zu können, wenn die Einsätze nach dem Flop Gefahr bedeuten.

**Nach dem Flop: Allgemeine Überlegungen**

Slow Play nach dem Flop kommt viel häufiger vor. Tatsächlich bin ich der Meinung, dass es zu häufig vorkommt. Viele gute Spieler überstrapazieren das Slow Play – möglicherweise in dem Bestreben, ihrem trickreichen und betrügerischen Image gerecht zu werden. Üblicherweise bringe ich mit guten Händen eine Value Bet. Wenn ich slow spiele, wähle ich die Situationen sorgfältig aus und suche nach ganz bestimmten Kriterien.

**Ein aggressiver Gegner.** Wenn ich meine starke Hand checke, will ich, dass mein Gegner bettet. Ein looser, aggressiver Gegner wird sehr wahrscheinlich genau das machen. Ein tighter Spieler ist offensichtlich ein weniger geeigneter Kandidat für Slow Play.

**Ein einzelner Gegner.** Slow Play funktioniert gegen einen einzelnen Gegner am besten. Mit einer sehr starken Hand können Sie ein Slow Play gegen zwei Gegner in Betracht ziehen. Gegen drei oder mehr Gegner würde ich nur mit einem richtigen Monster, in der Nähe der Nuts, slow spielen. Das Problem bei mehreren Gegnern ist zweigeteilt: Es gibt mehr Chancen, dass jemand auf eine Hand drawt, die Sie schlagen kann, und es ist wahrscheinlicher, dass jemand ein Blatt hält, mit dem er Ihre Value Bet berechtigterweise callen (oder raisen) kann. Denken Sie daran, dass es keinen Grund gibt, slow zu spielen, wenn eine geradlinige Value Bet wahrscheinlich gecallt wird.

Erinnern Sie sich stets daran, dass das unmittelbare Ziel eines Slow Plays der Gewinn einer Extra-Bet ist. Statt auf die Sequenz „Bet, Fold", hoffen Sie auf die Sequenz „Check, Bet, Raise, Fold". Manche Anfänger lassen sich von dem Gedanken hinreißen, eine komplizierte Falle aufzustellen, die den Gegner dazu veranlasst, langsam aber sicher alle seine Chips zu verlieren. Das kann natürlich passieren, aber nur, wenn Ihr Gegner selber eine starke Hand hat, die er gewillt ist voranzutreiben. Hat er jedoch ein schwaches Blatt und denkt – aufgrund Ihres Checks –, dass Sie ebenfalls eine schwache Hand haben, dann werden Sie lediglich seinen ersten Einsatz gewinnen. Hat er erst einmal realisiert, dass Sie wirklich etwas auf der Hand haben, wird er nicht bereit sein, noch mehr Geld in den Pot zu geben.

**Nach dem Flop: Handauswahl**
Welche Hände sind für ein Slow Play nach dem Flop stark genug?

**Full House oder Vierling.** Diese Blätter sind offensichtlich nicht nur gut genug für ein Slow Play – Sie müssen diese slow spielen. Wenn Sie zum Beispiel ein Full House floppen, verbleiben nur sehr wenig Karten im Deck, die zum Board passen können. Wenn Sie

halten und auf dem Flop kommen

gibt es nur noch zwei verbleibende Asse und eine Dame. Sie haben den gesamten Sauerstoff im Raum verschlungen und müssen jetzt warten und hoffen, dass jemand anderes blufft oder auf dem Turn oder River eine Karte trifft und mit Ihnen spielen möchte.

**Flushs und Straights.** Das sind ebenfalls ausgezeichnete Umstände für ein Slow Play, auch wenn Sie vorsichtig sein müssen, wenn Sie einen Flush floppen, der nicht der Nut Flush ist. Die Gefahr hierbei ist, dass ein Spieler mit einer hohen Karte, die mit dem Board übereinstimmt, dabeibleiben wird und auf einen Flush drawt, der Sie schlägt. Einen Flush, von dem das Ass auf dem Board liegt, slow zu spielen, ist die gefahrloseste Situation; Gute Spieler werden oft Ass-x suited spielen, aber nur sehr ungern zwei niedrigere Karten gleicher Farbe. Wenn das Ass auf dem Board liegt, sinkt die Gefahr, dass man sich einem besseren Flush gegenübersieht. (Im Online-Poker trifft diese Logik nicht zu, da schwache Spieler vor dem Flop gerne zwei Karten gleicher Farbe spielen.) Straights sind ausgezeichnete Hände für Slow Play, da die Gefahr, in der sich Ihre Gegner befinden, nicht so offensichtlich ist.

**Trips.** Das sind gute Hände für Slow Play und sie kommen sehr viel häufiger vor als die stärkeren Blätter. Einige Autoren raten Ihnen, vorsichtig zu sein, wenn Sie Middle- oder Bottom Trips floppen, weil Sie gegen höhere Trips verlieren könnten. Blödsinn! Wenn Sie aus dem Turnier fliegen, weil Sie in einer Set-Set-Konfrontation verloren haben, dann war es ganz einfach nicht Ihr Turnier. Wenn Ihr Set von einem anderen übertrumpft wird, ist es Ihnen vorherbestimmt, viel Geld zu verlieren. Wenn ich jemand erzählen höre, wie er in weiser Voraussicht Middle Set weggeworfen hat, weil er sich nach einigen komplizierten Gedankengängen davon überzeugt hat, dass er geschlagen war, lautet meine spontane (aber stille) Antwort „Idiot!".

**Two Pair.** Top Two Pair ist ein Kandidat für Slow Play. Die anderen Kombinationen aus zwei Paaren sind schwach. Das Bottom Pair, besonders wenn es ein sehr niedriges Paar ist, wird zu oft entwertet, wenn auf dem Board hohe Karten auftauchen. Ich ziehe es vor, mit einer Value Bet einfach den Pot zu gewinnen.

**Top Pair.** Unter ganz bestimmten Bedingungen kann selbst ein bescheidenes Top Pair slow gespielt werden. Es folgt, was ich dabei gerne sehe.

1. Die beste Situation ist AK auf der Hand und auf dem Flop kommen K-x-x in drei verschiedenen Farben und ohne Straight-Möglichkeit.

Sie haben keine Angst, dass ein Ass kommt, da Sie eins haben, und keine Angst, dass das Paar von einem anderem übertroffen wird, da Sie Top Pair haben. Ihre einzige Sorge ist, dass jemand eine der beiden niedrigen Karten auf dem Board getroffen hat und derjenige Trips oder Two Pair bekommen könnte. Das ist aber alles unwahrscheinlich und den Versuch wert, eine Extra-Bet mitzunehmen.

2. Die zweitbeste Situation ist AQ oder KQ auf der Hand und auf dem Flop kommen Q-x-x. Auch hier halten Sie Top Pair mit höherem Kicker, aber jetzt gibt es eine Overcard, die auftauchen und Sie schlagen kann.

3. Die letzte Situation, die wir betrachten, ist ein Bube plus Ass, König oder Dame auf der Hand und auf dem Flop kommen J-x-x. Das ist bestenfalls eine sehr grenzwertige Situation für ein Slow Play, aber gegen den richtigen Gegner und unter perfekten Bedingungen könnte ich es versuchen.

Für die Spitzenkategorien der Hände – Straights, Flushs und Full Houses – ist die entscheidendere Frage: „Wann spielt man diese Hand nicht *slow?*" Wenn Sie aufgrund seines Setzverhaltens vor dem Flop annehmen, dass Ihr Gegner mit einem hohen Paar eingestiegen ist oder eins auf dem Flop gemacht haben könnte, betten Sie einfach. Es besteht eine gute Chance, dass Sie geraist werden. Denken Sie daran: Ihr vordringliches Ziel ist es nicht, den Gegner auszutricksen, sondern sein Geld in den Pot zu bekommen.

Eine Betsequenz, die ich besonders schätze, wenn ich ein Monster auf der Hand habe, ist eine, in der ich meinen Einsatz in Höhe einer Continuation Bet mache und gecallt werde. Dann checke ich auf dem Turn und mein Gegner checkt nach mir. Jetzt habe ich den Eindruck erweckt, dass ich nichts habe; ich habe meinen Angriff auf den Pot gemacht und nachdem ich gecallt wurde, hat mich der Mut verlassen – aber jetzt könnte ich ja vielleicht den Pot auf dem River stehlen!? Wenn ich einen letzten gut bemessenen Einsatz bringe, ist es für meinen Gegner nahezu unmöglich, mich nicht auszuzahlen, wenn er auch nur ein bisschen was auf der Hand hat!

**Nach dem Flop: Check-Raise und Check-Call**

Der Check-Raise kann ein sehr kraftvolles Manöver sein. Gute Spieler wenden ihn normalerweise nach dem Flop oder, in einigen Fällen, nach dem Turn an. Sie haben eine starke Hand vervollständigt, aber anstatt zu betten, checken Sie lediglich und deuten damit an, den Flop verfehlt zu haben. Ihr Gegner macht einen Einsatz. Jetzt raisen Sie und enthüllen damit die Stärke Ihrer Hand. Wenn Ihr Gegner seine Karten wegwirft, kassieren Sie eine Bet mehr, als Sie vermutlich bekommen hätten, wenn Sie direkt gebettet hätten. Wenn er callt, haben Sie bedeutend mehr Geld in den Pot bekommen.

Zwar kann Ihnen der Check-Raise bei einer guten Hand ein wenig zusätzliches Geld einbringen, er ist aber auch mit Risiko verbunden. Hier ein paar Dinge, die zu beachten sind, wenn Sie einen Check-Raise in Erwägung ziehen:

1. **Ist Ihr Gegner aggressiv?** Wenn er nicht aggressiv ist, könnte ein Check mit dem Hintergedanken eines Check-Raise ein taktischer Fehler sein. Ein tighter oder weak-tighter Spieler könnte nach Ihnen checken und eine Free Card nehmen – dann hatte Ihr Versuch, zusätzliches Geld in den Pot zu bekommen, keinen Erfolg.

2. **Können Sie es sich erlauben, eine Free Card zuzulassen?** Liegen auf dem Board Draws, die Ihre starke Hand schlagen können, sind Sie besser daran, den Pot unverzüglich zu gewinnen oder Ihrem Gegner zumindest unzureichende Odds für einen Draw zu geben.

3. **Entspricht es Ihrem Image am Tisch, dass Sie geradlinige Value Bets machen oder gelten Sie als trickreicher, betrügerischer Kerl?** Wenn Sie geradliniges Poker gespielt haben, wird Ihr Check-Raise wahrscheinlich eher funktionieren. Wenn Sie hingegen während der Session einen Narrentanz aufgeführt haben, werden Ihre Gegner wahrscheinlich mittlerweile vermuten, dass Ihr Spiel das Gegenteil von dem bedeutet, was es vorgibt zu sein, und werden einen großen Bogen um Sie machen.

Hier ein Beispiel für eine gute Check-Raise-Situation:

**Beispiel Nr. 8:** An Ihrem Tisch sitzen noch acht Spieler. Die Blinds liegen bei 400/800 $ mit Antes von 50 $. Der Anfangspot beträgt 1.600 $. Sie sitzen im Big Blind mit A♠Q♠. Die ersten fünf Spieler folden und der Button – ein sehr aggressiver Spieler, der bei Pots, die noch nicht eröffnet sind, routinemäßig setzt und nach dem Flop Continuation Bets macht – raist auf 3.000 $. Der Small Blind foldet. Sie und der Button haben zu diesem Zeitpunkt große Stacks. Sie haben während des Turniers solide gespielt. *Was machen Sie?*

**Antwort:** Mit einer Hand dieser Güte ist ein Raise der normale Zug, aber Sie sollten zur Abwechslung gelegentlich callen. Der Button könnte einen Steal versuchen, aber das wissen Sie nicht, und er wird in den nachfolgenden Runden Position auf Sie haben. Ich würde in dieser Situation eine Mischung aus 70 % Raises und 30 % Calls anwenden.

Sie callen und im Pot sind jetzt 6.800 $. Auf dem Flop kommen A♥9♠2♦. Sie sind als Erster dran. *Was machen Sie?*

**Antwort:** Alle Bedingungen sind günstig für einen Check-Raise. Ihr Gegner ist aggressiv und hat in der Vergangenheit Pots angegriffen, Sie wirken solide und geradlinig und das Board bietet keine gefährlichen Straight- oder Flush Draws. Ihr Paar Asse mit Dame als Kicker ist in diesem Moment sehr wahrscheinlich die beste Hand.

Sie checken. Er setzt 3.500 $.

Irgendetwas zwischen dem Doppelten und Dreifachen seiner Bet ist eine gute Höhe für einen Raise – aber näher an dem Dreifachen. Sie noch überholen zu wollen, sollte ein sehr kostspieliges Unterfangen sein.

Sie raisen auf 9.000 $ und er foldet.

Ein Check-Call ist ein riskanteres, aber eventuell profitableres Manöver als ein Check-Raise. Hierbei geben Sie Ihrem Gegner freiwillig eine Free Card – mit dem Hintergedanken, im weiteren Verlauf der Hand zusätzliches Geld zu gewinnen. Das folgende Beispiel zeigt einige der darin enthaltenen Probleme auf.

**Beispiel Nr. 9:** Final Table eines großen Turniers. Es sind noch sechs Spieler übrig. Die Blinds sind 1.000/2.000 $, mit Antes von 200 $. Der Anfangspot beträgt 4.200 $. Sie sind vor dem Flop als Zweiter an der Reihe. Im Folgenden die Spieler und deren Chipstände:

| | |
|---|---|
| Small Blind | 80.000 $ |
| Big Blind | 210.000 $ |
| Spieler 1 | 240.000 $ |
| Sie | 250.000 $ |
| Spieler 3 | 110.000 $ |
| Spieler 4 | 90.000 $ |

Sie sind als ein sehr gerissener und routinierter Spieler bekannt, der im Stande ist, jederzeit Täuschungsmanöver vornehmen zu können. Spieler 3 – mit einem aggressiven Ruf – ist ebenfalls gewieft und sehr erfahren. Spieler 1 foldet. Sie bekommen

und raisen auf 7.000 $, etwas mehr als das Dreifache des Big Blinds. Das ist während dieser Blind-Runde der normale Eröffnungs-Raise. Spieler 3 callt. Der Button und die Blinds folden. Im Pot sind jetzt 18.200 $. Auf dem Flop kommen

Sie sind als Erster dran. *Was sollten Sie tun?*

**Antwort:** Sie haben ein Monster gefloppt, Trips mit Neunen, und Ihre Hand ist offensichtlich stark genug für ein Slow Play. Sie sollten jetzt meistens checken. Ich sage „meistens", weil Sie in diesen Situationen gelegentlich einen Einsatz bringen sollten, damit Sie von Ihren Gegnern nicht als jemand abgestempelt werden, der checkt, wenn er stark ist, und nur bettet, wenn er schwach ist. Gute Spieler neigen dazu, in dieses Muster zu verfallen – besonders in Shorthanded-Situationen zum Ende eines Turniers. Aber nehmen wir an, dass Sie Ihre Spielweise in letzter Zeit gut variiert haben, sodass Sie jetzt checken und eine Falle stellen dürfen.

Jetzt kommt die eigentlich interessante Frage: Angenommen, Sie checken und Ihr Gegner bringt einen gut bemessenen Einsatz, sagen wir 10.000 $. Raisen Sie dann, oder callen lediglich?

Eine der schwierigsten Entscheidungen beim Poker ist diejenige zwischen einem Slow Play mit Check-Raise und einem mit Check-Call. Oft gibt es darauf keine eindeutige Antwort. Sie haben zwei Ziele:

1. So viel zusätzliche Einsätze wie möglich aus Ihrem Gegner herausholen und

2. vermeiden, die Hand zu verlieren.

Im Folgenden einige der Fragen, die sich auf die Entscheidung auswirken:

**Ist Ihr Gegner weak und/oder tight?** Wird er auf den folgenden Straßen zusätzliches Geld setzen oder nicht? Ein weak-tighter Spieler könnte einen Angriff auf den Pot starten; trifft er jedoch auf Widerstand, ist er mit der Hand fertig, es sei denn, er findet im weiteren Verlauf etwas Großartiges. Gegen einen solchen Gegner ist ein Check-Call falsch, da er kein zusätzliches Geld in den Pot bringen wird, es sei denn, dass die Free Card, die Sie ihm geben, seine Hand in einer Weise verbessert, die Sie schlagen könnte. In diesem Fall checkraisen Sie und gehen davon aus, die Hand unverzüglich zu gewinnen.

**Ist Ihr Gegner als aggressiver Spieler bekannt?** Ein aggressiver Spieler bereitet verschiedene Probleme. Er wird Ihren Check-Call sicher dahingehend interpretieren, dass dieser eine starke Hand repräsentiert, aber wenn er Sie auf eine Drawing Hand setzt (in diesem Fall einen Flush Draw), könnte er geneigt sein, Sie mit einer weiteren Bet auf dem Turn oder River auf die Probe zu stellen. Wenn er ein Medium- oder Low Pair (beispielsweise Achten oder Vieren) hält, könnte er schlicht davon ausgehen, dass er weiterhin die beste Hand hat und auf dieser Grundlage einen Einsatz bringen. Gegen diesen Spieler ist ein Check-Call am sinnvollsten. Dieses Manöver repräsentiert zwei hohe Karten; wenn auf dem Turn eine niedrige Karte auftaucht und Sie erneut checken, könnte er wieder einen Einsatz machen.

**Müssen Sie Ihre Defensive stärken?** Es gibt noch einen weiteren Grund für einen Check-Call gegen einen aggressiven Gegner – einen defensiven. Sie werden sich in vielen Situationen wiederfinden, in denen Sie nach dem Flop checken und nicht wollen, dass jemand einen Einsatz bringt. Um sich einen gewissen Respekt und Free Cards zu verschaffen, ist es bisweilen notwendig zu zeigen, dass Sie fähig sind, eine sehr starke Hand bis zum River durchzuchecken und darauf zu warten, dass Ihr Gegner einen Einsatz macht. Haben Ihre Gegner erst einmal realisiert, dass Sie dazu in der Lage sind, werden sie mit Routineeinsätzen etwas zurückhaltender, wenn Sie den Flop verfehlt haben, und checken. Wenn Ihre Gegner bisher bedingungslos gegen Sie gesetzt haben, könnte diese Hand für diesen Zweck geeignet sein.

**Wie wahrscheinlich ist es, dass Sie die Hand verlieren, wenn Sie Free Cards geben?** Ich habe in Band I hervorgehoben, dass das Gewähren von Free Cards möglicherweise einer der schlimmsten Fehler ist, den man begehen kann. In jeder Hand müssen Sie sich fragen: „Wie hoch ist die Wahrscheinlichkeit, dass mich eine Free Card schlagen kann?“ In dieser Hand ist diese Wahrscheinlichkeit eindeutig sehr gering. Der Flop mit 9♥9♠3♠ kann nicht sehr vielen Blättern geholfen haben, besonders weil Sie die dritte Neun haben. Die beiden Pik sind eine kleine Bedrohung, aber der Flush Draw in Pik ist ausreichend unwahrscheinlich, als dass Sie – angesichts der Stärke Ihrer Hand – darauf fürs Erste achten müssten.

**Auflösung:** In Anbetracht des bekannt aggressiven Charakters Ihres Gegners und des relativ sicheren Flops, ist Ihr Plan zu checken und zu callen.

Sie checken und Ihr Gegner ebenso. Auf dem Turn kommt 5♠.

Sie haben keine Bet provoziert und auf dem Board ist ein drittes Pik aufgetaucht. Beides sind schlechte Vorzeichen für ein Fortsetzen der Falle. Es sieht nicht so aus, als ob Ihr Gegner etwas hätte, außerdem könnten Sie die Hand bei einem Pik auf dem River verlieren. (Es ist sehr unwahrscheinlich, dass er jetzt einen Flush hat. Wenn er nach dem Flop vier Pik gehabt hätte, wäre er nach Ihrem Check in einer guten Semi-Bluff-Situation gewesen und hätte vermutlich gebettet.) Zeit für einen Einsatz, um die Hand zu beenden.

Sie setzen 10.000 $ und Ihr Gegner foldet.

Er hatte J♦T♠ und machte vor dem Flop einen ziemlich loosen Call. Danach war ihm die Situation für einen Angriff einfach zu gefährlich.

# Den Pot massieren

Der klassische Fehler, den die meisten Anfänger bei einer Monster-Hand begehen, ist der offensichtliche Drang, all ihre Chips in den Pot zu schieben. Konzentrieren Sie sich darauf, Ihre Chips schrittweise in den Pot zu bringen, wenn Sie die Sicherheit einer starken Hand besitzen. Wir nennen das „den Pot massieren" – eine entscheidende Fähigkeit für den Gewinn zusätzlicher und größerer Einsätze. Behalten Sie die folgenden Pläne im Gedächtnis, wenn Sie mit einer starken Hand setzen:

1. **Bauen Sie den Pot Schritt für Schritt auf.** Machen Sie eher niedrige als hohe Einsätze, weil diese leichter zu callen sind. Je mehr Geld Sie in den Pot locken, desto verführerischer ist die Beute.

2. **Lassen Sie ihn All-In gehen.** Sie können nicht das ganze Geld Ihres Gegners gewinnen, wenn er nicht denkt, er könne all *Ihr* Geld gewinnen. Versuchen Sie Einsätze zu machen, die maximal halb so groß sind wie der Stack Ihres Gegners. Das belässt ihn in dem Glauben, dass er Ihre Bet callen kann und weiterhin in ziemlich guter Verfassung ist. Raisen Sie nicht ihn All-In – er soll Sie All-In raisen.

3. **Sitzen Sie auf Ihren Händen.** (Ihre leibhaftigen Hände, nicht Ihre Karten.) Ich bekam diesen Ratschlag von einem alten Schachtrainer, aber er ist genauso gut beim Poker anwendbar. Erwecken Sie niemals den Eindruck, Sie seien in Eile. Wenn notwendig, zählen Sie bis 15, bevor Sie einen Raise machen. Lassen Sie ihn sich fragen, worüber Sie nachdenken. Wer weiß, zu welchen Erklärungen seine fieberhaften Überlegungen führen?

# Der Check-Raise-Bluff

Indem wir uns den geheimnisvolleren Arten der Täuschungsmanöver zuwenden, müssen wir den Check-Raise-Bluff erwähnen. Dieser funktioniert genauso wie ein Check-Raise, mit dem Unterschied, dass Sie jetzt keine wirklich spielbare Hand haben. Sie repräsentieren lediglich eine, indem Sie zuerst checken und dann raisen.

Einige der unternehmungslustigeren Profis mögen den Check-Raise-Bluff und versuchen, in jeder Session ein paar anzubringen. Andere von uns sind skeptischer. Das Problem beim Check-Raise-Bluff liegt auf der Hand: Wenn er versagt, ist er ein sehr teures Manöver. Sie haben Ihrem Gegner erlaubt, auf den Pot zu setzen und setzen dann mit einem großen Raise noch einen drauf – wahrscheinlich etwa in Höhe des neuen Pots. Sie hoffen, dass der Einsatz Ihres Gegners entweder ein Bluff war oder dass er eine mittelstarke Hand hat, diese aber angesichts Ihres offensichtlichen Monsters wegwirft. Meistens wird die eine oder andere dieser Bedingungen zutreffen, aber wenn er wirklich eine Hand hat, kostet es Sie viel Geld.

Um das Problem zu verdeutlichen, stellen Sie sich vor, dass nach der Setzrunde vor dem Flop 2.000 $ im Pot sind. Sie sind gegen einen anderen Spieler als Erster an der Reihe. Der Flop wird aufgedeckt und verfehlt Sie. Aus welchen Gründen auch immer sind Sie nicht bereit, die Hand aufzugeben. Sie ziehen zwei Manöver in Erwägung: einen geradlinigen Continuation-Bet-Bluff oder einen Check-Raise-Bluff.

1. Die Continuation Bet wird Sie ungefähr 1.000 $ kosten. (Lassen Sie uns annehmen, dass Sie aufgeben, wenn Ihre Bet den Pot nicht gewinnt, und kein weiteres Geld investieren.)

2. Der Check-Raise-Bluff wird Sie ungefähr dreimal so viel kosten. Sie checken, er bringt eine Bet in Höhe von 1.000 $ und Sie setzen mit einem Reraise in Potgröße von 3.000 $ noch einen drauf. Sie haben viel mehr von Ihrem Stack investiert, um herauszufinden, ob Ihr Gegner wirklich eine Hand hat oder nicht.

Der Check-Raise-Bluff gehört nicht zu meinen bevorzugten Manövern. Ich wende ihn gelegentlich an, aber ich muss gesehen haben, dass dieser Gegner selbst nach der Investition einer erheblichen Menge von Chips schon einige Hände weggeworfen hat.

# Der Post-Oak-Bluff

„Post-Oak-Bluff“ ist Doyle Brunsons Bezeichnung für ein besonders hinterhältiges Manöver, das man auf dem Turn oder River anwenden kann. (Ich habe für diesen Begriff keine Quelle – er muss von den legendären alten Straßenspielen aus Texas herrühren.)

Um die Idee zu verstehen, stellen Sie sich vor, Sie haben die Nuts auf dem River und sind als Erster an der Reihe. Sie wissen, dass Sie den Pot gewonnen haben und möchten so viel Geld wie möglich herausschlagen. Sie ahnen, dass Ihr Gegner eine recht gute Hand hat, sind sich aber auch ziemlich sicher, dass er denkt, es sei zu diesem Zeitpunkt die zweitbeste. Wenn Sie eine Bet in Potgröße machen, wird er einfach sein Blatt wegwerfen. Also werfen Sie stattdessen einen Köder aus – eine kleine Bet in der Größenordnung von vielleicht 20 bis 25 % des Pots. Sie geben ihm Pot Odds von 5 zu 1 oder 6 zu 1; diese Odds sind so gut, dass er aufgrund der geringen Wahrscheinlichkeit, dass Sie bluffen, ein wenig mehr Geld hineinwirft. Es ist nicht viel, aber es ist ein kleiner Zusatzgewinn für Ihren Stack. Sie haben solche Einsätze von Zeit zu Zeit schon gemacht, so wie jeder andere auch.

Der Post-Oak-Bluff treibt diesen Gedanken auf die Spitze. Sie haben auf dem Turn und River nichts auf der Hand, aber Ihr Spiel bis zu diesem Zeitpunkt repräsentierte eine gute Hand. Jetzt bringen Sie einen kleinen Einsatz – in der Hoffnung, dass Ihr Gegner denken wird, dass Sie ihn in den Pot locken wollen, und er deshalb sein Blatt wegwirft.

Es ist ein brillantes Manöver, wenn es funktioniert, aber anders als bei einigen anderen Spielzügen müssen komplexe Vorbedingungen erfüllt sein:

1. Ich muss beobachtet haben, dass mein Gegner in der Vergangenheit selber den Köder-Einsatz gemacht hat, sodass ich sicher sein kann, dass ihm die Grundidee vertraut ist.

2. Mein Gegner muss gesehen haben, dass ich diese Einsätze gemacht habe; dann weiß er, dass sie sich in meinem Repertoire befinden.

3. Ich muss beobachtet haben, dass mein Gegner bereits auf eine kleine Bet hin gefoldet hat; dann weiß ich, dass er nicht routinemäßig mit großartigen Odds callt, damit ich ehrlich bleibe.

Das sind eine Menge Vorbedingungen, aber wenn alle zutreffen, ist das Manöver einen Versuch wert. Der Post-Oak-Bluff hat den Vorteil, auf billige und geistreiche Art zu versuchen, eine verlorene Hand zu gewinnen.

# BSB-Spiel

Wenn alle bis zum Button folden, entwickelt sich zwischen den letzten Spielern in der Hand eine interessante Dynamik. Ich nenne das „BSB-Spiel", da die verbliebenen Spieler der Button, der Small Blind und der Big Blind sind.

Der Button hat die meisten Spieler am Tisch aussteigen sehen und wird im weiteren Verlauf der Hand Position auf die beiden verbliebenen Spieler haben. Logischerweise ist er berechtigt, mit weit schwächeren Blättern als normalerweise zu callen oder zu raisen, da seine Chance, die Blinds zu gewinnen, sehr groß ist. In Band I sind die Hände, die ich in dieser Situation bereit bin zu spielen, aufgelistet. Eine schnelle Zusammenfassung: Raisen Sie mit jedem Paar, mit jedem Ass, mit J9 oder höher und Suited Connectors bis hinunter zu 65. Das sind eine Menge Hände.

Natürlich weiß der Small Blind, dass der Button mit einer großen Auswahl an Händen raisen kann, also sinken seine Call- oder Raise-Anforderungen in gleichem Maße.

Und der Big Blind weiß, was der Button und der Small Blind tun, also kann auch er weniger starke Blätterspielen.

Wenn alle diese Spieler um den Pot streiten, ist das Ergebnis die schlichte Frage: Wer hat tatsächlich etwas auf der Hand? Der Schlüsselgedanke ist einfach: Verheddern Sie sich nicht in Ihrer eigenen Cleverness. Nehmen wir an, Sie sitzen auf dem Button, raisen mit einem Paar Sechsen, der Small Blind reraist Sie und der Big Blind reraist ihn! Ja, sie könnten beide mit absolutem Schrott raisen. In vielen Fällen *wird* das auch zutreffen. Aber es bleibt eine schlichte Tatsache, dass Ihr Blatt schwach ist und Ihr eigentliches Vorhaben, die Blinds ohne Gegenwehr zu schnappen, nicht funktioniert hat. Geben Sie die Hand auf und warten die nächste ab. Ich habe viele geistreiche Spieler alle ihre Chips verlieren sehen, weil sie mit ihren verwickelten Gedankengängen in ein unvorhergesehenes Paar Könige hineinrannten. (Es ist absolut rechtmäßig, dass die Blinds gute Karten bekommen.) Nehmen Sie es leicht und gehen einfach zur Tagesordnung über.

# Smallball gegen Longball

Beim Baseball steht Smallball für einen Spielstil, mit dem viele Runs erzielt werden – um jeweils eine Base. Der Trainer vermischt Geschwindigkeit und Aufmerksamkeit mit Bunts, gestohlenen Bases, Hits hinter die Runner und anderen derartigen Tricks, um ohne die Unterstützung eines Wunderschlags zu Runs zu kommen. Viele der großen Teams der National League aus den 60ern, 70ern und 80ern waren Musterbeispiele für diesen Stil.

Der entgegengesetzte Stil beim Baseball heißt Longball – veranschaulicht durch die rohe Gewalt der Yankees aus dem Jahr 1927 (Ruth und Gehrig) und 1961 (Mantle und Maris) oder auch die heutigen technologischen Wunder. Einfach das Gewebe aus dem Ball schlagen und die Runs in riesigen Mengen einsammeln.

Poker hat seine eigenen Entsprechungen zu diesen Herangehensweisen. Beim Poker bezeichnet Smallball einen Spielstil, der auf unscheinbaren Zugriffen auf den Pot beruht – eine Mischung aus Probe- und Continuation Bets, oder Calls gefolgt von kleinen Raises oder auf Position basierenden Einsätzen, um Pots billig einzukassieren, ohne viel auf der Hand zu haben. Das Schlüsselwort hierbei ist „billig." Da nicht alle diese Manöver funktionieren werden, investieren Sie nicht zu viel Geld in jedes einzelne. Machen Sie einfach weiter mit Herumdümpeln und –schlängeln, Stochern und Tänzeln und dem Stehlen kleiner Pots, während Sie auf die große Hand warten, mit der Sie verdoppeln werden.

Die entgegengesetzte Herangehensweise nenne ich Longball (auch wenn ich diesen Begriff in Bezug auf Poker vorher noch nie gehört habe). Dabei entwickeln Sie große und hanebüchene Bluffs, indem Sie von Anfang an eine starke Hand repräsentieren und den Pot immer wieder angreifen, bis schließlich Ihr letzter Einsatz Ihren Gegner dazu veranlasst, seine Karten wegzuwerfen. Wenn Sie den Mut dazu haben, werden Longball-Manöver den Pot in sehr vielen Fällen gewinnen. Wenn sie jedoch misslingen, werden Sie all Ihre Chips verlieren.

Longball kann offensichtlich nicht übertrieben werden. Im Folgenden ein Beispiel für Longball in Aktion – von den WSOP des Jahres 2003.

**Beispiel Nr. 10:** Final Table der WSOP aus dem Jahr 2003. Sechs verbliebene Spieler mit folgenden Chipständen und Positionen.

| | | | |
|---|---|---|---|
| Small Blind | Jason Lester | 1.035.000 $ | K♥Q♦ |
| Big Blind | Dan Harrington | 985.000 $ | A♥J♣ |
| 1 | Chris Moneymaker | 3.205.000 $ | |
| 2 | Amir Vahedi | 560.000 $ | |
| 3 | Tomer Benvenisti | 495.000 $ | |
| 4 | Sam Farha | 2.055.000 $ | A♦5♣ |

Die Blinds lagen bei 15.000/30.000 $ mit Antes von 4.000 $, also betrug der Anfangspot 69.000 $.

**Chris Moneymaker.** Foldet sein Blatt.

**Amir Vahedi.** Foldet sein Blatt.

**Tomer Benvenisti.** Foldet sein Blatt.

**Sam Farha.** Farha – auf dem Button – raist mit A5o auf 70.000 $. Ein plausibler Zug mit einer guten Chance, den Pot unverzüglich zu gewinnen.

**Jason Lester.** Lester nimmt KQo auf – ein in dieser Situation ausgezeichnetes Blatt. Es ist stärker als viele Hände, mit denen sich Farha auf dem Button entschieden haben könnte zu spielen. Seine Position wird jedoch nach dem Flop unvorteilhaft sein, weshalb er nur callt.

**Dan Harrington.** Ich habe ein gutes Blatt – AJo – und bin froh, diese Hand spielen zu können. Es ist wahrscheinlich, dass ich im Moment eine bessere Hand als Farha habe. Die Tatsache, dass Lester trotz schlechter Position bereit war zu callen, zeigt jedoch, dass er eine starke Hand haben könnte. Ich entscheide mich, lediglich zu callen.

Der aufmerksame Leser wird fragen: „Warum haben Sie nach einem Raise in Late Position und einem Call nicht das Squeeze Play angewendet?" Das ist eine gute Frage. Die Antwort ist einfach: „Mein Blatt ist zu gut!" Das Squeeze Play ist im Grunde nichts als ein Bluff und ich möchte für so etwas nicht Hände verwenden, die einen wirklichen

Wert haben. Für einen Bluff bevorzuge ich viel lieber eine wertlose Hand, mit der ich leichten Herzens Schluss machen kann, falls nach mir jemand den Spieß umdreht.

Beachten Sie, dass es mich in dieser Position 40.000 $ kostet, einen Pot zu callen, der momentan 194.000 $ beträgt. Ich erhalte mit meiner AJ Odds von nahezu 5 zu 1 (das sind grandiose Odds), also bin ich mit einem Call zufrieden und schaue was passiert.

Im Pot sind jetzt 234.000 $. Auf dem Flop kommen K♠T♠T♣.

**Jason Lester.** Jason hat Top Pair gefloppt und könnte berechtigterweise eine große Bet bringen. Stattdessen entscheidet er sich zu checken. Er könnte versuchen, Farha im weiteren Verlauf der Hand eine Falle zu stellen, nachdem er gesehen hat, was ich mache.

**Dan Harrington.** Ich habe nichts außer einem Inside Straight Draw und aufgrund der hohen Karten auf dem Board ist es wahrscheinlich, dass der Flop zumindest einem meiner Gegner geholfen hat. Ich habe es versucht, aber die Hand ist nicht gut gelaufen – daher plane ich nicht, mich weiter zu engagieren. Ich checke in der Hoffnung auf eine Free Card.

**Sam Farha.** Der Flop ist gefährlich und Farha hat immer noch nichts. Trotz des gefährlichen Flops hat keiner seiner Gegner in der Setzrunde die Initiative übernommen. Also entscheidet sich Farha dies zu tun, mit einem Einsatz von 120.000 $. Das ist ein mutiger Zug – typisch für Farha. Beachten Sie, dass er in diesem Moment doppelt so viele Chips wie Jason und ich hat, damit ist er in der Lage, uns im weiteren Verlauf der Hand zu eliminieren – eine Drohung, die wir nicht ausüben.

**Jason Lester.** Nach einigem Nachdenken callt Jason nur. Die Frage liegt nahe: „Warum nicht mit Top Pair raisen?" Ich glaube, das war vermutlich Jasons Absicht, als er die Hand zunächst checkte. Aber jetzt hat er Farhas Einsatz bei einem offensichtlich gefährlichen Board gesehen und fragt sich einfach, was für eine Hand von Farha diesen Zug rechtfertigen könnte.

Vor dem Flop hätte Farha – auf dem Button – mit so ziemlich allem raisen können. Aber um jetzt einen Einsatz bringen zu können, muss er etwas haben. Wenn er eine Zehn hat, hat Jason sehr wenige Outs. Wenn er einen König hat, welche Könige kann Jason schlagen? KQ wäre ausgeglichen und AK und KT gewinnen für Farha. AQ, AJ und QJ verlieren alle, aber würde Farha mit diesen Händen betten? Jason entscheidet sich zu callen und eine weitere Karte zu sehen. Im Fernsehen sieht dieser Zug seltsam aus, weil wir wissen, dass Jason in diesem Moment meilenweit in Führung liegt. Aber er ist durch Farhas Einsatz eindeutig verwirrt und entscheidet sich zur Vorsicht. Er callt lediglich.

**Dan Harrington.** Für mich ist kein tiefgründigeres Nachdenken erforderlich. Ich bin draußen.

Im Pot sind jetzt 474.000 $. Auf dem Turn kommt 9♣.

**Jason Lester.** Die Karte hat Jason nicht geholfen und verhilft einem von Farhas möglichen Blättern (QJ) zu einer Straight. Jason checkt.

**Sam Farha.** Lester zeigt in keiner Weise Stärke – er hat drei Gelegenheiten für eine Bet oder einen Raise verstreichen lassen. Obwohl Farha nicht das Geringste hat, hat er einigen Grund zu der Annahme, dass dieser Pot zu gewinnen ist. Er setzt 250.000 $.

**Jason Lester.** Nach einigem Nachdenken foldet Jason. Farha bettete vor dem Flop, nach dem Flop und nach dem Turn. Nur wenige Spieler können diese Einsätze mit nichts machen und wenn Farha etwas hat, ist Jason wahrscheinlich geschlagen. Darüber hinaus wird er vermutlich seinen gesamten Stack auf dem River riskieren müssen, um herauszufinden, ob Farha blufft. Schließlich entscheidet Jason, dass hier ein Bluff einfach zu unwahrscheinlich ist, und gibt die Hand auf.

Farha feuerte drei Salven auf den Pot ab und hat ihn schließlich an sich gerissen. Er erzielte in dieser Hand einen Gewinn von ungefähr 280.000 $ – vergessen Sie aber nicht, dass er dafür ca. ein Viertel seines Stacks (nahezu 500.000 $) riskieren musste. Longball ist eine risiko- und ertragreiche Bluffmethode und erfordert eiserne Nerven sowie die Bereitschaft große Glücksschwankungen zu ertragen.

Für ein weiteres – subtileres und raffinierteres – Beispiel eines Longballs, werfen Sie bitte einen Blick auf die letzte Hand in diesem Buch, am Ende von Kapitel 13.

## Vermischen von Täuschungsmanövern und Spielstil

Welche Täuschungsmanöver Sie machen und wie oft, sollte zu einem großen Teil von Ihrem persönlichen Stil und davon, wie Sie am Tisch wahrgenommen werden, abhängen. Jeder Stil hat einige immanente Vor- und Nachteile für den jeweiligen Tisch. Seien Sie sich dessen bewusst und Ihr Spiel insgesamt wird davon profitieren. Lassen Sie dies außer Acht, werden Sie dafür bezahlen.

### Konservativer Stil und Bluffs

Konservative Spieler sind prädestiniert, gelegentlich zum richtigen Zeitpunkt einen Bluff mit nichts oder kaum etwas auf der Hand anzusetzen. Ein gutes Beispiel ist mein weiter vorn in diesem Kapitel beschriebenes Squeeze Play gegen Arieh und Raymer. Das Manöver hatte seine ganz eigenen Vorzüge, sobald ich festgestellt habe, dass Arieh aus Early Position auch mit suboptimalen Händen in den Pot eingestiegen ist. Aber mein tightes Image ermöglichte mir, diesen Spielzug mit beliebigen zwei Karten zu machen; ich ahnte, dass die Wahrscheinlichkeit hoch genug war, den Pot ohne weiteren Kampf gewinnen zu können – sodass ich meinen Karten keine Beachtung schenken brauchte. Daher hatte ich ein gutes Gefühl, als ich mit meinen 62 einstieg. Ein looser Spieler an meiner Stelle hätte für den gleichen Zug etwas auf der Hand haben müssen, weil Arieh und Raymer Verdacht geschöpft hätten, dass er gerade ein Täuschungsmanöver startet.

Die Schlüsselfrage, die sich dem konservativen Spieler stellt, ist: „Wie oft sollte ich bluffen?“ Meine schnelle (und sehr pauschale) Antwort hierauf wäre: Einen durchschnittlichen Tisch und mehr oder weniger durchschnittliche Karten vorausgesetzt (keine ausgedehnten Phasen mit entweder „heißen“ oder „kalten“ Karten), erscheint mir ungefähr alle anderthalb Stunden ein Bluff richtig zu sein. Das läuft auf ungefähr sechs Bluffs im Verlauf einer neunstündigen Session hinaus. Wenn am Tisch 30 bis 40 Hände pro Stunde gespielt werden, ist das etwa alle 50 bis 60 Hände ein Bluff. Beachten Sie auch, dass ich hierbei nicht von gigantischen Bluffs rede, bei denen Sie Ihr gesamtes Turnier riskieren, sondern lediglich von Nullachtfünfzehn-Zügen, mit denen Sie sich die Blinds und Antes schnappen – und vielleicht ein oder zwei zusätzliche Bets.

Das hört sich nicht nach besonders viel an, mehr dürfen Sie aber wahrscheinlich nicht machen, ohne Ihr Image zu verändern. Ihre sonstigen Züge machen Sie mit soliden Blättern und da es sehr unwahrscheinlich ist, dass Sie Ihre Bluff-Hände zeigen müssen, bleibt der gelegentliche Steal ganz einfach unbemerkt.

Da ein realer Tisch nicht all diesen durchschnittlichen Gesichtspunkten entsprechen wird, sollten Sie wachsam bleiben und aufpassen was passiert – und Ihr Spiel dementsprechend ausrichten. Hier noch einige weitere Tipps für den konservativen Spieler.

1. Bluffen Sie nicht, wenn Sie um viele Pots spielen. Ihre erhöhte Aktivität wird Verdacht erregen und es wird wahrscheinlicher, dass die Bluffs gecallt werden.

2. Wenn Ihre Karten sehr schlecht sind und Sie sehr wenige Hände spielen, befinden Sie sich in einer exzellenten Situation für einen Bluff. Einem Spieler, der zwanzig Hände ausgesetzt hat und dann ein paar Limper aus dem Big Blind heraus raist, wird kein Steal-Versuch unterstellt.

3. Bluffen Sie nicht an einem loosen Tisch. Es ist wahrscheinlicher, dass Sie gecallt werden, und auch, dass Ihre Value Bets besser ausbezahlt werden.

4. An einem tighten Tisch können Sie öfters bluffen. Die Spieler warten auf gute Blätter und haben kein Problem damit, schwache oder marginale Hände wegzuwerfen. Wenn Sie mit Ihrem Bluff an einem tighten Tisch auf Widerstand treffen, sind Sie tot. Treiben Sie ihn nicht auf die Spitze.

5. Beim Online-Poker sollten Sie viel weniger bluffen als beim Live-Poker. Das Vermitteln eines konservativen Images bedeutet nicht sehr viel bei Gegnern, die in drei Turnieren gleichzeitig spielen und nebenher noch fernsehen.

## Konservativer Stil und Slow Play

Das Slow Play ist für einen Spieler, der als konservativ ausgemacht worden ist, eine weniger effektive Taktik. Wenn ein solcher Spieler um einen Pot spielt, wird er vermutlich etwas haben. Passive Calls oder andere Anzeichen von Schwäche werden Verdacht erregen. Angesichts seiner eingeschränkten Anzahl an Eröffnungshänden ist es nicht so plausibel, ihn auf einen Draw zu setzen wie bei einem aggressiven Spieler. Demzufolge werden seine Slow Plays nicht die von ihm gewünschte Action hervorrufen.

**Beispiel Nr. 11:** Sie sind als solider Spieler, der meistens gute Karten spielt, bekannt. Zu Beginn eines Turniers eröffnen Sie in zweiter Position an einem vollen Tisch mit dem Dreifachen des Big Blinds mit

Ein tighter, konservativer Spieler in siebter Position callt Ihren Einsatz. Alle anderen folden. Auf dem Flop kommen

Sie machen eine Continuation Bet in halber Potgröße. Der konservative Spieler callt. Auf dem Turn kommt J♣. *Was machen Sie?*

**Antwort:** Sie checken und folden, falls er bettet. Was könnte ein konservativer Spieler in dieser Position vernünftigerweise haben? Wenn er Asse, Könige oder Damen hält, hätte er vor dem Flop geraist. Er würde nahezu sicher ein Paar Zweien gefoldet haben. Wenn er ein niedrigeres Paar als Achten hält, hätte er nach Ihrem Einsatz auf dem Flop gefoldet. Hält er zwei Achten oder Neunen auf der Hand, hat er ein Set getroffen und Sie sind tot. Wenn er ein Paar Zehnen oder Buben hält, hat er Sie geschlagen und Sie haben bestenfalls sechs Outs. Es gibt keine ungepaarten Hände, die beide Calls – vor und nach dem Flop – einer Hand in Early Position rechtfertigen würden (auch wenn ein sehr looser Spieler beide Male mit einem Blatt wie Ihrem – mit AK – callen könnte).

Da die meisten guten Spieler in der Lage sind, eine derartige Analyse ziemlich schnell durchzuführen, können Sie erkennen, warum das Slow Play für einen tighten Spieler nicht in gewünschtem Maße funktioniert. Wenn er in dieser Situation – mit einem Paar Achten auf der Hand und gefloppten Trips – einen Call macht, kann er nicht allen Ernstes damit rechnen, irgendjemanden in die Irre führen. Ein aggressiver Spieler hätte sich eventuell entscheiden können, mit JTs zu callen, und würde jetzt auf einem Straight Draw sitzen, aber ein konservativer Spieler wird das Gap-Konzept respektieren und ein solches Blatt wegwerfen.

**Der super-aggressive Stil und Bluffs**

Der super-aggressive Stil funktioniert auf genau entgegengesetzte Weise zum konservativen Stil. Für den super-aggressiven Stil ist es nicht notwendig, vor dem Flop zu bluffen. In gewissem Sinne ist der gesamte Stil ein Bluff. Wenn Sie niedrige Suited Connectors oder Karten wie T8 oder J9 in Early Position spielen, erzeugen Sie die Action, die Sie benötigen bzw. bewältigen können. Anders ausgedrückt: *Sie spielen sowieso schon die Hände, die andere für einen Bluff verwenden!* Sie brauchen dafür keine zusätzlichen Hände.

**Der super-aggressive Stil und Slow Play**

Slow Play ist für den super-aggressiven Spieler das natürliche Instrument, sein Geld zu verdienen. Super-aggressive Spieler beteiligen sich an vielen Pots – und verfehlen demzufolge auch viele Flops. Ein Slow Play sieht einfach wie jede andere Hand aus, bei der der super-aggressive Spieler ein paar mittelmäßige Karten gespielt und entweder den Flop verfehlt oder Bottom Pair oder einen Draw getroffen hat.

Sehen wir uns noch einmal das vorherige Beispiel an und ersetzen den konservativen Spieler in siebter Position durch einen super-aggressiven Spieler. Nach dem Flop ist es für Sie unmöglich zu wissen, was für Karten er hat oder was Sie tun sollten. Das ist die Stärke des super-aggressiven Stils, die das eingegangene Risiko teilweise kompensiert. Es ist schwierig, diesen Stil anzuwenden – aber auch schwierig, dagegen zu spielen.

### Der versteckte Zusammenhang zwischen Bluff und Slow Play

Obwohl viele Spieler das nicht wissen, gibt es einen Zusammenhang zwischen der Häufigkeit der Slow Plays und der Effektivität der Bluffs. Je häufiger Sie slow spielen, desto weniger effektiv werden Ihre Bluffs sein. Das ist nur zum Teil deshalb so, weil der Tisch Sie als einen generell betrügerischen Spieler ausgemacht hat, dessen Manöver grundsätzlich misstrauisch beäugt werden müssen. Der Hauptgrund ist, dass Sie zu wenig Value Bets machen, als dass Sie mit Ihren Bluffs Glaubwürdigkeit vermitteln könnten. Dem liegt folgende Logik zugrunde:

1. Man bekommt eine bestimmte Anzahl hochwertiger Hände.

2. Um Ihre Bluffs glaubwürdig zu machen, müssen die anderen Spieler gesehen haben, wie Sie Value Bets gemacht und dann starke Hände gezeigt haben.

3. Je häufiger Sie Ihre starken Hände slow spielen, desto weniger oft wird Fall 2 eintreten.

4. Daher werden Ihre Bluffs umso unglaubwürdiger, je häufiger Sie slow spielen.

Wenn Sie ein super-aggressiver Spieler sind, dessen eigentliches Ziel es ist, mit legitimen Händen große Pots zu gewinnen, sollte Sie das nicht sonderlich stören. Sie werden als hinterlistiger Spieler wahrgenommen und werden mit Ihren legitimen Händen hohe Gewinne machen. Sind Sie aber ein konservativer Spieler, der gelegentlich einen effektiven Bluff starten will, achten Sie darauf, dass die Häufigkeit Ihrer Slow Plays nicht zu groß ist.

# Übungsaufgaben

Die Aufgaben 8-1 bis 8-3 zeigen Beispiele für Bluffs und Steals. 8-4 ist ein Beispiel dafür, wann ein Steal nicht angebracht ist. Techniken, um sich gegen Bluffs und Steals zu verteidigen, werden in den Aufgaben 8-5 und 8-6 behandelt.

Die Aufgaben 8-7 bis 8-9 decken andere Formen von Bluffs ab: Continuation Bet, Overbet und Semi-Bluff. Der weit verbreitete Steal aus dem Big Blind heraus ist Bestandteil der Aufgabe 8-10.

Die Schwierigkeiten des BSB-Spiels werden in den Aufgaben 8-11 bis 8-13 abgedeckt. Die Aufgaben 8-14 und 8-15 befassen sich mit sonstigen Arten von Bluffs.

In den Aufgaben 8-16 bis 8-19 werden Beispiele für das Slow Play aufgezeigt. Die letzten beiden Aufgaben, 8-20 und 8-21, befassen sich mit dem Pro und Contra des Check-Raise.

**Hand 8-1**

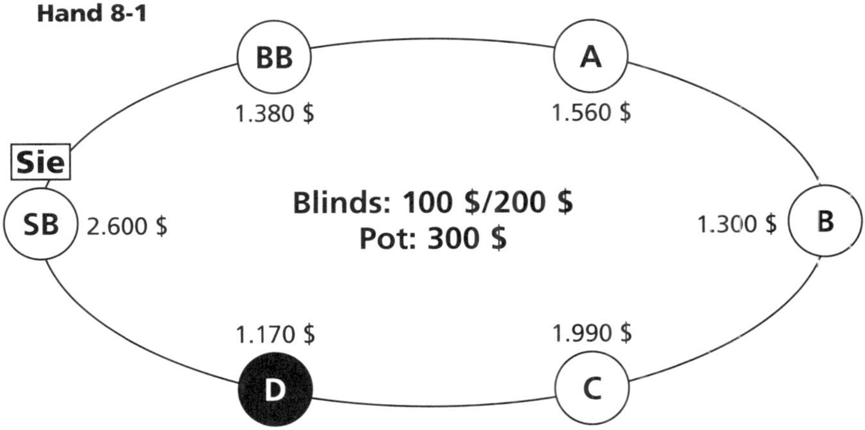


**Situation:** Single-Table Online-Turnier; die ersten drei Plätze werden ausbezahlt. Aus dem anfänglich loosen Tisch wurde ein tighter.

**Ihr Blatt:** 8♦5♠

**Action bis zu Ihnen:** Die Spieler A, B, C und D folden alle.

**Frage:** *Sollten Sie folden, callen oder raisen?*

**Antwort:** Während Ihr Blatt nicht sonderlich stark ist, ist die Situation am Tisch außerordentlich vorteilhaft. Lassen Sie mich darlegen, warum.

Beachten Sie, dass es keine Small Stacks gibt, während Sie im Moment der Big Stack sind. Das ist sehr wichtig. Alle sind weiterhin im Rennen. Von den sechs verbliebenen Spielern werden nur die ersten drei ausbezahlt – also wird keiner der nächste sein wollen, der ausscheidet. Normalerweise gibt es zu diesem Zeitpunkt ein oder zwei sehr kleine Stacks, die bereit sind, mit allem All-In zu gehen. Aber hier ist das nicht der Fall. Diese Konstellation führt häufig zu extrem konservativen Spielweisen und bietet somit für aggressive Spieler die besten Bedingungen für Steals. Im Augenblick wollen Sie so aggressiv wie möglich auftreten, also sollten Sie ziemlich froh sein, Ihre 8♦5♠ spielen zu können – zumal bereits vier Spieler ausgestiegen sind.

Nächste Frage: Welches ist jetzt der probatere Zug? Ein Call oder ein Raise? Hier empfehle ich, lediglich zu callen. Wenn der Big Blind etwas auf der Hand hat, wird er Sie unverzüglich raisen und Sie können billig aussteigen. Wenn er nichts hat, wird er checken. Dann können Sie sich den Flop ansehen und einen Einsatz bringen, es sei denn, die Flop-Textur ist richtig schlecht. Die Kombination aus einem Call gefolgt von einer Bet nach dem Flop wird voraussichtlich weniger als unverhohlener Steal interpretiert als ein simpler Raise vom Small Blind.

**Action:** Sie callen und der Big Blind checkt. Im Pot sind jetzt 400 $.

**Flop:** Q♦9♥8♥

**Frage:** *Was machen Sie jetzt?*

**Antwort:** Die Flop-Textur würde ich als mittelprächtig bezeichnen – Karten, die zu vielen Händen passen könnten, und zudem zwei Herz. Dennoch haben Sie ein kleines Stück des Flops abbekommen. Es ist zwar nur Bottom Pair, aber das ist besser als gar nichts und eine kleine Kompensation für die unvorteilhafte Struktur. Setzen Sie jetzt Ihre Spielweise mit dem Standardeinsatz von einer halben Potgröße fort.

**Action:** Sie setzen 200 $ und der Big Blind foldet.

Die Herangehensweise in dieser Hand ist gegen schwache Spieler effektiver als gegen starke. An einem Tisch mit starken Spielern wird ein Call eher als Versuch, eine Falle zu stellen, interpretiert. Schwache Spieler denken einfach, dass mit einem Call eine schwächere Hand repräsentiert wird, als mit einer Bet.

**Hand 8-2**

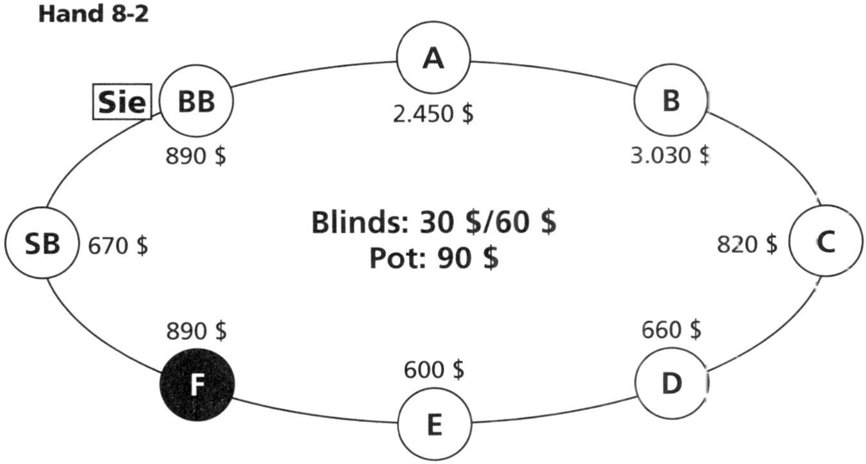


**Situation:** Spieler A limpt in viele Pots und hatte viel Glück. Nachdem er gelimpt hat, neigt er dazu, auf eine große Bet hin zu folden. Spieler D ist tight. Die Blinds steigen in der nächsten Hand auf 50/100 $ an.

**Ihr Blatt:** 8♦3♠

**Action bis zu Ihnen:** Spieler A callt 60 $. Die Spieler B und C folden. Spieler D callt. Die Spieler E und F folden. Der Small Blind callt. Im Pot sind jetzt 240 $.

**Frage:** *Sollten Sie checken oder raisen?*

**Antwort:** Unsere Hand ist wertlos, aber unsere Lage am Tisch ist es nicht. Lassen Sie uns die Möglichkeit betrachten, diesen Pot zu stehlen.

Wir wissen, dass Spieler A in viele Pots limpt, aber nach einer großen Bet folden wird.

Spieler D ist tight, er hat aber nicht geraist. Seine Hand ist nicht wertlos, aber wird er damit eine große Bet callen?

Dem Small Blind wurden riesige Pot Odds geboten. Als er 30 $ gecallt hat, waren 210 $ im Pot. Die meisten Spieler würden in solch einer Situation mit nahezu allem callen.

Ich denke, dass Spieler A und der Small Blind mit ziemlicher Sicherheit aussteigen würden, wenn wir eine große Bet machen. Wir können uns bei Spieler D nicht sicher sein, wissen aber, dass die meisten Limper sehr häufig auf einen Raise hin folden – demnach sind wir sicherlich hoher Favorit, den Pot unverzüglich zu gewinnen. Wenn wir gecallt werden, sind wir ungefähr 2 zu 1 Außenseiter gegen zwei Overcards, also haben wir auch später noch Gewinnchancen. Das ist für mich ausreichend genug; ich werde jetzt ein Täuschungsmanöver starten!

Nächste Frage: Wie viel sollte man setzen? Einige Spieler würden jetzt aus zwei Gründen All-In gehen.

1. Sie denken, dass ein All-In den Pot mit einer höheren Wahrscheinlichkeit stiehlt als ein kleinerer Einsatz.

2. Sie mögen nicht die Aussicht, dass sie jetzt ein paar Hundert Chips setzen, gecallt werden, nach dem Flop folden und dann erleben müssen, wie die Blinds auf 50/100 $ ansteigen und sie nur noch Chips für drei oder vier Runden haben.

Ich kann diese Sichtweise nachvollziehen, stimme ihr aber nicht zu. Wenn meine Hand ein klein wenig mehr Substanz hätte, sagen wir T9s oder etwas in der Richtung, und ich das Gefühl hätte, nach einem Call angemessene Chancen zu haben, würde ich diesen Weg beschreiten. Aber in diesem Fall ist mein Blatt derart schwach, dass ich mir die Möglichkeit für einen Ausstieg offen halten möchte, falls mein Manöver nicht funktioniert.

Und obwohl ich natürlich nicht glücklich darüber bin, dass die Blinds ansteigen und ich nur noch 500 oder 550 $ an Chips habe, kann ich immer noch in der nächsten Runde einen Angriff starten – mit einer fast sicher besseren Hand, als ich sie jetzt habe. Also werde ich raisen, aber lediglich auf 300 $. Das ist genug, um meine Gegner – wenn sie damit einverstanden sind – zu vertreiben, lässt mir aber eine kleine Reserve, falls der Spielzug nicht das gewünschte Ergebnis bringt.

**Action:** Sie raisen auf 300 $. Die Spieler A, D und der Small Blind folden alle. Sie schnappen sich den Pot.

**Hand 8-3**

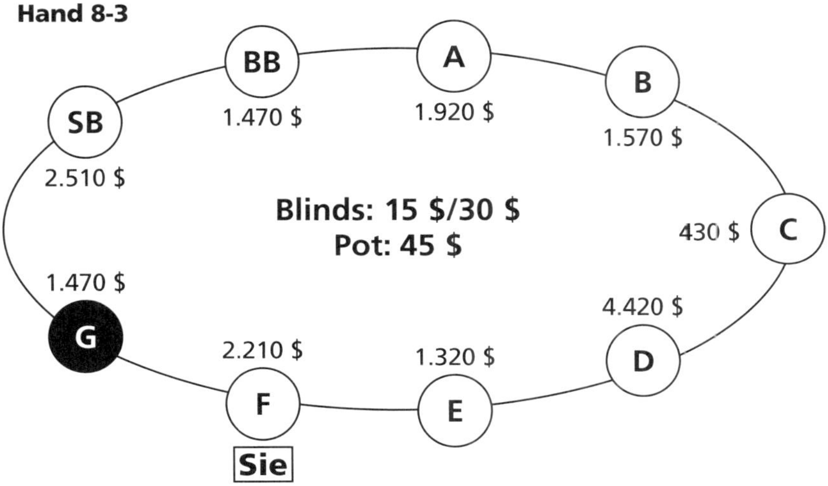


**Situation:** Früh in einem Online-Turnier. Spieler D hat bislang loose und glücklich agiert.

**Ihr Blatt:** 9♦7♠

**Action bis zu Ihnen:** Die Spieler A, B und C folden alle. Spieler D callt. Spieler E foldet.

**Frage:** *Sollten Sie folden, callen oder raisen?*
**Antwort:** Es macht mir nichts aus, ab und zu ein Blatt wie 97o zu spielen, so lange es billig und meine Position relativ gut ist. Obwohl ich die Hand nach dem Flop nahezu immer wegschmeiße (manchmal auch vor dem Flop, wenn nach mir ein Raise kommt), wird es seltene Gelegenheiten geben, bei denen ich den Flop treffe und meine Hand sehr gut verborgen sein wird. Super-aggressive Spieler machen diesen Spielzug weitaus öfter und mit deutlich höheren Einsätzen als ich.

**Action:** Sie callen. Der Button foldet, der Small Blind callt und der Big Blind checkt. Im Pot sind jetzt 120 $.

**Flop:** A♦T♥3♥

**Action:** Die Blinds und Spieler D checken alle. *Was machen Sie?*
**Antwort:** Sie haben den Flop verfehlt, aber die drei Spieler vor Ihnen haben gecheckt und damit Schwäche gezeigt. *Ist das ein guter Zeitpunkt, mit einem Bluff den Pot anzugreifen?*
Nein. Es gibt zwei gute Gründe, das nicht zu versuchen: die Anzahl der Gegner und der Flop. Lassen Sie uns eins nach dem anderen beleuchten.

1. **Anzahl der Gegner.** Je mehr Spieler sich im Pot befinden, desto weniger sollte man einen Bluff in Betracht ziehen. Idealerweise will man für einen Bluff lediglich einen Gegner haben. Ein Bluff gegen zwei Gegner ist möglich, aber ziemlich riskant. Drei Gegner? Vergessen Sie es. Die Wahrscheinlichkeit ist viel zu groß, dass sich einer dazu entscheidet, im Spiel zu bleiben, oder, was noch schlimmer wäre, dass dessen Check eine Falle war und er anschließend raist. Es ist geringfügig besser zu bluffen, wenn man als Letzter agiert, als mit einem Bluff direkt die Initiative zu übernehmen – aber das ist auch eine offensichtliche Bluff-Situation, die Verdacht erregen wird.

2. **Der Flop.** Wenn man nach einem Flop Ausschau hält, auf dem ein Bluff in Frage kommt, gibt es zwei Karten, die man nicht sehen möchte: ein Ass oder eine Zehn. Das Ass ist offensichtlich eine schlechte Karte, da die Spieler dazu neigen, Asse häufiger als alle anderen Karten zu spielen. Die Zehn ist weniger eindeutig, aber ebenfalls schlecht; Die Zehn ist die häufigste Karte innerhalb einer Straight. (Die Zehn kommt in den Straights von Ass–Zehn bis hinunter zu Zehn–Sechs vor. Abgesehen von der Fünf kommt keine andere Karte derart häufig vor.) Wenn ein Ass und eine Zehn auf dem Board auftauchen, müssen Sie sich fragen: „Was für Karten könnten meine Gegner haben, die

   1. es Wert waren, vor dem Flop gespielt zu werden, und

   2. diesen Flop komplett verfehlt haben?"

Sie verlieren gegen jeden, der ein Paar auf der Hand oder ein Ass beziehungsweise eine Zehn hat. Darüber hinaus hat jede andere Hand mit hohen Karten wie KQ oder QJ jetzt einen Inside Straight Draw und außerdem zwei Overcards zu Ihrem Blatt.

Sie sind froh, drei Checks gesehen zu haben, aber der Flop ist für ein Täuschungsmanöver zu gefährlich. Warten Sie auf eine bessere Gelegenheit.

**Action:** Sie checken. Auf dem Turn kommt ein Bube und Sie folden auf eine Bet von Spieler D, der den Pot gewinnt.

**Hand 8-4**

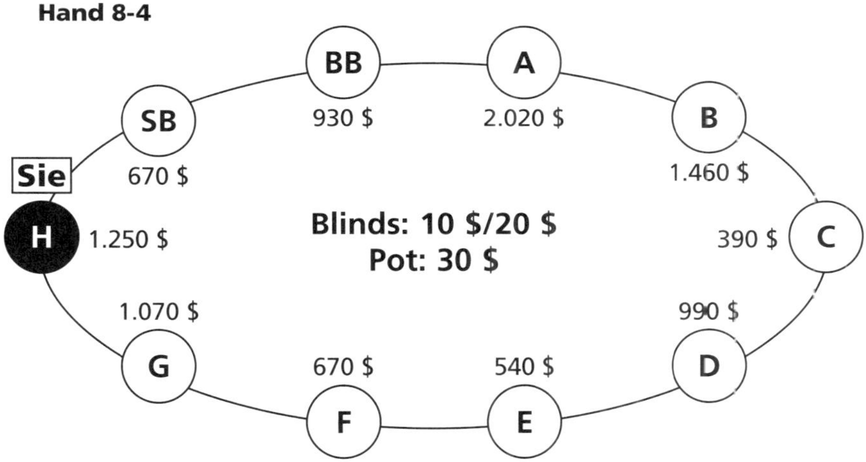


**Situation:** Früh in einem Single-Table Online-Turnier.

**Ihr Blatt:** A♠2♥

**Action bis zu Ihnen:** Spieler A foldet. Spieler B callt. Die Spieler C und D folden. Spieler E callt. Spieler F foldet. Spieler G callt. Im Pot sind jetzt 90 $.

**Frage:** Spieler H entscheidet sich zu einem Angriff, um den Pot zu stehlen und setzt 50 $. *Ist das ein guter oder schlechter Spielzug?*
**Antwort:** Viele Spieler befinden sich in dem Glauben, dass die Tatsache, auf dem Button zu sitzen, sie dazu berechtigt, jeden Pot zu stehlen, der ihnen über den Weg läuft. Das ist eine gefährliche

Auffassung und wenn Sie dieser anhängen, sollten Sie sich schnellstens davon befreien.

Es gibt natürlich Vorteile, wenn man auf dem Button sitzt. Weil man als Letzter agiert, besitzt man eine bessere Chance, einen Pot zu gewinnen, an dem man berechtigterweise beteiligt ist. Aber beachten Sie die Betonung auf „berechtigterweise". Gehen Sie nicht permanent in Pots, nur weil Sie sich auf dem Button dazu verpflichtet fühlen.

Spieler H hat in diesem Fall noch ein anderes Problem. Es ist schön, dass er ein Ass auf der Hand hat – aber seine andere Karte ist eine Zwei. Wenn er auf dem Flop keine Zwei trifft, spielt er in Wirklichkeit nur mit einer Karte – einem einzelnen Ass. In den meisten Fällen – wenn die Hand bis zum Ende gespielt wird – wird die Zwei noch nicht einmal zu seinen fünf besten Karten gehören. Sie wird durch andere, höhere Karten auf dem Board übertrumpft. Wenn Sie Hände wie AK, AQ oder AJ spielen, eröffnen sich Ihnen zwei Möglichkeiten, die Hand zu gewinnen. Ihre zweite Karte kann Ihnen den zum Sieg nötigen entscheidenden kleinen Vorteil verschaffen. Wenn Sie schwache Blätter wie A2 oder A3 spielen, haben Sie diese Möglichkeit nicht. Das ist der Grund, warum Sie solche Hände schleunigst wegwerfen sollten.

Und hier noch ein letztes Problem: Mit einer 50-$-Bet würden Sie keinen vertreiben. Jeder, der mit 20 $ um den Pot spielen wollte, wird gern weitere 30 $ hineinwerfen, weil die Pot Odds unwiderstehlich sind.

Beim Online-Poker werden Sie vielen Spielern begegnen, die jedes Ass oder jegliche zwei zusammenhängenden Karten spielen werden. Seien Sie froh darüber, weil diese Spieler für Ihren Verdienst sorgen.

Was würde ich jetzt machen? Folden ist ganz deutlich meine erste Wahl, auch wenn schlichtes Callen nicht hoffnungslos wäre. Die Pot Odds sind angemessen und ich würde hoffen, einige niedrige Karten zu floppen und einen Straight Draw zu bekommen. Beachten Sie, dass ich vor allem hoffe, kein Ass zu floppen – die Gefahr ist zu groß, dass ein anderer ein Ass mit besserem Kicker hat.

**Action:** Tatsächlich raisen Sie auf 50 $. Der Small Blind callt 40 $, der Big Blind 30 $ und die drei ursprünglichen Limper bringen alle weitere 30 $. Im Pot sind jetzt 300 $.

**Flop:** K♠9♠4♣

**Action:** Alle checken bis zu Ihnen durch. *Sollten Sie mit einem Einsatz von 100 $ einen weiteren Steal-Versuch lancieren?*
**Antwort:** Nein. Normalerweise würde ich hier empfehlen zu checken, aber der richtige Zug wäre ein Fold, damit Sie sich nicht in weitere Schwierigkeiten bringen!

Das ist wirklich ein besonders schlechter Flop für Sie. Bei einem König, einer Neun, zwei Pik-Karten und fünf Callern ist es sicher, dass jemand entweder eine Made Hand oder einen Draw auf eine starke Hand hat. Jeder, der hohe Karten gespielt hat, hat entweder ein Paar Könige getroffen oder ansonsten etwas wie QJ oder JT und damit einen Straight Draw. Es könnte auch jemand mit zwei Pik spielen und somit auf einen Flush drawen. Und Sie haben absolut nichts. Wenn Sie nicht folden wollen, checken Sie einfach. Seien Sie froh, eine Free Card bekommen zu haben – aber selbst wenn Sie etwas auf dem Turn treffen, hätten Sie wahrscheinlich nur die zweitbeste Hand.

**Action:** Sie treffen die verwegene Entscheidung, mit einem Einsatz von 100 $ den Pot zu stehlen. Alle folden – bis auf Spieler E, der callt. Im Pot sind jetzt 500 $.

**Turn:** 5♠

**Action:** Spieler E checkt. *Was sollten Sie tun?*
**Antwort:** Checken Sie lediglich und seien Sie froh, dass Sie ein Freispiel auf den Nut Flush bekommen haben. Wenn Sie eine Bet in Erwägung ziehen, denken Sie dabei an Folgendes: Was könnte er haben, das ihn nach dem Flop callen, aber jetzt – auf einen Einsatz hin – folden lässt? Wenn er ein Paar Könige hat, wird er bis zum Ende dabei bleiben. Wenn er auf einen Flush gedrawt hat, hat er ihn gerade vervollständigt. Wenn er ein Paar Neunen hat, könnte es möglich sein, ihn zu vertreiben, aber das ist auch schon alles. Erinnern Sie sich: Sein Call auf dem Flop hatte etwas zu bedeuten. Ihre Hand ist sicher nicht besser geworden, aber er könnte eine Monster-Hand haben und bereit sein, Sie zu checkraisen.

**Action:** Sie versuchen erneut, den Pot zu stehlen – mit einer Bet von 200 $. Spieler E geht All-In, indem er Ihren letzten Einsatz callt und um weitere 190 $ raist. *Sollten Sie callen?*

**Antwort:** Er repräsentiert einen Flush und angesichts der Art und Weise, wie die Hand gespielt wurde, ¬ hat er ihn wahrscheinlich auch. In diesem Fall gibt es nur noch sieben verbleibende Pik im Deck und Sie benötigen eins davon für den Nut Flush. Es sind im Moment acht Karten nachgewiesen: Ihre beiden Hole Cards, die vier auf dem Board und seine vermutlichen beiden Pik. Damit verbleiben 44 Karten im Deck. Ihre Odds gegen den Flush Draw betragen 37 zu 7 – oder etwas mehr als 5 zu 1 – dagegen. Was bietet Ihnen der Pot? Im Moment sind darin 1.190 $ und Sie müssen 190 $ callen. Das sind annähernd 200 $ für einen Gewinn von 1.200 $ – oder 6 zu 1. Das ist genug, also können Sie aufgrund der Odds für den Nut Flush callen.

**Action:** Sie callen und er zeigt 7♠4♠ für einen Flush. Auf dem River kommt J♥ und Ihre Hand mit Ass als höchster Karte verliert gegen seinen Flush.

Wenn Sie im Fernsehen viele Pokersendungen sehen, sieht ein Steal mit nichts auf der Hand ziemlich einfach aus. Das ist er aber nicht. Manchmal machen Sie sich mit ein paar Chips aus dem Staub, aber diese Hand ist ein gutes Beispiel dafür, wie die Angelegenheit schrecklich aus dem Ruder laufen und sich die Hälfte Ihres Stacks innerhalb weniger Minuten in Luft auflösen kann.

**Hand 8-5**

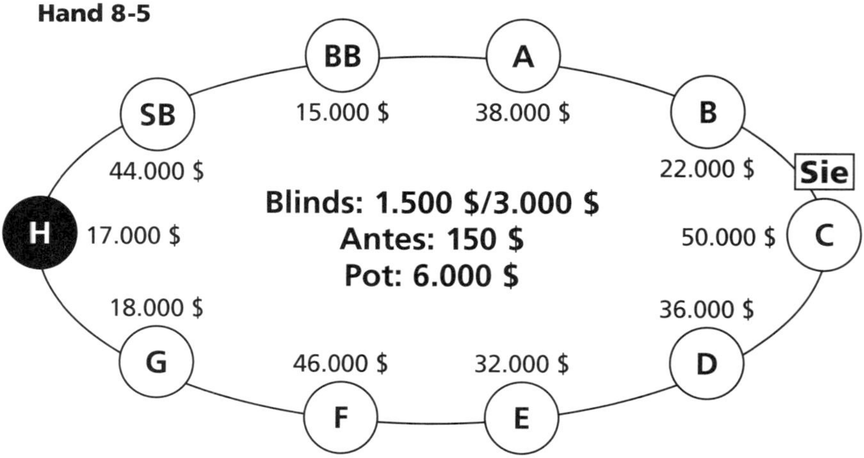

**Situation:** Spät in einem großen Turnier. Am Tisch befindet sich eine Mischung aus konservativen und aggressiven Spielern. Spieler D scheint einigermaßen tight zu sein. Sie haben kürzlich drei Pots gewonnen, ohne Ihre Karten zeigen zu müssen.

**Ihr Blatt:** A♠K♦

**Action bis zu Ihnen:** Die Spieler A und B folden.

**Frage:** *Was machen Sie?*
**Antwort:** AK ist bei einem uneröffneten Pot sicher einen Raise wert. Sie sollten hier auf ungefähr das Dreifache des Big Blinds raisen – circa 9.000 bis 10.000 $.

**Action:** Sie setzen 10.000 $. Spieler D geht nach langem Nachdenken mit 36.000 $ All-In. Alle anderen folden bis zu Ihnen. Im Pot sind jetzt 52.000 $.

**Frage:** *Was sollten Sie tun?*
**Antwort:** Zunächst holen Sie einmal tief Luft und reagieren nicht übereilt. Das ist ein genereller Ratschlag für gutes Spiel, aber ich bin immer wieder erstaunt, wie oft Spieler in den frühen Phasen eines Turniers wegen relativ trivialer Entscheidungen in tiefes Nachdenken verfallen und später ein All-In innerhalb von Sekundenbruchteilen callen. Gewöhnen Sie sich an, ruhig zu bleiben, und Ihre Ergebnisse werden sich auf lange Sicht grundlegend verbessern.

Als nächstes sind die Pot Odds zu ermitteln. Stellen Sie sicher, dass Sie das machen, bevor Sie Überlegungen darüber anstellen, was für eine Hand Ihr Gegner haben oder nicht haben könnte. Ich habe viele Spieler gesehen, die sich ausgeredet haben, eine Hand zu spielen, und dabei komplett vergessen haben, die Pot Odds zu berechnen. Gehen Sie nicht in diese Falle.

In diesem Fall können Sie folden und verbleiben dann mit einem Stack von 40.000 $. Wenn Sie callen und gewinnen, werden Sie 92.000 $ haben, aber wenn Sie callen und verlieren, haben Sie nur noch einen Rest von 14.000 $. Ein Call bedeutet, 26.000 $ für einen Gewinn von 52.000 $ zu riskieren, was wiederum heißt, dass Ihnen Odds von exakt 2 zu 1 auf Ihren Einsatz geboten werden.

Jetzt sind Sie bereit, über die tatsächliche Hand nachzudenken. Was könnte Ihr Gegner haben? Um die Sache zu vereinfachen, werden wir seine möglichen Blätter in drei Kategorien einteilen.

1. Er hat Asse oder Könige. Das ist für Sie das ungünstigste Ereignis. Asse sind bei weitem schlimmer als Könige, aber lassen Sie uns diese beiden Desaster zusammenfassen und feststellen, dass Sie ungefähr 4,5 zu 1 Außenseiter sind, wenn dieser Fall eintritt.

2. Er hat ein niedrigeres Paar als Asse oder Könige. Es sind wahrscheinlich Damen oder Buben, auch wenn ich Leute dieses Manöver gelegentlich mit Zehnen, Neunen oder sogar noch niedrigeren Paaren habe machen sehen. Sie sind in diesem Fall ungefähr 13 zu 10 Außenseiter.

3. Er hat irgendeine andere Hand und versucht gegen Sie ein Manöver mit einem Bluff oder Semi-Bluff – oder macht irrtümlicherweise eine Value Bet. Bei diesen Händen sind Sie zwischen 3 zu 2 und 2 zu 1 Favorit.

Begehen Sie nicht den Fehler, die Möglichkeit der Kategorie 3 zu unterschätzen. Nur weil Sie mit einer Hand wie KQs nicht angreifen würden, bedeutet das nicht, dass ein anderer Spieler das nicht machen würde. Er könnte „gelesen" haben, dass Sie bluffen wollen. Er könnte entschieden haben, dass Sie ihn herumschubsen wollen, und es an der Zeit ist, eine Hand auszuwählen, mit der er sich Ihnen entgegenstellt. Oder er könnte entschieden haben, dass die Blinds zu schnell ansteigen und er nicht länger damit warten kann, bei einem bedeutenden Pot Druck auszuüben. Am Tisch ist es nicht notwendig herauszufinden, welche dieser Möglichkeiten zutreffen könnte. Seien Sie sich einfach bewusst, dass es, immer wenn ein Spieler all seine Chips in die Mitte schiebt, eine gewisse Wahrscheinlichkeit gibt, dass er nicht wirklich etwas Starkes hat.

Ich würde die Wahrscheinlichkeit einer solchen Hand auf mindestens 10 % – vielleicht bis zu 20 % – schätzen. Wenn dem so ist, wie hoch muss dann die Wahrscheinlichkeit sein, dass er wirklich Asse oder Könige hält, damit Sie Ihre Hand folden müssen? Die Antwort läuft auf ungefähr 50 % hinaus – ohne jetzt sämtliche Berechnungen durchzuführen. Wenn Sie denken, die Wahrscheinlichkeit ist größer als 50 %, dass er eine dieser beiden Hände hat, sollten Sie folden. Ist sie kleiner, sollten Sie callen.

In einem Turnier würde ich in dieser Situation nahezu immer callen. Um zu folden, müsste ich Spieler D als super-tight einschätzen und gleichzeitig denken, dass ich von mir selber ein generell tightes Image projiziert habe, das andere davon abhalten würde, gegen mich loose Manöver zu machen, nachdem ich einen hohen Einsatz gebracht habe. In diesem Fall gibt es darüber hinaus das Problem, dass ich zuletzt einige Pots geschnappt habe, ohne meine Karten zeigen zu müssen – das erhöht die Wahrscheinlichkeit, dass jemand mit einer weniger guten Hand gegen mich noch einen draufsetzt.

Übrigens würde ich in einem Ring Game, in dem sehr altmodisches, konservatives Spiel überwiegt, in dieser Situation meine AK wegwerfen. Es ist zu wahrscheinlich, von den Händen geraist worden zu sein, die man am meisten fürchtet – Asse oder Könige. Seien Sie sich jedoch bewusst, dass Cash Games in jüngster Zeit durch einen Zustrom von Spielern, die an das Turnier-Spiel gewöhnt sind, looser geworden sind, und dass der altmodische konservative Spielstil seltener geworden ist.

**Auflösung:** Sie callen und Ihr Gegner zeigt ein Paar Damen, die standhalten und den Pot gewinnen.

**Hand 8-6**

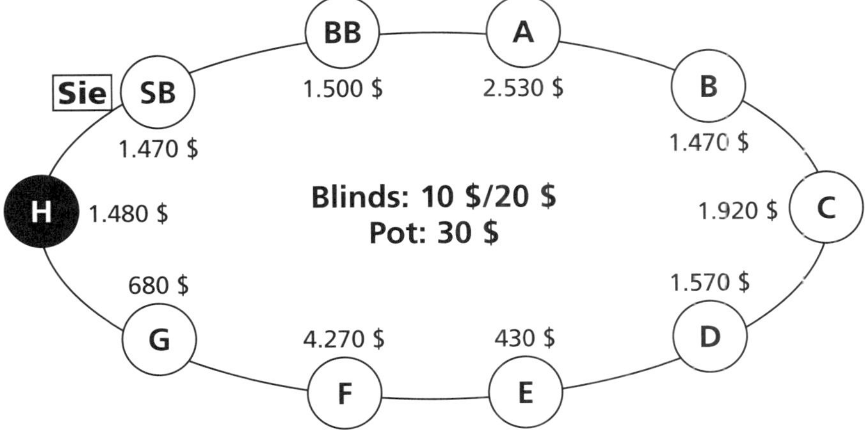

**Situation:** Früh in einem Multi-Table Online-Turnier. Die Spieler F und G sind loose-aggressiv. Spieler H ist tight.

**Ihr Blatt:** 6♦5♦

**Action bis zu Ihnen:** Die Spieler A, B, C, D und E folden alle. Die Spieler F, G und H callen. Im Pot sind jetzt 90 $.

**Frage:** *Sollten Sie folden, callen oder raisen?*
**Antwort:** 65s ist für einen Suited Connector etwas zu niedrig, aber Sie werden für Ihre Schwierigkeiten gut bezahlt. Im Moment haben Sie Pot Odds von 9 zu 1, also setzen Sie weitere 10 $ und schauen sich den Flop an.

Einige Spieler machen in dieser Situation gerne einen großen Raise, aufgrund der Theorie, dass der Pot möglicherweise leicht gestohlen werden kann, da jeder durch Limpen Schwäche gezeigt hat. Das ist eine legitime Spielweise, so lange Sie diese nicht übertreiben und am Tisch tight gespielt wird. Da die Spieler beim Online-Poker zu looserem Spiel neigen, ist es dort weniger ratsam als beim Live-Poker. Und jetzt wäre es ein besonders schlechter Zug. Sowohl Spieler F als auch G haben bisher loose agiert und haben extreme Stacks. Spieler F hat einen großen Stack und könnte denken, es birgt wenig Risiko, sich mit Ihnen anzulegen; Spieler G ist loose und möglicherweise am Verzweifeln. Das sind zwei schwierige Hindernisse – und damit zwei zuviel für mich. Callen Sie lediglich.

**Action:** Sie callen mit weiteren 10 $ und der Big Blind checkt. Fünf Spieler sind im Pot, der jetzt 100 $ beträgt.

**Flop:** 6♠3♣2♦

**Action:** Sie agieren als Erster. *Was machen Sie?*
**Antwort:** Alles in allem ist das ein sehr guter Flop für Sie. Sie haben Top Pair, einen Inside Straight Draw und benötigen noch zwei weitere Karo für einen Flush. Es wäre dumm, sich zurückzuhalten; das ist keine Hand, mit der Sie viel Zeit vergeuden möchten. Setzen Sie einfach circa zwei Drittel des Pots und schauen, was passiert. Hoffentlich können Sie den Pot unverzüglich gewinnen.

**Action:** Sie setzen 60 $. Der Big Blind und Spieler F folden. Spieler G callt. Der Button foldet. Im Pot sind jetzt 220 $.

**Turn:** 2♥

**Frage:** *Was machen Sie?*
**Antwort:** Drei gute Neuigkeiten: Sie haben drei Spieler eliminiert; der verbliebene Spieler ist loose und hat einen kleinen Stack, sodass er Ihnen nicht sehr schaden kann; es ist unwahrscheinlich, dass ihm die Zwei auf dem Turn geholfen hat.

Sie sollten jetzt einen soliden Einsatz bringen. Sie legen es nicht darauf an, einen Draw zu verhindern, da das Board einen Flush unmöglich und eine Straight höchst unwahrscheinlich macht. Sie wollen ihn lediglich für das Privileg herumzulungern bezahlen lassen. Ein Betrag in Höhe der halben Potgröße scheint genau richtig zu sein.

**Action:** Sie setzen 100 $ und er callt. Im Pot sind jetzt 420 $.

An diesem Punkt sollten Sie sich fragen, was Ihr Gegner haben könnte. Vermutlich drawt er nicht auf eine Straight. Wenn er ein Overpair zum Board hat, hätte er zwei Gelegenheiten gehabt zu raisen, was er aber nicht getan hat. Wenn er eine Sechs hat, ist diese nahezu sicher besser als Ihre. Es ist vorstellbar, dass er mit A3s herumgestochert und jetzt ein Middle Pair hat.

**Turn:** K♦

**Frage:** *Was machen Sie?*
**Antwort:** Der König war nicht hilfreich, aber möglicherweise auch keine Katastrophe. Die meisten Spieler lungern weniger mit K-x als mit A-x herum. Sie haben dennoch nicht mehr als das, was Sie von Beginn an repräsentiert haben – Top Pair.

Es gibt jetzt zwei mögliche Herangehensweisen an die Situation. Sie könnten eine Defensiv-Bet von ungefähr 150 $ machen, mit der Idee, einen Einsatz seinerseits zu verhindern. Oder Sie könnten lediglich checken und schauen, was passiert. Wenn er nichts hat, könnte ihr Check ihn sogar anstacheln, irgendetwas Verrücktes zu machen.

Meine erste Wahl ist Checken. Ich habe keine starke Hand und wäre ziemlich glücklich darüber, die Hand einfach durchzuchecken und abzuwarten, was passiert, ohne weitere Chips investieren zu müssen. Wenn ihn das zu einem Einsatz verleitet, können wir dann immer noch entscheiden, was zu tun ist.

**Action:** Sie checken. Er geht mit seinen letzten 500 $ All-In. Im Pot sind jetzt 980 $. *Was nun?*
**Antwort:** Wir haben in diesem Kapitel viel über Bluffs geredet und jetzt ist es an der Zeit zu entscheiden, ob wir mit einem Bluff konfrontiert sind oder nicht!

Lassen Sie uns zuerst die Pot Odds prüfen. Wir müssen 500 $ bringen, um einen Pot von 980 $ zu callen, also bekommen wir für unser Geld Odds von ungefähr 2 zu 1. Unter diesen Umständen (ein All-In eines Short Stack) schlägt das Pendel stark zugunsten eines Calls aus. Sie müssen davon überzeugt sein, geschlagen zu sein, bevor Sie jetzt folden.

Falls sein letzter Einsatz eine Value Bet war: Was könnte er haben und ergibt die Art und Weise seines Spiels Sinn? Es gibt tatsächlich nur zwei Möglichkeiten dafür:

1. Er hat K-x und damit bis zum Ende gecallt.

2. Er hatte bis zum River ein Overpair zum Board und weder vor dem Flop noch nach dem Flop oder dem Turn gebettet.

Ein looser und verzweifelter Spieler könnte mit einem König durchcallen, wenngleich es sehr viel wahrscheinlicher ist, dass dies mit einem Ass gemacht wird. Hätte sich ein looser Spieler die ganze Zeit geweigert, mit einem Overpair zu betten? Tut mir leid, aber das kaufe ich ihm nicht ab. Seine Spielweise dieser Hand lässt viele Zweifel offen – deshalb denke ich, es besteht eine zuverlässige Chance, dass er blufft. In Verbindung mit den exzellenten Pot Odds ist das für Sie ein klarer Call.

**Action:** Sie callen und er zeigt A7o. Sie gewinnen den Pot.

Es ist immer sehr nervenaufreibend zu callen, wenn man nichts Besonderes auf der Hand hat, aber wenn die Betsequenz verdächtig ist und die Odds gut sind, sollten Sie sich von Ihrem Gegner die Karten zeigen lassen. Das gilt doppelt so sehr für Online-Poker, wo die Spieler nicht so viel in das Turnier investiert haben und Bluffs noch viel häufiger vorkommen.

**Hand 8-7**

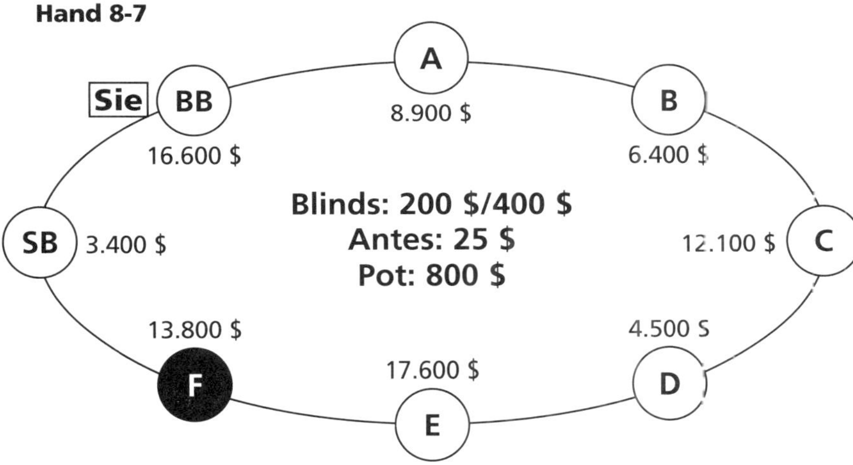


**Situation:** In der Mitte eines Multi-Table Online-Turniers. Spieler E hat bisher aggressiv agiert.

**Ihr Blatt:** K♣T♠

**Action bis zu Ihnen:** Die Spieler A bis D folden alle. Spieler E raist auf 800 $. Der Button und der Small Blind folden. Im Pot sind jetzt 1.600 $. Es kostet Sie 400 $ zu callen.

**Frage:** *Sollten Sie folden, callen oder raisen?*
**Antwort:** Ihre Hand ist sicherlich nicht stark genug für einen Raise, aber – angesichts der Pot Odds von 4 zu 1 – ausreichend gut für einen Call.

**Action:** Sie callen. Im Pot sind jetzt 2.000 $.

**Flop:** J♦7♥4♠

**Action:** Sie sind als Erster dran. *Was machen Sie?*

**Antwort:** Dies ist ein Lehrbuchbeispiel für eine gute Probe-/Steal-Bet. Sie haben den Flop verfehlt, aber es ist ein Flop, der genauso leicht Ihren Gegner verfehlt haben könnte. Wenn Sie keinen Einsatz machen, wird Ihnen der Pot nahezu sicher weggenommen. Werden Sie den Pot in einem von drei Fällen gewinnen, wenn Sie die Hälfte des Pots setzen? Aus meiner Erfahrung ist die Antwort ein sicheres „Ja". Werfen Sie also 1.000 $ hinein und schauen, was passiert.

**Action:** Sie setzen 1.000 $ und Spieler E foldet.

Hatten Sie Angst, gegen den Big Stack anzutreten? Denken Sie daran: Sie hatten den zweitgrößten Stack, demnach können Sie ihm fast so viel Schaden zufügen wie er Ihnen. In einer ausgeglichenen Kampfsituation hat derjenige, der als Erster agiert, den Vorteil.

**Hand 8-8**

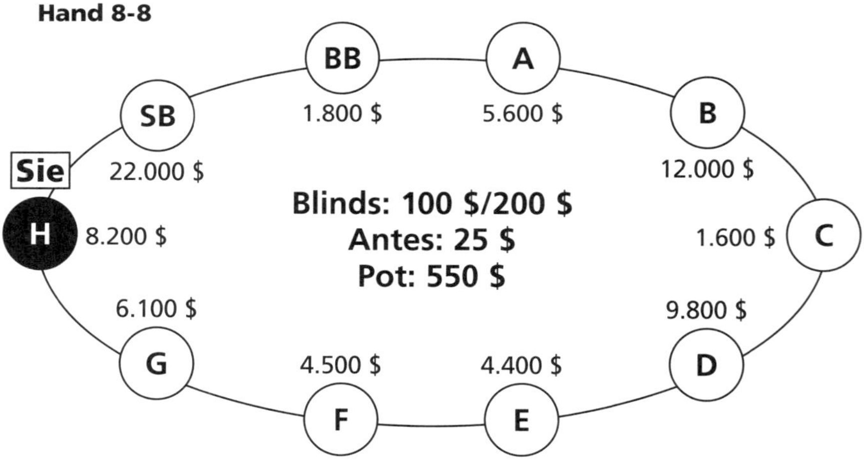


**Situation:** In der Mitte des ersten Tages eines großen Turniers. Der Small Blind hat bisher starkes, scharfsinniges Poker gezeigt.

**Ihr Blatt:** K♠K♦

**Action bis zu Ihnen:** Die Spieler A bis G folden alle.

**Frage:** *Sollten Sie callen, auf 600 oder 1.800 $ raisen oder All-In gehen?*
**Antwort:** Toll! Eine schöne Sache. Sie haben ein hohes Paar – Könige – und lediglich zwei Spieler hinter sich. Der typische Zug wäre jetzt ein solider Raise auf 600 $. Das ist das Dreifache des Big Blinds, aber nicht so viel, als dass jemand – mit etwas auf der Hand – nach Ihnen nicht callen könnte. Mit einer großartigen Hand und Position wollen Sie Action. Aber Sie möchten niemanden kostenlos mitspielen lassen, für den Fall, dass dieser ein Ass mit kleiner Beikarte hat. Dann würde Sie ein Ass auf dem Flop vernichten. Also ist bei Ihrem Blatt ein Einsatz von 600 $ ein guter, solider Zug.

Mit welcher Hand würde man hier 1.800 $ betten? Nun, das ist eine Overbet, eine Bet zum Einschüchtern, mit einem Blatt, das nicht sehr stark ist, aber den Pot mit dem Vorteil des Buttons irgendwie stehlen möchte.

Wenn Sie der Big Stack im Small Blind wären, was würden Sie von einer 600-$-Bet halten? Sie könnten nicht viel dazu sagen. Es könnte ein Steal-Versuch, aber auch ein Einsatz mit einer vernünftigen Hand auf der Suche nach Action sein.

Und was würden Sie in seiner Lage zu einer 1.800-$-Bet sagen? Sie würden möglicherweise denken: „Dieser widerliche Typ versucht, den Pot zu stehlen. Wenn ich nur zwei halbwegs vernünftige Karten habe, werde ich ihn wie eine lästige Wanze zertreten."

Das ist der Grund, warum Sie hier 1.800 $ (oder etwas in der Richtung) setzen sollten! Das ist, angesichts Ihres Stacks und des Stacks des Small Blinds, der perfekte Einsatz gegen einen scharfsinnigen Spieler. Wir befinden uns in einer Steal-Situation, es sieht aus wie ein Steal-Versuch und ein 22.000-$-Stack könnte das als eine großartige Gelegenheit auffassen, noch einen draufzusetzen und Ihnen den Einsatz wegzuschnappen. Des Weiteren ist Ihr Einsatz im Verhältnis zu Ihrem eigenen Stack (8.200 $) klein genug, sodass Sie sich (aus seiner Sicht) davonmachen können und immer noch einen beträchtlichen Haufen Chips haben. Und der Big Stack hat dermaßen viel Chips, dass er, im schlimmsten Fall, ein All-In verlieren könnte und immer noch gut dastünde.

**Action:** Sie raisen auf 1.800 $. Der Small Blind geht All-In. Der Big Blind foldet. Sie callen. Der Small Blind dreht Q♠T♥ um. Ihre Könige halten stand.

Eine großartige Hand und eine Analyse wert. Erinnern Sie sich daran: *Der beste Weg, eine Falle zu stellen, ist, sich die Hand, die man repräsentiert, vorzustellen und dann genau so zu spielen, wie man die imaginäre Hand spielen würde.*

Seien Sie noch einmal darauf hingewiesen, dass dieses Manöver nur gegen einen starken, scharfsinnigen Spieler funktioniert – einen Spieler, der rückschließen kann, warum Sie den Pot overbetten. Ein schwacher Spieler mit einem leicht überdurchschnittlichen Blatt würde einfach den hohen Einsatz sehen und seine Karten wegwerfen.

**Hand 8-9**

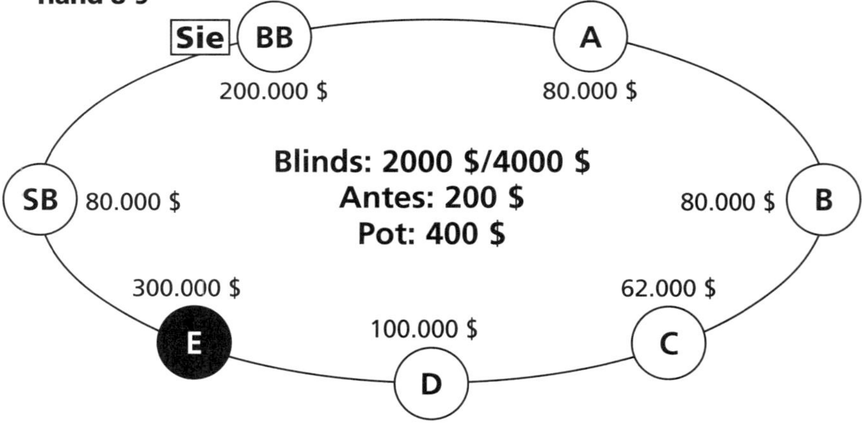


**Situation:** Spät am zweiten Tag eines großen Turniers. An zwei Tischen sind noch 13 Spieler verblieben. Lediglich 11 Plätze werden ausbezahlt. Spieler C ist ein solider Spieler, der kürzlich ein paar entscheidende Hände verloren hat.

**Ihr Blatt:** 9♣6♣

**Action bis zu Ihnen:** Die Spieler A und B folden. Spieler C raist auf 19.000 $. Die Spieler D und E folden. Der Small Blind foldet. Im Pot sind jetzt 26.400 $ und es kostet Sie 15.000 $ zu callen.

**Frage:** *Sollten Sie folden, callen oder raisen?*

**Antwort:** Folden. Ihre Pot Odds sind in Ordnung, aber Ihre Hand ist sehr schwach. Es gibt zu diesem Zeitpunkt keinen Grund zu glauben, dass Spieler C ein Täuschungsmanöver startet. Er macht aus Middle Position ganz einfach einen vernünftigen Raise. Das kann vieles bedeuten, aber aufgrund des Fehlens weiterer Information sollten Sie davon ausgehen, dass es bedeutet, was es vorgibt zu bedeuten – eine gute Hand.

Glauben Sie also nicht, dass Sie Spieler C mit einem ausgefallenen Manöver oder Ihrem größeren Stack irgendwie aus dem Pot drängen können. Er hat ein Drittel seiner Chips in den Pot getan, also sollten Sie akzeptieren, dass er bereit ist, mit dieser Hand den ganzen Weg zu gehen.

**Action:** Tatsächlich callen Sie weitere 15.000 $. Im Pot sind jetzt 41.400 $.

**Flop:** K♣5♣3♠

**Frage:** Sie sind dran. *Was sollten Sie tun?*
**Antwort:** In manchen Händen gibt es ein oder zwei Momente, in denen es mit einem scharfsinnigen Einsatz möglich ist, eine Hand zu gewinnen, die ansonsten verloren wäre. Dies ist solch ein Moment. Am Tisch müssen Sie ein Gespür für derartige Situationen entwickeln; alle guten Spieler besitzen es.
Lassen Sie uns die Möglichkeiten ins Auge fassen.

1. **Wenn Sie checken,** wird Spieler C annehmen, dass Sie den Flop verfehlt haben und einen Einsatz machen. Da sein Stack und der Pot im Moment gleich groß sind, wird er nach jeder einigermaßen großen Bet seinerseits Pot Committed sein. Sie werden seinen Einsatz entweder folden müssen oder bereit sein, All-In zu gehen.

2. **Wenn Sie All-In gehen,** wird er Ihren Einsatz als Schwäche interpretieren. Würden Sie, wenn Sie einen König halten und gerade Top Pair getroffen haben, versuchen, ihn zu verjagen? Nein. Sie würden versuchen, mit einem kleineren Einsatz ein klein wenig mehr Geld aus ihm herauszupressen. Eine Overbet schreit förmlich danach, dass Sie einen Flush Draw haben und wollen, dass er sich schnell davonmacht. Wenn Sie All-In gehen und er etwas hat, wird er davon ausgehen, dass er die beste Hand hat und callen.

3. **Wenn Sie mit einem mittelgroßen Einsatz die Initiative übernehmen,** könnten Sie einfach den Pot gewinnen. Solch eine Bet ergibt Sinn für einen Spieler, der gerade ein Paar Könige vervollständigt hat und wird Ihren Gegner mehr als jeder andere Einsatz erschrecken. Darüber hinaus ist es ein typischer Semi-Bluff bei No-Limit Hold'em. Sie könnten den Pot unverzüglich gewinnen und wenn Sie gecallt werden, haben Sie mit Ihrem Flush Draw in Kreuz immer noch einige Outs.

Haben Sie sich einmal dazu entschieden zu betten, müssen Sie sich über die Höhe des Einsatzes Gedanken machen. Da Ihr Stack verglichen mit demjenigen von Spieler C sehr groß ist, müssen Sie sich nach dem restlichen Stack Ihres Gegners richten. Bis dato hat Spieler C 19.000 $ gesetzt, womit ihm 43.000 $ verbleiben. Sie müssen so viel setzen, dass Ihr Gegner einen Fold in Betracht ziehen muss. Außerdem müssen Sie bedenken, was geschehen würde, wenn sich Ihr Gegner dazu entscheidet, nach Ihrem Einsatz All-In zu gehen. Hätten Sie dann einen Call oder einen Fold? Lassen Sie uns einen Blick auf einige mögliche Einsätze werfen und schauen, was deren Konsequenzen sind.

1. **Angenommen, Sie setzen 10.000 $.** Ihr Gegner muss 10.000 $ bringen, um einen Pot von über 50.000 $ zu callen. Aufgrund der Pot Odds von 5 zu 1 wird ein Call geradezu obligatorisch, wenn er eine halbwegs vernünftige Hand hat.

2. **Angenommen, Sie setzen 15.000 $.** Jetzt muss er für einen Pot von ungefähr 55.000 $ 15.000 $ callen. Er bekommt Odds von circa 4 zu 1, demnach kann er wieder mit nahezu allem callen. Wenn er mit einem All-In Raise zurückschlägt, sehen Sie sich einem Pot von 95.000 $ gegenüber, für den Sie mit 25.000 $ callen müssten. Sie sind 2 zu 1 Außenseiter, auf den nächsten beiden Straßen Ihren Flush zu machen, und bekommen Pot Odds von etwas weniger als 4 zu 1 – also müssen Sie sein All-In callen.

3. **Angenommen, Sie setzen 20.000 $.** Jetzt muss er für einen Pot von ungefähr 60.000 $ 20.000 $ callen, also bekommt er Odds von lediglich 3 zu 1. Er wird weiterhin mit nahezu allen Blättern callen,

aber wenn er seine Hand vollkommen verfehlt hat, sollte er folden. Wenn er Sie stattdessen All-In raist, sehen Sie sich einem Pot von 95.000 $ gegenüber, bei dem Sie 20.000 $ für einen Call zahlen müssten. Erneut ein leichter Call für Sie.

Jeder Einsatz wird es Ihnen erlauben, ein All-In zu callen, also bringen Sie den Einsatz, auf den er am wahrscheinlichsten folden wird: 20.000 $.

**Action:** Tatsächlich gehen Sie All-In und Spieler C callt ohne nachzudenken. Er zeigt K♥9♠ und sein Paar Könige gewinnt den Pot.

So wie die Hand gelaufen ist, gab es tatsächlich kein Manöver, das den Pot gewonnen oder ihn hinausgeworfen hätte. Aber behalten Sie sich folgendes Prinzip für die Zukunft im Gedächtnis: *Ein niedriger Einsatz kann sehr viel Furcht erregender als ein hoher sein – besonders gegen einen starken Spieler.*

**Hand 8-10**

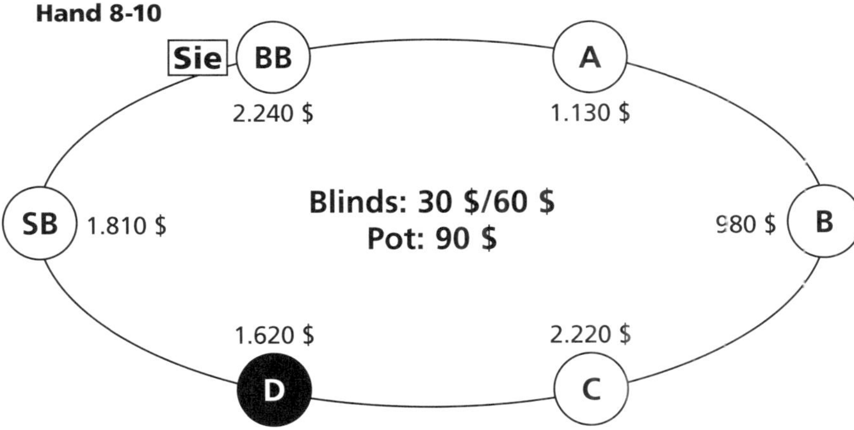


**Situation:** Spät in einem Single-Table-Qualifikationsturnier. Spieler C und der Small Blind spielen sehr aggressiv.

**Ihr Blatt:** 4♣4♦

**Action bis zu Ihnen:** Die Spieler A, B, C und D callen alle. Der Small Blind foldet. Im Pot sind jetzt 330 $.

**Frage:** *Sollten Sie folden, callen oder raisen?*
**Antwort:** Obwohl der Standard-Spielzug hier ein Check wäre, um einen billigen Flop zu sehen, ist dies wirklich eine großartige Gelegenheit zu einem Steal. Denken Sie darüber nach: Vier Spieler, von denen einer als sehr aggressiv bekannt ist, sind gerade in den Pot gelimpt – anstatt zu raisen. Die Raise-Anforderungen sind niedriger als gewöhnlich, da nur noch sechs Spieler am Tisch sitzen. Was könnten sie haben? Es sieht so aus, als sähen Sie sich vielleicht ein bis zwei Spielern mit ungepaarten hohen Karten oder möglicherweise Ass-x (wobei „x" eine niedrige Karte ist) oder einigen Händen mit Suited Connectors oder verbundenen Karten, die auf einen Flush oder eine Straight drawen, gegenüber.

Ich würde jetzt einen größeren Einsatz bringen, mindestens 600 $, und schauen was passiert. Meistens werden alle vier Spieler lieber ihre Karten wegwerfen, als einen hohen Einsatz zu callen und gegen eine offensichtlich starke Hand Heads-Up zu spielen. Wenn Sie eine Bet dieser Größenordnung machen und gecallt werden, haben Sie zumindest ein Paar – also bleiben Ihnen von diesem Moment an immer noch einige Gewinnchancen, auch wenn Sie Out Of Position sind.

Das ist ein ziemlich elementares Manöver und es ist leicht zu erkennen – also übertreiben Sie es damit nicht. Meistens würde ich mit diesem Blatt lediglich checken, auch in dieser Situation, aber gelegentlich würde ich das „Big Blind Steal"-Manöver auftischen, um einen Pot zu klauen.

**Action:** Tatsächlich checken Sie. Im Pot sind weiterhin 330 $.

**Flop:** T♥8♠7♠

**Frage:** *Was machen Sie?*
**Antwort:** Sie haben keine 4 gefloppt, es liegen drei Overcards zu Ihrem Blatt und ein Flush Draw in Pik auf dem Board. Da Sie vor dem Flop nicht gebettet haben, können Sie jetzt keinen glaubwürdigen Steal-Versuch starten. Die Flop-Textur ist für Sie besonders schlecht.

Es gibt zu viele mögliche Hände, die diesen Flop entweder getroffen oder starke Draws auf eine Straight oder einen Flush haben könnten. Bei vier Gegnern hat Sie jetzt mindestens einer geschlagen. Ich würde checken und dann folden, wenn jemand bettet.

**Action:** Sie checken. Spieler A geht mit seinen 1.070 $ All-In. Die Spieler B, C und D folden alle. Sie folden ebenfalls.

**Hand 8-11**

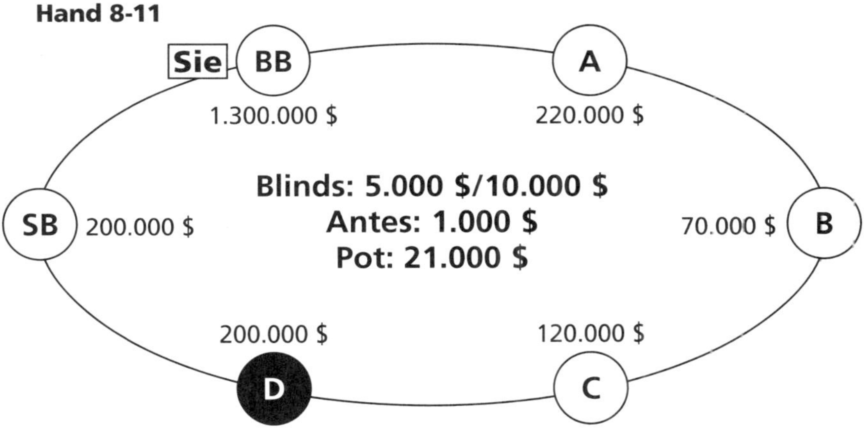


**Situation:** Final Table bei einem großen Turnier. Sie sind ein erfahrener Profi mit einer soliden Reputation. A ist ein mutiger und gefürchteter Spieler. Die Spieler B, C, D und der Small Blind sind Amateure – einige bestreiten ihr erstes großes Turnier. Der Final Table wurde gerade eröffnet und die TV-Kameras sind am Laufen.

**Ihr Blatt:** T♠9♠

**Action bis zu Ihnen:** Die Spieler A, B und C folden alle. Spieler D raist und setzt 30.000 $. Der Small Blind callt 25.000 $. Im Pot sind jetzt 76.000 $.

**Frage:** *Sollten Sie folden, callen oder raisen?*
**Antwort:** Bevor Sie einen Angriff starten, denken Sie daran, die Gesamtsituation in Betracht zu ziehen. Beim Poker umfasst Ihre Lage alles, was Sie wissen: über Ihre Hand, die Spieler am Tisch, die

Chipstände, die Situation – alles, was einen Hinweis darauf liefert, wie sich die Spieler verhalten, mit denen Sie es zu tun haben.

Was Sie hier sehen, ist ein gutes Beispiel dafür, was ich BSB-Spiel nenne. Wir haben eine Bet vom Button, die ein Versuch sein könnte, den Pot zu stehlen, und einen Call vom Small Blind, der nicht notwendigerweise Stärke bedeuten muss. Ihr erster Gedanke sollte sein, dass jetzt ein hoher Einsatz funktionieren könnte. Dann sollten Sie bedenken, was an dieser Situation ungewöhnlich ist und schauen, ob diese Faktoren Sie darin bestärken oder davon abhalten, Ihr Manöver auszuführen.

Die besonderen Aspekte dieser bestimmten Situation sind die jeweiligen Stack-Größen, die Tatsache, dass Ihre Gegner Amateure und keine erfahrenen Profis sind sowie die Fernsehberichterstattung. Ich würde diese Faktoren folgendermaßen gewichten:

1. **Fernsehberichterstattung:** Die Tatsache, im Fernsehen zu sein, macht manche Leute nervös – und die meisten werden vorsichtig, wenn sie nervös sind. Vor allem wollen sie vor Millionen Zuschauern nicht blöd aussehen.

2. **Amateure statt Profis:** Sie sehen Ihren Zug wahrscheinlich weniger als Teil eines Täuschungsmanövers als vielmehr als Offenbarung eines starken Blattes des Big Stacks.

3. **Die jeweiligen Stack-Größen:** Dieser Faktor ist zweischneidig. Ein hoher Einsatz eröffnet Ihren Gegnern eine Möglichkeit zu verdoppeln und in das Turnier zurückzukommen, beinhaltet aber auch die Gefahr, sich ganz schnell auf dem sechsten Platz wieder zu finden – mit einem kleineren Preisgeld. Gerade Amateure reagieren auf diese Situation unterschiedlich. Einige sind einfach glücklich, im Geld zu sein, und fühlen den Druck von sich abfallen, während andere den Betrag ausrechnen, wenn sie die Leiter um einen oder zwei Plätze hochklettern.

Unterm Strich scheint mir, dass diese Situation eine bessere Gelegenheit zu einer Bet eröffnet als normalerweise. Ich würde die beiden Spieler mit einem Einsatz von 200.000 $ All-In setzen.

**Action:** Sie setzen 200.000 $ und beide Spieler folden.

**Hand 8-12**

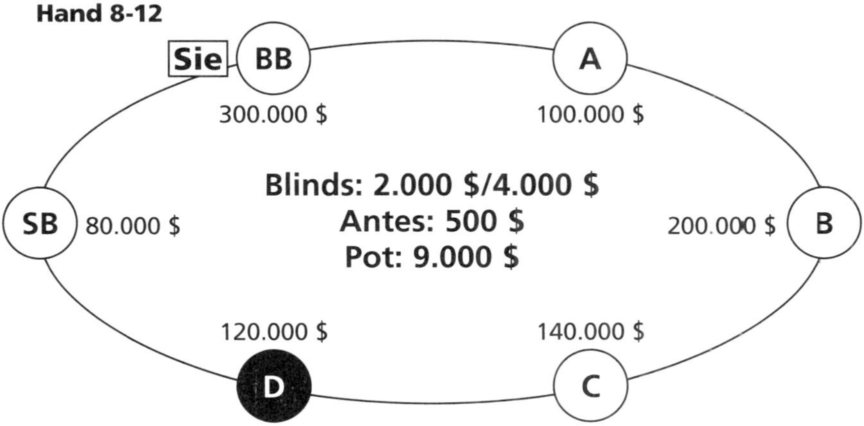


**Situation:** Ein großes Turnier kurz vor dem Final Table. Zu diesem Zeitpunkt sind an zwei Tischen noch 12 Spieler aktiv. Spieler D ist aggressiv und hat in der Vergangenheit vom Button den Pot angegriffen.

**Ihr Blatt:** J♦2♦

**Action bis zu Ihnen:** Die Spieler A, B und C folden. Spieler D raist auf 15.000 $. Der Small Blind foldet. Im Pot sind jetzt 24.000 $. Es kostet Sie 11.000 $ zu callen.

**Frage:** *Sollten Sie folden, callen oder raisen?*

**Antwort:** Trotz Ihres schlechten Blatts sollten Sie in diesem Fall häufig raisen – vielleicht 30.000 bis 40.000 $. Der Raise ist aus zwei Gründen gut:

Es gibt eine beträchtliche Wahrscheinlichkeit (wahrscheinlich in der Nähe von 60 %), dass Spieler D einen Steal versucht hat und jetzt folden wird. Wenn er callt, werden Sie mit Ihrem Blatt einige Flops treffen und einige Pots gewinnen. Wenn er reraist, sind Sie definitiv geschlagen und können Ihre Karten wegwerfen. Jeder Einsatz, der in 50 bis 60 % der Fälle sofort gewinnt, ist profitabel.

In den späteren Phasen eines Turniers müssen Sie Ihre Blinds verteidigen und die anderen Spieler wissen lassen, dass Sie dabei keinen

Spaß verstehen. Sie werden die Botschaft verstehen und auf jemand anderem am Tisch herumhacken. Vieles von der Poker-Psychologie geht auf das zurück, was wir in der Schule gelernt haben: „Wehrt euch gegen einen Tyrannen!" – „Lasst euch von niemandem herumkommandieren!" – „Zeigt, dass Ihr zu einem Kampf bereit seid, und der andere wird sich zurückziehen." Was auf dem Spielplatz funktioniert, funktioniert auch am Pokertisch.

**Action:** Sie raisen auf 50.000 $. Spieler D foldet.

**Hand 8-13**

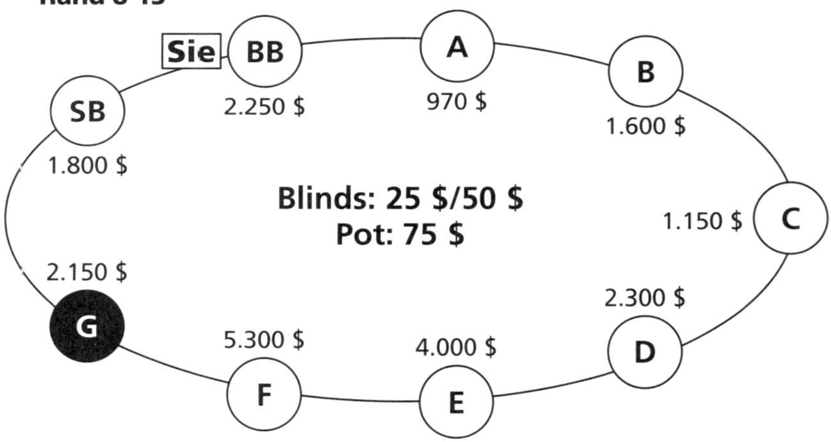


**Situation:** Früh in einem großen Turnier. Spieler G scheint mäßig tight zu sein.

**Ihr Blatt:** K♣Q♦

**Action bis zu Ihnen:** Die Spieler A bis F folden alle. Spieler G raist und setzt 100 $. Der Small Blind foldet. Im Pot sind jetzt 175 $.

**Frage:** *Sollten Sie folden, callen oder raisen?*

**Antwort:** Das ist ein Beispiel für ein typisches BSB-Spiel. Der Button raist, was alles bedeuten kann: von einer echten Value Bet bis zu einem unverhohlenen Steal-Versuch. Sie haben im Big Blind eine klar überdurchschnittliche Hand, demnach sind Sie zu einem beträchtlichen

Raise berechtigt. Es wäre ein großer Fehler, nicht zu raisen. Der Button wird während der ganzen Hand Position auf Sie haben und Sie wollen diesen Nachteil so schnell wie möglich ausmerzen. Also raisen Sie jetzt und versuchen, die Hand zu beenden.

**Action:** Sie raisen auf 400 $. Der Button geht mit seinen letzten 2.050 $ All-In. *Was machen Sie?*
**Antwort:** Sie haben eine Frage gestellt und eine eindeutige Antwort bekommen. Er behauptet, wirklich etwas auf der Hand zu haben, wahrscheinlich ein hohes Paar. Es ist früh im Turnier, sein Stack war solide und es gab für ihn keinen offensichtlichen Grund, alle seine Chips für nichts aufs Spiel zu setzen. Also glauben Sie ihm und machen sich davon.
Zwei weitere Punkte, an die Sie denken sollten:

1. Scheuen Sie sich nie, einen Angriff abzubrechen, wenn er nicht funktioniert. Streng genommen kann unser Raise mit KQ nicht als „Bluff" bezeichnet werden. Angesichts dessen, dass der Raise vom Button kam, hatten Sie eine gute Hand. Außerdem haben wir gehofft, den Pot mitnehmen oder zumindest unseren Gegner ein wenig auf den Boden zurückholen zu können, aber wir sind gescheitert. Es ist keine Schande zu erkennen, dass ein Einsatz keinen Erfolg bringt und das Geld einfach abzuschreiben. Erinnern Sie sich daran, dass wir bei unserer Bet nicht vorhatten, mit KQo All-In zu gehen.

2. Normalerweise hat ein All-In einiges zu bedeuten – sogar beim Online-Poker. Es ist sehr selten ein kompletter Bluff. Es gibt nicht so viele Spieler, die 73 aufnehmen und sich trauen,
   A. einen Bluff zu starten und dann
   B. gegen jemanden, der Stärke gezeigt hat, All-In zu gehen.

**Action:** Sie folden.

**Hand 8-14**

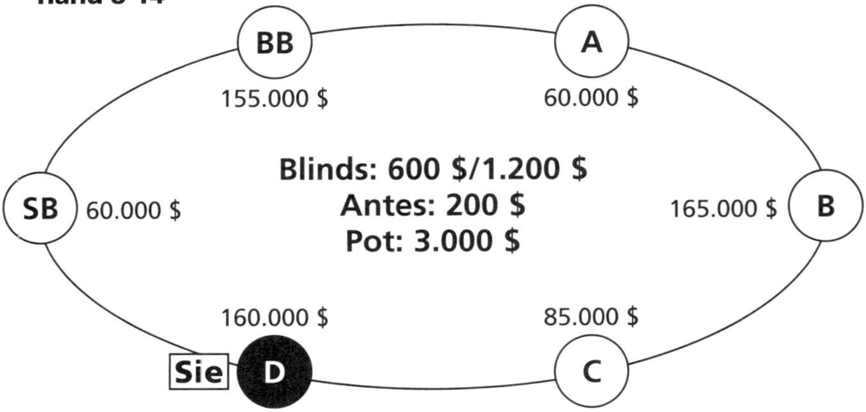


**Situation:** Final Table in einem großen Turnier. Der Big Blind hat grundsätzlich tight gespielt. Bei einigen Gelegenheiten haben Sie ihn einen Angriff auf den Pot unternehmen und dann nach einem beträchtlichen Reraise klein beigeben sehen. Sie sind als aggressiver Spieler bekannt.

**Ihr Blatt:** J♥T♣

**Action bis zu Ihnen:** Die Spieler A, B und C folden alle.

**Frage:** *Sollten Sie folden, callen oder raisen?*
**Antwort:** JT auf dem Button ist für einen Angriff auf die Blinds gut genug, besonders wenn der Small Blind der Small Stack und der Big Blind als tighter Spieler bekannt ist. Setzen Sie einfach den Standard-Raise (an diesem Tisch sind das in dieser Runde 5.000 $) und schauen was passiert.

**Action:** Sie raisen auf 5.000 $. Der Small Blind foldet, aber der Big Blind callt.

**Flop:** 9♣7♠7♦

**Action:** Der Big Blind checkt. Im Pot sind jetzt 11.800 $. *Was machen Sie?*

**Antwort:** Was könnte der Big Blind in diesem Moment haben? Ihm wurden vor dem Flop sehr günstige Odds für einen Call gegeben. Im Pot waren 8.000 $ und es kostete ihn weitere 3.800 $ zu callen, also hatte er Odds von mehr als 2 zu 1. Sogar ein tighter Spieler hätte mit den meisten Paaren oder zwei hohen Karten gecallt. Ein hohes Paar hätte vor dem Flop meistens zu einem Reraise geführt, besonders von einem tighten Spieler. Wenn er nicht mit einem Paar Neunen oder einer hohen Karte und einer Neun gecallt hat, sollte ihm dieser Flop nicht geholfen haben, es ist also an seinem Check nach dem Flop nichts mysteriös. Ihre Vermutung an diesem Punkt sollte sein, dass er entweder

1. ein niedriges bis mittleres Paar,
2. eine hohe Karte und eine Neun oder
3. zwei hohe Karten hat.

Wenn er zwei hohe Karten hat, sollte ihn eine Bet aus der Hand verjagen.

Sollten Sie betten? Die Antwort ist eindeutig Ja. Die Flop-Textur ist sehr gut – alle Karten sind niedriger als Ihre. Wenn Ihr Gegner zwei hohe Karten hält, hat ihn der Flop komplett verfehlt. Wenn Sie betten und gecallt werden, haben Sie vermutlich zehn Outs: 3 Buben, 3 Zehnen sowie 4 Achten zur Straight. Das letzte (und wichtigste) Argument für einen Einsatz ist, dass Ihr Gegner als tight bekannt ist.

Wenn Sie daran gehen zu betten, sollten Sie einen Einsatz in Höhe einer Continuation Bet (ungefähr die Hälfte des Pots) oder in Höhe des Pots machen? Jede Bet sollte ihn verjagen, wenn er zwei hohe Karten hat, aber keine wird es tun, wenn er 9-x hält. Außerdem wird er wahrscheinlich in beiden Fällen mit einem niedrigen Paar in der Hand bleiben. Ich würde einfach mit der Continuation Bet fortfahren, da sie mit weniger Risiko zum gleichen Ziel führen sollte.

**Action:** Sie setzen 12.000 $. Der Big Blind callt. Im Pot sind jetzt 35.800 $.

**Turn:** K♦

**Action:** Der Big Blind setzt 20.000 $. *Was machen Sie?*

**Antwort:** Nachdem er vor dem Flop gecallt und auf dem Flop gecheckt hat, bringt der Big Blind jetzt – nachdem ein König aufgetaucht ist –

einen Einsatz in halber Potgröße. Falls er einen König auf seiner Hand repräsentiert, was könnte er haben? Mit AK oder KK hätte er vor dem Flop gereraist. KQ, KJ oder KT hätte er nach Ihrer Bet in der letzten Setzrunde weggeworfen. K9 oder K7 dürfte er vermutlich nach wie vor slow spielen, da Sie als aggressiver Spieler bekannt sind. Ein König scheint hier einfach keine plausible Karte zu sein.

Ein wahrscheinlicheres Blatt ist etwas wie ein mittleres oder niedriges Paar; in diesem Fall würde diese Bet einen letzten Versuch, den Pot zu stehlen, darstellen. Außerdem haben Sie diesen Spieler in der Vergangenheit einige solche Versuche machen und dann – wenn er geraist wurde – zurückweichen sehen. Der richtige Zug hier ist, den „Angriff durch die Hintertür" auszuführen und noch einen draufzusetzen: Sie repräsentieren, dass Ihnen der König geholfen hat (begründet durch Ihre vorherigen hohen Einsätze) und machen Ihrem Gegner mit einem Einsatz, der groß genug ist, klar, dass er in dieser Hand eventuell alle seine Chips investieren muss. Beachten Sie außerdem, dass Ihnen, auch wenn Ihre Bet gecallt wird, der König vier weitere Outs gegeben hat, da jetzt auch Damen Ihre Straight machen.

**Action:** Sie raisen auf 48.000 $. Der Big Blind foldet.

An diesem Punkt könnten sich einige Leser fragen: „Einen Moment mal. Woher wissen Sie, dass es kein abgekartetes Spiel war, nachdem der Kerl in den vorherigen Runden nach einer späten Bet gefoldet hat? Vielleicht weiß er, dass Sie sich daran erinnern, stellt Ihnen jetzt eine Falle und macht sich bereit, alle Ihre Chips zu kassieren?"

Natürlich kann man das nicht wissen. Beim Poker muss man ständig solche Entscheidungen fällen, die darauf basieren, was Statistiker einen unzulänglichen Stichprobenumfang nennen würden. Aber wenn Sie nicht wochen- und monatelang permanent gegen die gleichen Leute spielen, sind das alle Hinweise, die Sie bekommen werden. Bei der endgültigen Analyse geht es schlicht darum, die besten Hinweise, die Sie haben – so oberflächlich sie auch sein mögen – mit gesundem Menschenverstand und Pot-Odds-Berechnungen zu kombinieren.

**Hand 8-15**

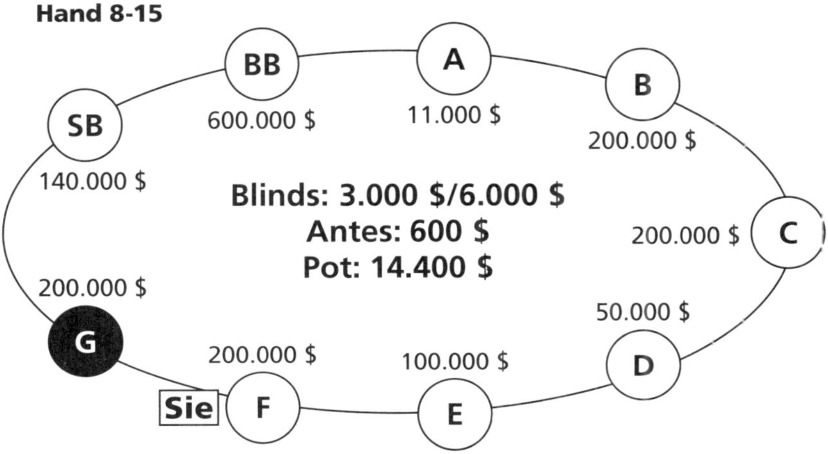


**Situation:** Final Table eines großen Turniers.

**Ihr Blatt:** 5♥5♦

**Action bis zu Ihnen:** Spieler A geht mit 11.000 $ All-In. Spieler E callt. Im Pot sind jetzt 36.400 $.

**Frage:** *Sollten Sie folden, callen oder raisen?*

**Antwort:** Hier ergibt sich die Gelegenheit zu einem Manöver, das jeder gute Spieler aus dem Effeff beherrscht.

Das All-In von Spieler A hat nicht unbedingt etwas zu bedeuten. Er wird in den nächsten zwei Händen von den Blinds aufgefressen, er könnte also mit nahezu allem in den Pot einsteigen.

Der Call von Spieler E ist interessanter. Er weiß vermutlich, dass Spieler A mit einer willkürlichen Hand um den Pot spielt, und könnte versuchen, mit einer Hand, die nur ein wenig überdurchschnittlich ist, ein paar billige Chips einzusammeln.

Der richtige Zug in dieser Situation ist, mit einer großen Bet – ungefähr 40.000 $ – noch einen draufzusetzen. Wenn Spieler E seine Karten wegwirft, können Sie 29.000 $ Ihrer Chips zurücknehmen und spielen im Heads-Up gegen Spieler A – aber mit reichlich Dead Money von den Blinds, Antes und Spieler E im Pot. Natürlich benötigen Sie für diesen Angriff etwas auf der Hand, aber ein kleines Paar ist gut genug.

**Action:** Sie raisen auf 40.000 $. Spieler G und die Blinds folden. Spieler E foldet. Im Pot sind jetzt 47.400 $, zu denen Sie lediglich 11.000 $ beigesteuert haben. Spieler A zeigt J♦4♦. Ihr Paar Fünfen hält stand und gewinnt den Pot.

Das ist ein großartiges Manöver zum Geldverdienen, aber die Gelegenheit dazu ergibt sich nicht allzu oft. Spieler E hat einen Anfängerfehler begangen. Wenn er sich entscheidet zu spielen, hätte er – egal wie seine Hand aussieht – einen Raise bringen sollen, um dieses Manöver zu verhindern.

**Hand 8-16**

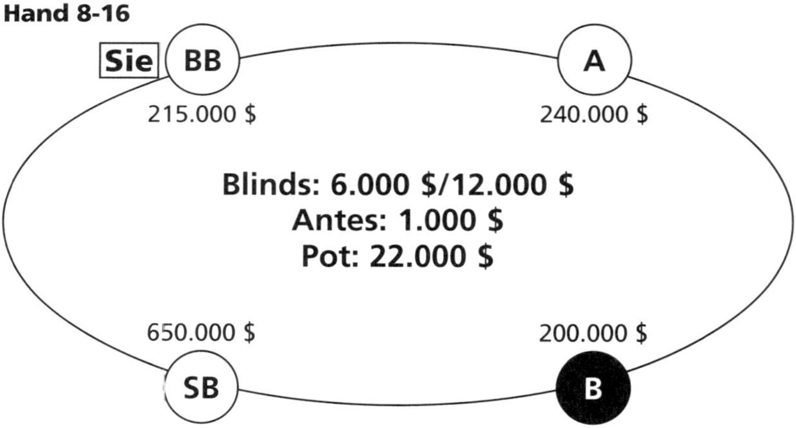


**Situation:** Final Table eines großen Turniers. Für Sie ist es die erste Teilnahme bei einem solchen Ereignis. Der Small Blind ist ein trickreicher, super-aggressiver Spieler – anerkanntermaßen einer der besten der Welt.

**Ihr Blatt:** J♦8♥

**Action bis zu Ihnen:** Die Spieler A und B folden. Der Small Blind raist auf 30.000 $. Im Pot sind jetzt 46.000 $. Es kostet Sie 18.000 $ zu callen.

**Frage:** *Sollten Sie folden, callen oder raisen?*
**Antwort:** Die meisten Spieler erachten J8 korrekterweise als ein relativ schwaches Blatt. An einem vollen Tisch ist es das sicherlich auch. Aber

Heads-Up ist es nur ein wenig unterdurchschnittlich. Wenn Sie diese Tatsache mit einem Raise eines super-aggressiven Spielers, den dieser mit jeglichen zwei Karten gemacht haben könnte, und den gewaltigen Pot Odds von 2,5 zu 1 verknüpfen, wird daraus fraglos ein zwingender Call.

Wenn sie gegen super-aggressive Spieler antreten, denken Sie daran, dass alle Ihre Blätter stärker sind, als sie scheinen. Gegen einen konservativen Spieler an einem vollen Tisch sieht J♦8♥ aus wie Schrott, weil alle Blätter, mit denen Ihr Gegner spielen könnte, besser sind. Aber ein super-aggressiver Spieler im Small Blind könnte leicht mit 43o ein Täuschungsmanöver starten – in diesem Fall ist Ihre Hand solider Favorit. In diesen Situationen sind die Pot Odds und Ihre Position – nicht Ihre Karten – die besten Gradmesser dafür, wann Sie spielen wollen.

**Action:** Sie callen. Im Pot sind jetzt 64.000 $.

**Flop:** J♠8♣2♦

**Action:** Der Small Blind checkt. *Was machen Sie?*
**Antwort:** Sie haben auf einem Flop, der unter anderen Umständen als mittelmäßig einzuordnen wäre, Top Two Pair getroffen – Sie haben also eine überragend starke Hand. Ihr einziges Problem wird jetzt sein, herauszufinden, wie Sie aus dieser großartigen Situation das meiste Geld machen.

Ihr Gegner hat gecheckt, was bei einem super-aggressiven Spieler bedeutet, dass er wahrscheinlich etwas hat. Super-aggressive Spieler haben die Tendenz, mit schwachen Händen nach dem Flop zu checken und mit starken zu betten – besonders gegen Spieler, die sie für schwach halten. Im Augenblick versucht er aus Ihrer Reaktion auf seinen Check herauszufinden, was Sie auf der Hand haben.

1. Wenn Sie checken, wird er folgern, dass Sie nichts haben, weil Anfänger so spielen, wenn sie nichts haben.

2. Wenn Sie betten, wird er Sie auf ein Paar setzen – wahrscheinlich Buben. Er wird sich denken, dass Sie
   A. vor dem Flop kein Paar gehabt haben können, da Sie nicht gereraist haben,

B. jetzt nicht mit einem Paar Zweien betten würden und
C. ein klein wenig Angst hätten, mit einem Paar Achten einen Einsatz zu bringen.

Was auch immer er hält; wenn es niedriger als ein Paar Buben ist (was wahrscheinlich ist), wird er sich nicht allzu sehr in die Hand verwickeln lassen.

Ihre aussichtsreichste Möglichkeit, etwas Geld zu machen, ist, beginnend mit einem Check slow zu spielen. Wenn er etwas hat, wird er folgern, dass Sie nichts haben und auf dem Turn einen Einsatz machen, um sich den Pot zu schnappen.

**Action:** Sie checken. Der Pot bleibt bei 64.000 $.

**Turn:** 3♣

**Action:** Der Small Blind setzt 30.000 $. Im Pot sind jetzt 94.000 $. *Was machen Sie?*
**Antwort:** Die meisten Spieler unterliegen jetzt der Versuchung, einen großen Raise hineinzuwerfen und damit zu sagen: „Ha! Reingelegt!" Widerstehen Sie dieser Verlockung. Ihr Ziel beim Poker ist, das Geld Ihres Gegners zu gewinnen und nicht, zu zeigen wie clever Sie sind.

Stattdessen sollten Sie das Rope-a-Dope anwenden und nur callen. Die 3♣ hat Ihrem Gegner wahrscheinlich nicht geholfen, aber durch sie liegen zwei Kreuz auf dem Board. Wenn Sie callen, wird Ihr Gegner herauszufinden versuchen, was Sie haben. Seine Schlussfolgerungen könnten folgendermaßen aussehen:

1. Sie hatten vor dem Flop kein Paar, weil Sie nicht gereraist haben.

2. Sie haben auf dem Flop kein Paar Buben getroffen, weil Sie nach ihm lediglich gecheckt haben.

3. Nachdem die 3♣ – und damit zwei Kreuz auf dem Board – aufgedeckt wurde, haben Sie eine Bet gecallt.

Die naheliegendste Vermutung, welches Blatt zu all dem passen könnte, sind zwei Kreuz-Karten und eine davon hoch. Sie bekamen für den Call Pot Odds von 3 zu 1, was nicht ausreichend ist, wenn lediglich ein Flush in Aussicht steht, aber wenn Sie eine Karte wie den K♣ halten, könnten Sie vermuten, dass die drei verbleibenden Könige mögliche Outs sind.

Mit dem Call haben Sie Ihrem Gegner eine plausible aber falsche Einschätzung Ihrer Hand geliefert. Das ist ein großartiges Manöver, wenn Sie es ausführen können, denn wenn auf dem River eine Blank aufgedeckt wird und Sie betten, wird er davon überzeugt sein, dass Sie Ihre Hand verfehlt haben und jetzt einen Bluff versuchen.

Beachten Sie, dass Sie nur gegen einen sehr guten Spieler derart trickreich vorgehen können. Ein Dummkopf würde weder wissen, was Sie machen, noch versuchen, daraus schlau zu werden.

**Action:** Sie callen. Im Pot sind jetzt 124.000 $.

**River:** A♠

Gute und schlechte Neuigkeiten. Ihr Gegner könnte befürchten, dass Sie ein Paar Asse vervollständigt haben. Andererseits ist es kein Kreuz; wenn er also dachte, Sie würden auf einen Flush drawen, weiß er jetzt, dass Sie ihn verfehlt haben.

**Action:** Der Small Blind checkt. *Was machen Sie?*
**Antwort:** Sie haben fast sicher die beste Hand, also ist es an der Zeit, die Falle zuschnappen zu lassen und etwas zu setzen. Sie sollten jedoch keinen zu hohen Einsatz bringen, da Sie ihn nicht davonjagen wollen. Etwas weniger als die Hälfte des Pots ist ein guter Betrag. Das Ass wird ihm zwar Respekt einflößen, aber er wird denken, dass Sie Ihre Draws verfehlt haben, und die Pot Odds werden einen großen Anreiz für einen Call darstellen.

**Action:** Sie setzen 50.000 $ und Ihr Gegner callt. Er zeigt T♣T♦ und Ihre zwei Paare gewinnen den Pot.

Wenn Sie gegen einen super-aggressiven Spieler eine sehr starke Hand haben, lassen Sie ihn die Initiative beim Setzen übernehmen. Versuchen Sie, Slow Play mit dem Rope-a-Dope zu kombinieren. Oftmals brauchen Sie nur eine einzige Bet zu bringen – auf dem River.

**Hand 8-17**

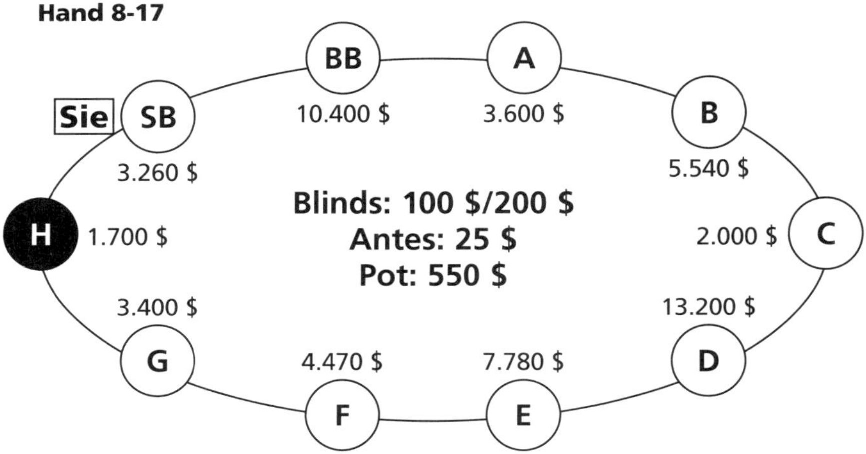


**Situation:** Früh am zweiten Tag bei einem großen Turnier. Der Big Blind ist ein sehr aggressiver Spieler, der gerne noch einen draufsetzt und die Leute aus dem Pot raist.

**Ihr Blatt:** A♠A♦

**Action bis zu Ihnen:** Die Spieler A bis H folden alle. Es verbleiben nur noch Sie und der Big Blind.

**Frage:** *Wie gehen Sie mit Ihrem Paar Assen um?*
**Antwort:** Obwohl es fehlerhaft sein kann, eine Hand wie ein Paar Asse vor dem Flop slow zu spielen, gibt es Situationen, in denen dieser Zug Sinn ergibt – und diese Hand ist eine solche.

Das einzige Problem ist, die beste Möglichkeit zu finden, alle eigenen Chips und die des Gegners in den Pot zu bekommen. Wenn Sie raisen und Ihr aggressiver Gegner im Big Blind nur ein bisschen was auf der Hand hat, wird er Ihren Raise als Steal-Versuch des Small Blinds interpretieren, was ein wahrer Bully niemals zulassen würde. Wenn er aber absolut nichts hat, wird sogar ein Bully sein Blatt wegwerfen. Dagegen deutet in dieser Situation ein Call eine ziemlich schwachbrüstige Hand an (nicht einmal wert, einen halbherzigen Steal-Versuch anzusetzen) und wird mit allem gereraist werden. Demnach würde ich zu einem Call raten.

**Action:** Sie callen 100 $ und der Big Blind raist Sie auf 400 $. Im Pot sind jetzt 1.050 $.

**Frage:** *Was ist die beste Fortsetzung?*
**Antwort:** Das war offensichtlich ein gutes Ergebnis. Was nun? Wenn möglich wollen wir noch vor dem Flop alle unsere Chips in den Pot bekommen. Falls er mit einer mittelstarken Hand raist und dann den Flop komplett verfehlt, wird es – auch da wir im Vorfeld Widerstand geleistet haben – selbst für den unzurechnungsfähigsten Verrückten schwer, eine Fortsetzung der Aggression zu rechtfertigen. Also sollten wir einen weiteren Raise machen, um den Pot am Leben zu erhalten und ihm eine letzte Gelegenheit zu geben, uns hinauszuwerfen. Aber es darf kein zu großer Raise sein – wir wollen ihm keine Angst einjagen. Wir wollen uns bloß wie eine Maus mit ein bisschen übrig gebliebenem Stolz verhalten.

Ich würde seine 400 $ callen und auf weitere 600 $ raisen. Das bringt 2.050 $ in den Pot und gibt ihm für einen Call Odds von mehr als 3 zu 1. Das wird wahrscheinlich unwiderstehlich sein. Darüber hinaus könnte er sich an diesem Punkt mit einem All-In anfreunden. Betrachten Sie sich die Angelegenheit aus seiner Warte. Wir hatten zu Beginn der Hand 3.260 $ und haben bis dato 1.200 $ gesetzt, was uns 2.060 $ übrig lässt. Wenn er uns All-In setzt, können wir uns (denkt er) immer noch mit zwei Drittel unseres ursprünglichen Stacks zurückziehen. Wir sind jetzt noch nicht Pot Committed, also kann er uns mit einem hohen Einsatz hinauswerfen. Wenn wir in diesem Moment mehr als 1.000 $ setzen, wären wir eindeutig Pot Committed, was ihn von einem Semi-Bluff abhalten könnte. Also sieht ein Einsatz von 1.000 $ ziemlich gut aus.

**Action:** Sie setzen 1.000 $ und er raist Sie mit 2.060 $ All-In. Sie callen.

Perfekt! Jetzt müssen wir nur noch die Hand gewinnen.

Auflösung: Er zeigt A♣6♣. Auf dem Board kommen T-8-6-5-3 ohne ein Kreuz und wir können verdoppeln.

**Hand 8-18**

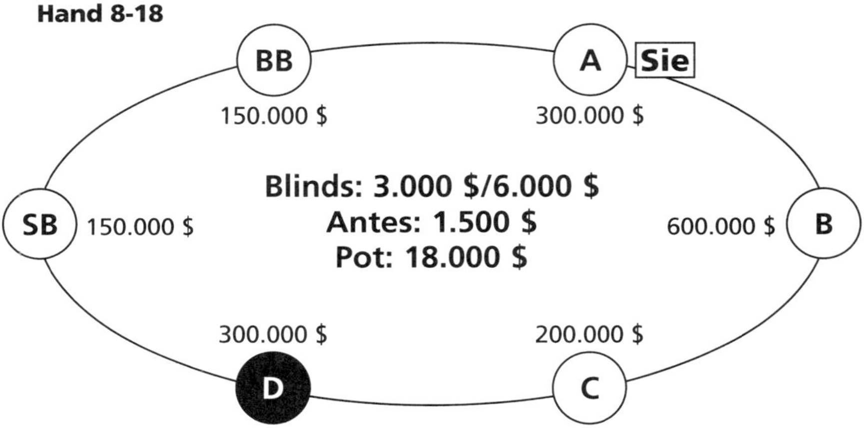


**Situation:** Final Table eines großen Turniers. Spieler D ist ein aggressiver Spieler, der gezeigt hat, dass er mit positionellem Vorteil versuchen wird, Pots zu stehlen.

**Ihr Blatt:** A♠T♠

**Action bis zu Ihnen:** Sie agieren als Erster.

**Frage:** *Sollten Sie folden, callen oder raisen?*
**Antwort:** An einem vollen Tisch wäre ATs für eine Eröffnung des Pots etwas zu schwach. An einem Tisch mit sechs Spielern ist es eine hervorragende Eröffnungs-Hand. Sie sollten hier einen soliden Raise machen.

**Action:** Sie raisen auf 25.000 $. Die Spieler B und C folden. Spieler D – auf dem Button – callt. Die Blinds folden. Im Pot sind jetzt 68.000 $.

**Flop:** K♣T♥3♠

**Frage:** *Sollten Sie checken oder betten?*
**Antwort:** Sie haben Middle Pair getroffen, aber mit einem König und einer Zehn auf dem Board werden Sie durch viele plausible Hände gefährdet. Jeder König schlägt Sie, andererseits könnten andere Kombinationen aus hohen Karten auf eine Straight drawen.

Es gibt einige Möglichkeiten, diese Hand zu spielen. Der geradlinige Weg ist, ungefähr die Hälfte des Pots zu setzen, vielleicht 35.000 $. Das könnte die Hand unverzüglich gewinnen und wird Ihnen sicherlich einige zuverlässige Informationen über die Hand Ihres Gegners geben, falls er sich zu einem Call oder Raise entscheidet.

Eine zweite Möglichkeit ist zu checken und Ihrem aggressiven Gegner einen Steal-Versuch zu gestatten. Das ist sowohl gefährlicher als auch möglicherweise profitabler. In Anbetracht dessen, was Sie über Ihren Gegner wissen, gibt es eine hohe Wahrscheinlichkeit, dass die meisten seiner Bets in dieser Situation mit Händen gemacht werden, die Sie schlagen können.

**Action:** Sie checken. Spieler D setzt 40.000 $. *Was machen Sie jetzt?*
**Antwort:** Es sind 108.000 $ im Pot und es kostet Sie 40.000 $ zu callen. Da Spieler D sehr aggressiv ist, stehen die Chancen gut, dass er auf einen Steal aus ist und Sie ihn schlagen. Ein klarer Call.

**Action:** Sie callen. Im Pot sind jetzt 148.000 $.

**Turn:** 6♥

**Frage:** *Sollten Sie checken oder raisen?*
**Antwort:** Die 6 hat weder Ihnen noch (wahrscheinlich) Ihrem Gegner geholfen. Da Sie sich für eine Strategie bei dieser Hand entschieden haben, sollten Sie diese fortsetzen und lediglich checken.

**Action:** Sie checken. Spieler D checkt ebenfalls.

**River:** 6♣

**Frage:** *Sollten Sie checken oder raisen?*
**Antwort:** Wenn die erste 6 Ihrem Gegner nicht geholfen hat, wird das bei der zweiten auch nicht der Fall sein. Wenn Ihr Gegner keinen König auf der Hand hält, haben Sie gewonnen. Wenn er einen König hat, war sein Check auf dem Turn ein Fehler, es sei denn, er stellt eine wahrhaft tiefe Falle auf. Es gibt einen Spielzug, den einige sehr starke Spieler gelegentlich anwenden und den ich das „Bet-Check-Bet"-Manöver nenne. Es funktioniert folgendermaßen: Sie halten ein Blatt wie AK und bekommen einen Flop, wie wir ihn hier sehen: K-x-x. Sie bringen auf dem Flop einen Einsatz in halber Potgröße, der entweder Stärke anzeigen oder eine normale Continuation Bet sein könnte. Ihr Gegner callt. Auf dem Turn checken Sie und deuten damit an, dass Ihr erster Einsatz lediglich eine Continuation Bet war und Sie die Hand jetzt abgeschrieben haben. Auf dem River betten Sie erneut und indizieren damit, dass Sie entschieden haben, dass der Pot gestohlen werden kann und Sie Ihre Netze danach auswerfen. Wenn dieses Manöver funktioniert, callt oder raist Ihr Gegner – in der Annahme, dass Sie Ihre Hand verfehlt haben – mit einem mittleren oder niedrigen Paar und Sie gewinnen einen riesigen Pot.

Ist es wahrscheinlich, dass dieses Manöver gerade angewendet wird? Vermutlich nicht. Aber seien Sie davor auf der Hut. Es gehört zum Rüstzeug aller Spitzenspieler.

Zurück zu unserem Problem: Was sollten Sie jetzt tun? Eine Bet könnte den Pot gewinnen, aber ein Check könnte am Ende zu einem verzweifelten Steal-Versuch verleiten. Da Sie bisher gecheckt haben, sollten Sie konsequent bleiben und jetzt ebenfalls checken.

**Action:** Sie checken. Ihr Gegner setzt 80.000 \$. Im Pot sind jetzt 228.000 \$. Es kostet Sie 80.000 \$ zu callen. *Was machen Sie?*
**Antwort:** Der Call ist natürlich eindeutig. Der Pot gibt Ihnen Odds von ungefähr 3 zu 1 und es gibt eine ausgezeichnete Chance, dass Ihre Zehnen gut sind.

**Auflösung:** Sie callen und Ihr Gegner zeigt 7♦5♦. Sie gewinnen den Pot.

Sie hatten gegen einen Spieler, der gerne Pots stiehlt, eine gute, aber keine großartige Hand. Das Rope-a-Dope hat weitaus mehr Geld für Sie abgeworfen, als es jedes geradlinige Setzverhalten getan hätte.

**Hand 8-19**

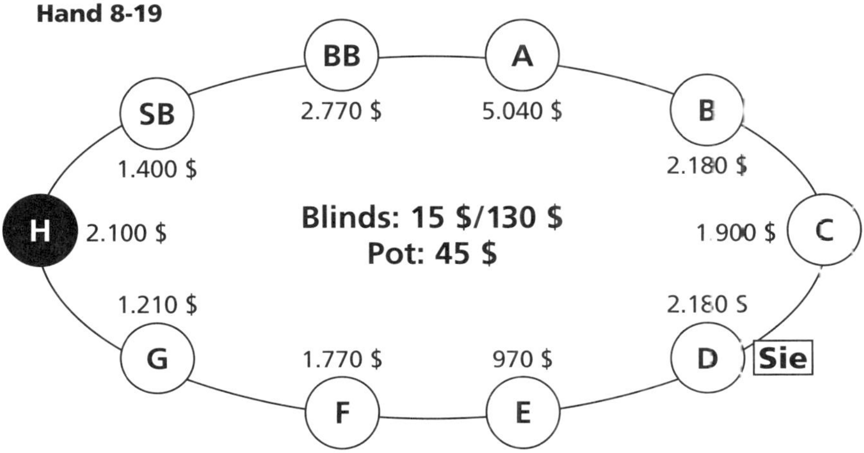


**Situation:** Früh in einem Online-Turnier. Der Big Blind hat bisher aggressiv gespielt. Spieler F hat gerade am Tisch Platz genommen und Sie besitzen keine Informationen über ihn.

**Ihr Blatt:** 9♠7♠

**Action bis zu Ihnen:** Die Spieler A, B und C folden alle.

**Frage:** *Sollten Sie folden, callen oder raisen?*
**Antwort:** Nach der rein konservativen Spielweise sollten Sie Ihr Blatt natürlich wegwerfen. Super-aggressive Spieler spielen in Middle Position sehr gerne Hände wie diese. (Wenn Sie sich einige Aufzeichnungen von Turnieren anschauen, die Gus Hansen gewonnen hat, werden Sie feststellen, dass er großes Können bei der Behandlung von solchen mittleren gleichfarbigen Karten an den Tag legt.) Der dahinter steckende Gedanke ist, einen billigen Flop zu sehen – mit einer Hand, die verschiedene Entwicklungsmöglichkeiten hat, und deren eventuelle Stärke dann wahrscheinlich gut verborgen ist. Ich wende diesen Zug gerne selber an, aber selten.

**Action:** Sie callen. Spieler E foldet und Spieler F callt. Die anderen Spieler folden und der Big Blind checkt. Im Pot sind jetzt 105 $ und Sie sind von drei Spielern als Zweiter an der Reihe.

**Flop:** T♦8♣6♣

**Action:** Der Big Blind checkt. *Was machen Sie?*
**Antwort:** Sie haben Ihre Straight gefloppt, was für Ihr Blatt das bestmögliche Resultat darstellt. Es ist sogar besser, als einen Flush zu floppen, da die Hand so gut verborgen ist. Jetzt ist die Aufgabe, einiges Geld zu machen. Offensichtlich ist die Hand der perfekte Kandidat für ein Slow Play, aber wie geht man dafür am besten vor? Lassen Sie uns einen Blick auf drei mögliche Herangehensweisen werfen.

**Das völlige Slow Play: Sie checken.** Damit bekommen Sie kein Geld in den Pot, stellen aber sicher, dass die Hand weiter gespielt wird. Sie hoffen dabei auf eines von vier Ereignissen:

1. Spieler F hat ein bisschen was auf der Hand und macht eine Value Bet.

2. Spieler F sieht zwei Checks vor sich und entscheidet, dass er den Pot mit einer Bet stehlen kann.

3. Spieler F checkt und auf dem Turn kommt eine hohe Karte, die einen der beiden Spieler trifft.

4. Spieler F checkt und entweder er oder der Big Blind entscheiden sich, den Pot auf dem Turn zu stehlen.

Der Vorteil des völligen Slow Play ist, dass es sehr wahrscheinlich eine zusätzliche Bet gewinnt, sogar wenn kein anderer am Tisch etwas hat. Der Nachteil ist, dass es kein weiteres Geld in den Pot bringt und es Ihren Gegnern leicht gemacht wird, aus einem kleinen Pot herauszukommen.

**Das teilweise Slow Play: Sie setzen 30 $.** Das Platzieren der Minimum-Bet hat den Nachteil, dass Sie durch bloßes Agieren die anderen verjagen könnten. Aber wenn das so ist, war der Plan, mehr Geld in den Pot zu bekommen, ohnehin reine Spekulation. Der Vorteil ist, dass Ihre Bet derart niedrig ist, dass sie leicht zu callen ist (Spieler F bekommt bei einem Call 4,5 zu 1 für sein Geld). Und je mehr Sie den

Pot vergrößern, desto leichter ist es, auf den späteren Straßen mehr Geld zu bekommen.

**Die Continuation Bet: Sie setzen 50 $.** Dieser Einsatz sieht aus wie eine normale Continuation Bet, die als ein Steal-Versuch interpretiert werden könnte. Aber wenn keiner der anderen Spieler etwas hat, stellt sich diesen nicht wirklich die Frage, ob Sie stehlen wollen – sie werden es ganz einfach zulassen.

Ich denke, dass von dieser Auswahl die 50-$-Bet die eindeutig schlechteste Wahl ist. Ich würde diese Spielweise nur anwenden, wenn ich zuvor bereits mehrere Continuation Bets gemacht habe, mich angesichts eines Reraise nach einer solchen Bet zurückgezogen habe und die anderen Spieler als aggressiv bekannt sind. Würden alle diese Umstände zutreffen, könnte eine ausreichend hohe Chance vorhanden sein, dass mir jemand nachstellt und die Bet lohnenswert macht. Ansonsten ist die Wahrscheinlichkeit einfach zu groß, dass ich die Leute vertreiben werde.

Die anderen zwei Möglichkeiten (Check oder Minimum-Bet) sind ziemlich gleichwertig. Mit einem Check bekommt man irgendwann im weiteren Verlauf nahezu sicher eine weitere Bet – und das ist mein Ziel. 30 $ zu betten, sieht aus, als würde ich eine Probe Bet machen, was nützlich ist, da es mir einigen Schutz für meine wirklichen Probe Bets im weiteren Turnierverlauf verschafft. Meine erste Wahl (mit einer Nasenlänge Vorsprung) ist der Check, aber ich würde niemanden kritisieren, der eine Minimum-Bet hineinwerfen würde.

Anfänger geraten in diesen Situationen gerne auf Abwege, weil sie das Gefühl haben, die Hand sei so gut, dass sie damit eigentlich mehr als einen minimalen Betrag gewinnen müssten. Eine grausame Realität beim Poker ist, dass Sie mit Ihren sehr guten Händen oft nicht viel Geld machen, weil kein anderer am Tisch die Stärke besitzt, gegen Sie anzutreten. Der verborgene Nachteil bei Händen wie mittleren Suited Connectors ist schlicht, dass ein Flop, der Sie sehr gut trifft, fast per definitionem die anderen Spieler, die hohe Karten spielen, verfehlt.

**Action:** Sie setzen 50 $. Spieler F und der Big Blind folden und Sie gewinnen einen winzigen Pot.

**Hand 8-20**

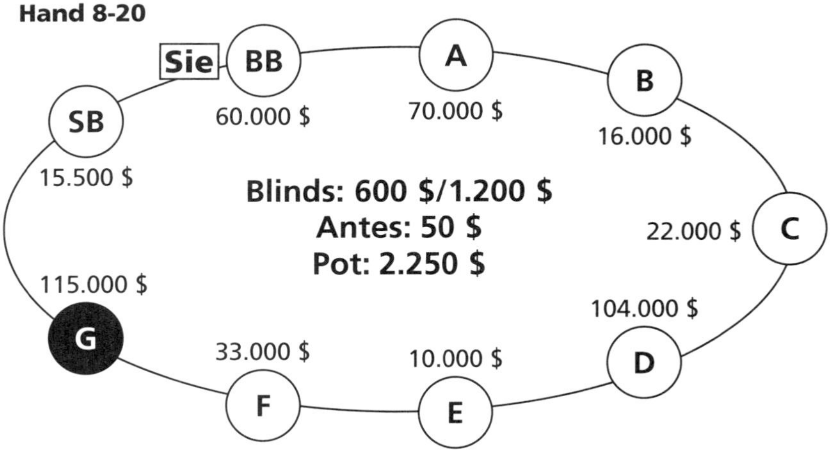


**Situation:** Früh am zweiten Tag eines großen Turniers. Spieler A ist ein gerissener Turnier-Veteran mit Dutzenden von ersten Preisen an seinem Gürtel. Er ist zu jedem Spielstil in der Lage und für seine Continuation Bets bekannt.

**Ihr Blatt:** 8♥8♦

**Action bis zu Ihnen:** Spieler A setzt 5.000 $. Alle anderen Spieler folden bis zu Ihnen. Im Pot sind jetzt 7.250 $. Es kostet Sie 3.800 $ zu callen.

**Frage:** *Sollten Sie folden, callen oder raisen?*
**Antwort:** Sie sind Out Of Position, haben aber etwas auf der Hand und die Pot Odds sind ziemlich günstig. Es kostet Sie 3.800 $, um sich an einem Pot von 7.250 $ zu beteiligen, was Odds von ungefähr 2 zu 1 bedeutet. Also callen Sie. Sie sollten nicht raisen, da die ursprüngliche Bet aus Early Position kam. Gegen einen Spieler in Late Position, der einen Einsatz macht, sollten Sie öfters einen kräftigen Reraise einstreuen, da viele dieser Spieler lediglich auf einen Steal-Versuch aus sind.

Im Allgemeinen sollten Sie ein mittleres Paar vor dem Flop nicht folden, wenn der zu zahlende Preis einigermaßen im Rahmen ist. Nach dem Flop ist Ihre Strategie mit solchen Blättern ziemlich simpel. Wenn

Sie Ihre Trips treffen (die Odds sind 7,5 zu 1 dagegen – ein Wert, den Sie im Gedächtnis behalten sollten), sind Sie hoher Favorit auf den Gewinn eines großen Pots. Wenn Sie den Flop verfehlen, aber ausschließlich niedrige Karten aufgedeckt werden, sind Ihre Chancen weiterhin intakt; Ihr Gegner könnte mit zwei hohen Karten gespielt haben und in diesem Fall sind Sie jetzt hoher Favorit. Wenn auf dem Flop ein paar hohe Karten aufgedeckt werden, werfen Sie Ihr Blatt weg. Und sonst? Seien Sie kreativ.

**Action:** Sie callen. Im Pot sind jetzt 11.050 $.

**Flop:** T♦4♠3♣

**Frage:** Sie agieren als Erster. *Wie sieht Ihr nächster Zug aus?*
**Antwort:** Das ist ein ziemlich guter Flop für Sie. Keine Flush- oder Straight-Möglichkeiten auf dem Board und nur eine höhere Karte als Ihre Achten. Wenn Ihr Gegner nicht mit einem hohen Paar eröffnet oder eine Zehn auf der Hand hat, haben Sie wahrscheinlich das beste Blatt. Aber Sie können sich nicht sicher sein.

Das ist eine Hand, die nach *kontrollierter Aggression* verlangt. Wenn Sie die beste Hand haben, wollen Sie das herausfinden und einiges Geld herausschlagen. Wenn Sie die schlechtere Hand haben, wollen Sie nicht Ihren gesamten Stack verlieren. Die Problematik ist einfach: Wenn Ihr Gegner jetzt die beste Hand hat, weiß er das wahrscheinlich. Angenommen, Sie haben ein Paar Könige und auf dem Flop kommen T♦4♠3♣. Wären Sie sich nicht ziemlich sicher, vorne zu liegen? Und würden Sie nicht denken: „Wie kann ich diesen Gegner dazu bringen, all sein Geld zu verlieren?" Das ist genau das, was Ihr Gegner jetzt denkt, falls er Sie schlägt.

Das übliche konservative Spiel wäre jetzt, mit einer Probe Bet von ungefähr der halben Potgröße – sagen wir 5.000 bis 6.000 $ – die Initiative zu übernehmen. Dieser Zug könnte den Pot mit minimalem Risiko unverzüglich gewinnen. Wenn Ihr Gegner seine Karten wegwirft, sind Sie völlig zufrieden damit, den Pot einzusammeln. Wenn er raist, sind Sie wahrscheinlich geschlagen und werden Ihre Karten wegschmeißen. Wenn Ihr Gegner jedoch callt, haben Sie einige Probleme. Wenn auf dem Turn eine Blank kommt, was wahrscheinlich ist, werden Sie dann erneut betten?

Ein anderes und aggressiveres Manöver ist der Check-Raise. Wenn Sie jetzt checken, wird Spieler A nahezu sicher betten. Er hat in der Vergangenheit häufig einen Check so beantwortet. Dann bringen Sie einen ordentlichen Raise. Wenn Spieler A nach diesem Check-Raise immer noch weiterspielt, sind Sie nahezu sicher geschlagen und sollten kein weiteres Geld in den Pot bringen. (Es bedarf eines großartigen Spielers, um nach einem Check-Raise mit nichts weiterzuspielen.) Aber wenn Spieler A blufft, eröffnet Ihnen der Check-Raise die beste Chance, den Pot direkt zu gewinnen – zusammen mit einigen zusätzlichen Chips –, während Sie die Hand nach jeder anderen Sequenz mit Sicherheit verlassen können.

**Action:** Sie checken und Spieler A setzt 8.000 $. Sie raisen auf 24.000 $. Spieler A foldet.

**Hand 8-21**

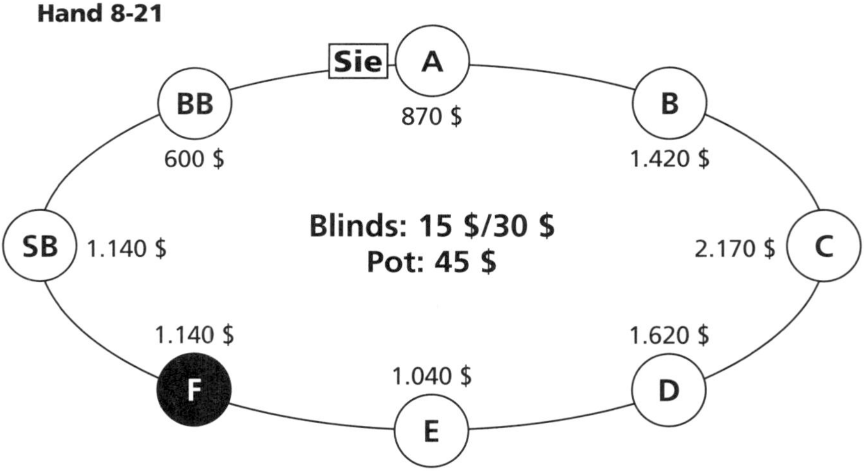


**Situation:** Früh in einem One-Table Online-Turnier. Spieler E hat die Tendenz, in Late Position aggressiv zu raisen.

**Ihr Blatt:** K♦J♦

**Action bis zu Ihnen:** Sie agieren als Erster.

**Frage:** *Sollten Sie folden, callen oder raisen?*
**Antwort:** Ein Raise wäre in diesem Fall ein wenig zu viel des Guten. Ihre Hand ist an einem Tisch mit acht Spielern für einen Value Raise aus erster Position zu schwach. Direkt nach Ihnen kommen drei Big Stacks und Sie wissen nicht, was diese vorhaben. Ihre Position am Tisch zwingt Sie geradezu, tight zu spielen.

Die Hand ist gut genug für einen leicht aggressiven Zug; callen Sie einfach und schauen, was für eine Action dabei herauskommt. Wenn nach Ihnen ein großer Raise folgt, werden Sie folden. Mit etwas Glück werden Sie ein paar Limper bekommen und einen billigen Flop sehen. An einem Fold ist ebenfalls nicht das Geringste auszusetzen.

**Action:** Sie callen 30 $. Die drei Big Stacks folden alle. Spieler E callt. Spieler F – auf dem Button – raist auf 85 $. Der Big Blind foldet. Im Pot sind jetzt 190 $.

**Frage:** *Wie sieht Ihr nächster Zug aus?*
**Antwort:** Das ist eine ganz schwierige Entscheidung. Sie befinden sich in einer schlechten Position – mit einem schwächlichen Blatt und zwei aktiven Spielern nach Ihnen. Sie planten, einen billigen Flop zu sehen, aber damit ist es jetzt vorbei. Das sind gute Argumente für Folden. Es gibt aber ein gutes Argument für Callen: Sie bekommen Pot Odds von mehr als 3,5 zu 1.

**Frage:** *Was ist zu tun?*
**Antwort:** Trotz der großzügigen Pot Odds neige ich zum Folden. Abgesehen davon, dass ich nicht gerade ein Premium-Blatt habe, gibt es zwei weitere Gründe:

1. Die zwei aktiven Stacks sind beide größer als meiner. Sie können mich eliminieren; umgekehrt gilt das nicht.

2. Wenn noch Spieler nach mir an der Reihe sind, sind die im Moment vorhandenen Pot Odds nicht unbedingt die endgültigen. Sie können nicht wirklich wissen, was es Sie kosten wird, um diesen Pot zu spielen – demnach sind die Odds von 3,5 zu 1 keineswegs sicher.

Es gibt noch ein weiteres Problem mit Ihrer Hand, das typisch ist für Blätter mit hohen Karten ohne Ass. Da Spieler dazu neigen, mit hohen Karten einzusteigen, werden die meisten Flops, die Ihnen helfen, auch den anderen Spielern nutzen. Ich nenne das "Die Tragik der Masse", was bedeutet, dass Sie mit Blättern wie KQ, KJ, QJ usw. sehr vorsichtig umgehen müssen. Der beste Flop für diese Hand ist genau genommen ein Draw auf den Flush in Karo, der Ihnen die Gewinnerhand geben könnte, und eine Hand, bei der Sie sich sicher sein könnten, dass es die Gewinnerhand ist.

**Action:** Tatsächlich callen Sie den Raise mit weiteren 55 $. Spieler E foldet. Im Pot sind jetzt 245 $.

**Flop:** K♠Q♣J♣

**Frage:** Sie agieren als Erster. *Was machen Sie?*
**Antwort:** Sie haben auf dem Flop Top- und Bottom Pair gegen einen Raiser in besserer Position getroffen. Sie sollten mit dem Flop zufrieden sein, aber nicht allzu sehr. Ihr Gegner hat sehr wahrscheinlich ebenfalls etwas getroffen. Er könnte eine Straight vervollständigt haben, auf einem Flush Draw sitzen oder eine Kombination aus einer Made Hand und einem Flush Draw haben. Ihre Hand ist gut genug für eine Bet, aber Sie müssen einige Vorsicht an den Tag legen (da diese Flop-Textur sehr gefährlich ist).

Ihre erste Wahl sollte sein, mit 150 oder 160 $ die Initiative zu übernehmen. Das könnte den Pot unverzüglich gewinnen. Die zweite Möglichkeit ist, zu checken und zu callen, wenn er bettet (was er tun wird).

**Action:** Sie checken. Er setzt 85 $. Sie checkraisen auf 325 $ und er callt. Im Pot sind jetzt 895 $.

Ihr Check-Raise war sehr aggressiv, aber Sie haben sich dafür eine ungünstige Situation ausgesucht. Wenn Sie einfach nur die Initiative übernommen hätten, wüssten Sie genau, woran Sie jetzt sind (er hat etwas), hätten für diese Information aber weitaus weniger bezahlt.

**Turn:** Q♥

**Frage:** *Was ist jetzt Ihr nächster Zug?*
**Antwort:** Sie haben nur noch 460 $ und im Pot sind im Augenblick 895 $. Die Q♥ auf dem Turn ist ein Desaster – sie entwertet Ihren Buben und reduziert Ihr Blatt im Grunde genommen auf einen einzigen König. Jetzt hat Sie jede Hand, auf der eine Dame sitzt, vernichtet. Außerdem hat ein Blatt mit AK die Führung übernommen.

Eine Bet ergibt keinen Sinn. Angesichts der Potgröße können Sie Ihren Gegner nicht einmal mit einem All-In verjagen und haben gute Gründe anzunehmen, dass Sie geschlagen sind. Das bestmögliche Ergebnis wäre jetzt, wenn die Hand durchcheckt würde; also checken Sie und schauen, ob das eintritt.

**Action:** Sie checken und Spieler F setzt 200 $. *Sollten Sie callen?*
**Antwort:** Nein. Sie sollten raisen!

Das klingt widersprüchlich, weil ich gerade dargelegt habe, was alles in dieser Hand schiefgelaufen ist. In der Tat sind Sie im Augenblick wahrscheinlich geschlagen. Aber der Einsatz von Spieler F gibt Ihnen Odds von 5,5 zu 1, was angesichts der gewissen Chance, dass Sie weiterhin die beste Hand haben, gewaltig ist. Die Odds zwingen Sie zu einem Call, aber wenn Sie jetzt callen, werden Sie auf dem River aufgrund der Odds erneut gezwungen sein, zu callen – egal was kommt. Also können Sie jetzt auch raisen. Wenn Sie tatsächlich verloren haben, wird es Sie nichts zusätzlich kosten; es könnte Ihnen aber einiges Geld einbringen, wenn Sie vorne liegen und Ihr Gegner auf dem River aufgeben würde.

**Action:** Sie callen. Im Pot sind jetzt 1.295 $.

**River:** 9♥

**Frage:** *Sollten Sie betten?*
**Antwort:** Nein. Ihre Lage wird immer schlechter, da er jetzt mit jeder Zehn auf seiner Hand eine Straight gemacht hat.

**Action:** Er setzt Sie für Ihre letzten 260 $ All-In. *Sollten Sie callen?*
**Antwort:** Ja. Sie erhalten Pot Odds von 6 zu 1. Callen Sie und hoffen das Beste.

**Action:** Sie callen, er dreht T♣T♥ um und gewinnt mit seiner Straight.

Das Spiel Ihres Gegners war durch die Bank vollkommen vernünftig. Er hat anfangs mit einem Paar Zehnen geraist. Dann hat er nach dem Flop Ihren Check-Raise gecallt – mit einem Open-ended Straight Draw. Er hatte auf den beiden folgenden Straßen zehn Outs (vier Asse, vier Neunen und zwei Zehnen), also war er zu diesem Zeitpunkt knapper Außenseiter. Aber er hat seine Straight auf dem River getroffen.

Sie haben zwei kleine Fehler begangen: in schlechter Position die Hand überhaupt zu spielen und auf dem Turn zu callen anstatt zu raisen. Der zweite Fehler hat Ihnen nicht geschadet, aber der erste hat Sie am Ende alle Ihre Chips gekostet. Das ist der Grund, warum gute Spieler mit derartigen Blättern – mit Face Cards, die zwar gut aussehen, aber letztlich nicht so stark sind – so vorsichtig sind.

# Wendepunkte

## Einführung

Einer meiner Lieblingsfilme im Spätprogramm ist ein düsterer Horrorfilm aus den frühen 1990er Jahren namens *Langoliers* nach einer Kurzgeschichte von Stephen King. In diesem Film findet sich eine kleine Gruppe von Menschen auf einem Langstreckenflug in einem Paralleluniversum wieder, alle anderen Menschen sind verschwunden. Um sie herum sieht alles normal aus – Häuser, Pflanzen, Felder –, aber die Dinge sind auf seltsame Weise verändert. Dem Essen fehlt der Geschmack, Streichhölzer lassen sich nicht anzünden und Geräusche haben kein Echo.

Nach einigen Abenteuern stellen die Hauptfiguren fest, dass Sie durch einen Riss im Raum-Zeit-Kontinuum gereist sind und nun in einem bestimmten Teil der Vergangenheit festsitzen. Während die Zeit vergeht, scheint sie tote Abbilder der Realität in ihrem Kielwasser zurückzulassen und in einer solchen Kopie sind die Hauptfiguren gefangen. Weitere schlechte Nachrichten folgen Schlag auf Schlag. Da der Natur die Vorstellung, dass das Universum mit unendlich vielen Kopien toter Vergangenheit gefüllt wird, zu missfallen scheint, treffen die Charaktere bald auf eine Armee von Piranha-artigen Wesen (die Langoliers), deren Aufgabe es ist, alles in Ihrer Umgebung aufzufressen. Werden die Hauptfiguren die gefräßigen Langoliers besiegen? Ich werde das Ende nicht verraten, aber es ist ein unterhaltsamer Film.

Immer wenn ich an die letzten Tische eines großen Turniers gelange, muss ich an diesen Film denken. Egal wie gewissenhaft ich in den Anfangsphasen des Turniers die Anzahl meiner Chips vergrößert habe – die Blinds steigen immer weiter und verschlingen Stack um Stack. Das Turnier entwickelt sich von einem langsamen Kampf mit ausgetüftelten Einsätzen und Bluffs gegen Ende hin zu einem halsbrecherischen Wettkampf, für den verzweifelte All-Ins und sich zuspitzende Showdowns charakteristisch sind. Das ist sehr unterhaltsam für den Zuschauer, aber Nerven zerreißend und frustrierend für die Teilnehmer, die erleben müssen, wie tagelange sorgfältige Bemühungen durch einen großen Showdown nach dem anderen zunichte gemacht werden.

Aber auch für diese Phase des Turniers gibt es Strategien. Die Spieler müssen angesichts der immer weiter steigenden Blinds ihre Hände abschätzen, was bedeutet, dass die Bewertung der Hände sich ständig verändert. Je nach Position und Höhe der Blinds können Blätter, die am ersten Tag wertlos waren, jetzt stark genug sein, um ein All-In vor dem Flop zu rechtfertigen.

Meine Bezeichnung für die Regeln, die diese Phase des Turniers bestimmen, lautet Theorie der Wendepunkte. In diesem Kapitel will ich Ihnen meine Theorie darlegen und zeigen, wie sich die vernünftige Strategie für Ihr Spiel verändert, wenn Ihre Chipszahl in Relation zu den Blinds abnimmt. *Seien Sie sich darüber im Klaren, dass das korrekte Spiel an den Wendepunkten die wichtigste einzelne Fähigkeit in einem No-Limit-Hold'em-Turnier ist.*

## Die Problematik der Wendepunkte

Die Problematik der Wendepunkte im Poker kann gut mit derjenigen in einem Footballspiel verglichen werden. Wenn der Spielstand knapp und noch viel Zeit übrig ist, steht dem Footballtrainer eine umfangreiche Palette an offensiven Möglichkeiten zur Verfügung. Er kann einen Lauf in die Verteidigungslinie, einen weiten Lauf, einen kurzen Pass oder einen langen Pass anordnen. Er kann ausschließlich Laufspiel einsetzen, wenn das die Stärke seiner Mannschaft ist. Er ist in keiner Weise durch die Zeit eingeschränkt.

Aber wenn sein Team mit einem oder zwei Touchdowns in Rückstand gerät und das letzte Quarter begonnen hat, sind seine Möglichkeiten reduziert. Als Erstes fällt die Möglichkeit weg, kurzes Laufspiel zu praktizieren. Laufspiel lässt das Ablaufen der Uhr zu – frisst Zeit auf, die er nicht hat. Dann verliert er die Möglichkeit, Kurzpassspiel einzusetzen, da ihm dies nicht die notwendigen Yards verschafft, die er braucht. Als Nächstes wird er keine Pässe ins Mittelfeld spielen lassen; sie verbrauchen, selbst wenn sie erfolgreich sind, zu viel Zeit, da die Uhr weiter läuft. In den letzten Sekunden des Spiels steht ihm nur noch eine Option zur Verfügung – der Alles-oder-Nichts-Pass in die Endzone.

Die Problematik der Wendepunkte in einem Pokerturnier ähnelt den Problemen, denen sich ein Footballtrainer gegenüber sieht. Mit dem Schrumpfen des Stacks sinkt auch die Anzahl der Möglichkeiten. Aber wie schnell nimmt sie ab? Ehe wir diese Frage beantworten, möchte ich einen Blick auf die beiden zentralen Verhältnisse werfen, die das Spiel mit einem kleinen Stack bestimmen.

# Die starke Kraft und die schwache Kraft:

## Magriels M und Harringtons Q

Die wichtigste Kennzahl, die Ihr Spiel gegen Ende des Turniers bestimmt, nennen wir M; sie bezeichnet das *Verhältnis Ihres Stacks in Bezug zur aktuellen Gesamtsumme der Blinds und Antes.* Diese Zahl ist entscheidend und Sie müssen in der Lage sein, sie am Tisch schnell und problemlos zu berechnen. Sie müssen sie nicht bis auf zwei Dezimalstellen genau berechnen können; eine grobe Einschätzung reicht aus, aber Sie müssen Ihre Zahl M jederzeit wissen. Im Folgenden einige Beispiele:

**Beispiel Nr. 1:** Die Endphase eines großen Turniers. Die Blinds liegen bei 100/200 $ und die Antes bei 25 $. Noch neun Spieler sind im Spiel. Ihr Stack beträgt 1.600 $. *Wie groß ist Ihr M?*
**Antwort:** Bei neun Spielern beträgt die Summe der Antes 225 $ zusätzlich zu den Blinds, sodass die Gesamtsumme aus Blinds und Antes 525 $ pro Hand beträgt. Ihre Zahl M beträgt 1.600 zu 525 $, also ungefähr 3.

**Beispiel Nr. 2:** Die Endphase eines großen Turniers. Die Blinds liegen bei 5.000/10.000 $. Die Antes betragen 1.000 $. Zehn Spieler sind noch im Spiel. Sie haben einen Stack von 170.000 $. *Wie groß ist Ihr M?*
**Antwort:** In jedem Pot sind 5.000 $ + 10.000 $ + 10.000 $ oder 25.000 $. Ihre Zahl M beträgt 170.000/25.000, das ist etwas weniger als 7. (Wenn ich diese Zahlen am Tisch berechne, dividiere ich nie, mir fällt Multiplizieren leichter. 6 mal 25.000 $ ergibt 150.000 $ und 7 mal 25.000 $ ergibt 175.000 $. Also ergeben meine 170.000 $ eine Zahl zwischen dem 6- und 7-fachen der Blinds und Antes, aber näher an 7 als an 6. Das reicht für die Spielpraxis.)

**Beispiel Nr. 3:** Die Endphase eines großen Multi-Table Online-Turniers. Die Blinds liegen bei 3.000/6.000 $ mit Antes von 500 $. Acht Spieler sind noch im Spiel. Die vier nach Ihnen sitzenden Spieler haben folgende Stackgrößen.

| | |
|---|---|
| Spieler A | 150.000 $ |
| Spieler B | 75.000 $ |
| Spieler C | 40.000 $ |
| Spieler D | 225.000 $ |

*Wie groß ist M bei den einzelnen Spielern?*

**Antwort:** Ihr M zu kennen ist gut, aber idealerweise kennen Sie auch das (ungefähre) M der anderen Spieler am Tisch, besonders der Spieler nach Ihnen, damit Sie eine ungefähre Vorstellung von dem Druck haben, unter dem sich die Spieler aufgrund der Blinds befinden. In diesem Beispiel beträgt die Summe der Blinds und Antes 13.000 $, die Berechnung für jeden Spieler würde folgendermaßen aussehen (zur Vereinfachung lasse ich die Tausenderstellen weg):

| | |
|---|---|
| Spieler A | 150/13 = ungefähr 12 |
| Spieler B | 75/13 = ungefähr 6 |
| Spieler C | 40/13 = etwas mehr als 3 |
| Spieler D | 225/13 = etwas mehr als 17 |

M sagt Ihnen etwas über die Anzahl der Runden, die Sie an einem Tisch überleben können, ehe Sie – unter der Voraussetzung, dass Sie sich in der Zwischenzeit an keinem Pot beteiligt haben – aufgrund der Blinds ausscheiden.

M ist eine enorm wichtige Zahl und Sie müssen in der Lage sein, während der Endphase eines Turniers diese einfachen kleinen Berechnungen permanent durchzuführen. Nimmt Ihr M ab, dann muss Ihr Spiel immer aggressiver werden. Aber Ihre aggressiven Manöver müssen gezielt stattfinden, denn es gibt in der Tat bestimmte Blätter, die mit einem hohen M sehr gut spielbar sind, aber unspielbar mit einem niedrigen M. Ich bezeichne M auch gern als die „starke Kraft", denn es ist der vorherrschende Faktor, der Ihr Spiel gegen Ende eines Turniers beeinflusst.

In der Pokerfachwelt gibt es bereits seit langem eine Vorstellung von dieser Zahl M, aber es gab keinen festen Namen dafür, bis Paul Magriel anfing, sie M zu nennen. Damit hatte keiner der Spieler ein Problem und so wurde diese Bezeichnung zu einem festen Begriff. Für diejenigen unter Ihnen, die dies nicht wissen: Paul Magriel ist ein brillanter Backgammonspieler und ehemaliger Weltmeister (1978), dessen Buch Backgammon dieses Spiel in den 1970ern revolutionierte. Es gilt immer noch als das definitive Backgammonbuch für Anfänger und Fortgeschrittene. In den 1990ern wendete er sich dem Poker zu und wurde ein guter Spieler und Theoretiker, dessen Ratschläge von vielen der heutigen Spitzenspieler geschätzt werden.

Es gibt noch eine weitere Größe, die von mir die „schwache Kraft" genannt wird. Die Rede ist von Q. Dieses bezeichnet das Verhältnis Ihres Stacks zur durchschnittlich für jeden Spieler zur Verfügung stehenden Anzahl Chips. Wenn Sie zum Beispiel 60.000 $ im Stack haben und die anderen Spieler im Turnier durchschnittlich 15.000 $, beträgt Ihr Q 4.

Q zu berechnen kann etwas schwierig sein, da niemand ein Schild mit der durchschnittlichen Stackgröße vor sich her trägt. Aber es kann relativ leicht berechnet werden, wenn Sie sich einfach merken, wie viele Spieler am Anfang am Turnier teilgenommen haben und wie viele jetzt noch im Turnier sind (diese Infos werden normalerweise auf Bildschirmen im Eingangsbereich gegeben).

**Beispiel Nr. 4:** Sie haben 60.000 $ im Stack. Das Turnier begann mit 650 Spielern, jeder Spieler startete mit 10.000 $ in Chips. Jetzt sind nur noch 50 Spieler im Spiel. *Wie groß ist Ihr Q?*

**Antwort:** Man kann diese Frage wenig phantasievoll, aber direkt beantworten, indem man 650 mit 10.000 $ multipliziert (verlieren Sie dabei aber keine Nullen) und dann durch 50 teilt, um den Durchschnittswert zu erhalten. Die einfachere Art ist, festzustellen, dass nur ein Dreizehntel des Feldes übrig geblieben ist, daher muss der durchschnittliche Stack 130.000 $ betragen. Ihr Stack ist halb so groß, Ihr Q daher ungefähr 1/2.

Q ermöglicht Ihnen eine Beurteilung Ihrer Position im Turnier im Verhältnis zu den anderen Spielern. Ein hohes Q ist gut und zeigt an, dass Sie etwas konservativer spielen können. Ein niedriges Q signalisiert Ihnen, dass Sie die Schlagzahl erhöhen müssen. Wenn M und Q in Widerspruch zueinander stehen, nehmen Sie M als entscheidenden Wert; die starke Kraft dominiert die schwache.

In normalen Turnieren, in denen es um Preisgelder geht, ist Q nicht so entscheidend, seine Bedeutung steigt aber bei Qualifikationsturnieren, bei denen mehrere Spieler denselben Preis gewinnen (normalerweise die Qualifikation für ein anderes Turnier) und alle anderen leer ausgehen. Ich werde mich diesem Thema etwas ausführlicher in Kapitel 13 widmen.

# Das Zonensystem

Stellen Sie sich ein No-Limit-Hold'em-Turnier als in fünf Zonen unterteilt vor, jeweils nach dem Verhältnis Ihres Stacks zur Höhe der Blinds und Antes. Wenn Sie Zone um Zone absinken, wird Ihr Spiel immer beschränkter und Sie verlieren die Möglichkeit, gewisse Spielstile anzuwenden oder bestimmte Arten von Zügen zu machen. Lassen Sie uns die Zonen und deren Auswirkung auf Ihr Spiel näher betrachten.

**Die grüne Zone: Ihr Stack beträgt das Zwanzigfache des Pots oder noch mehr.**

Idealerweise verbringen Sie die meiste Zeit des Turniers in dieser Zone. Alle Spielstile stehen Ihnen offen. Sie können konservativ, aggressiv oder super-aggressiv spielen und je nach Belieben zwischen den Stilen hin und her wechseln. Alle Manöver sind anwendbar. Sie können sich einem Raise und einem Reraise gegenüber sehen, selbst noch einen drauf setzen und haben dann immer noch genügend Chips für ein weiteres Manöver in dieser Hand. In der grünen Zone sind Sie ein voll funktionsfähiger Pokerspieler – und es lohnt sich, einige Risiken einzugehen, um diesen Status zu erhalten.

Einen Schritt unter der grünen Zone befindet sich:

**Die gelbe Zone: Ihr Stack beträgt das Zehn- bis Zwanzigfache des Pots.**

Beim Übergang von der grünen Zone in die gelbe Zone verlieren Sie die Möglichkeit, konservativ zu spielen. Die Blinds holen Sie langsam ein, sodass Sie Ihren Spielstil lockern müssen. Sie können aggressiv oder super-aggressiv spielen, aber Sie müssen anfangen, schwächere Blätter zu spielen als diejenigen, die ein konservativer Spieler auswählen würde. Seltsamerweise lassen sich jedoch bestimmte Blätter (kleine Paare und Suited Connectors) in der gelben Zone schlechter spielen. Mehr darüber später.

Weiter unten erreichen wir:

**Die orange Zone: Ihr Stack beträgt das Sechs- bis Zehnfache des Pots.**

In der orangen Zone verlieren Sie die Fähigkeit, bestimmte komplexe Manöver durchzuführen, da diese einen einigermaßen großen Stack voraussetzen, um überhaupt erfolgreich sein zu können. Ich gebe Ihnen ein typisches Beispiel dafür. Ein Spieler in Early Position raist den Pot auf das Zwei- oder Dreifache des Big Blinds. Aus früheren Erfahrungen wissen Sie, dass er wahrscheinlich gerade versucht, den Pot zu stehlen. Aber bevor Sie einen Einsatz bringen können, macht ein anderer Spieler einen Raise. Ihnen ist klar, dass er wahrscheinlich die gleiche Erkenntnis hat wie Sie und weiß, dass er kein besonders gutes Blatt braucht, um dem ersten Spieler den Pot wegzunehmen. Wenn Sie ein in irgendeiner Form spielbares Blatt haben, können Sie noch einen drauf setzen. Wahrscheinlich wird der erste Spieler sein Blatt wegwerfen, und wenn Ihr Raise ausreichend hoch war und Sie noch mehr Chips in petto haben, wird der zweite Spieler wahrscheinlich ebenfalls aussteigen. Aber um solch ein Manöver durchführen zu können, brauchen Sie einen im Vergleich zum Pot großen Stack. Wenn Sie All-In gehen müssen, um so zu spielen, ist der zweite Spieler möglicherweise in der Lage, aufgrund seiner Pot Odds zu callen, da er weiß, dass Sie nicht weiter betten können.

In der orangen Zone müssen Sie natürlich noch aggressiver spielen als in der gelben Zone.

Noch weiter unten erreichen wir:

**Die rote Zone: Ihr Stack beträgt maximal das Fünffache des Pots.**

In der roten Zone haben Sie keine andere Möglichkeit einer Bet außer All-In. Wenn Sie einen geringeren Einsatz bringen, verbraucht das so viel Ihres Stacks, dass Sie sowieso an den Pot gebunden sind. In diesem Fall könnten Sie genauso gut All-In gehen, da Sie so mit Ihrer ersten Bet die besten Chancen auf den direkten Gewinn bekommen. (Wenn Ihr M kleiner als 3 ist, wird Ihre All-In Bet allerdings in den meisten Fällen nicht ausreichen, um andere Spieler aus dem Pot zu vertreiben. Die Kombination aus Ihrer schlechten Lage und attraktiven Odds führt normalerweise zumindest zu einem Call.)

Gibt es einen Bereich unterhalb der roten Zone? Ja, ich nenne ihn:

**Die Dead Zone (Todeszone):**

Sie haben weniger als im Pot ist. In der Dead Zone scheinen Sie lebendig zu sein, aber Sie sind es nicht. Sie sind ein Pokergespenst, Sie sind kein Spieler mehr, sondern eine Mücke, die zerquetscht wird. Sie können nur noch einen Zug machen – All-In gehen – und wenn Sie diesen Zug machen, werden die anderen callen, um Sie loszuwerden.

Sie sollten niemals zulassen, in die Dead Zone zu gelangen, indem Sie Ihre Chips durch die Blinds verlieren. Ihre Überlebenschancen in der Dead Zone sind so gering, dass Sie besser dran wären, wenn Sie sich schon früher aufgebäumt hätten. In diese Zone geraten Spieler nur unbeabsichtigt. Sie gehen All-In gegen jemanden mit einem etwas kleineren Stack, verlieren und boing! – sind Sie in der Dead Zone gelandet.

In dieser Zone suchen Sie einfach nur nach einer Gelegenheit mit Ihren Chips All-In zu gehen. Dabei ist es wichtig, als erster Spieler in den Pot zu gelangen; Sie müssen daher einen Zug machen, bevor der Big Blind bei Ihnen ankommt. Indem Sie als Erster einen Zug machen, werden einige Blätter, mit denen aufgrund Ihres minimalen Stacks gecallt würde, weggeworfen, da die Gefahr zu groß ist, dass jemand später reraist. Sie müssen unbedingt als Erster einen Zug machen – welches Blatt Sie haben, spielt dabei keine große Rolle mehr.

# Weiteres zu M

Wenn Ihr Stack schrumpft, müssen Sie vor jeder Hand Ihr M berechnen und eine grobe Vorstellung davon haben, wie hoch das M der anderen Spieler am Tisch ist. Während Sie sich nach unten durch die niedrigen Zonen bewegen – Gelb, dann Orange, dann Rot – wird Ihr M für Sie eine der wichtigsten Informationen über Ihre Hand und ebenso wichtig wie Ihre Karten.

Man kann M auch anders betrachten, und zwar als Maßeinheit dafür, wie wahrscheinlich es ist, dass Sie in einer besseren Situation ein besseres Blatt haben werden *und das mit einer vernünftigen Menge Geld, die Ihnen dann noch zur Verfügung steht.* Es lauern zwei Gefahren darin, in den mittleren Zonen zu tight zu spielen. Die erste Gefahr liegt auf der Hand: Ihr Stack wird von den Blinds verschlungen. Die zweite Gefahr ist subtiler: Sie können auf ein gutes Blatt warten und dies dann auch bekommen, allerdings zu einem Zeitpunkt, an dem es Ihnen nichts mehr bringt.

Stellen Sie sich beispielsweise einen Spieler vor, der durch die orange Zone driftet und mehrere Chancen verpasst, mit einem (für diese Situation) marginalen Blatt aktiv zu werden. Wenn sein M letztlich auf 2 gesunken ist, tritt sein Traumszenario ein. Er findet ein Paar Asse, jemand vor ihm geht All-In und er callt. Er gewinnt die Hand und verdoppelt seine Chips. Fantastisch. Aber jetzt beträgt sein M ungefähr 5! Er ist noch immer in der roten Zone und muss weiterhin baldmöglichst seine Chipanzahl verdoppeln. Hätte er einen riskanteren Zug gemacht als sein M bei 7 lag, hätte ihn eine Verdopplung immerhin auf 14 gebracht, weit in die gelbe Zone hinein, und er hätte wertvolle Zeit gewonnen.

# Strategie in der gelben Zone

Wenn Sie von der grünen Zone in die gelbe Zone abrutschen, treten drei bedeutende strategische Veränderungen ein.

Die erste Veränderung ist offensichtlich: Sie werden etwas aggressiver mit Ihren hohen Paaren und hohen Karten, sowohl beim Spielen um Pots als auch beim Callen von Bets. Die Kriterien, die ich in Band I für das Spiel vor dem Flop beschrieben habe, sollten leicht nach unten korrigiert werden, sodass Sie mit ein paar mehr Händen als vorher raisen oder callen. Zugleich sollten Sie Ihre Kriterien für das Callen eines Raise lockern, angesichts der Tatsache, dass Ihr Gegner vermutlich mit einem schwächeren Blatt als zuvor raist.

Seien Sie sich darüber im Klaren, dass nicht alle Spieler ihre Eröffnungsanforderungen an die gelbe Zone anpassen. Tatsache ist, dass einige Spieler dabei sind, die dies nicht tun, bis sie in der roten Zone angekommen sind. (Das kam vor zehn Jahren noch viel öfter vor als heutzutage.) Sie müssen den Tisch genau beobachten und darauf achten, wer seine Spielanforderungen der Situation anpasst und wer nicht. Showdowns sind dabei besonders wichtig. Wenn ein Spieler, von dem Sie wissen, dass er eigentlich konservativ spielt, bei einer Hand, in der er mit einem M von 13 den Pot aus zweiter Position eröffnet hat, beim Showdown ATo zeigt, können Sie mit Sicherheit davon ausgehen, dass er die Problematik der Wendepunkte kennt und sein Spiel entsprechend anpasst. Diese extrem wertvolle Information sollten Sie im Kopf behalten. Wenn er bei einem Showdown ein für seine Position normal starkes Blatt zeigt, sagt Ihnen das nicht wirklich etwas. Vielleicht hätte er mit einem viel schwächeren Blatt eröffnet, aber dann tatsächlich gute Karten bekommen.

Die zweite Veränderung ist weniger offensichtlich. Auch wenn Sie generell aggressiver spielen sollten, müssen Sie mit niedrigen Paaren konservativer spielen. (Dies trifft sowohl für die gelbe wie auch für die orange Zone zu. In der roten Zone tritt eine weitere Veränderung auf und niedrige Paare werden plötzlich zu starken Blättern.) Der Grund, warum bei niedrigen Paaren Vorsicht geboten ist, liegt im Fehlen der für die Hand notwendigen Implied Odds.

Zur Erläuterung stellen Sie sich vor, dass Sie in der Anfangsphase eines Turniers in zweiter Position an einem voll besetzten Tisch spielen und ein Vierer-Paar halten. Um besser argumentieren zu können,

gehen wir davon aus, dass Sie die folgende Mischstrategie beabsichtigen:
1. In der Hälfte der Fälle folden Sie.
2. In der anderen Hälfte der Fälle callen Sie.

Diese Strategie ist etwas aggressiver als ich dies in Band I empfohlen habe, aber für einen erfahrenen Spieler noch immer vollkommen in Ordnung.

Betrachten wir einmal, was passiert, wenn Sie mit Ihrem mickrigen Vierer-Paar callen. Wie können Sie aus diesem Spiel Kapital schlagen? Dazu müssen eigentlich mehrere Dinge eintreten.

1. Sie dürfen vor dem Flop nicht geraist werden, ansonsten können Sie die Vieren wegwerfen.

2. Sie wollen einige Limper haben. Drei oder vier wären hervorragend, aber mindestens einer oder zwei zusätzlich zum Big Blind sind notwendig.

3. Sie müssen auf dem Flop eine Vier treffen. Wenn Sie kein Set treffen, gibt es nur noch ein paar wenige verrückte Situationen, bei denen Sie die Hand ohne Verbesserung gewinnen können.

4. Nachdem Sie ein Set getroffen haben, müssen Sie einige Action bekommen.

Das ist eine relativ lange Liste mit Anforderungen. Wie wahrscheinlich ist es, dass diese alle eintreffen? Lassen Sie uns ein paar Zahlen vorlegen und sehen, was passiert.

1. Fassen wir die beiden ersten Kategorien zusammen und nehmen an, dass Sie in der Hälfte der Fälle nicht geraist werden und Sie einen Limper oder zwei einsammeln. Das scheint ein wenig großzügig, ist aber noch plausibel.

2. Die Wahrscheinlichkeit, ein Set oder einen Vierling auf dem Flop zu treffen, wenn Sie ein Paar halten, ist bekannt und passiert in ungefähr einem von acht Fällen.

3. Nachdem Sie ein Set getroffen haben, bekommen Sie in der Regel auch Action, obwohl schwer zu sagen ist, wie viel. Sagen wir mal die Wahrscheinlichkeit ist zwei Drittel.

Es gibt natürlich zufallsbedingt noch andere Möglichkeiten. Sie können ein Set treffen und dennoch alle Ihre Chips gegen eine Straight oder einen Flush verlieren. Sie könnten ein Set verfehlen, aber dennoch irgendwie gewinnen. Gehen wir mal davon aus, dass diese Möglichkeiten sich in etwa die Waage halten.

Die Wahrscheinlichkeit, dass die Sequenz, die wir anvisieren – wir bleiben in der Hand, treffen das Set und gewinnen den großen Pot – eintrifft, liegt bei ungefähr 4 Prozent.

$$0.4 = \left(\frac{1}{2}\right) \left(\frac{1}{8}\right) \left(\frac{2}{3}\right)$$

Tritt diese Sequenz ein, müssen wir einen großen Pot gewinnen, um uns für all die Fälle zu entschädigen, in denen wir unseren anfänglichen Einsatz verloren haben. Tatsächlich muss der Pot das 24-fache des Big Blinds betragen, damit unser Spiel kostendeckend ist. Das ist eine grobe Kalkulation, aber das Fazit ist klar ersichtlich: sowohl wir als auch unsere Gegner brauchen große Stacks, damit dieses Spiel überhaupt einen Sinn hat.

In der Anfangsphase des Turniers stellt diese Bedingung kein Problem dar. Solange die Stacks das 50- oder 100-fache des Big Blinds betragen, können wir mit allem Recht ab und an mit einem niedrigen Paar um den Pot mitspielen, in der Hoffnung gelegentlich einen großen Erfolg zu erzielen. Aber wenn wir uns in der gelben Zone mit einem M von 12 befinden, würde uns selbst eine Verdopplung nicht genug Chips bescheren, um die Summe der kleinen Verluste mit dieser Spielweise auszugleichen. Daher lohnen sich die niedrigen Paare in diesem Bereich nicht.

Es gibt eine weitere eng damit verbundene Situation, in der Sie ein niedriges Paar wegwerfen müssen, und zwar wenn Sie sich noch in der grünen Zone befinden, aber die meisten Ihrer Gegner am Tisch schon in der gelben Zone sind. In diesem Fall würde der Gewinn aller Chips Ihrer Gegner Ihnen nicht den notwendigen Ertrag bescheren, daher müssen Sie auch hier in Early Position die niedrigen Paare wegwerfen.

Eine ähnliche Analyse lässt sich für die niedrigen Suited Connectors treffen. Wie die niedrigen Paare sind auch Blätter mit Suited Connectors stark von den Implied Odds abhängig, um die vielen Male, in denen eine Hand nicht gut lief und weggeworfen werden musste, auszugleichen. Niedrige Suited Connectors sind in der gelben Zone auch nicht spielbar.

Eine weitere strategische Veränderung, die in der gelben Zone auftritt, betrifft Ihre Auswahl von Spielzügen. Die von uns im vorherigen Kapitel diskutierten Longball-Manöver werden nun zu gefährlich, da ein Fehlschlag einen zu großen Teil Ihres Stacks verschlingt. Stattdessen müssen Sie zu Smallball wechseln: einsteigen, um den Pot direkt zu gewinnen, aber wieder aussteigen, wenn Sie auf Widerstand stoßen.

# Strategie in der orangen Zone

In der orangen Zone setzen sich die grundlegenden strategischen Beschränkungen der gelben Zone fort und werden noch verstärkt. Niedrige Paare in Early Position sind noch ungünstigere Blätter für eine Eröffnung, das Gleiche gilt für Suited Connectors. (Diese Beschränkung gilt für Situationen, in denen Sie über normal große Bets und Raises nachdenken. All-Ins sind etwas anderes, siehe dazu den unten folgenden Kommentar.) Langfristige Manöver sind noch viel weniger spielbar als vorher. Effektive Manöver müssen kurz und pointiert sein. Gewinnen Sie den Pot oder steigen Sie aus, sobald Widerstand auftaucht.

In der orangefarbenen Zone gewinnt ein altes Konzept entscheidende Bedeutung: *First-In Vigorish.* Die Idee dahinter ist ziemlich einfach. Wer als Erster in den Pot einsteigt, kann auf zwei Arten gewinnen:

1. **Erste Art:** Sie können gewinnen, weil kein anderer mit Ihnen um den Pot kämpft.

2. **Zweite Art:** Sie können im Showdown gegen ein anderes Blatt oder andere Blätter, die ebenfalls um den Pot spielen, gewinnen.

First-In Vigorish gilt nicht nur für die unteren Zonen. Es ist im ganzen Turnier präsent. Der Hauptgrund, warum Sie mit immer schwächeren Blättern vor dem Flop raisen können, ist die immer geringer werdende Wahrscheinlichkeit, dass jemand nach Ihnen callen wird, weil die Anzahl der Spieler nach Ihnen im selben Maß sinkt, wie sich Ihre Position verbessert. Diese Idee lässt sich noch einfacher ausdrücken: Ihr First-In Vigorish steigt im selben Maße, wie sich Ihre Position am Tisch verbessert, daher brauchen Sie für eine Bet kein so starkes Blatt.

In der orangen und roten Zone erhält First-In Vigorish große Bedeutung, besonders in Verbindung mit einem All-In. In der orangen Zone müssen Sie häufiger überlegen, den Pot mit einem All-In zu eröffnen. Diese Spielweise setzt Ihre Gegner enorm unter Druck und unter den richtigen Umständen können Sie vollkommen vernünftige Manöver mit sehr unwahrscheinlichen Blättern machen, um den Pot zu gewinnen. (Wenn sie ein gutes Beispiel dazu anschauen wollen, sollten Sie sich sehr sorgfältig mit der strukturierten Handanalyse am Ende dieses Kapitels beschäftigen.) Wenn Sie über ein All-In als Eröffnung nachdenken, werden auch niedrige Paare wieder zu spielbaren Blättern, ebenso Suited Connectors.

In der orangen Zone müssen Sie vorrangig Ihre Chips sichern und für große Manöver, die Ihren Stack verdoppeln können, aufheben. Semi-spekulative Manöver auf der Basis guter Pot Odds, die in der grünen und in geringerem Maße auch in der gelben Zone völlig adäquat sind, sind in der orangefarbenen Zone zu kostspielig und unangebracht. Auch wenn die Pot Odds vordergründig gut sein können, investieren Sie einen immer größeren Teil Ihrer Chips, während Ihr M abnimmt.

**Beispiel Nr. 5:** Final Table eines Multi-Table Online-Turniers. Es sind nur noch sechs Spieler dabei. Die Blinds liegen bei 1.500/3.000 $, die Antes bei 150 $, der Anfangspot beträgt 5.400 $. Der Tisch sieht folgendermaßen aus:

| | |
|---|---|
| Spieler 1 | 11.600 $ |
| Spieler 2 | 35.000 $ |
| Spieler 3 | 73.000 $ |
| Spieler 4 | 8.200 $ |
| Sm Blind (Sie) | 33.000 $ |
| Big Blind | 18.500 $ |

Spieler 1 foldet, Spieler 2 raist auf 6.000 $ und die Spieler 3 und 4 folden. Im Pot sind jetzt 11.400 $. Sie halten

*Was machen Sie?*

**Antwort:** Wenn man das als reines Pot-Odds-Problem ansieht, scheint ein Call vernünftig. Im Pot sind 11.400 $ und es kostet Sie 4.500 $ zu callen, Sie erhalten also ungefähr 2,5 zu 1 für Ihren Call. Selbst Ihre schwache Position nach dem Flop sollte Sie nicht davon abhalten, in der Anfangsphase eines Turniers zu callen.

Das eigentliche Problem hierbei ist Ihr Stack. Vor der Hand lag Ihr M gerade mal bei 6, also tief in der orangen Zone. Allein das Bezahlen des Small Blinds und des Antes hat Ihren Stack um 5 Prozent verringert. Sie sollten vorsichtig sein mit der Investition in marginale Blätter, wenn Sie außerdem noch in schlechter Position sind. Stattdessen sollten Sie versuchen, Ihren Stack zu erhalten und einen entscheidenden Zug ausführen, wenn die Situation dies rechtfertigt. Ich würde dieses Blatt wegwerfen.

## Strategie in der roten Zone

Wenn Sie die rote Zone erreichen, sollten bei Ihnen die Alarmglocken schrillen: „Achtung, Will Robinson! Achtung! Sie sind in Gefahr!" Sie befinden sich in einer kritischen Situation und müssen aktiv und wachsam sein, um wieder in Sicherheit zu gelangen.

In der roten Zone haben Sie nur sehr geringen Einfluss auf die Größe Ihres Einsatzes. Eine Bet in zwei- oder dreifacher Höhe des Big Blinds wird normalerweise mindestens die Hälfte Ihres Stacks verschlingen und Sie zugleich zwingen, bis zum Ende um den Pot zu spielen. Daraus resultiert, dass es keinen Grund für eine andere Bet als ein All-In gibt. All-In zu gehen gibt Ihnen die größte Chance, den Pot ohne Kampf zu gewinnen, was Ihr Hauptziel ist.

„Was ist, wenn ich ein superstarkes Blatt habe?", mag jemand fragen. „Wenn man das Glück hat, mit einem kleinen Stack ein Paar Asse auf der Hand zu halten, sollte man da nicht den Minimum-Raise machen, um andere ins Spiel zu locken?" Grundsätzlich lautet die Antwort darauf Nein. Wenn Sie ein paar All-In-Züge gemacht haben und nun nur die Minimum-Bet setzen, wird selbst der größte Trottel am Tisch merken, dass etwas faul ist. Besser ist es, darauf zu hoffen, dass Ihre vorherigen Aktionen ausreichend Tarnung bieten und mit starken Blättern einfach All-In zu gehen. Es gibt beim Poker kein größeres Vergnügen, als mehrere Male mit schwachen Blättern All-In zu gehen und damit den Pot zu stehlen und dann mit einem Monster-Paar All-In zu gehen und von jemandem gecallt zu werden, der sich einfach nicht mehr herumschubsen lassen will. Das reicht aus, um einen schlechten Monat auszugleichen.

Die Auswahl Ihrer Hände sollte sehr großzügig gehandhabt werden. Hohe Paare, mittlere Paare und zwei Face Cards sind natürlich Premium-Hände. Aber jetzt haben die niedrigen Paare und Suited Connectors wieder an Wert gewonnen und stellen ebenfalls sehr gute Blätter dar. Die Wahrheit ist, dass in der roten Zone das First-In Vigorish Ihre aktuellen Karten zum entscheidenenden Kriterium für die Auswahl der zu spielenden Hände macht. Wenn Ihre Position gut genug ist (weil zum Beispiel vor Ihnen fünf oder sechs Spieler gefoldet haben), sollten Sie willens sein, All-In zu gehen, und zwar mit allem außer den absolut schlechtesten Händen. Falls sich dies allzu aggressiv anhört (wenn nicht gar selbstmörderisch), dann denken Sie an die beiden folgenden entscheidenden Tatsachen:

1. Ihre Gegner wissen nicht, welche Hände Sie spielen oder warum. Sie wissen, dass Sie schwache Blätter spielen, aber sie müssen die Möglichkeit in Betracht ziehen, dass Sie einfach einen Lauf mit guten Karten haben. Wenn Sie gecallt werden, sind Sie ziemlich sicher der Außenseiter, aber meistens werden Sie einfach den Pot gewinnen. Beträgt Ihr M 4, wird allein das Stehlen der Blinds Ihren Stack um 25 % vergrößern – ein enormer Gewinn.

2. Wenn Sie diese Manöver nicht machen, dann bedeutet das, dass Ihr Stack immer kleiner wird. Je weiter Ihr Stack schrumpft, desto mehr sinkt Ihr First-In Vigorish. Wenn Ihr M das untere Ende der roten Zone erreicht, fällt Ihr First-In Vigorish auf ungefähr Null. Das ist eine Katastrophe und Sie müssen dafür kämpfen, dass dies nicht eintritt.

Ich gebe Ihnen ein einfaches Beispiel für First-In Vigorish in der roten Zone, es ist leicht zu merken:

1. Wenn Ihr M genau 3 beträgt und

2. noch niemand im Pot ist und

3. Sie denken, Sie haben eine 50-prozentige Chance, dass die verbliebenen Gegner bei einem All-In folden und

4. Sie 2 zu 1 Außenseiter auf den Gewinn sind, wenn Sie gecallt werden,

5. dann können Sie mit einer positiven Erwartung All-In gehen.

Ich nenne dies die „3-zu-1-Regel" und Sie werden sie sich leicht merken, wenn Sie sich in der roten Zone herumschlagen.

## Die Strategie der roten Zone in der Praxis

Lassen Sie uns jetzt einen Blick darauf werfen, wie gutes strategisches Spiel in der roten Zone in der Praxis aussieht. Im Folgenden eine reale Abfolge von elf Händen aus der Endphase eines Online-Turniers. Dabei gab es nur für die ersten drei Plätze bedeutende Preisgelder, ab dem 4. Platz nahm die Gewinnsumme rapide ab. Am Anfang der Sequenz ist Ihre Situation kritisch. Ihr M beträgt nur noch 2 und Sie sitzen am Final Table mit 10 Spielern, von denen 3 einen niedrigeren Stack haben als Sie. Sechs der Spieler haben größere Stacks, manche davon sind deutlich größer. Wenn Sie an vielen Pokerturnieren teilnehmen, wird diese Situation für Sie nicht ungewohnt sein – Sie haben es bis zum Final Table geschafft, aber nur noch wenige Chips übrig. Vergleichen Sie einmal, wie Sie mit der Situation umgehen würden und wie diese letzten Hände tatsächlich gespielt wurden.

**Beispiel Nr. 6-1:** In der ersten Hand sitzen Sie an siebter Stelle. Die Blinds liegen bei 1.000/2.000 $ und die Antes bei 100 $. Der Anfangspot beträgt 4.000 $. Die folgende Liste zeigt die Chipzahl und die Ms der Spieler am Final Table:

| | | |
|---|---|---|
| Spieler 1 | 33.400 $ | M = 8 |
| Spieler 2 | 10.400 $ | M = 2,5 |
| Spieler 3 | 4.700 $ | M = 1 |
| Spieler 4 | 26.500 $ | M = 6,5 |
| Spieler 5 | 52.200 $ | M = 13 |
| Spieler 6 | 17.300 $ | M = 4 |
| Sie | 8.000 $ | M = 2 |
| Spieler 8 | 2.500 $ | M = 0,5 |
| Sm Blind | 20.400 $ | M = 5 |
| Big Blind | 4.500 $ | M = 1 |

Dies ist eine sehr typische Chipverteilung gegen Ende eines großen Multi-Table Online-Turniers. Die Ms sind im Allgemeinen sehr niedrig, selbst der klare Chipleader hat lediglich ein M von 13. Drei Spieler haben ein M ≤ 1.

Bei Live-Events ist die Situation etwas besser. Der Chipleader hat meist ein M zwischen 30 und 40, aber es gibt immer auch ein, zwei oder sogar drei Spieler, die in der roten Zone sind; die restlichen Spieler liegen irgendwo dazwischen. Wenn Sie einer der Spieler in der roten Zone sind, sollte Ihre Vorgehensweise so aussehen wie die, die ich jetzt beschreiben werde.

In der ersten Hand haben Sie

**Die sechs vor Ihnen sitzenden Spieler folden alle.** *Was machen Sie?*
**Antwort:** Sie gehen All-In. Mit einem M der roten Zone gibt es für Sie nur eine Entscheidung: All-In gehen oder nicht. Ob Sie All-In gehen oder nicht, hängt allein von den Antworten auf die folgenden beiden Fragen ab:

1. *Ist jemand vor mir in den Pot eingestiegen?* Wenn die Antwort darauf Ja lautet, dann müssen Sie ein einigermaßen vernünftiges Blatt haben, um spielen zu können. Es kann ein etwas schwächeres Blatt sein, aber vergleichbar mit einem Blatt, wie man es in der Anfangsphase eines Turniers braucht.

2. *Wie gut ist mein Blatt?* Die Antwort auf diese Frage ist weitaus weniger wichtig als die Antwort auf Frage 1. Ich folde hier nur die schlechtesten Blätter. T6o reicht völlig aus.

Beachten Sie, welche Frage ich nicht gestellt habe: In welcher Position sitze ich? Bei einem niedrigen M ist die Position eigentlich völlig egal. Der Grund ist folgender: Je schlechter Ihre Position ist (zum Beispiel wenn Sie als Erster oder Zweiter am Zug sind), desto näher sind Sie an den Blinds und das wird Sie einen großen Prozentsatz Ihres Stacks kosten. Paradoxerweise stehen Sie unter noch größerem Druck, als erster Spieler im Pot zu sein und Ihr First-In Vigorish auszuspielen, wenn Sie in schlechter Position sind. Wenn Sie in guter Position sind, (auf dem oder in der Nähe des Buttons) haben Sie weniger Druck, sofort handeln zu müssen.

Sie gehen All-In und Spieler 8 (auf dem Button) callt 2.400 $. Die Blinds folden. Er zeigt

und auf dem Board liegen

Sie verlieren die Hand.

Gleich in der ersten Hand eine Katastrophe! Nicht, weil Sie die Hand verloren haben, sondern weil alle am Tisch sehen konnten, mit welcher Art Blatt Sie gewillt sind, All-In zu gehen. Ein idealer (und viel häufiger vorkommender) Ablauf ist, erfolgreich einige Pots zu stehlen, ehe Sie von einem besseren Blatt gecallt werden, dann Glück haben und gewinnen. An diesem Punkt hätten Sie genügend Chips gewonnen, um sich etwas zurückziehen zu können. Jetzt heißt es aber zurück an die Arbeit und das mit einem noch kleineren Stack und offenem Visier.

**Beispiel Nr. 6-2:** Die nächste Hand, die Blinds und Antes sind gleich geblieben. Sie sitzen in sechster Position und halten 6♠2♣. Der Tisch sieht jetzt folgendermaßen aus:

| | | |
|---|---|---|
| Spieler 1 | 10.300 $ | M = 2,5 |
| Spieler 2 | 4.600 $ | M = 1 |
| Spieler 3 | 26.400 $ | M = 6,5 |
| Spieler 4 | 52.100 $ | M = 13 |
| Spieler 5 | 17.200 $ | M = 4 |
| Sie | 5.500 $ | M = 1 |
| Spieler 7 | 8.800 $ | M = 2 |
| Spieler 8 | 19.300 $ | M = 5 |
| Sm Blind | 2.400 $ | M = 0,5 |
| Big Blind | 33.300 $ | M = 8 |

**Der erste Spieler foldet, aber Spieler 2 geht All-In. Die Spieler 3, 4 und 5 folden.** *Was machen Sie?*
**Antwort:** Sie folden. Ohne First-In Vigorish ist Ihr Blatt so wertlos wie es nun mal ist.

Alle Spieler nach Ihnen folden und Spieler 2 streicht den Pot ein.

Beachten Sie, dass der Big Blind einen enormen Fehler gemacht hat. Nachdem Spieler 2 All-In ging, waren 8.500 $ im Pot und es kostete ihn nur weitere 2.500 $ zu callen. Seine Odds lagen bei fast 3,5 zu 1. Da Spieler 2, mit einem M von 1, mit beinahe allem auf der Hand hätte All-In gehen können, hätte ich anstelle des Big Blinds mit beliebigen zwei Karten gecallt.

**Beispiel Nr. 6-3:** Die nächste Hand, gleiche Blinds und Antes. Sie sind als Fünfter dran und halten:

Der Tisch sieht folgendermaßen aus:

| | | |
|---|---|---|
| Spieler 1 | 8.500 $ | M = 2 |
| Spieler 2 | 26.300 $ | M = 6,5 |
| Spieler 3 | 5.200 $ | M = 13 |
| Spieler 4 | 17.100 $ | M = 4 |
| Sie | 5.400 $ | M = 1 |
| Spieler 6 | 8.700 $ | M = 2 |
| Spieler 7 | 19.200 $ | M = 5 |
| Spieler 8 | 1.300 $ | M = 0,3 |
| Sm Blind | 31.100 $ | M = 8 |
| Big Blind | 10.200 $ | M = 2,5 |

**Spieler 1 geht All-In, die Spieler 2, 3 und 4 folden.** *Was machen Sie?* **Antwort:** Sie folden. Ohne First-In Vigorish brauchen Sie ein spielbares Blatt, um mitgehen zu können, und Q7o ist nicht gut genug. Beachten Sie, dass ich in der ersten Hand freudig mit T6o den Pot angegriffen habe, jetzt aber ein viel besseres Blatt folde, allein weil mir der First-In Vigorish fehlt.

Spieler 6 callt das All-In und die anderen Spieler folden. Spieler 1 hat ein Zehner-Paar, Spieler 6 ein Buben-Paar. Spieler 1 überlebt, da er auf dem River eine Straight trifft.

Auch wenn keiner der Spieler eliminiert wurde (Spieler 6 hat Spieler 1 gecovert), hatte diese Hand doch etwas Gutes. Schauen Sie, wie stark die Blätter waren, die die beiden Spieler am Ende gezeigt haben. Das kann Zufall gewesen sein, es kann aber auch bedeuten, dass die Spieler am Tisch viel bessere Blätter brauchen als Sie, um mitzuspielen. Wenn das stimmt, ist das ein großer Vorteil für Ihr Fortkommen.

**Beispiel Nr. 6-4:** Die nächste Hand, die Blinds und Antes sind gleich geblieben. Sie sitzen in vierter Position und halten 3♣2♥. Der Tisch sieht jetzt folgendermaßen aus:

| | | |
|---|---|---|
| Spieler 1 | 26.200 $ | M = 6,5 |
| Spieler 2 | 51.900 $ | M = 13 |
| Spieler 3 | 17.000 $ | M = 4 |
| Sie | 5.300 $ | M = 1 |
| Spieler 5 | 200 $ | M = 0,05 |
| Spieler 6 | 19.100 $ | M = 5 |
| Spieler 7 | 1.200 $ | M = 0,3 |
| Spieler 8 | 30.000 $ | M = 7,5 |
| Sm Blind | 8.100 $ | M = 4 |
| Big Blind | 20.800 $ | M = 5 |

**Die Spieler 1, 2 und 3 folden.** *Was machen Sie?*
**Antwort:** Wenn ich als Erster am Zug bin, spiele ich die meisten Blätter, aber nicht jedes. 32o sollten Sie folden. Es sind zu viele Spieler nach Ihnen dran und die Kombination aus Position und Blatt ist zu schlecht.

Spieler 5 geht mit seinen letzten 100 $ All-In und Spieler 6 raist auf 4.000 $, um die nachfolgenden Spieler zu verjagen. Die anderen Spieler folden alle. Spieler 5 hat 76o und verliert gegen AJ von Spieler 6.

Beachten Sie, dass Spieler 6 nur hätte callen können, um andere Spieler am Rauswurf von Spieler 5 zu beteiligen. In diesem Fall wurde die Zusammenarbeit von Gier übertrumpft.

Wir haben jetzt drei Hände in Folge nicht mitgespielt, aber tendenziell kann das von Vorteil für uns sein. In der ersten Hand mussten wir gezwungenermaßen beim Showdown T♣6♠ zeigen. Hoffentlich haben einige der Spieler diesen Zug mittlerweile wieder vergessen oder zumindest vergessen, dass er von uns gemacht wurde, und unser nächstes All-In erhält deshalb mehr Respekt.

**Beispiel Nr. 6-5:** Die nächste Hand, am Tisch sitzen nur noch neun Spieler, die Blinds und Antes sind gleich geblieben. Sie sind als Dritter am Zug und halten

Der Tisch sieht jetzt folgendermaßen aus:

| | | |
|---|---|---|
| Spieler 1 | 51.800 $ | M = 13 |
| Spieler 2 | 16.900 $ | M = 4 |
| Sie | 5.200 $ | M = 1 |
| Spieler 4 | 23.000 $ | M = 6 |
| Spieler 5 | 1.100 $ | M = 0,3 |
| Spieler 6 | 29.900 $ | M = 7,5 |
| Spieler 7 | 7.000 $ | M = 2 |
| Sm Blind | 18.700 $ | M = 4,5 |
| Big Blind | 26.100 $ | M = 6,5 |

**Die Spieler 1 und 2 folden.** *Was machen Sie?*
**Antwort:** Sie haben jetzt First-In Vigorish mit einem mittelstarken Blatt, also gehen Sie All-In und versuchen Ihr Glück.

Sie gehen All-In. Alle anderen bis zum Big Blind folden, der Big Blind callt und zeigt

Auf dem Board kommen

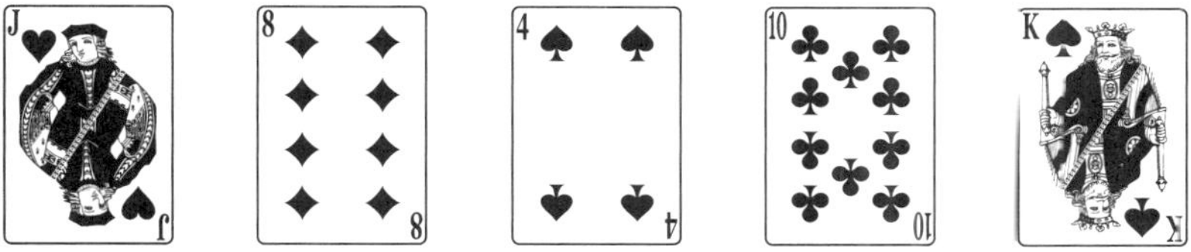

und Ihre Straight gewinnt den Pot.

Das ist einerseits gut und andererseits schlecht. Wir haben eine hübsche Summe gewonnen und unseren Stack um 7.000 $ vergrößert, aber wieder mussten wir ein schwaches Blatt zeigen, diesmal 97s. Dazu kommt, dass unser M nur auf 3 stieg, wir müssen also am Ball bleiben.

**Beispiel Nr. 6-6:** Die nächste Hand, die gleichen Blinds und Antes. Sie sind als Zweiter am Zug und halten 8♠7♦. Der Tisch sieht jetzt folgendermaßen aus:

| | | |
|---|---|---|
| Spieler 1 | 16.800 $ | M = 4 |
| Sie | 12.100 $ | M = 3 |
| Spieler 3 | 23.000 $ | M = 3 |
| Spieler 4 | 1.000 $ | M = 0,25 |
| Spieler 5 | 29.800 $ | M = 7,5 |
| Spieler 6 | 6.900 $ | M = 2 |
| Spieler 7 | 17.600 $ | M = 4 |
| Sm Blind | 20.900 $ | M = 5 |
| Big Blind | 51.700 $ | M = 13 |

**Die Spieler 1 foldet.** *Was machen Sie?*

**Antwort:** Sie gehen wieder All-In. Wieder haben Sie First-In Vigorish und Ihr Stack ist jetzt groß genug, um jedem anderen Spieler außer dem Big Blind ernsthaft zu schaden. Dazu kommt, dass Sie in zwei Händen die Blinds bringen müssen, daher ist Ihre Situation nicht so rosig, wie es momentan vielleicht aussieht.

Beachten Sie, dass Sie, je weiter Sie vom unteren Ende der roten Zone zum oberen Ende dieser Zone gelangen, sich theoretisch weniger verzweifelt bemühen müssen, den Pot zu attackieren, aber Ihr Stack Ihnen viel mehr Durchschlagskraft gibt, wenn Sie angreifen.

Alle folden und Sie streichen die Blinds ein.

Ihr M steigt um eine Stufe, jetzt liegt er bei 4.

**Beispiel Nr. 6-7:** Die nächste Hand, die gleichen Blinds und Antes. Sie sind als Erster am Zug und halten

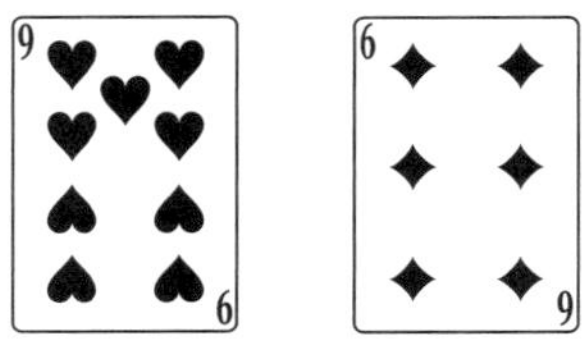

Der Tisch sieht jetzt folgendermaßen aus:

| | | |
|---|---|---|
| Sie | 15.900 $ | M = 4 |
| Spieler 2 | 22.900 $ | M = 5,5 |
| Spieler 3 | 900 $ | M = 0,25 |
| Spieler 4 | 29.700 $ | M = 7,5 |
| Spieler 5 | 6.800 $ | M = 1,5 |
| Spieler 6 | 17.500 $ | M = 4,5 |
| Spieler 7 | 19.800 $ | M = 5 |
| Sm Blind | 49.600 $ | M = 12,5 |
| Big Blind | 16.700 $ | M = 4,5 |

*Was machen Sie?*

**Antwort:** Sie folden. Ihr M ist wieder bei 4, am oberen Ende der roten Zone. Wenn Sie nicht so aktiv gewesen wären, könnten Sie sogar jetzt betten, aber da Sie die letzten beiden Hände gespielt (und gewonnen) haben, bedeutet dies, dass Ihre Gegner nervös und Sie zur Zielscheibe werden. Versuchen Sie, dies zu vermeiden und erholen sich eine Runde. Sie werden früh genug wieder in Aktion sein.

Sie folden, die Spieler 3 und 6 gehen jeweils All-In und Spieler 3 überlebt, weil er mit seinem K♦9♣ das Buben-Paar von Spieler 6 schlägt.

**Beispiel Nr. 6-8:** Die nächste Hand, die gleichen Blinds und Antes. Sie sitzen im Big Blind mit Q♥6♠.

Der Tisch sieht jetzt folgendermaßen aus:

| | | |
|---|---|---|
| Spieler 1 | 22.800 $ | M = 5,5 |
| Spieler 2 | 5.500 $ | M = 1,5 |
| Spieler 3 | 29.600 $ | M = 7,5 |
| Spieler 4 | 6.700 $ | M = 1,5 |
| Spieler 5 | 16.600 $ | M = 4 |
| Spieler 6 | 19.700 $ | M = 5 |
| Spieler 7 | 48.500 $ | M = 12 |
| Sm Blind | 14.600 $ | M = 3,5 |
| BB (Sie) | 15.800 $ | M = 4 |

**Spieler 1 foldet, Spieler 2, der gerade die vorherige Hand überlebt hat, geht mit seinen letzten 5.400 $ All-In. Alle anderen folden.** *Was machen Sie?*
**Antwort:** Diese Frage hat wenig mit Stackgrößen oder Ms zu tun, sondern allein mit den Pot Odds. Im Pot waren 3.900 $ und Spieler 2 callte Ihren Big Blind mit 2.000 $ und hat dann um seine letzten 3.400 $ erhöht. Im Pot sind jetzt 9.300 $ und ein Call kostet Sie weitere 3.400 $, Sie erhalten also nicht ganz 3 zu 1 für Ihr Geld. Spieler 2 hat ein M von lediglich 1,5, in zwei Runden sitzt er in den Blinds, er kann also mit fast allem geraist haben. Im Durchschnitt sind Sie beim Showdown leichter Außenseiter, da Q6o nur ein durchschnittliches Blatt ist und Ihr Gegner nicht mit seinen schlechtesten Blättern All-In gehen würde. Aber Sie erhalten riesige Odds, darum ist es in Ordnung zu callen.

Sie callen und er zeigt A♠5♣. Sein Blatt reicht zum Gewinn.

Ein unglücklicher Einbruch, da Ihr Blatt in dieser Situation weit überdurchschnittlich war. Sie können sich nicht beschweren, da Sie bisher meist Glück hatten.

Während Sie wissen, dass Sie hier nur aufgrund der Pot Odds gecallt haben, ist dies nicht auch allen Ihren Gegnern klar. Viele Spieler sind zu faul, die Pot Odds der Hände, in denen sie aktiv beteiligt sind, zu berechnen, ganz abgesehen von den Pot Odds der Hände, bei denen sie nicht mitspielen. Für diese Spieler sind Sie einfach nur der Verrückte am Tisch, der mit Q6o seine Chips riskiert. Machen Sie sich immer wieder bewusst, welchen Eindruck Ihr Spiel vermittelt. Die erfahrenen Spieler am Tisch werden Ihr Spiel gerade verstanden haben und Sie als gefährlichen Gegner einstufen. Der Fisch wird Sie als noch viel größeren Fisch betrachten.

**Beispiel Nr. 6-9:** Die nächste Hand, die gleichen Blinds und Antes. Sie sitzen im Small Blind mit

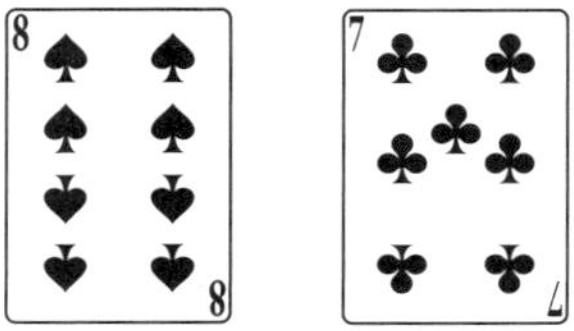

Der Tisch sieht jetzt folgendermaßen aus:

| | | |
|---|---|---|
| Spieler 1 | 12.700 $ | M = 3 |
| Spieler 2 | 29.500 $ | M = 7,5 |
| Spieler 3 | 6.600 $ | M = 1,5 |
| Spieler 4 | 16.500 $ | M = 4 |
| Spieler 5 | 19.600 $ | M = 5 |
| Spieler 6 | 48.400 $ | M = 12 |
| Spieler 7 | 13.500 $ | M = 3,5 |
| Sm Blind (Sie) | 10.300 $ | M = 2,5 |
| Big Blind | 22.700 $ | M = 5,5 |

**Spieler 1 foldet, Spieler 2 raist auf 6.000 $, Spieler 3 foldet. Spieler 4 geht All-In. Die Spieler 5, 6 und 7 folden.** *Was machen Sie?*
**Antwort:** Natürlich folden Sie. Jemand hat wirklich ein gutes Blatt und das sind nicht Sie.

Der Big Blind foldet und Spieler 2 callt. Spieler 2 zeigt A♦T♣ und Spieler 4 zeigt 9♥9♠. Die Neunen gewinnen.

Die kleinen Stacks gewinnen alle diese Konfrontationen, daher nimmt die Spieleranzahl nicht ab.

**Beispiel Nr. 6-10:** Die nächste Hand, die gleichen Blinds und Antes. Sie sitzen auf dem Button mit 6♦4♣. Der Tisch sieht jetzt folgendermaßen aus:

| | | |
|---|---|---|
| Spieler 1 | 13.000 $ | M = 3 |
| Spieler 2 | 6.500 $ | M = 1,5 |
| Spieler 3 | 36.700 $ | M = 9 |
| Spieler 4 | 19.500 $ | M = 5 |
| Spieler 5 | 48.300 $ | M = 12 |
| Spieler 6 | 13.400 $ | M = 3,5 |
| Sie | 9.200 $ | M = 2,5 |
| Sm Blind | 20.600 $ | M = 5 |
| Big Blind | 12.600 $ | M = 3 |

**Die Spieler 1 bis 6 folden alle.** *Was machen Sie?*
**Antwort:** Ein besseres Blatt als 64o wäre Ihnen momentan lieber, aber das haben Sie nun einmal ausgeteilt bekommen. Dass sechs Spieler schon gefoldet haben und bis jetzt keiner gecallt hat, ist eine zu günstige Situation, um zu folden. Gehen Sie All-In und schauen, ob einer der Spieler callt. Denken Sie daran, dass Ihr Stack ausreichend groß ist, um den Spielern nach Ihnen weh zu tun, daher werden diese vorsichtig sein.

Die Blinds folden und Sie schnappen sich den Pot.

Ein schneller Gewinn ohne ein besonderes Blatt vergrößert Ihren Stack um fast 50 Prozent.

**Beispiel Nr. 6-11:** Die nächste Hand, die gleichen Blinds und Antes. Sie sitzen im Cut-Off mit

Der Tisch sieht jetzt folgendermaßen aus:

| | | |
|---|---|---|
| Spieler 1 | 6.400 $ | M = 1,5 |
| Spieler 2 | 36.600 $ | M = 9 |
| Spieler 3 | 19.400 $ | M = 5 |
| Spieler 4 | 48.200 $ | M = 12 |
| Spieler 5 | 13.300 $ | M = 3,5 |
| Sie | 13.000 $ | M = 3,5 |
| Spieler 7 | 19.500 $ | M = 5 |
| Sm Blind | 10.500 $ | M = 2,5 |
| Big Blind | 12.900 $ | M = 3 |

**Die Spieler 1 bis 5 folden alle.** *Was machen Sie?*
**Antwort:** Endlich haben Sie ein halbwegs spielbares Blatt. Sie gehen natürlich All-In. Ihr vorheriges Spiel hat Ihnen eine gute Ausgangslage verschafft, da Sie vielleicht sogar von einem schwächeren Blatt gecallt werden.

Der Spieler auf dem Button und die Blinds folden. Sie gewinnen einen weiteren Pot von 3.900 $, Ihr Chipstack ist bei 16.800 $ und Ihr M ist über 4.

Wir beenden hier unseren „Rote-Zone-Spielfilm“. Sie haben eine schwierige Phase überstanden, in der Sie die meiste Zeit am Rande des Abgrunds standen. Jetzt haben Sie sich auf Platz fünf von neun Spielern hochgearbeitet.

Zusammenfassend lässt sich folgendes über die 11 Hände sagen:

1. Sie haben fünf Hände gefoldet, meistens wenn jemand vor Ihnen in den Pot eingestiegen ist.

2. Sie sind dreimal All-In gegangen und wurden nicht gecallt.

3. Zweimal sind Sie All-In gegangen und wurden gecallt. Beide Male waren Sie Außenseiter, als Sie gecallt wurden. Sie haben einmal gewonnen und das andere Mal gegen einen kleineren Stack verloren.

4. Einmal haben Sie mit fantastischen Pot Odds ein All-In im Big Blind gecallt; wieder waren Sie Außenseiter und haben verloren.

Das alles war für derartige Situationen keine ungewöhnliche Abfolge. Ihr bestes Blatt war lediglich KJo; Sie haben über die Hälfte Ihrer All-Ins gewonnen, da Sie nicht gecallt wurden. Sie waren, wenn Sie bei einem Showdown dabei waren, nie Favorit, aber die beiden Male, in denen Sie verloren haben, war es gegen noch verzweifeltere Spieler mit kleineren Stacks. Aber was das Wichtigste ist: Sie haben überlebt und haben es ins Mittelfeld der Meute geschafft.

## Einige weitere Beispiele für das Spiel an den Wendepunkten

In der gelben und orangen Zone drehen sich viele schwierige Entscheidungen um die Frage, um wie viel man raist. Machen Sie einen Raise in mehrfacher Höhe des Big Blinds oder gehen Sie stattdessen All-In? Im Folgenden ein Beispiel für diese Art von Entscheidungsfindung.

**Beispiel Nr. 7:** Etwa eine Stunde nach Beginn eines Multi-Table Online-Turniers. Die Blinds liegen momentan bei 25/50 $, aber in einigen Händen werden sie auf 50/100 $ steigen. Ihr Stack beträgt 1.180 $ und Sie sitzen im Big Blind. Die Spieler begannen mit 1.500 $ und der derzeitige Durchschnitt der Stacks liegt bei etwas über 2.000 $.

Ehe Sie mit einem niedrigen Stack eine Hand beginnen, sollten Sie Ihr M und vielleicht auch Ihr Q überprüfen. Wenn die Blinds eine Gesamtsumme von 75 $ betragen, liegt Ihr M bei ungefähr 15, genau in der Mitte der gelben Zone. In ein paar Händen werden sich die Blinds allerdings verdoppeln und Ihr M wird auf einen Wert zwischen 7 und 8 absinken. Dazu kommt, dass Ihr Q bei ungefähr 1/2 liegt, daher müssen Sie nach einer Gelegenheit für einen Angriff Ausschau halten.

Sie sitzen an einem vollen Tisch mit zehn Spielern. Die ersten fünf Spieler folden. Der sechste Spieler hat einen Stack von 3.500 $ und setzt einen Minimum-Raise von 100 $. Der Button (mit einem Stack von 3.300 $) callt, ebenso der Small Blind (Stack von 1.700 $). Im Pot sind jetzt 350 $ und Sie sind am Zug. Sie haben

Ihr erster Eindruck sollte sein, dass dies aus Ihrer Sicht ein tolles Ergebnis ist: drei andere Spieler sind im Pot und keiner signalisiert besondere Stärke. Dies ist eine meiner liebsten Turniersituationen – Sie haben ein legitimes Blatt und das potenzielle Squeeze Play gegen mehrere Spieler vergrößert die Stärke Ihrer Hand.

Callen kommt nicht in Frage, Ihre Zehnen liegen momentan wahrscheinlich vorne, werden aber bei drei Gegnern nach dem Flop wahrscheinlich nicht mehr das stärkste Blatt sein. Sie müssen das Feld auf einen einzigen Gegner reduzieren. Ihre einzige Entscheidung in diesem Moment ist, ob Sie einen bescheidenen Raise (500 bis 600 $) machen oder All-In gehen. Mit Zehnen rate ich Ihnen zu einem All-In. Jetzt direkt einen einigermaßen guten Pot zu gewinnen, wäre kein schlechtes Ergebnis für Sie und Ihr Stack ist ausreichend groß, dass Sie noch immer den Hebel haben, zweitklassige Blätter aus der Hand zu drängen. Wenn ich ein Paar Asse, Könige oder Damen hätte, wäre eine geringere Bet besser. Ich würde wahrscheinlich noch immer einige der Spieler vertreiben, aber jemand könnte mein Zögern, All-In zu gehen, als Schwäche interpretieren und mich herausfordern. Aber wenn mein Paar von der Größenordnung eines Buben-Paars ist, muss ich versuchen die anderen Spieler zu vertreiben.

Wenn einer der Spieler callt, kann ich immer noch zufrieden sein. Im schlimmsten Fall sind meine Chancen noch immer etwas besser als bei einem Münzwurf und das Dead Money im Pot gibt mir einige zusätzliche Odds. Sobald Ihr M in die orangefarbene Zone fällt, *ist das ein tolles Ergebnis für Sie.* Seien Sie nicht so naiv zu glauben, dass Sie sich mit einigen kunstvollen Bluffs und dem Stehlen von Pots in den Wettbewerb zurück schleichen könnten. Sie müssen in einer All-In-Situation verdoppeln und werden dies mehr als einmal tun müssen. Beim Spiel an den Wendepunkten geht es vor allem darum, den richtigen Zeitpunkt für Ihre All-Ins zu wählen: Entweder erhalten Sie eine ordentliche Summe Geld oder Sie fliegen aus dem Spiel. Diese Aufgabe zeigt den perfekten Zeitpunkt.

Sie gehen All-In und alle anderen Spieler folden. Sie gewinnen den Pot.

Wenn Ihr M hier groß wäre, würden Sie nach wie vor ordentlich raisen, z. B. auf einen Betrag zwischen 600 und 800 $. Dadurch würde das Feld sicherlich auf einen Gegenspieler reduziert. Wenn gecallt wird, nehme ich in Kauf, dass ich mit einem Zehner-Paar Out Of Position bin.

# Stile im Endspiel

In Band I wird sehr viel über die drei Hauptspielstile bei No-Limit Holdem gesprochen: konservatives Spiel, aggressives Spiel und super-aggressives Spiel.

Ich habe die Eröffnungsanforderungen für die Starthände jedes Stils und die Probleme, mit denen die Spieler der unterschiedlichen Stile typischerweise nach dem Flop konfrontiert sind, beschrieben.

An diesem Punkt fragen Sie sich vielleicht, wie die Spieler eines jeden Stils an die Probleme des Endspiels herangehen. Aber die Antwort hierauf überrascht viele: Egal welchen Spielstil Sie normalerweise pflegen, die Herangehensweise an die Endspielprobleme ist ziemlich gleich. Die steigenden Blinds und das Schrumpfen Ihres Stacks zwingen Sie zu super-aggressivem Spiel. Die Spieler, die von Natur aus schon super-aggressiv spielen, passen sich natürlicher und schneller an die Endspielproblematik an. Darin sehe ich den Hauptgrund für ihre meist besseren Turnierergebnisse im Vergleich zu den tighteren Spielern. Alles in allem aber sind die Probleme der Endspielphase eher technischer Natur, als dass sie den Stil betreffen. Ebenso wie es keine Pazifisten in Schützengräben gibt, gibt es keine konservativen Spieler am Ende eines Turniers. Jemand, der mit einem kleinen Stack auf erstklassige Blätter wartet, spielt nicht konservativ, sondern schlecht.

Wenn gute Spieler zusammen kommen und über ein Endspielproblem diskutieren, geht es dabei meist um den Grad und die Ausgewogenheit. Bedenken Sie beispielsweise einmal das folgende Problem. Sie sind einer der 40 letzten Spieler eines Turniers, die sich auf vier Tische verteilen. Sie müssen unter folgenden Bedingungen spielen:

1. Sie halten T♠9♠.
2. Ihr M beträgt 7.
3. Sie sind als Vierter am Zug, drei Spieler vor Ihnen haben gefoldet.
4. Die Spieler nach Ihnen sind zumeist tight, einer von Ihnen hat einen großen Stack, einer einen kleinen.

*Gehen Sie All-In, raisen Sie auf einen normal hohen Betrag oder folden Sie?*

**Antwort:** Jeder gute Spieler würde beipflichten, dass Sie sehr nah an dem Punkt sind, an dem Sie mit einem vernünftigen Blatt einen Angriff starten. Man kann darüber diskutieren, ob der Zeitpunkt aufgrund der beschriebenen Umstände der richtige ist oder ob die Bedingungen nicht ausreichen und Sie besser abwarten sollten. Ist T9s gut genug oder brauchen Sie zum Beispiel QJ? Ist ein M von 7 niedrig genug oder müsste Ihr M bei 5 sein, um in diesem Moment aktiv zu werden? Hindert Sie die Präsenz eines noch niedrigeren Stacks nach Ihnen daran, zu agieren? Oder wollen Sie lieber jetzt agieren, um diesen Stack auszuschalten? Das sind die Fragen, die die Spieler sich stellen.

Der typische Fehler im Endspiel, der von Spielern gemacht wird, die sowohl tight als auch schwach sind, ist zu großes Zaudern. Es liegt ein versteckter Nutzen darin, eher zu früh als zu spät All-In zu gehen. Lassen Sie uns dies einmal genauer betrachten.

# Vermeiden Sie das große Grübeln

Viele Pokerspieler scheitern an dem Wunsch, übermäßig clever zu sein. Die meisten Spielzüge mit kleinem Stack sind offensichtlich und sehr geradlinig, sobald Sie einmal verstanden haben, welche Rolle M für Ihre Strategie spielt. In einigen Situationen ist es jedoch möglich, durch all zu exzessives Nachdenken vom rechten Weg abzukommen, was zu einem tragischen Ergebnis führen kann. Achtung: Die nun folgenden Angaben können einige Leser verstören.

**Beispiel Nr. 8:** Final Table, fünf Spieler sind noch dabei, alles sehr erfahrene Spieler. Die Blinds liegen bei 15.000/30.000 $. Sie haben mit 160.000 $ den niedrigsten Stack und sitzen in zweiter Position. Der Big Blind, ein konservativer Spieler, hat ungefähr 240.000 $. Die anderen drei Stacks liegen zwischen 200.000 und 500.000 $. Der erste Spieler foldet. Sie bekommen T♦T♣. *Was machen Sie?*
**Antwort:** Ihr M liegt knapp unter 4 und Sie haben ein exzellentes Blatt. Am besten gehen Sie All-In und versuchen, die Blinds zu bekommen. Die zweitbeste Spielweise wäre zu callen und nach Action Ausschau zu halten, in der Hoffnung, das jemand in die Falle gelockt werden kann und Sie All-In setzt. Das wäre ein fantastischer Spielzug mit Assen, Königen oder Damen auf der Hand, aber Zehnen sind für diesen Zweck etwas zu schwach. Aber es ist ein aggressives Vorgehen und Sie können dafür kaum kritisiert werden.

Tatsächlich callen Sie lediglich mit Ihrem Zehner-Paar. Der Button und der Small Blind folden, der Big Blind geht All-In. *Was machen Sie?*
**Antwort:** Sie callen natürlich. Es ist genau das eingetreten, was Sie erreichen wollten, als Sie anfangs mit Ihren beiden Zehnen callten. Jemand ist mit seinen Chips All-In gegangen und Sie sitzen mit der fünftbesten (vielleicht auch sechstbesten nach AKs) Anfangshand bei Hold'em da. Wenn Sie ein starkes Blatt in der Hoffnung, jemanden in die Falle zu locken, checken und dann jemand gegen Sie All-In geht, dann müssen Sie callen. Falls Sie noch mehr Gründe dafür brauchen: Ihnen werden attraktive Pot Odds geboten. Im Pot sind jetzt 235.000 $ (45.000 $ von den Blinds, 30.000 $ von Ihrem Call und 160.000 $ vom Big Blind) und ein Call kostet Sie 130.000 $ – das sind Pot Odds von 1,8 zu 1.

Tatsächlich hat Spieler 2 eine Weile überlegt, ehe er foldete. Sie werden es immer wieder erleben, dass Spieler aus welchem Grund auch immer die Entscheidung treffen, dass Ihr Gegner ein hohes Paar haben „muss." In den Anfangsphasen eines Turniers können Sie gelegentlich solch einen vernünftigen Entschluss fassen und folden. Im Endspiel, wenn die Ms niedrig sind, können Sie das so gut wie nie tun. Denken Sie an all die möglichen Szenarien, die den Big Blind zu einem All-In bewegt haben könnten:

1. Der Big Blind hat zwei High Cards und setzt eine Value Bet. Er glaubt, dass Ihr Call Schwäche signalisiert, und geht davon aus, dass Sie womöglich ein niedriges Paar oder Suited Connectors halten.

2. Der Big Blind hat ein Medium Pair und denkt, dass Ihr Call eine Drawing Hand signalisiert.

3. Der Big Blind hat ein niedriges Paar und hält sich für den Favoriten gegen Ihre wahrscheinlichen zwei High Cards.

4. Der Big Blind hält Ass-x und glaubt, sein M von 6 rechtfertigt ein All-In.

5. Der Big Blind hat nichts auf der Hand, aber glaubt, bluffen zu können.

6. Der Big Blind hat ein High Pair und setzt eine Value Bet.

Beachten Sie, dass lediglich Szenario Nr. 6 das Wegwerfen Ihres Blattes rechtfertigt.

# Strukturierte Hand-Analyse (SHAL)

Die meisten Urteile beim Poker entstehen aus einer Kombination von Erfahrung und intelligenter Vermutung. Denken Sie einmal über die folgenden Probleme nach:

1. „Ich sitze an einem Tisch mit acht Spielern in dritter Position und halte AJs. Mein M liegt bei 5. Die Spieler nach mir waren bisher alle tight. Ein Stack ist noch kleiner als meiner, dieser Spieler verzweifelt langsam. Bin ich stark genug, um hier All-In zu gehen?"

2. „Ich sitze im Big Blind an einem Tisch mit sechs Spielern. Ich halte KTo. Der Typ in First Position ist All-In gegangen, sein M betrug 4. Ich denke, er ist verzweifelt, aber ich bin mir nicht sicher. Ich habe noch viele Chips. Ist mein Blatt ausreichend gut für einen Call?"

Das sind schwierige Fragen. Wenn Sie zu einem Pokerturnier gehen und einer Auswahl von guten Spielern diese Fragen stellen würden, erhielten Sie eine Menge gut begründeter Meinungen, die alle grob auf den jeweiligen über die Jahre gemachten Erfahrungen der Spieler basieren. (Die meisten würden beide Fragen mit Nein beantworten.) Aber wenn Sie damit durch wären, wüssten Sie dann wirklich mehr?

In Wahrheit nicht. Vermutungen, selbst sachkundige von starken Spielern, sind nicht das Gleiche wie wirkliches Wissen. Beim Poker – wie bei allen anderen menschlichen Unternehmungen – mögen die zur Betrachtung hinzugezogenen Meinungen der weltbesten Praktiker richtig sein, aber sie könnten auch falsch sein. Der Konsens dessen, was als wahr angesehen wird, scheint offensichtlich und zwangsläufig, bis eine tapfere Seele daherkommt und sagt: „Nein, die Wahrheit sieht anders aus."

In diesem Kapitel zeige ich Ihnen einen Weg, über die Meinungen und Vermutungen hinauszugelangen und wirkliche Antworten auf schwierige Fragen zu erhalten.

Dazu verwende ich eine Methode, die ich als strukturierte Hand-Analyse (abgekürzt: SHAL) bezeichne. SHAL ermöglicht uns einen Weg, tatsächlich Antworten auf eine Vielzahl von Endspielproblemen zu ermitteln. Sie eignet sich besonders gut, um All-In-Probleme, wie ich sie am Anfang dieses Kapitels beschrieben habe, zu lösen. Aber auch zur Beseitigung anderer Schwierigkeiten ist diese Methode geeignet. Um Ihnen eine Vorstellung davon zu vermitteln, werde ich eine Frage stellen und die Antwort Schritt für Schritt für Sie erläutern.

Ehe wir damit beginnen, gibt es allerdings einen Vorbehalt. SHAL ist keine Methode, die am Pokertisch verwendet werden kann. Es ist eine Technik, die Sie zu Hause, wenn Sie nicht in Aktion sind, beim Stellen und Lösen von Problemen einsetzen können. Sie benötigen Zeit, eine Form der Tabellenkalkulation wie z. B. ein Excel-Programm und eines der Programme, bei dem Sie einige Starthände eingeben können und die Wahrscheinlichkeit errechnet bekommen, mit der jede dieser Hände in einem Showdown triumphieren würde. (Mir gefällt *PokerWiz* ganz gut, aber es gibt auch andere Programme.) Wenn Sie willens sind, Zeit und Mühe dafür aufzubringen, und es Ihnen Spaß macht, stundenlang über Zahlen zu grübeln, werden Sie Dinge herausfinden können, die niemand anderer weiß. Wenn Ihnen diese Art von Arbeit nicht liegt, ist es auch nicht schlimm. Überspringen Sie einfach diesen Abschnitt und lesen Sie am Ende des Kapitels weiter. Wenn das Nachdenken über die Erforschung der dunklen Ecken des Pokers und die Entdeckung verborgener Schätze Sie reizt, dann lassen Sie uns zur Tat schreiten.

Wir beginnen mit der Betrachtung eines beispielhaften Problems.

**Beispiel Nr. 9:** Final Table eines großen Turniers, es sind noch neun Spieler dabei. Die Blinds liegen bei 3.000/6.000 $, die Antes bei 300 $. Im Pot sind also zu Beginn 11.700 $. Sie sind als Fünfter an der Reihe, Ihr Stack beträgt nach Bezahlen des Ante 90.000 $. Die ersten vier Spieler folden.

Sie erhalten

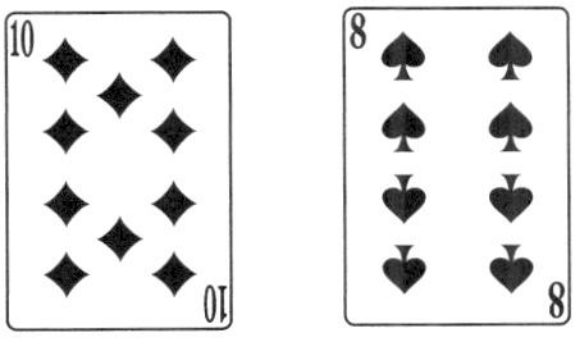

Die nach Ihnen agierenden Spieler spielen zum Teil loose, zum Teil tight. Alle haben einen etwas – wenn auch nicht wesentlich – größeren Stack als Sie. Sie denken kurz darüber nach, mit Ihren T8o All-In zu gehen, da Sie seit einiger Zeit tight gespielt haben und jetzt sicherlich niemand vermuten würde, dass Sie ein Täuschungsmanöver starten. Aber Ihr besseres Urteil setzt sich durch und Sie schieben die Karten in die Mitte.

Der Cut-Off, der Button und der Small Blind folden daraufhin und der Big Blind erhält den Pot. Wieder fragen Sie sich, ob Sie mit diesem Blatt hätten spielen sollen. Und wenn nicht, dann fragen Sie sich, *wie gut Ihr Blatt hätte sein müssen, um spielen zu können.*

**Antwort:** In Wahrheit wurden hier zwei Fragen gestellt, eine spezifische (was passiert, wenn ich mit T♦8♠ All-In gehe?) und eine allgemeine (welches ist die Minimum-Hand, die ich brauche, damit sich ein All-In rentiert?). Wir beginnen mit dem Versuch, die spezifische Frage zu beantworten. Sie ist einfacher und zudem könnte es sein, dass die Antwort darauf einen deutlichen Hinweis für die Beantwortung der allgemeinen Frage enthält.

Als ersten Schritt werden wir ein Profil der vier Spieler erstellen, die nach uns kommen. In der ersten Beschreibung dieses Problems, habe ich einfach nur von einigen tighten und einigen loosen Spielern gesprochen. Jetzt müssen wir ins Detail gehen, wozu wir notwendigerweise auch etwas spekulieren und einige Vermutungen anstellen müssen. Nehmen wir einmal an, dass der Spieler im Cut-Off tight ist, ebenso der Big Blind. Nehmen wir weiter an, dass der Spieler auf dem Button ziemlich loose spielt und der Small Blind der looseste von allen ist. Ab jetzt werden wir die Spieler mit A, B, C und D bezeichnen, gemäß der Reihenfolge vom Cut-Off bis zum Big Blind.

Um unser Profil fertig zu stellen, notieren wir die genauen Blätter, die jeder Spieler verwenden würde, um ein All-In zu callen. Hier meine Vermutungen:

- Spieler A (tight): Wird mit AA bis QQ und AK (suited oder nicht) ein All-In callen.
- Spieler B (looser): Wird mit AA bis 99, AK und AQ (suited oder nicht) ein All-In callen.

- Spieler C (loosester Spieler): Wird mit jedem Paar und AK, AQ, AJ sowie KQ (suited oder nicht) ein All-In callen.
- Spieler D (tight): unter den gleichen Bedingungen wie Spieler A

Sind diese Einschätzungen sinnvoll? Ich denke ja, auch wenn ein vernünftiger Mensch über die genaue Verteilung der Call-Blätter diskutieren könnte. Bedenken Sie, dass wir festgelegt hatten, dass jeder Spieler einen – wenn auch nur unwesentlich – größeren Stack hat als wir. Da unser Stack bei 90.000 $ liegt, beträgt unser M ungefähr 8. Die anderen vier Spieler haben größere Ms, sagen wir einmal zwischen 8 und 11. Keiner von ihnen sollte allzu verzweifelt sein und da wir gesagt hatten, dass wir tight gespielt haben, hat niemand einen Grund zu glauben, dass wir nicht mit einem guten Blatt einsteigen.

Nun da wir die Profile der Spieler erstellt haben, müssen wir als Nächstes herausfinden, wie oft wir gecallt werden und von wem. Das ist ziemlich leicht. Wir wissen, dass es 1.326 mögliche Pokerblätter gibt (52 mal 51 geteilt durch 2). Sobald zwei Karten weggenommen werden (in diesem Fall unsere T8) sind mit den verbleibenden fünfzig Karten nur noch 1.225 verschiedene Blätter möglich. Für jedes Paar gibt es sechs Möglichkeiten, wie es ausgeteilt werden kann. Für jedes Nicht-Paar gibt es 16 mögliche Arten das Blatt zu verteilen, davon sind 12 unsuited und 4 suited. Beginnen wir mit Spieler A und stellen uns vor, wie oft er callen wird.

**Anzahl der möglichen Blätter von Spieler A**

| | |
|---|---|
| AA | 6 |
| KK | 6 |
| QQ | 6 |
| AKS | 4 |
| AKO | 12 |
| Gesamt | 34 |

Von den 1.225 verschiedenen möglichen Blättern sind nur 34 Call-Blätter für Spieler A. Die Wahrscheinlichkeit, dass Spieler A unsere Bet callt, beträgt demnach 2,8 %.

$$.028 = \frac{34}{1,225}$$

Die gleiche Berechnung können wir für Spieler B, C und D erstellen. Ich werde die Berechnungen nicht einzeln erläutern, aber hier sind die Ergebnisse:

- Spieler B: 65 Call-Blätter oder 5,3 %
- Spieler C: 136 Call-Blätter oder 11,1 %
- Spieler D: das gleiche Ergebnis wie Spieler A, also 2,8 %

Jetzt werden wir eine Hypothese aufstellen, wodurch die Berechnung zwar etwas ungenau, aber enorm erleichtert wird. Wir nehmen einmal an, dass wir nur von einer Person gecallt werden. Mit dieser Annahme erhalten wir die folgenden Ergebnisse, wie die Hand für uns ausgehen wird:

- Spieler A callt: 2,8 %
- Spieler B callt: 5,3 %
- Spieler C callt: 11,1 %
- Spieler D callt: 2,8 %
- Keiner callt: 78,0 %

Das bedeutet, dass wir in fast 80 % der Fälle den Pot unumkämpft einstreichen können, die restlichen Male werden wir von einem Spieler gecallt.

Nun zum nächsten Teil des Problems: Jetzt gilt es herauszufinden, wie oft wir gegen jeden der anderen Spieler gewinnen werden, wenn wir davon ausgehen, gecallt zu werden. Beginnen wir mit Spieler A (der einfachste Fall).

Als Erstes müssen wir herausfinden, wie oft unser T8o tatsächlich in einem Showdown gegen die fünf möglichen verschiedenen Blätter, die Spieler A halten könnte, gewinnen kann. (Hierfür benötigen wir ein Programm, das die Ergebnisse für zwei Blätter, die einander im Showdown gegenüber stehen, berechnen kann.) Auch hier werden wir wieder von einer etwas ungenauen Annahme ausgehen, die uns die Berechnung erleichtert. Falls die Farben unserer Karten den Farben seiner Hand entsprechen, beeinflusst das unsere Berechnung ein wenig, ebenso falls nur eine unserer Farben einer seiner Farben entspricht oder gar keine. Zur Vereinfachung gehen wir davon aus, dass die Farben unterschiedlich sind. Dabei kommt heraus, dass unser T♦8♠ in 18 % der Fälle gegen die Asse gewinnt, in 17 % gegen seine Könige, in 16 % gegen die Damen, in 34 % gegen AKs und in 36 % der Fälle gegen AKo.

Wir können jetzt eine Tabelle erstellen, die folgendermaßen aussieht:

| **Blatt** | **Anzahl der Hände** | **Wahrscheinlichkeit der Hände** | |
|---|---|---|---|
| | | **Gewinnchance** | **Gewonnen** |
| AA | 06 | 0,18 | 1,08 |
| KK | 06 | 0,17 | 1,02 |
| QQ | 06 | 0,16 | 0,98 |
| AKs | 04 | 0,34 | 1,36 |
| AKo | 12 | 0,36 | 4,32 |
| **Gesamt** | **34** | | **8,74** |

Die prozentuale Gewinnchance beträgt 25,7 %

$$.257 = \frac{8.74}{34}$$

Beispielsweise zeigt die erste Zeile dieser Tabelle, das Spieler A auf sechs verschiedene Arten ein Paar Asse bekommen kann, dass wir eine 18-prozentige Gewinnchance haben, wenn er Asse hält und dass die durchschnittliche Anzahl von Händen, die wir bei sechs Händen gewinnen würden, nur bei 1,08 liegt. Wenn wir die gewonnenen Hände aus jeder Kategorie zusammen rechnen, so gewinnen wir im Durchschnitt 8,74 von insgesamt 34 Händen – ein Gewinnanteil von 25,7 %. Im Durchschnitt gewinnen wir also nur ungefähr eine von vier Händen, wenn Spieler A uns callt.

Die Tabelle von Spieler D sieht natürlich genauso aus wie die von Spieler A. Die Tabellen für Spieler B und C sind umfangreicher, da sie mit mehr Blättern callen. Gegen Spieler B haben wir im Endeffekt eine Gewinnchance von 26,7 % und gegen das loose Callen von Spieler C gewinnen wir in 34,3 % der Fälle.

Jetzt können wir die Daten zu einer letzten Tabelle zusammenfügen. Dabei kombinieren wir die Wahrscheinlichkeit jedes Spielers, uns zu callen, mit der Wahrscheinlichkeit, dass wir gewinnen, falls wir gecallt werden, und die Größe unseres Stacks, wenn sie callen und wir gewinnen. (Wenn sie callen und gewinnen, sinkt unser Stack unglücklicherweise auf Null, da uns alle covern.) Ich werde Ihnen die verschiedenen Einträge der letzten Tabelle einzeln erläutern.

| **Ereignis** | **Wahrscheinlichkeit** | **Stack nach dem Spiel** | **Erwartungswert** |
|---|---|---|---|
| Kein Call | 78,0 % | 101.700 $ | 79.326 $ |
| A callt, ich gewinne | 0,7 % | 191.700 $ | 1.342 $ |
| A callt, ich verliere | 2,1 % | 0 $ | |
| B callt, ich gewinne | 1,4 % | 191.700 $ | 2.684 $ |
| B callt, ich verliere | 3,9 % | 0 $ | |
| C callt, ich gewinne | 3,8 % | 188.700 $ | 7.171 $ |
| C callt, ich verliere | 7,3 % | 0 $ | |
| D callt, ich gewinne | 0,7 % | 185.700 $ | 1.342 $ |
| D callt, ich verliere | 2,1 % | 0 $ | |

**Erwartungswert bei einem All-In: 91.865 $**
**Erwartungswert bei einem Fold: 90.000 $**

Die erste Spalte „Ereignis", listet die verschiedenen möglichen Ergebnisse der Hand auf. Die zweite Spalte „Wahrscheinlichkeit" zeigt die Wahrscheinlichkeit der Ereignisse der ersten Spalte. Das wahrscheinlichste Ergebnis ist, wie wir gesehen haben, dass alle Spieler folden und Sie den Pot gewinnen (erste Zeile). Die zweite und dritte Zeile zeigen, was passiert, wenn Spieler A callt. Beachten Sie, dass die Wahrscheinlichkeit, dass A callt und gewinnt (0,7 %) und die Wahrscheinlichkeit, dass A callt und verliert (2,1 %) zusammen 2,8 % ergeben. Das ist die Zahl, die wir schon als die Wahrscheinlichkeit, dass A angesichts seiner Mischung von Call-Blättern callt, berechnet haben. Das gleiche gilt für die Spieler B, C und D.

Die dritte Spalte, „Stack nach dem Spiel", zeigt die Größe Ihres Stacks im Falle, dass das Ereignis der ersten Zeile eintritt. Falls zum Beispiel niemand callt, entspricht der neue Stackwert dem alten

Stackwert (90.000 $) plus dem bestehenden Pot (11.700 $), was 101.700 $ entspricht. In den anderen Fällen, in denen Sie gecallt werden und gewinnen, wird sich Ihr Stack mehr als verdoppeln, auch wenn Sie von den Spielern C und D etwas weniger Geld gewinnen, da diese in den Blinds sind und schon Geld in den Pot gegeben haben.

Die letzte Spalte, „Erwartungswert" ist der Schlüssel zu allem. Um den Erwartungswert für ein Ereignis herauszufinden, wird die Wahrscheinlichkeit aus Spalte 2 mit der Stackgröße von Spalte 3 multipliziert und man erhält den Erwartungswert in Spalte 4. Wenn Sie alle Erwartungswerte für alle möglichen Ereignisse addieren, erhalten Sie den Erwartungswert für das Spiel selbst (All-In gehen). Am Ende der Tabelle können Sie sehen, dass der erwartete Wert Ihres Stacks nach dem Spiel 91.865 $ beträgt. Vergleichen Sie dies nun mit Ihrem Erwartungswert, wenn Sie stattdessen folden, der genau der Größe Ihres derzeitigen Stacks entspricht oder auch 90.000 $. Der Vergleich zeigt, dass ein All-In einen positiven Erwartungswert hat (was heißen soll, dass diese Spielweise Geld *einbringt* statt dass Geld *verloren* wird) mit einem durchschnittlichen Verdienst von 1.865 $.

Das ist ein ziemlich überraschendes Ergebnis, daher gehen wir einen Schritt zurück und betrachten, was wir vermutlich eben gelernt haben.

Am Anfang haben wir versucht, zwei Fragen zu beantworten: Ist ein All-In mit T8o in fünfter Position erfolgreich und welche ist die Minimum-Hand, die wir brauchen, um in dieser Position All-In zu gehen? Wenn unsere Vermutungen richtig waren, haben wir die erste Frage beantwortet und beinahe auch schon die zweite. T8o brachte durchschnittlich einen kleinen Profit, daher war ein All-In vernünftig und da es nur einen kleinen Profit brachte, ist es wahrscheinlich nah an dem theoretisch schlechtesten Blatt, das wir benötigten.

Aber dennoch überrascht dieses Ergebnis, daher sollten wir, ehe wir Schlussfolgerungen ziehen, unsere Annahmen überprüfen und nachschauen, ob wir ihnen wirklich vertrauen können.

Unsere entscheidende Vermutung ist die Einschätzung der Blätter, die jeder Spieler benötigen würde, um ein All-In in dieser Phase des Turniers zu callen. Sobald wir eine Verteilung der Blätter für jeden Spieler festgelegt hatten, war der Rest reine Mathematik. Betrachten wir daher die Verteilung der Blätter noch einmal:

- **Der tighte Spieler:** Für die Spieler A und D haben wir festgelegt, dass sie eines der drei High Pairs oder AK (suited oder nicht) benötigen würden, um ein All-In zu callen. Ist das vernünftig? Ich denke schon. Immerhin wurden ihre Stacks mit dem Acht- bis Zehnfachen des Pots angesetzt, daher waren die Spieler nicht wirklich verzweifelt. Wir galten als tighter Spieler, daher hatten die anderen beiden keinen Grund zu glauben, dass wir ein Täuschungsmanöver vornehmen und mit etwas anderem als einem ziemlich guten Blatt einsteigen. Würden Sie Ihre Turnierteilnahme nach einem All-In eines soliden Spielers mit einem Zehner-Paar oder AJ aufs Spiel setzen? Ich kenne viele Spieler, die das tun würden, aber es sind nicht die Spieler, die ich als tight beschreiben würde. Tatsache ist, dass die Spieler A und D die in den meisten Pokerbüchern empfohlene Strategie verfolgen, niemals ein All-In zu callen, es sei denn, Sie haben ein wirklich starkes Blatt.

- **Der loose Spieler:** Wir haben Spieler B als loose beschrieben und gesagt, dass er ein All-In mit jedem beliebigen Paar hinunter bis zu Neunen callen würde, sowie mit AK- und AQ-Kombinationen. Auch das scheint bei einem nicht so tighten Spieler mit einem M zwischen 8 und 10 vernünftig.

- **Der looseste Spieler:** Für Spieler C haben wir festgelegt, dass er ein All-In mit jedem beliebigen Paar callen würde, wie auch mit AJ- und KQ-Kombinationen. Das ist ziemlich loose. Würden Sie ein All-In mit einem Zweier-Paar callen? Ich nicht, es sei denn, ich wäre weit in der roten Zone angekommen und auf der Suche nach einer Situation, mit all meinen Chips eine 50 zu 50 Chance zu bekommen. Mit einem M von 8 oder 10 würde ich dieses Spiel nicht machen. Spieler C kann auf jeden Fall als loose bezeichnet werden.

Alles in allem bin ich mit der Beschreibung der Spielstile unserer vier imaginären Gegner zufrieden. Aber um das Problem besser in den Griff zu bekommen, wollen wir drei zusätzliche Beispiele betrachten und schauen, was passiert. Alle drei Beispiele können analog zu unserem ersten Beispiel gelöst werden. (Tatsächlich ist die Berechnung, wenn sie in einem Tabellenkalkulationsprogramm erstellt wird, relativ simpel, da

Sie lediglich neue Annahmewerte eingeben müssen und dann die neue Antwort erhalten.) Ich erspare Ihnen die Details und nenne nur die Endergebnisse:

**Fall 1:** Der bestmögliche Fall sind vier tighte Spieler. Ihr Erwartungswert steigt auf 98.524 $ mit einem zu erwartenden Profit von 8.524 $. Ein All-In ist nun völlig eindeutig.

**Fall 2:** Vier loose Spieler sind nicht so gut wie unsere ursprüngliche Verteilung der Profile. Ihr Erwartungswert liegt bei 90.863 $ mit einem Profit von gerade mal 863 $. Ein All-In hätte immer noch einen positiven Erwartungswert, aber nur ganz knapp.

**Fall 3:** Vier der loosesten Spieler kommen nach Ihnen – das ist wirklich nicht gut. Ihr Erwartungswert fällt auf 85.229 $ bei einem zu erwartenden Verlust von 4.771 $. Ein All-In wäre jetzt ein wirklich schlechter Spielzug.

Natürlich entsprechen diese Ergebnisse nur dem, was wir erwarten könnten. Gegen loose Spieler mit einem schwachen Blatt All-In zu gehen, kommt nur deren Stil entgegen, da diese Spieler mit schwachen Blättern callen, die aber immer noch stark genug sind um Sie zu schlagen.

Kurz gesagt: Unser spekulatives Spiel hat sich gegen eine Mischung aus loosen und tighten Spielern als rentabel erwiesen und ein großer Profit entsteht, wenn alle Gegner tight spielen. Nur im Fall von ausschließlich loosen Gegnern war es besser, die Hand wegzuwerfen.

**Schlussfolgerung:** Wenn sich diese Spielweise theoretisch rentiert, sollten wir sie dann anwenden? Die Antwort darauf lautet – wie auch bei vielen anderen Manövern beim Poker –, dass diese Spielweise als Teil einer ausgewogenen Strategie gut einsetzbar ist, aber, sobald sie übertrieben wird, sehr schnell unbrauchbar wird. Vergessen Sie nicht, dass wir anfangs gesagt haben, dass wir tight spielen und auch als tighter Spieler von den anderen angesehen werden. Wenn wir diese Spielweise zum ersten Mal anwenden, werden die anderen noch glauben, dass wir eine Value Bet machen, und nur callen, wenn sie ein ihrem Stil entsprechend ausreichendes Blatt haben. Je öfter wir diese

Spielweise anwenden, desto mehr werden die Call-Anforderungen der anderen Spieler abnehmen – und sie müssen gar nicht so stark abnehmen, damit sich dieses Spiel für uns schon nicht mehr rentiert. Aber wie auch immer, wir haben eine wichtige Lektion und eine gute taktische Spielweise erlernt: Aus der Middle Position mit vier Spielern nach uns, deren Stacks alle in der orangefarbenen Zone und deren Spielstile sehr unterschiedlich sind, können Sie mit Blättern bis ungefähr T8o einen rentablen ersten All-In-Spielzug machen.

# Übungsaufgaben

Die meisten grundlegenden Schwierigkeiten beim Spiel an den Wendepunkten tauchen in der roten Zone auf. Gehen wir All-In oder nicht? Die Aufgaben 9-1 bis 9-14 sind Beispiele für diese Situationen.

Das Spiel in der orangen Zone erlaubt etwas mehr Ermessensspielraum dabei, wie Sie Ihre Hand spielen. Die Aufgaben 9-15 bis 9-17 geben Ihnen einige Beispiele dafür.

Die Aufgaben 9-18 und 9-19 behandeln einige weitere Aspekte des All-In-Spielzugs. Aufgabe 9-20 thematisiert die Überlegungen, die man anstellen sollte, wenn man sich einem All-In eines anderen Spielers gegenübersieht.

Small Pairs und Suited Connectors zu spielen ist bei kleinem Stack immer schwierig. Wir werden in den Aufgaben 9-21 bis 9-24 einige Beispiele dazu betrachten. Die letzten beiden Aufgaben, 9-25 und 9-26, behandeln diverse taktische Ideen.

**Hand 9-1**

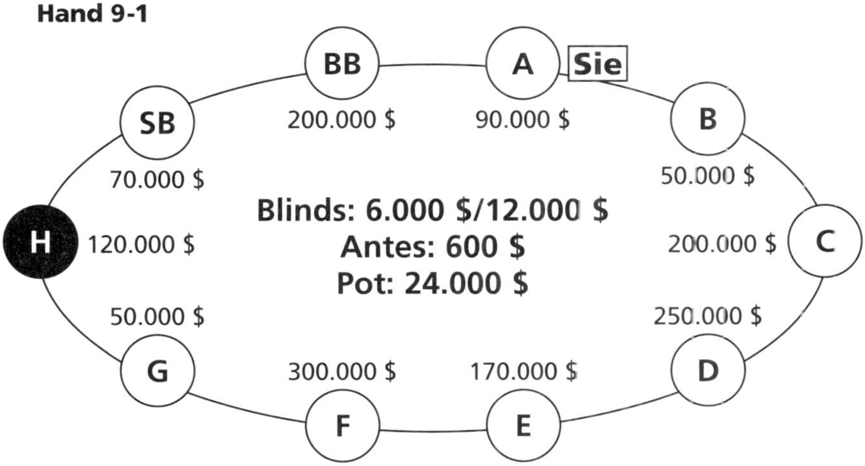


**Situation:** Final Table eines größeren Turniers. Dies ist die erste Hand des Final Table und Sie haben noch keinerlei Informationen über die anderen Spieler.

**Ihr Blatt:** 9♣9♠

**Action bis zu Ihnen:** Sie sind als Erster am Zug.

**Frage:** *Werden Sie folden, callen, auf 30.000 oder 50.000 $ raisen oder gehen Sie All-In?*

**Antwort:** Unter normalen Umständen würde man ein Paar Neunen in erster Position nicht als besonders starkes Blatt ansehen. Am Anfang eines Turniers wäre ein Call oder ein kleiner Raise angemessen, in der Hoffnung, billig den Flop sehen zu können.

Aber hier ist die Zeit für niedrige Wetteinsätze und billige Flops längst vorbei. Sie haben es an den Final Table geschafft, sind aber nicht gerade in einer guten Lage. Ihr Stack beträgt 90.000 $, weniger als das Vierfache der Blinds und Antes, sodass in nur vier Runden die Blinds und Antes Ihren Stack aufgefressen haben werden. Sie müssen jetzt handeln, während Ihr Stack noch groß genug ist, um sogar dem größten Stack am Tisch Schmerzen zufügen zu können. Mit diesem Blatt gehe ich All-In.

Hoffe ich, die Blinds stehlen zu können, oder will ich einen Call herausfordern? Die spontane Antwort darauf lautet: Es ist mir egal. Ich bin zufrieden damit, auf die Schnelle mit meinen Neunen 24.000 $ einzustecken. Aber wenn ich gecallt werde, bin ich nur gegen eins der fünf höheren Paare Außenseiter. Gegen jedes andere Blatt bin ich Favorit, meinen Stack zu verdoppeln, und wieder im Rennen um einen der Spitzenplätze. Angesichts meines kleinen Stacks ist dies eine fantastische Spielsituation für mich und ich werde versuchen, daraus das Beste herauszuholen.

Manche Spieler würden diese Hand ganz anders spielen. Wenn Sie dieses Blatt einer Reihe guter Spieler zeigen würden, würden Sie auch Ratschläge hören wie: „Ich würde einen kleinen Raise setzen, auf circa 30.000 $. Das reicht aus, um einige schwache Blätter rauszuwerfen, aber wenn jemand nach mir reraist, kann ich noch immer aus der Hand aussteigen, da ich nur ein Drittel meines Stacks investiert habe." Ein plausibles Argument, aber völlig falsch.

Stellen Sie sich vor, dass Sie so vorgehen. Was wird wahrscheinlich passieren? Manchmal werden Sie die Blinds gewinnen (allerdings nicht so häufig), wie Sie dies tun, wenn Sie All-In gegangen sind. Manchmal werden Sie nur gecallt und auf dem Flop wird meistens keine Neun kommen. Je nach Flop werden Sie also Ihr Blatt wegwerfen, wenn jemand einen Einsatz macht. Und falls einer der Spieler vor dem Flop reraist, werden Sie Ihr Blatt ebenfalls wegwerfen (manchmal in Situationen, in denen Sie gewonnen hätten, wenn die Hand bis zum Ende gespielt worden wäre).

Wenn Sie eine Bet setzen und dann Ihre Hand wegwerfen, sinkt Ihr Stack auf 60.000 $. In den nächsten beiden Runden sind Sie im Big Blind und Small Blind, was Ihren Stack mit ziemlicher Sicherheit um weitere 24.000 $ auf 36.000 $ reduzieren wird. Das bedeutet, dass Sie in drei Runden von 90.000 $ auf 36.000 $ fallen – und das ist für Sie eine Katastrophe! Jetzt wird jeder Wetteinsatz von Ihnen ein All-In sein müssen und wird als All-In eines kleinen Stacks betrachtet werden – also eines, das unbedingt gecallt werden muss. Sie haben die Möglichkeit verloren, Pots zu stehlen, was ein wesentlicher Teil Ihrer gesamten Equity in jeder Hand ist.

Mit diesem Damoklesschwert, das in drei Händen über Ihnen schwebt, ist es klar, dass ein Paar Neunen ein fantastisches Blatt für Sie ist – mit ziemlicher Wahrscheinlichkeit derzeit das beste Blatt am Tisch. Daraus müssen Sie einen Vorteil schlagen, also schieben Sie alle Ihre Chips in die Mitte.

**Hand 9-2**

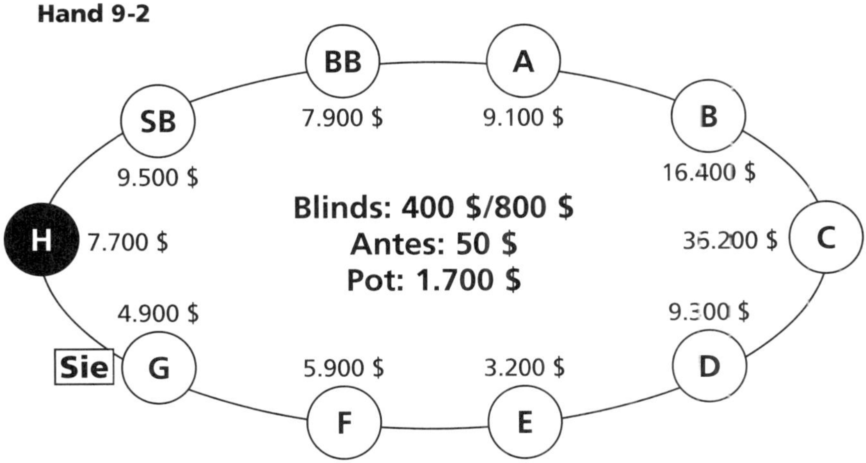


**Situation:** In der Mitte des zweiten Tages eines großen Turniers.

**Ihr Blatt:** A♠7♦

**Action bis zu Ihnen:** Die Spieler A bis F folden.

**Frage:** *Werden Sie spielen oder folden?*

**Antwort:** Dies ist eine grundlegende und einfache Spielweise an einem Wendepunkt. Die Blinds und Antes ergeben eine Summe von 1.700 $, Ihr M liegt also etwas unter 3. Ihr Stack von 4.900 $ reicht aus, um gerade noch die nächsten drei Runden am Tisch zu überstehen. Sie spielen nur gegen drei Spieler, daher sind Ihre A7o selbst objektiv betrachtet kein schwaches Blatt mehr. Sie werden mit Sicherheit spielen.

Wie hoch sollte Ihr Wetteinsatz sein? Die Minimum-Bet liegt derzeit bei der zweifachen Höhe des Big Blinds, anders gesagt bei 1.600 $. Das ist ein Drittel Ihres schwindenden Stacks. Wenn Sie die Minimum-Bet setzen und dann aus der Hand aussteigen, wären Sie noch weiter eingeschränkt als jetzt. Also gehen Sie All-In. Beachten Sie, dass die drei Spieler nach Ihnen Ms haben, die zwischen etwas über 4 und etwas unter 6 liegen. Momentan ist Ihr Stack groß genug, um alle anderen Spieler zu ruinieren, wenn diese callen und verlieren. Daher lohnt es sich nur, Sie mit einem starken Blatt zu callen, und Ihre Chancen, keine so starke Hand bei drei zufälligen Blättern vorzufinden, sind ziemlich gut.

Es besteht kein Grund, nervös zu werden, wenn Sie diesen Zug ausführen. Sicherlich – wenn Sie so spielen, gecallt werden und verlieren, sind Sie raus aus dem Turnier. Aber Sie sind ohnehin fast draußen und ein konservativer Stil kann Ihnen jetzt nicht mehr helfen.

**Lösung:** Sie gehen All-In und alle drei Spieler nach Ihnen folden.

**Hand 9-3**

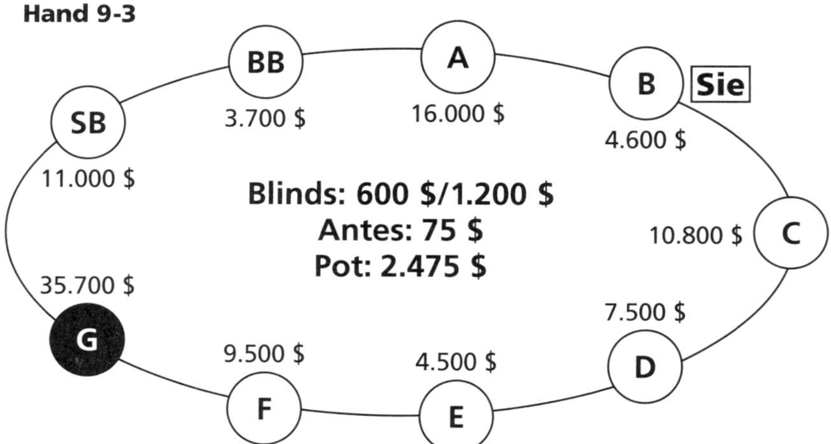

**Situation:** Am Ende des zweiten Tages eines großen Turniers.

**Ihr Blatt:** Q♦6♠

**Action bis zu Ihnen:** Spieler A foldet.

**Frage:** *Werden Sie folden, callen oder raisen?*
**Antwort:** In diesem Beispiel haben wir 4.600 $ in Chips und die Blinds und Antes ergeben zusammen 2.475 $. Unser M ist etwas unter 2. In nur zwei Runden sind wir im Big Blind. Wir haben genug Chips, um einschließlich der laufenden 13 Hände zu spielen.

Sobald Sie einen M von unter 2 haben, rechtfertigt fast jedes Blatt einen Angriff auf den Pot, vorausgesetzt, dass niemand vor Ihnen schon um den Pot spielt. Jedes Ass, jeder König, jede Dame oder alle mittleren Karten, entweder suited oder connected, reichen mir in dieser Situation aus, um All-In zu gehen. Ich bin eigentlich viel stärker an einer Situation interessiert, in der ich als Erster um den Pot spiele als daran, auf ein besseres Blatt zu warten. Zwei niedrige Karten offsuit sind so ziemlich das einzige Blatt, das ich hier automatisch wegwerfen würde.

**Action:** Sie gehen All-In, alle anderen folden.

**Hand 9-4**

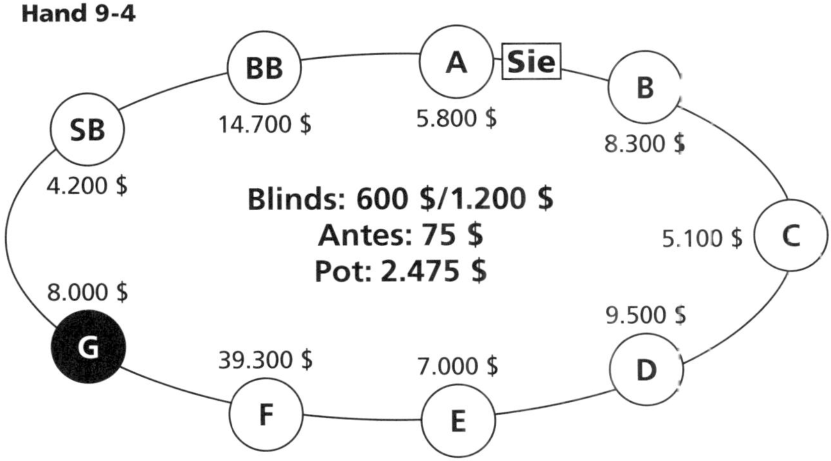

**Situation:** In der Mitte des zweiten Tages eines großen Turniers.

**Ihr Blatt:** K♣9♠

**Action bis zu Ihnen:** Sie sind als Erster am Zug.

**Frage:** *Wie werden wir spielen?*
**Antwort:** Mit einem M zwischen 2 und 3 reicht selbst ein König aus, um All-In zu gehen. Denken Sie daran, dass Sie, sobald Sie All-In gegangen sind, sich keine Sorgen mehr um Ihre Position machen müssen – die Hand kommt schlicht zum Showdown. Der einzige Nachteil an Ihrer Position ist, dass Sie noch keinen anderen folden sehen konnten. Natürlich wird das zum Teil von der Tatsache aufgewogen, dass niemand vor Ihnen einen Versuch machen kann, den Pot zu stehlen.

**Lösung:** Sie gehen All-In und werden von Spieler F mit einem Zehner-Paar gecallt. Auf dem Turn kommt ein König und Sie können Ihren Stack verdoppeln.

**Hand 9-5**

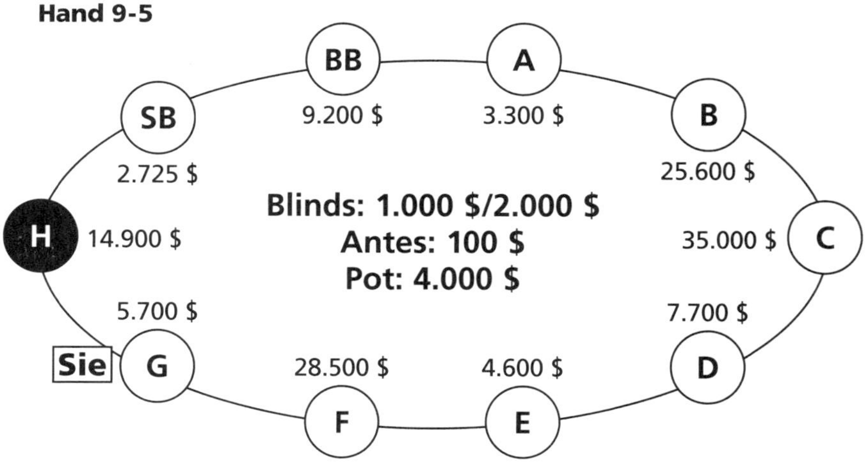


**Situation:** Ein großes Turnier, Ende des zweiten Tages.

**Ihr Blatt:** 8♠7♥

**Action bis zu Ihnen:** Die Spieler A bis F folden.

**Frage:** *Werden Sie folden, callen oder raisen?*
**Antwort:** Dies ist ein sehr eindeutiges Beispiel für die Vorgehensweise an den Wendepunkten. Sie sind bei Ihren letzten 5.700 $ angekommen und die Blinds und Antes betragen die Riesensumme von 4.000 $. Ihr Geld reicht nur noch für zwei Runden, also rechtfertigt jede einigermaßen vernünftige Situation ein All-In-Manöver. Wir haben Connectors (zugegeben niedrige), aber viel wichtiger ist, dass sechs Spieler schon ausgestiegen sind. Dazu kommt, dass keiner der drei Spieler nach uns genügend Chips hat, um risikolos zu callen. Selbst dem Spieler auf dem Button mit seinen 15.000 $ kann der Gedanke nicht behagen, 40 % seiner Chips zu verlieren, und die anderen beiden Spieler sind in noch schlechterer Verfassung.

Lassen Sie sich nicht davon ins Bockshorn jagen, dass Sie mehr Chips als drei andere Spieler am Tisch haben. Ihre Lage ist noch immer verzweifelt und nur weil diese Spieler in ein oder zwei Runden den Tisch verlassen werden, heißt das nicht, dass sich Ihre Situation dadurch verbessert hat.

**Lösung:** Sie gehen All-In und verlieren gegen den Big Blind, der mit einem Königs-Paar callt.

Ihre Verzweiflung wird zu einem Glücksfall für das Paar Könige, da die Hand sonst bis zum Big Blind durchgefoldet worden wäre.

**Hand 9-6**

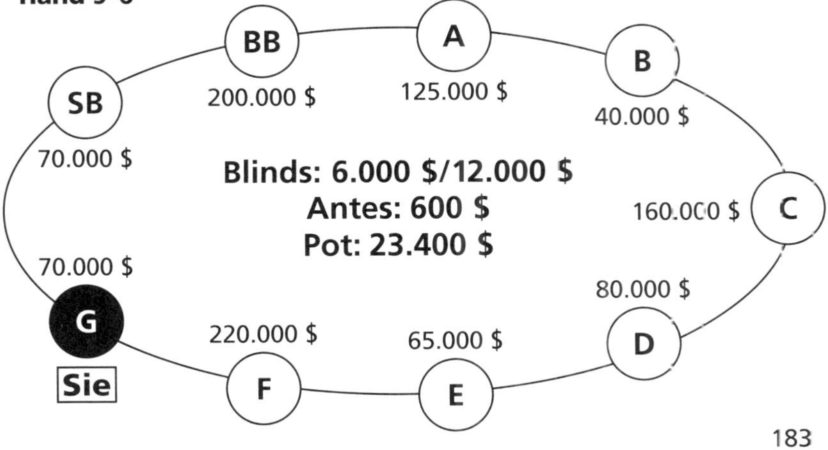

**Situation:** Die letzten drei Tische eines großen Turniers, 28 Spieler sind noch dabei. Spieler C hat in Early Position schon kleine Paare gespielt.

**Ihr Blatt:** Q♦T♠

**Action bis zu Ihnen:** Die Spieler A und B folden. Spieler C callt 12.000 $. Die Spieler D, E und F folden alle. Im Pot sind jetzt 35.400 $.

**Frage:** *Werden Sie folden, callen oder raisen?*
**Antwort:** Ihr Stack von 70.000 $ stellt ein M von lediglich 3 dar, daher sind Sie in einer verzweifelten Lage. Sie haben kein fantastisches Blatt, aber eine ungewöhnlich günstige Situation ist eingetreten. An einem Tisch mit neun Spielern haben schon fünf gefoldet und einer gecallt. Spieler C hat gecallt statt zu raisen, daher wird er ein einigermaßen vernünftiges Blatt haben, aber kein hohes Paar. Es sitzen nur noch 2 Spieler hinter Ihnen.

Dies ist eine Situation, in der Sie versuchen sollten, sich aufzubäumen. QT ist für Ihre Situation wirklich eine gute Hand. Falls Spieler C ein niedriges Paar hat und sich entscheidet, zu callen, sind Sie nur knapper Außenseiter. Die Chance, dass er foldet wenn Sie raisen, ist gar nicht so gering – er muss weitere 58.000 $ setzen, um zu callen – und in diesem Fall vergrößert sich Ihr Stack auf über 100.000 $, falls Sie die Hand gewinnen; dann wären Sie in Schlagdistanz zu den Chipleadern.

**Action:** Sie gehen All-In. Die Blinds folden, aber Spieler C callt weitere 58.000 $. Er zeigt ein Achter-Paar. Auf dem Board kommen T♦7♦3♣5♣A♣ und Ihr Paar Zehnen gewinnt die Hand. Ihr Stack klettert auf 163.400 $.

Ihr M ist auf über 7 gestiegen. Sie müssen nach wie vor aggressiv spielen, aber Sie haben etwas Luft zum Atmen gewonnen.

**Hand 9-7**

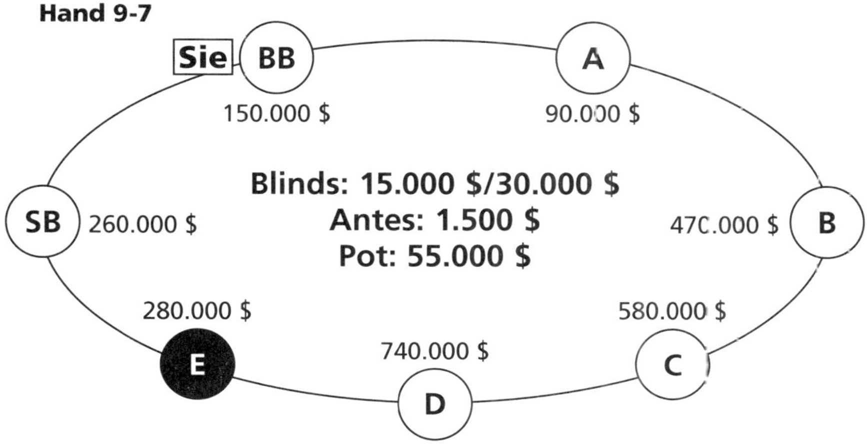


**Situation:** Ein großes Turnier, es wird noch an zwei Tischen mit jeweils 7 Spielern gespielt. Spieler D hat einen starken Lauf gehabt, in der letzten halben Stunde um fast alle Pots gespielt, und dabei mit Bets, die nicht gecallt wurden, eine riesige Anzahl von Chips angehäuft.

**Ihr Blatt:** A♣J♣

**Action bis zu Ihnen:** Die Spieler A und B folden. Spieler C foldet und Spieler D callt, ebenso Spieler E. Der Small Blind callt mit zusätzlichen 15.000 $. Im Pot sind jetzt 130.500 $.

**Frage:** *Werden Sie callen oder raisen?*

**Antwort:** Gehen Sie All-In. Sie haben mit AJs ein einigermaßen starkes Blatt. Ihre Position hat dabei keine Bedeutung, da ein All-In alle positionellen Überlegungen eliminiert. Mit ziemlicher Sicherheit schlagen Sie Spieler D und es ist unwahrscheinlich, dass er Ihre Bet callt. Spieler E callte in dem Wissen, dass Spieler D die anderen am Tisch herumschubste, daher könnte Spieler E ein schwächeres Blatt als gewöhnlich haben. Für seinen Call erhielt der Small Blind Odds von 8 zu 1, daher war ein Call mit so gut wie jedem Blatt völlig gerechtfertigt. Ihr M liegt bei lediglich 3, daher müssen Sie bald etwas unternehmen. Diese Situation ist ideal für Sie und ein All-In wäre auch mit einem schwächeren Blatt, als Sie es momentan halten, vernünftig. Sie haben eine exzellente Chance, direkt einen beträchtlichen Pot zu gewinnen, der sie wieder ins Rennen bringt, und selbst wenn Sie gecallt werden, haben Sie noch eine gute Gewinnchance, da es keine Anzeichen dafür gibt, dass einer Ihrer Gegner ein großartiges Blatt hat.

**Action:** Sie gehen All-In. Die Spieler D und E folden. Der Small Blind callt und zeigt ein Vierer-Paar. Die Vierer gewinnen.

Auch wenn Sie an vierzehnter Stelle ausgeschieden sind, gibt es dennoch keinen Grund, Ihre Spielweise im Nachhinein anzuzweifeln. Die Spieler D und E haben wie vermutet Ihre Blätter weggeworfen. Der Small Blind hat mit seinen Vieren, die – angesichts der Pot Odds, die er eingangs für seinen Call erhielt – ein deutlich überdurchschnittliches Blatt darstellten, einen weiteren vernünftigen Call gemacht. Wenn Sie gewonnen hätten, hätte sich Ihr Chipstack mit 370.000 $ mehr als verdoppelt. Sie hätten einen guten Stand im Turnier gehabt und um einen der obersten Ränge gespielt.

**Hand 9-8**

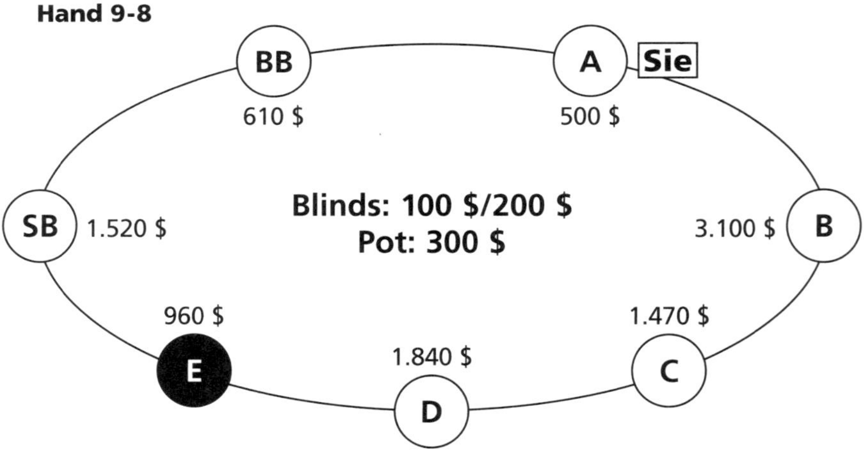


**Situation:** Gegen Ende eines One-Table-Qualifikationsturniers. Der Big Blind und Spieler B sind sehr aggressiv.

**Ihr Blatt:** A♥8♥

**Action bis zu Ihnen:** Sie sind als Erster am Zug.

**Frage:** *Werden Sie folden, callen, raisen oder All-In gehen?*
**Antwort:** Keine Frage: Sie schieben Ihre Chips in die Mitte und schauen, was passiert.

Sie haben noch 500 $ und die Blinds summieren sich auf 300 $, Ihr M liegt also zwischen 1 und 2, aber Ihre momentane Situation ist eigentlich noch viel schlimmer.

In den nächsten beiden Runden sitzen Sie erst im Big Blind und dann im Small Blind, das wird 300 $ Ihrer 500 $ verschlingen. Dann folgen fünf Hände, in denen Sie kein Geld setzen müssen. In der darauf folgenden Hand sitzen Sie mit Ihren letzten 200 $ wieder im Big Blind. Daher haben Sie eigentlich nur noch Chips für diese und 3 weitere Hände.

A8s ist sogar ein fantastisches Blatt für Ihre verzweifelte Lage. Da dies wirklich die letzte Hand ist, in der Ihre Bet in irgendeiner Form Druck auf einen der anderen Spieler ausüben kann, müssen Sie Ihren Angriff jetzt starten.

**Action:** Spieler D und der Big Blind callen. Auf dem Flop kommen K♥T♠3♠, die 9♣ kommt auf dem Turn und T♣ auf dem River. Spieler D und der Big Blind checken beide die Hand bis zum Schluss. Spieler D hält ein Fünfer-Paar und gewinnt gegen A4 des Big Blind.

Hände, in denen zwei aktive Spieler ihre Hand, nachdem die Einsätze im Hauptpot schon abgeschlossen sind, bis zum Schluss durchchecken, sind nicht ungewöhnlich. Da mit dem Side Pot kein Geld zu gewinnen ist, gibt es für die Spieler nur einen minimalen Anreiz, ohne ein starkes Blatt einen zusätzlichen Einsatz zu bringen. Wenn beide Spieler bis zum Schluss mitspielen, maximieren diese ihre Chancen, Sie zu eliminieren, was ein fast so wichtiges Ziel ist wie das Einsammeln Ihrer Chips. Wir nennen das Cooperation Play und werden dazu in Kapitel 11 weitere Beispiele aufführen.

**Hand 9-9**

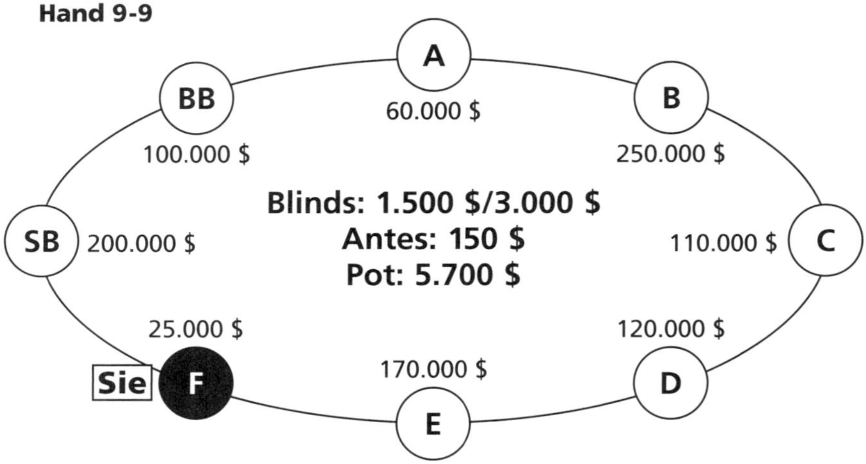


**Situation:** Spät am zweiten Tag eines großen Turniers. Spieler B hat den ganzen Tag sehr aggressiv gespielt und den Tisch beherrscht.

**Ihr Blatt:** J♥T♥

**Action bis zu Ihnen:** Spieler A foldet und Spieler B callt. Die Spieler C, D und E folden alle. Im Pot sind jetzt 8.700 $ und ein Call kostet Sie 3.000 $.

**Frage:** *Werden Sie folden, callen oder raisen?*
**Antwort:** Ihr Blatt ist ausreichend gut, um zu callen – insbesondere angesichts der Odds von fast 3 zu 1, die Ihnen der Pot bietet. Dennoch ist die Gesamtzahl Ihrer Chips ein Argument für einen Raise und zwar für ein All-In.

Mit einer Chipzahl von 25.000 $ haben Sie weniger als halb so viel Chips als alle anderen am Tisch. Die Blinds und Antes summieren sich auf 5.700 $, Ihr M liegt etwas über 4, daher können Sie noch 30 Hände überleben. Momentan haben Sie genug Chips, um jemand anderem Schmerzen zuzufügen, wenn Sie auf seine Kosten verdoppeln, aber in einigen Runden werden Sie bei 15.000 $ angekommen sein und auf diesem Niveau wird es den anderen egal sein, ob Sie um einen Pot spielen oder nicht.

Der vorrangige Grund, warum Sie jetzt angreifen sollten, ist nicht die Stärke Ihres Blatts sondern die Stärke Ihrer Position. Schon vier

Spieler nehmen nicht am Pot teil. Wenn Sie All-In gehen, müssen die Blinds sehr starke Blätter haben, um mitspielen zu können, da Spieler B immer noch nach Ihnen agieren kann. Und Spieler B ist als sehr aggressiver Spieler bekannt, daher kann es sein, dass Sie ihn mit einem schwachen Blatt seinerseits erwischt haben. Wenn es hart auf hart kommt und Sie gecallt werden, ist JTs immer noch Favorit gegen eine durchschnittliche Hand, daher haben Sie eine reale Chance.

**Action:** Sie gehen All-In. Die Blinds folden, Spieler B foldet. Sie schnappen sich den Pot.

**Hand 9-10**

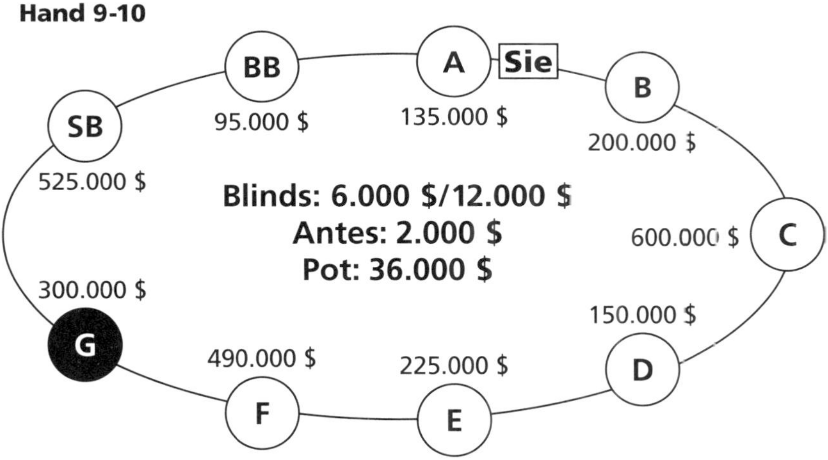


**Situation:** Die letzten drei Tische eines großen Turniers.

**Ihr Blatt:** K♥Q♠

**Action bis zu Ihnen:** Sie sind als Erster am Zug.

**Frage:** *Werden Sie folden, callen oder raisen?*
**Antwort:** Dies ist eine relativ einfache Frage. Am Anfang eines Turniers, mit einem M von 50 oder 100, wäre das Spielen mit KQo in erster Position eine etwas loose Spielweise. (In Band I wurde empfohlen, dieses Blatt in 50 % der Fälle zu callen und in 50 % der Fälle zu folden.) In dieser Situation – mit einem M von etwas über 3,5 – ist ein All-In obligatorisch.

Ein All-In gibt Ihnen – im Gegensatz zu einem Call oder einem Raise in doppelter Höhe des Big Blinds – die besten Gewinnchancen auf den Pot, ohne dass Sie kämpfen müssen, also genau das, was Sie erreichen wollen. Ihr Stack ist immer noch ausreichend groß, um den meisten anderen Stacks am Tisch zu schaden, aber eine weitere Runde Blinds wird Ihre Chips um mehr als ein Viertel reduzieren, wonach Sie weitere Schlagkraft verlieren. Dazu kommt, dass Sie möglicherweise in nächster Zeit kein so gutes Blatt wie jetzt erhalten werden.

**Action:** Sie gehen All-In. Spieler C callt, alle anderen folden. Er zeigt K♣K♦. Auf dem Board kommen Q♥9♦7♣K♠3♣ und Ihr Two Pair verliert gegen die drei Könige.

Diese Hand fand am Ende (für mich) des Commerce-Club-Turniers im Februar 2005 statt. Mein Gegner war Ted Forrest, einer der derzeit besten Spieler. Ich hatte Pech, gegen ein Paar Könige zu spielen, aber Glück, mit einem Blatt wie KQ bei niedrigem M einen Angriff starten zu können.

**Hand 9-11**

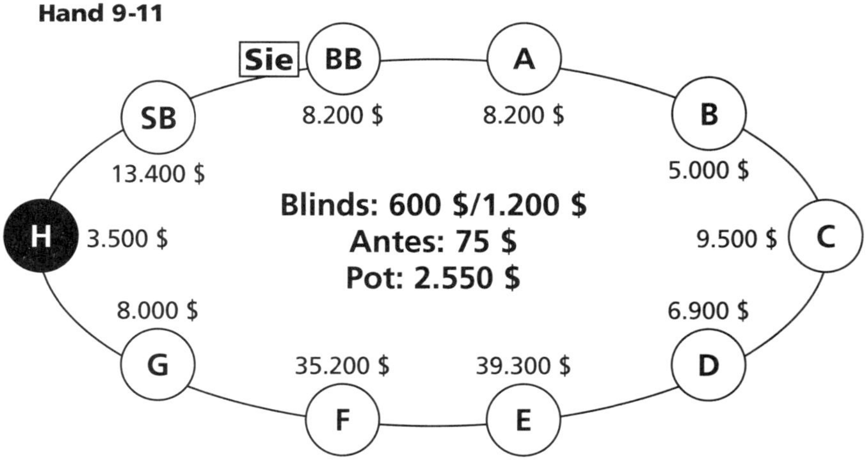


**Situation:** Ein großes Turnier, gegen Ende des zweiten Tages.

**Ihr Blatt:** Q♥6♦

**Action bis zu Ihnen:** Die Spieler A bis D folden. Spieler E raist auf 2.400 $. Die Spieler F, G und H folden alle. Der Small Blind callt mit weiteren 1.800 $. Im Pot sind jetzt 6.750 $.

**Frage:** *Wie werden Sie spielen?*
**Antwort:** Callen Sie. Ihr Blatt ist schwach und der Pot wird umkämpft. (Der Big Stack spielt mit und der drittgrößte Stack hat gecallt.) Das sind zwei gute Argumente, aus der Hand auszusteigen. Aber andererseits gibt es auch ein paar gute Gründe, im Spiel zu bleiben. Am Tisch sind nur niedrige Ms, daher sind keine so starken Raise- oder Call-Blätter wie am Anfang eines Turniers zu erwarten. Und das wichtigste ist, dass Sie fantastische Pot Odds, nämlich 5 zu 1, haben. Diese Odds sind so gut (angesichts dessen, dass Sie nur zwei Gegner haben), dass sie alle anderen Überlegungen überflüssig machen. Callen Sie und wenn Ihr Blatt trifft, betten Sie.

**Action:** Tatsächlich folden Sie.

**Hand 9-12**

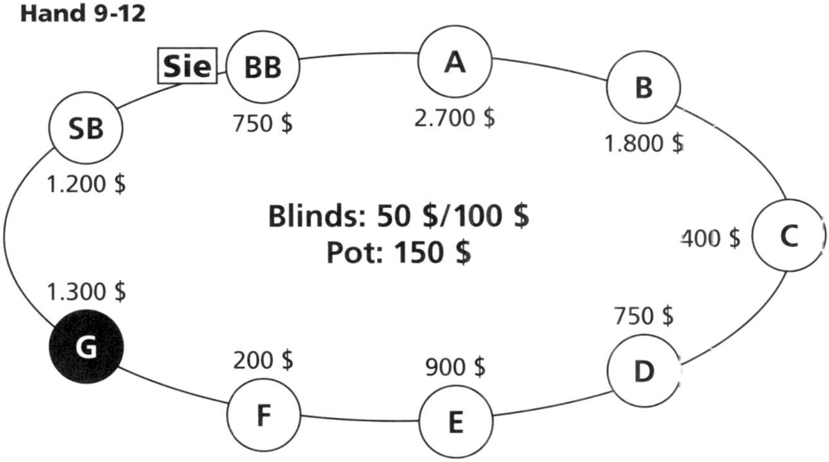


**Situation:** In der mittleren Phase eines One-Table-Qualifikations-turniers.

**Ihr Blatt:** A♥2♣

**Action bis zu Ihnen:** Die Spieler A bis F folden alle. Spieler G auf dem Button raist auf 350 $. Der Small Blind foldet. Im Pot sind jetzt 500 $.

**Frage:** *Werden Sie folden, callen oder raisen?*
**Antwort:** Dies ist eine schwierige Situation. Nachdem Sie den Big Blind gesetzt haben, haben Sie nur noch 650 $ übrig. Bei Blinds in Höhe von 150 $ können Sie noch ungefähr 4 bis 5 Runden spielen. Daher müssen Sie auf jeden Fall bald einen Angriff starten. Sie haben den Vorteil, als Letzter am Zug zu sein, daher sehen Sie, gegen wen Sie spielen – nämlich gegen einen einzelnen Spieler auf dem Button, der nach 6 Folds vor ihm agiert. Die Chancen sind einigermaßen hoch, dass er die Blinds stehlen will.

Aber es gibt zwei Schwierigkeiten. Die erste ist, dass Sie eigentlich nicht genug Chips haben, um ihn unter Druck zu setzen. Wenn Sie All-In gehen, kann er 400 $ callen und das bei einem Pot von 1.150 $. Er erhält Odds von 3 zu 1, also kann er mit beliebigen zwei Karten relativ leicht callen – es sei denn, er geht davon aus, dass Sie ein hohes Paar haben.

Die zweite Schwierigkeit liegt darin, dass A2 eigentlich kein spielbares Blatt ist. Viel zu oft spielt die 2 keinerlei Rolle in der Hand, daher ist es so, als ob Sie mit einem einzelnen Ass callen würden. Wenn Ihr Blatt nur etwas besser wäre, z. B. A7 oder A8, könnten Sie bereitwillig Ihre Chips in die Mitte schieben und darauf vertrauen, einen guten Zug gemacht zu haben. Aber hier sollten Sie folden und eine bessere Gelegenheit abwarten.

**Action:** Sie folden und Spieler G gewinnt den Pot.

**Hand 9-13**

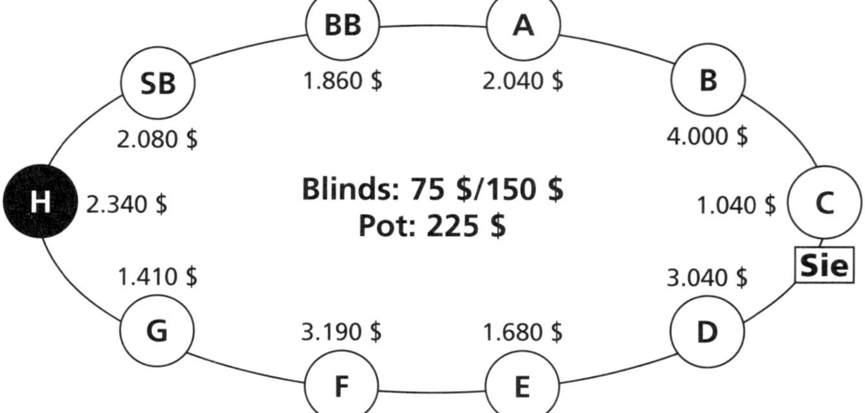

**Situation:** Vier Runden nach Beginn eines Multi-Table Online-Turniers. Am Tisch wurde sehr aggressiv gespielt und jeder Pot von mehreren Spielern umkämpft. Ein Großteil der All-Ins wurde gecallt. Bisher hatten Sie mittelmäßige Blätter, daher haben Sie nur bei wenigen Händen mitgespielt. Spieler A scheint einer der wenigen soliden Spieler am Tisch zu sein.

**Ihr Blatt:** T♠2♠

**Action bis zu Ihnen:** Spieler A callt und Spieler B foldet. Im Pot sind jetzt 375 $.

**Frage:** *Werden Sie folden, callen oder raisen?*
**Antwort:** Dies ist eine schwierige Frage, die Situation ist typisch für viele Multi-Table Online-Turniere, besonders für solche mit niedrigem Startgeld. Ihr M beträgt nur noch 4,5 – daher ist ein baldiger Angriff auf den Pot in Ihrem Interesse, vorausgesetzt die Ausgangssituation stimmt. Ein aktiver Tisch mit viel Action bietet aber womöglich keine guten Ausgangsbedingungen. Sie haben ein sehr schwaches Blatt, aber der Call von Spieler A bietet einige Möglichkeiten. Ein All-In-Raise nach dem Call eines soliden Spielers verschafft eher den Eindruck von Stärke als ein simples All-In eines Spielers mit niedrigem Stack, nachdem einige Spieler vor ihm gefoldet haben. Das könnte ausreichen, um einen Teil des Gesindels an diesem aktiven Tisch zum Verstummen zu bringen. Zugleich wird eher ein solider Spieler durch ein All-In verjagt als ein looser Spieler, insbesondere wenn er mit einem seiner Meinung nach grenzwertigen Blatt callt.
Diesen positiven Aspekten stehen einige deutlich negative gegenüber:
1. Ihr Blatt ist wirklich sehr schwach.
2. Es sind noch sieben Spieler nach Ihnen am Zug.
3. All-Ins wurden meistens gecallt.

Angesichts all dessen würde ich folden. Ihr Blatt sowie Ihre Position sind einfach zu schlecht. Sie müssen bald etwas riskieren, aber die momentane Situation ist nicht ausreichend gut dafür.

**Action:** Sie folden.

**Hand 9-14**

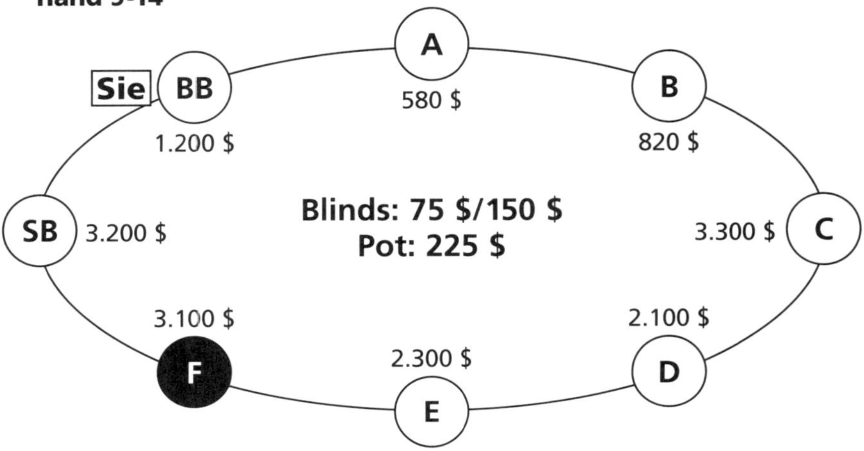


**Situation:** Zwei Stunden nach Beginn eines Multi-Table Online-Turniers. Am Tisch wurde hauptsächlich tight gespielt. Spieler B hat ruhig und glücklos gespielt. Spieler E hat bisher solide und klug gespielt. Die meisten Stacks am Tisch liegen unter dem Turnierdurchschnitt.

**Ihr Blatt:** A♦4♥

**Action bis zu Ihnen:** Spieler A foldet. Spieler B geht mit 820 $ All-In. Die Spieler C und D folden. Spieler E callt. Der Button und der Small Blind folden. Im Pot sind jetzt 1.865 $.

**Frage:** *Werden Sie folden, callen oder raisen?*
**Antwort:** Ihr M beträgt gerade mal 5 und Sie flirten derzeit mit der roten Zone. Ein Spieler mit niedrigem Stack, dessen M unter 4 liegt, ist All-In gegangen und ein Spieler, dessen M etwas über 10 liegt, hat sich für einen Call entschieden. Sollten Sie sich mit Ihrem Ass nun dagegen stellen?
Nein. Bei dieser Hand gibt es drei Schwierigkeiten:
1. Es ist schon ein Spieler All-In gegangen.
2. Jemand anderer, der unter keinerlei Druck steht, hat gecallt.
3. Sie callen statt zu raisen.

Auch wenn Spieler B einen niedrigen Stack hat, hätte er in dieser Hand nicht unbedingt All-In gehen müssen. Also hat er etwas auf der Hand. Das eigentliche Problem ist Spieler E, der garantiert ein spielbares Blatt hat, da er gewillt ist, die Hand bis zum Ende zu spielen. Selbst wenn er meint, dass Spieler B einen Verzweiflungsangriff vornimmt, muss er ein einigermaßen gutes Blatt haben, um mitspielen zu können.

Idealerweise wollen Sie, wenn Ihr Stack niedrig ist, als Erster in den Pot einsteigen. Dadurch erhalten Sie die Chance, dass alle anderen folden und Sie den Pot unumkämpft einstreichen können. Das ist ein großer Vorteil und ohne ihn brauchen Sie ein einigermaßen starkes Blatt, um spielen zu können. In dieser Situation würde ich mit AK oder vielleicht auch mit AQ callen, aber nicht mit deutlich weniger. Daher fällt die Entscheidung leicht, A4 zu folden.

**Action:** Sie folden. Spieler B dreht J♣J♥ um und Spieler E zeigt K♠K♣. Auf dem Flop kommt ein Bube und Spieler B überlebt.

**Hand 9-15**

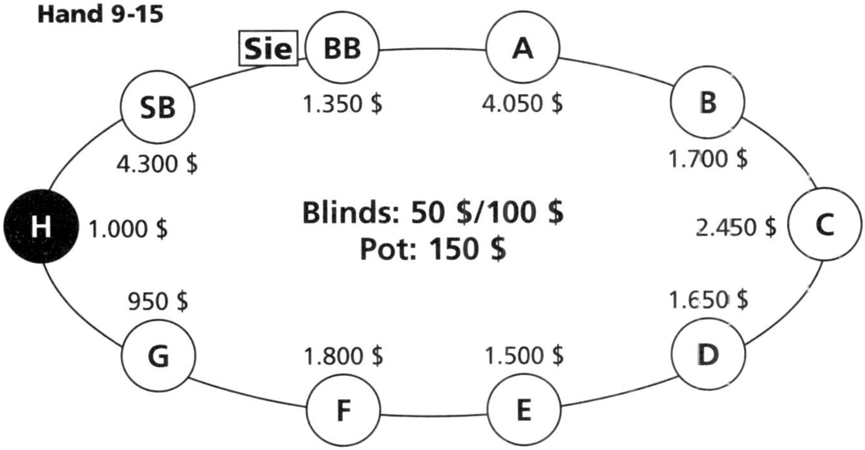


**Situation:** Ungefähr 30 Hände nach Beginn eines Multi-Table Online-Turniers. Der Tisch ist sehr aktiv, in jedem Pot spielen 3 bis 6 Spieler mit, meistens indem sie callen. Viele der Spieler scheinen slow zu spielen. Bis dato gab es einige All-Ins, manche wurden gecallt, andere nicht. Spieler sind ohne besondere Blätter All-In gegangen und haben mit ebenso unspektakulären Blättern gecallt. Sie haben bisher tight gespielt, aber auch keine spielbaren Blätter gehabt.

**Ihr Blatt:** 9♦7♥

**Action bis zu Ihnen:** Die Spieler A und B folden. Spieler C callt und Spieler D foldet. Spieler E callt, Spieler F foldet, Spieler G callt. Der Button foldet. Spieler E callt und der Small Blind callen. Im Pot sind jetzt 500 $.

**Frage:** *Werden Sie checken, raisen oder All-In gehen?*
**Antwort:** Die Action an diesem Tisch ist typisch für ein looses und schwaches Small-Stakes-Online-Turnier. Viele Spieler limpen in den Pot, um den Flop mit zwei Karten einer Farbe oder anderen Zufallsblättern zu sehen, dazu kommt häufig explosive All-In-Action ohne größeren Anlass.

Mit Ihrem M von 8 (nachdem Sie den Big Blind gesetzt haben) befinden Sie sich in der Mitte der orangefarbenen Zone. Sie haben einen Hebel, der über ein simples All-In hinausgeht, aber nicht sehr viel. Sie könnten auf 300 $ raisen, Ihr Blatt wegwerfen, falls ein Reraise kommt, und hätten noch immer 950 $ übrig bei einem M von 6. Das wäre an einem sehr tighten Tisch eine Möglichkeit, da Ihr Raise dort tatsächlich den Pot gewinnen könnte. An einem Tisch wie diesem wird dieser Raise von drei oder vier Spielern gecallt. Realistischerweise sollten Sie also, wenn Sie nicht checken wollen, All-In gehen.
Lassen Sie uns die Vor- und Nachteile eines All-Ins aufführen:

**Ihre Position:** Sehr günstig. Im Big Blind haben Sie die Action aller Spieler gesehen und keiner von ihnen hat besondere Stärke gezeigt. Wahrscheinlich haben diese keine großen Paare oder Blätter wie AK, auch wenn man das bei Gegnern, die gerne slow spielen, nie so genau weiß.

**Ihr Blatt:** Ungünstig. 97o ist schwächer als der Durchschnitt; wenn Sie also gecallt werden, sind Sie Außenseiter gegen alles, sogar ein niedriges Paar.

**Ihre Gegner:** Die Spieler, die gecallt haben, haben nach ihren Einsätzen noch folgende Stackgrößen: Spieler C 2.350 $, Spieler E 1.400 $, Spieler G 850 $, der Small Blind 4.200 $. Die Spieler C und E haben die Art von Stack, die Sie in einer solchen Situation gerne sehen –

mittlere Stacks, die durch einen Call verkrüppelt werden können, wenn sie verlieren. Aber Spieler G und der Small Blind haben die Art von Stack, die Sie auf keinen Fall sehen wollen. Das M von Spieler G ist unter 6, daher könnte er versuchen, Sie mit einem Blatt, das gerade mal etwas besser ist als Ihres, hinauszuwerfen. Der Small Blind dagegen covert Sie klar und könnte sich entscheiden, Sie einfach zu zerquetschen. Natürlich ist auch die Tatsache, dass Sie vier Gegenspieler haben und nicht nur einen oder zwei ziemlich schlecht für Sie. Die Chance, dass einer Ihrer Gegner ein reales Blatt hat und dieses spielen will, ist einfach sehr groß.

**Die Pot Odds:** Wenn Sie All-In gehen, raisen Sie einen Pot von 500 $ auf 1.250 $. Jeder, der callen will, muss 1.250 $ für einen 1.750 $ Pot bringen, er bekommt also Pot Odds von 7 zu 5. Ihr wahrscheinlichstes Blatt (so wie Ihre Gegner es sehen) ist ein mittleres oder ein niedriges Paar, daher wird jeder, der zwei hohe Karten auf der Hand hat, fast die nötigen Pot Odds für einen Call erhalten.

**Der Tisch:** Was Sie bisher beobachten konnten – diese Kombination aus looser und schwacher Spielweise verbunden mit gezielt passivem Spiel – ist die schlimmstmögliche Kombination für einen Angriff von Ihrer Seite. Idealerweise bräuchten Sie einen subtilen, tighten Tisch mit Spielern, die vor allem Value Bets setzen.

**Die Schlussfolgerung?** Nur Ihre Position – dass Sie als Letzter nach einer Reihe von Limpern am Zug sind – ist ein Vorteil bei einem All-In Ihrerseits. Alle anderen Überlegungen sind ein wenig bis eindeutig nachteilig für Sie. Wie frühere Pokerautoren sagen würden: Halten Sie die Hosen fest und Ihr Pulver trocken.

**Action:** Sie checken.

**Flop:** J♠9♥3♠

**Action:** Der Small Blind checkt. *Was sollten Sie tun?*
**Antwort:** Der Flop war einigermaßen gut für Sie. Sie haben Middle Pair getroffen, der Flop an sich ist ziemlich nichtssagend und es ist nur eine höhere Karte aufgedeckt worden.

Sollten Sie All-In gehen? Gegen einen oder zwei Gegner ist das kein unvernünftiger Zug. Bei vier Gegnern kann ich ein All-In allerdings nicht empfehlen. Die Chance ist zu groß, dass einer der anderen einen Buben oder eine Neun, die besser als Ihre ist, hat.

Wenn Ihr M niedriger wäre, sagen wir mal in der roten Zone bei 4 oder 5, dann hätte ein All-In viele Vorzüge. Aber falls notwendig, können Sie diese Hand folden und haben nach wie vor ein M von 8 – das scheint eine bessere Wahl, als jetzt sofort zu attackieren. Checken Sie die Hand und schauen was passiert, wenn einer der anderen bettet.

**Action:** Sie checken. Spieler C checkt. Spieler E setzt 100 $. Spieler G callt 100 $. Der Small Blind foldet. Im Pot sind jetzt 700 $ und es kostet Sie 100 $ zu callen. *Was machen Sie?*

**Antwort:** Mit Middle Pair sind Odds von 7 zu 1 unwiderstehlich. Callen Sie.

**Action:** Sie callen und Spieler C foldet. Im Pot sind jetzt 800 $.

**Turn:** K♣

**Frage:** *Was machen Sie?*
**Antwort:** Definitiv eine schlechte Karte für Sie, da Sie jetzt von noch mehr potenziellen Call-Blättern geschlagen werden. Checken Sie nochmals.

**Action:** Sie checken. Spieler E checkt und Spieler G bettet 300 $. *Was nun?*
**Antwort:** Es kostet Sie jetzt 300 $, einen Pot mit 1.100 $ zu sehen, Ihre Odds liegen also bei 3,6 zu 1. Wenn Sie sich verbessern müssen, haben Sie bei einer noch ausstehenden Karte nur 5 Outs – das reicht nicht annähernd aus, die Pot Odds zu rechtfertigen. Spieler G mit einem kleinen Stack blufft vielleicht nur, aber Spieler E ist auch noch in der Hand und könnte Sie durchaus geschlagen haben. Sie sollten folden.

**Action:** Sie folden, aber Spieler E callt. Auf dem River kommt die 7♠ und Spieler E gewinnt, da sein Flush in Pik das Paar Könige von Spieler G schlägt.

**Hand 9-16**

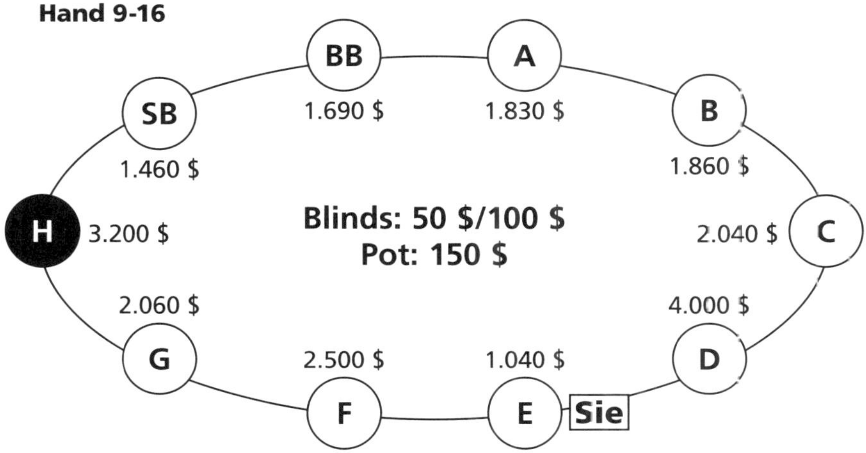


**Situation:** Ungefähr 1 Stunde nach Beginn eines Multi-Table Online-Turniers. Am Tisch wurde generell tight gespielt. Spieler A hat solide Hände gespielt. Der Spieler auf dem Button war bisher der aggressivste Spieler. In zwei oder drei Händen werden die Blinds auf 75/150 $ steigen.

**Ihr Blatt:** T♣7♣

**Action bis zu Ihnen:** Spieler A callt 100 $. Die Spieler B, C und D folden. Im Pot sind jetzt 250 $.

**Frage:** *Werden Sie folden oder einen Angriff starten?*
**Antwort:** Ihr M beträgt zurzeit 7, aber in einigen Händen wird der Wert auf 4,5 fallen. Sie müssen demnächst unbedingt etwas unternehmen. *Aber ist diese Situation geeignet dafür?*

Meiner Meinung nach nicht. Alle relevanten Faktoren sind nicht in ausreichendem Maße vorhanden.

**Ihre Position:** Sie möchten, dass alle vor Ihnen folden, um sicher zu sein, dass wenigstens einige der Spieler nicht mit im Spiel sind. Drei Spieler haben gefoldet, aber einer hat gecallt und dieser scheint ein solider Spieler zu sein, der nur mit realen Blättern dabei ist. Callen ist ein schwächerer Zug als ein Raise, daher steigt er vielleicht aus, wenn

Sie raisen oder All-In gehen, aber Sie können sich dessen nicht sicher sein. Im Moment wissen Sie lediglich, dass drei Ihrer neun Gegner kein Interesse an dieser Hand haben.

**Ihr M:** Ein M von 7 ist niedrig, bringt einen aber noch nicht zur Verzweiflung. Sie befinden sich in der orangen Zone, nicht in der roten. Sie müssen schnell aktiv werden, aber Sie müssen noch nicht unbedingt die nächstbeste Gelegenheit dazu ergreifen. In einigen Händen, wenn Ihr M bei 4,5 angekommen ist, müssen Sie Ihre Strategie neu überdenken, aber jetzt noch nicht.

**Ihr Blatt:** T7s ist ein schwaches Blatt. Ein Blatt wie QTs oder KJs wäre für diese Situation eher geeignet.

Alles in allem bietet diese Situation Ihnen keine besonderen Vorteile. Folden Sie.

**Action:** Sie folden.

**Hand 9-17**

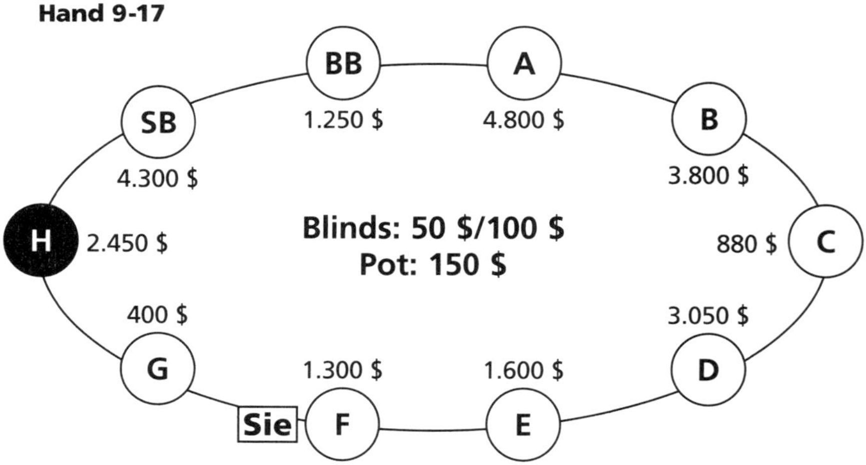


**Situation:** Eine Stunde nach Beginn eines Multi-Table Online-Turniers. Der Tisch ist generell sehr tight. Der Small Blind ist ein solider Spieler.

**Ihr Blatt:** A♥8♥

**Action bis zu Ihnen:** Die Spieler A bis E folden.

**Frage:** *Werden Sie folden, callen oder raisen?*
**Antwort:** Ihre erste Entscheidung in dieser Hand betrifft nicht wirklich eine Wendepunkt-Problematik. Ihr M liegt zwischen 8 und 9, Sie sind mitten in der orangen Zone, aber A8s ist auch gut genug, um an einem voll besetzten Tisch mit hohen Ms in sechster Position zu raisen. (In Band I wurde empfohlen, ab der fünften Position mit diesem Blatt zu raisen, vorausgesetzt, dass alle Spieler vor Ihnen folden.)

Auf wie viel sollten Sie raisen? Etwas mehr als das Dreifache des Big Blinds ist eine gute Summe. Ihr Raise sollte etwas über der normal üblichen Summe liegen, denn Sie wollen erreichen, dass viele der Spieler folden.

Der aufmerksame Leser wird bemerken, dass die Gesamtsituation in diesem Beispiel der SHAL-Situation am Ende des letzten Kapitels ähnelt. Hier haben schon fünf Spieler gefoldet und es sind nur noch vier Spieler am Zug. Da wir in dem SHAL-Beispiel gezeigt haben, dass ein All-In mit T8o ein profitabler Spielzug war, wäre ein All-In hier doch auch gerechtfertigt, oder?

Die Antwort darauf lautet, dass es zwei wesentliche Unterschiede zwischen dieser Hand und dem anderen Beispiel gibt. Unser A8s ist ein viel stärkeres Blatt, daher muss diese Hand aus unserer Sicht nicht schnell zu Ende gebracht werden. Dazu kommt, dass hinter uns Spieler mit extrem hohen Stacks sitzen. Spieler G hat einen sehr kleinen Stack und könnte mit fast jedem Blatt All-In gehen, wohingegen der Small Blind einen riesigen Stack hat und sich von einem All-In bestimmt nicht verjagen lässt. Alles in allem sollten wir diese Hand einfach ganz normal spielen.

**Action:** Sie raisen auf 360 $. Die Spieler G und H folden. Der Small Blind callt weitere 310 $. Der Big Blind foldet. Im Pot sind jetzt 820 $.

**Flop:** T♥9♣7♥

**Action:** Der Small Blind checkt. *Was machen Sie?*
**Antwort:** Dies ist ein sehr guter Flop für Sie. Sie haben jetzt sowohl einen Flush-Draw als auch einen Open-ended Straight Draw. Es gibt neun Karten, die den Flush vollenden, und sechs weitere Karten, die

die Straight vollenden würden (J♥ und 6♥ dürfen nicht doppelt gezählt werden), also insgesamt 15 Outs. Ihre Asse könnten ebenfalls Outs sein, aber das ist weniger sicher, da Ihr Gegner vielleicht auch mit einem Ass und einem höheren Kicker, als Sie ihn halten, gecallt haben könnte.

Wenn wir Ihnen 15 Outs zurechnen, sind Sie der Favorit in dieser Hand. David Solomon, ein sehr guter Spieler aus Boston, hat eine nette Formel zur Errechnung der Gewinnchancen mit einer mittleren Anzahl von Outs erfunden: Multiplizieren Sie die Outs mit 4 und subtrahieren dann die Anzahl der Outs über 8, um den ungefähren Gewinnprozentsatz zu erhalten. Wenn wir Solomons Formel anwenden, erhalten wir eine Gewinnchance von 53 %.

$53 = (15)\,(4) - (15 - 8)$

Also haben wir eine Gewinnchance von etwas über 50 % und noch etwas mehr, wenn uns die Asse helfen.
*Wie hoch sollte unser Einsatz sein?* Im Pot sind 820 $, aber unser Stack beträgt 940 $. Durch jede vernünftige Bet sind wir Pot Committed, daher können wir genauso gut den maximalen Druck für unseren Stack ausüben und All-In gehen.

**Action:** Sie gehen All-In und der Small Blind callt. Er zeigt 8♦8♠, auf Turn und River kommen 6♦ und A♦ und durch die Straight gibt es einen Split Pot.

Sie haben Pech gehabt, dass die Straight vollendet wurde, da das Ass auf dem River Ihnen zum Sieg verholfen hätte. Für die Zukunft sollten Sie sich merken, dass Ihr Gegner die Hand gut gespielt hat.

**Hand 9-18**

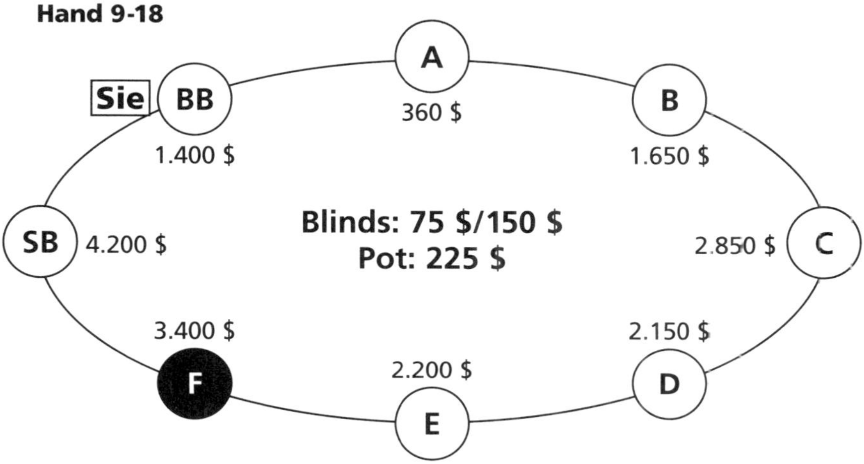


**Situation:** Mehrere Stunden nach Beginn eines Multi-Table Online-Turniers. Am Tisch spielen sowohl loose als auch tighte Spieler. Der Small Blind hat bisher alle Spieler am Tisch herumgeschubst.

**Ihr Blatt:** 6♥6♦

**Action bis zu Ihnen:** Die Spieler A bis F folden. Der Small Blind setzt 225 $ und raist Sie damit um 150 $.

**Frage:** *Werden Sie folden, callen oder raisen?*
**Antwort:** Gehen Sie All-In.

Bei einem M von 6 müssen Sie nicht All-In gehen. Sie könnten auch einfach auf zum Beispiel 600 $ raisen. Aber ein Sechser-Paar ist niedrig genug, um keine Action in dieser Hand haben zu wollen. Sie sollten damit zufrieden sein, den Pot direkt zu gewinnen. Wenn Sie gecallt werden, werden Sie wahrscheinlich bei einer Münzwurfhand 6 zu 5 Favorit sein – das ist ein gutes Ergebnis für ein M von 6.

Bei einem höheren Paar, zum Beispiel Neunen oder Zehnen und besser, sind Sie froh um jede Action. Und Sie könnten einen kleineren Raise machen, der dann als Schwäche ausgelegt werden und dazu führen könnte, dass Ihr Gegner voll in den Pot einsteigt. Aber Sechsen sind ein zu niedriges Paar, um jemanden damit an der Nase herumzuführen. Sie würden Ihren Gegner gern vertreiben.

Schwächere Spieler bei No-Limit Hold'em neigen dazu, in zu vielen Pots mitzuspielen. Sie zappeln herum, callen mit schwachen Blättern, setzen kleinere Raises, bauen Pots auf, bei denen sie nicht wissen, ob sie Außenseiter oder Favorit sind. Denken Sie daran, dass der Pot bei No-Limit ein gefährlicher Ort ist. Jede Hand, an der Sie teilnehmen, steht für eine weitere Möglichkeit, das Turnier verlassen zu müssen. Für das schnelle Beenden eines Pots bei einem mittelstarken Blatt gibt es reichlich Argumente.

**Action:** Sie gehen All-In und der Small Blind foldet.

**Hand 9-19**

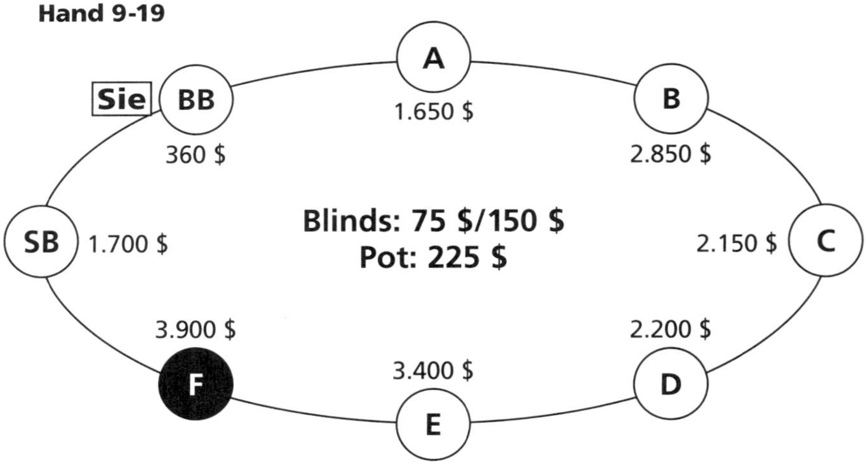


**Situation:** Mehrere Stunden nach Beginn eines Multi-Table Online-Turniers. Diese Hand folgt direkt auf die vorherige und Sie sitzen nun im Small Blind. Am Tisch spielen sowohl loose als auch tighte Spieler. Spieler F hat bisher alle Spieler am Tisch herumgeschubst. Spieler C spielt ziemlich loose.

**Ihr Blatt:** K♥K♣

**Action bis zu Ihnen:** Die Spieler A und B folden. Spieler C raist auf 400 $. Die Spieler D, E und F folden alle.

**Frage:** *Werden Sie callen oder raisen?*

**Antwort:** Hier ist die Versuchung groß, zu callen oder mit einem niedrigen Raise zu versuchen, Ihren Gegner in einen Kampf gegen Ihre Monster-Hand zu locken. Widerstehen Sie dieser Versuchung!

Ihre Action in der letzten Hand (ein All-In-Raise, der nicht gecallt wurde) gibt Ihnen die perfekte Deckung, um in dieser Hand wieder All-In zu gehen. Andere Spieler mögen es nicht, wenn sie jemand herumschubst und falls Spieler C ein in irgendeiner Weise spielbares Blatt hat (was er wahrscheinlich hat, sonst hätte er nicht geraist, obwohl noch mehrere Spieler nach ihm am Zug waren), wird er callen.

**Action:** Sie gehen All-In und Spieler C callt. Er zeigt K♠Q♣ und Ihre Könige gewinnen.

**Hand 9-20**

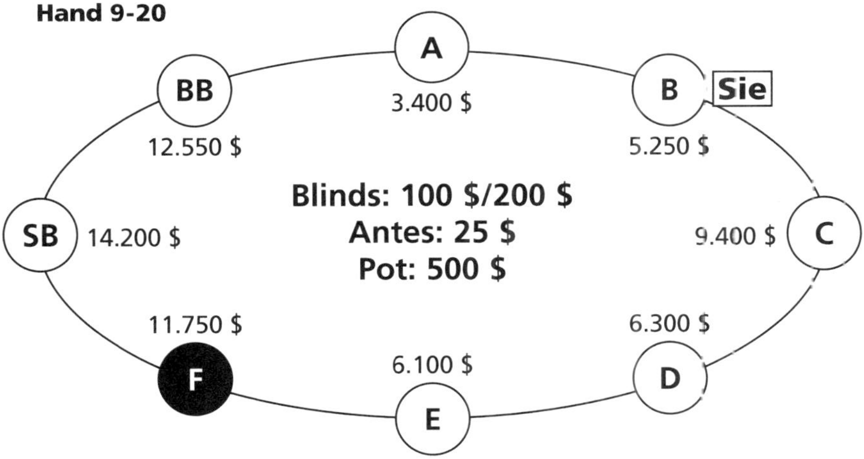


**Situation:** Mehrere Stunden nach Beginn eines Multi-Table Online-Turniers. Der Small Blind hat bisher einigermaßen tight gespielt.

**Ihr Blatt:** T♣T♦

**Action bis zu Ihnen:** Spieler A foldet.

**Frage:** *Werden Sie callen oder raisen?*

**Antwort:** Ihr M liegt etwas über 10 bei 500 $ im Pot. Sie sind am unteren Ende der gelben Zone. Sie haben gerade ein sehr starkes Blatt aufgenommen, das Sie spielen müssen. Trotzdem kann ein Paar Zehnen von Overcards geschlagen werden, wie wir es in Band I einige Male erlebt haben, daher sollten Sie versuchen, Ihre Gegner eher zu entmutigen als Action zu provozieren. Sie sollten ungefähr auf das Fünffache des Big Blinds raisen.

**Action:** Sie raisen auf 700 $. Die Spieler C bis F folden alle. Der Small Blind geht All-In und der Big Blind foldet. Im Pot sind jetzt 6.450 $. Es kostet Sie Ihren restlichen Stack, um 4.550 $ zu callen. *Was machen Sie?*

**Antwort:** Ihr Raise war etwas niedriger als ich empfohlen habe, aber das war wahrscheinlich egal, denn es scheint, dass der Small Blind Sie so oder so All-In gesetzt hätte.

Dies ist eine schwer zu treffende Entscheidung angesichts unseres Ms. Wenn wir in der roten Zone wären, würde ich ohne einen Gedanken zu verschwenden callen. Hier kommen wir, wenn wir folden, mitten in die orange Zone und das ist kein Ort, der mir sonderlich gut gefällt. Aber ein Spiel aus der orangefarbenen Zone heraus ist auch nicht aussichtslos, daher sollten wir mathematisch vorgehen und die Odds berechnen.

Die Pot Odds sind einigermaßen attraktiv. Im Pot sind 6.450 $ und wir brauchen 4.550 $ für einen Call, daher liegen unsere Pot Odds bei ungefähr 7 zu 5 oder 1,4 zu 1. Wenn wir in 42 % der Fälle nach unserem Call gewinnen, sind die Odds zu unseren Gunsten. Also, welche Blätter könnte unser Gegner haben und wie hoch sind unsere Gewinnchancen gegen diese Blätter?

1. Natürlich könnten wir gegen ein höheres Paar spielen. Das sind die Blätter, die wir befürchten und wenn wir gegen ein solches Blatt spielen, liegt unsere Gewinnchance bei lediglich 20 %. Das Argument, das für ein höheres Paar spricht, ist das All-In an sich. Aber dieses All-In kann auch ein Argument gegen ein höheres Paar sein. Wenn Sie im Small Blind Asse hielten, würden Sie All-In gehen oder nur raisen, sagen wir um 2.000 $? Sie hätten keine Angst davor, einen einzelnen Gegner zu Action zu ermutigen, aber stattdessen hat der Small Blind eine Bet gesetzt, die die Chance, dass wir aussteigen, maximiert.

2. Die zweite Möglichkeit ist, dass er zwei hohe Karten hält. Wenn wir gegen AK oder AQ spielen, ergibt dieses All-In mehr Sinn. Diese Blätter würden lieber ohne Kampf den Pot gewinnen. Wenn wir gegen eines dieser Blätter spielen, sind wir 55 zu 45 Favorit.

3. Die dritte Möglichkeit ist ein niedriges Paar oder ein Bluff. Ein Spieler mit einem niedrigen Paar könnte leicht davon ausgehen, dass wir zwei hohe Karten haben, und glauben, dass ein All-In der leichteste Weg ist, uns aus der Hand zu drängen. Das gleiche gilt für einen kompletten Bluff. In beiden Fällen sind wir 80 zu 20 Favorit, daher gehören beide Varianten in dieselbe Rubrik.

Wenn wir gegen eine Mischung aus allen drei Möglichkeiten spielen, was ist dann eine gute Schätzung unserer Gewinnchancen? Beginnen wir mit einer leicht pessimistischen Betrachtung: Die Chance, dass unser Gegner ein hohes Paar hält liegt bei 50 %, für zwei hohe Karten bei 30 % und die Chance, dass er blufft oder ein niedrigeres Paar hält, liegt bei 20 %. In diesem Fall können wir unsere Gewinnchancen folgendermaßen berechnen:

- Hohes Paar = 50 % mal 20 % oder 10 % Gewinnchance
- Zwei hohe Karten = 30 % mal 55 % oder 17 % Gewinnchance
- Niedriges Paar/Bluff = 20 % mal 80 % oder 16 % Gewinnchance
- Gesamtgewinnchance = 10 % + 17 % + 16 % = 43 %

Wir benötigen 42 % für einen Call, basierend auf unseren Pot Odds, daher gibt uns diese Mischung ausreichenden Vorteil.

Wenn seine Chancen, ein High Pair zu halten, etwas unter 50 % liegen, kommen wir sehr schnell zu einem eindeutigen Call. Wir könnten noch weitere Berechnungen anstellen, aber das ist nicht notwendig. Wir haben hier eine grenzwertige Situation, das bedeutet, dass wir einige andere Fragen stellen müssen, um unsere Entscheidung in die eine oder andere Richtung fällen zu können. Die wesentlichen Fragen lauten:

- Fühle ich mich wohl an diesem Tisch?
- Möchte ich mit einem niedrigen Stack weiter mitspielen oder würde ich lieber die Chance nutzen, meine Chipzahl zu verdoppeln?

- Wirken die Spieler schwach oder stark?
- Bin ich heute energiegeladen und wachsam oder müde und launisch?

Je nachdem, wie diese weiteren Faktoren beantwortet werden, werde ich meine Entscheidung fällen. Natürlich stelle ich diese Fragen nur, weil die Pot Odds nach einem Münzwurf aussehen. Wenn die Odds deutlich in die eine oder andere Richtung verwiesen hätten, wäre meine Entscheidung schon gefällt.

**Action:** Sie callen und der Big Blind zeigt J♣J♥. Auf dem Board kommen A♣6♦5♦7♦3♦ und Ihr Flush gewinnt.

Das war doch leicht!

**Hand 9-21**

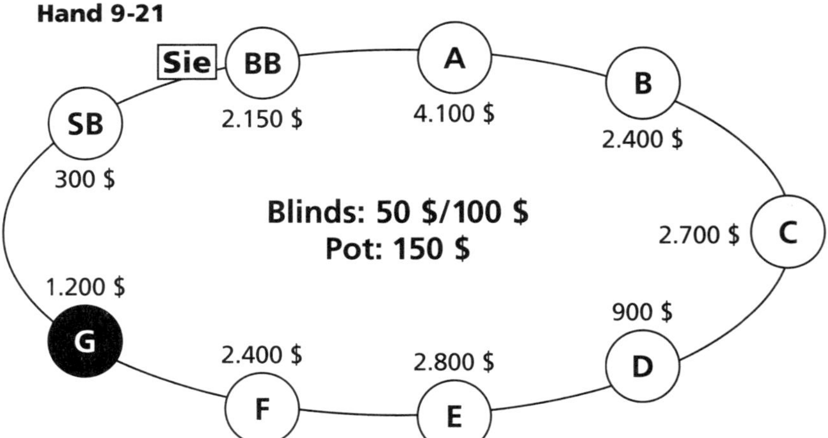


**Situation:** Zwei Stunden nach Beginn eines Multi-Table Online-Turniers. Am Tisch wurde bisher überwiegend tight gespielt. Spieler C hat tight gespielt, Spieler D loose.

**Ihr Blatt:** 5♦4♦

**Action bis zu Ihnen:** Die Spieler A und B folden. Die Spieler C und D callen. Die Spieler E und F folden. Im Pot sind jetzt 350 $.

**Frage:** *Werden Sie folden, callen oder raisen?*

**Antwort:** Am Anfang eines Turniers, wo jeder ein hohes M hat, wäre ein Call vernünftig. (Folden wäre ebenfalls vernünftig.) Mit kleinen Suited Connectors müssen Sie versuchen, billig in den Pot zu limpen, um möglicherweise ein gut verstecktes Monsterblatt oder den Draw dafür auf dem Flop treffen.

Sie brauchen extrem gute Implied Odds, um kleine Suited Connectors zu spielen, denn bei einer solchen Hand kann vieles falsch laufen. Beispielsweise:

- Ein Raise nach Ihnen jagt Sie aus der Hand und zwingt Sie dazu, Ihre Anfangs-Bet wegzuwerfen, ohne dass Sie den Flop sehen.
- Sie sehen den Flop, aber verpassen ihn vollkommen und werfen Ihr Blatt nach der ersten Bet weg.
- Sie bekommen einen Draw, zahlen, um ein oder zwei Karten zu sehen, und treffen dennoch nicht Ihre Hand.
- Sie treffen Ihr Blatt zum Teil, steigen ein und verlieren den Pot gegen ein besseres Blatt.
- Sie treffen Ihr Blatt, aber verlieren einen Riesen-Pot an eine noch bessere Monsterhand.

Es kann also viel schief gehen, daher müssen Sie, wenn Sie Ihre Hand bekommen und sich den Pot schnappen, wirklich viel Geld dabei gewinnen, um all die kleinen Verluste wettzumachen.

In der gelben und in der orangen Zone sind diese Blätter normalerweise nicht spielbar. Sie sind darauf beschränkt, das M-fache des Anfangspots zu gewinnen, und wenn Ihr M klein ist, ist das einfach nicht genug Geld. Hier beträgt Ihr M 8 und Sie sind mitten in der orangen Zone. Folden Sie einfach.

**Action:** Sie folden.

**Hand 9-22**

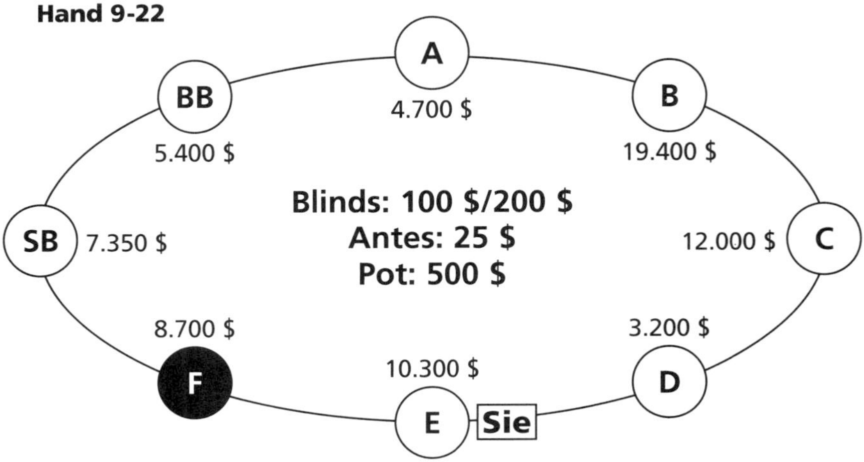


**Situation:** Mehrere Stunden nach Beginn eines Multi-Table Online-Turniers. Am Tisch wurde ziemlich tight gespielt, jedoch hat der Big Stack, Spieler B, bisher aggressiv gespielt. Der Big Blind ist ein solider Spieler und Sie mussten viele Hände aussetzen, da Sie keine spielbaren Blätter hatten.

**Ihr Blatt:** 8♦7♦

**Action bis zu Ihnen:** Spieler A foldet, Spieler B callt. Die Spieler C und D folden.

**Frage:** *Werden Sie folden, callen oder raisen?*
**Antwort:** Ihr M liegt etwas über 20, Sie sind also noch knapp in der grünen Zone. Aus den vorher genannten Gründen werfe ich niedrige und mittlere Suited Connectors in der gelben und in der orangen Zone weg. Ich kann einfach nicht sicher sein – falls meine Hand trifft – damit genug Geld zu gewinnen und all die kleineren Einsätze wieder wett zu machen, die ich verliere, wenn meine Hand nicht trifft. In dieser Situation ist das Wegwerfen des Blattes völlig in Ordnung, aber ein Call ist ebenso spielbar. Beachten Sie nicht nur, dass Sie in der grünen Zone sind, sondern auch, dass der einzige Spieler, der ebenfalls im Pot ist, Sie covert. Wenn Sie also eine starke Hand bekommen, werden Sie die Chance haben, Ihren Stack zu verdoppeln. Und die

Tatsache, dass Sie viele Hände ausgesetzt haben, könnte einem späteren Bluff von Ihnen Glaubwürdigkeit verleihen.

**Action:** Sie callen. Spieler F und der Small Blind folden. Der Big Blind checkt. Im Pot sind jetzt 900 $.

**Flop:** A♦T♥6♣

**Action:** Der Big Blind und Spieler B checken. *Was machen Sie?*
**Antwort:** Dies ist ein schlechter Flop für Sie. Das Ass ist sicher eine gefährliche Karte und, wie ich schon vorher erklärt habe, die Zehn ebenfalls, da sie vielen Straights dienlich ist. Der einzige Lichtblick ist, dass eine dritte Karokarte aufgedeckt wurde, sodass Sie eine entfernte Chance auf einen Flush haben und eine Neun brauchen, um eine Inside Straight zu treffen.

Beide Spieler haben gecheckt. Sollten Sie versuchen, den Pot zu stehlen? Auf gar keinen Fall! Und dafür gibt es zwei gute Gründe:

1. Es sollte Sie stutzig machen, dass keiner der beiden Spieler bei diesem Flop gebettet hat. Es ist möglich, dass beide mit niedrigen Paaren gecallt haben, dennoch muss dieser Flop irgendeinem an diesem Tisch geholfen haben. Nach einem gefährlichen Flop und zwei Checks sollte Ihre direkte Reaktion darauf die Annahme sein, dass einer der Spieler gezielt passiv spielt.

2. Sie wollen sich nicht selber aus der Hand katapultieren. Eine Neun auf dem Turn würde Ihnen ein Monsterblatt bescheren, einige andere Karten würden Ihnen einen starken Draw auf dem River ermöglichen. Wenn Sie jetzt betten und dann gereraist werden, müssen Sie folden und das ist eine Katastrophe angesichts dessen, dass Sie eine kostenlose Chance auf eine große Hand haben. Wenn auf dem Flop A-J-6 statt A-T-6 gekommen wäre, könnten Sie mit Recht eine Bet in Höhe des halben Pots setzen. In den meisten Fällen würden Sie dann aus der Hand gejagt, aber das wäre egal, da Ihre Chancen zu gewinnen sowieso sehr gering sind und Sie wahrscheinlich den Pot trotzdem ausreichend oft stehlen könnten, um einen kleinen Gewinn zu erzielen.

**Action:** Sie checken. Der Pot bleibt bei 900 $.

**Turn:** 9♣

**Action:** Der Big Blind setzt 500 $. Spieler B callt. Im Pot sind jetzt 1.900 $.
*Was machen Sie?*
**Antwort:** Großer Freudentaumel! Sie haben Ihre Zauberkarte getroffen und zugleich sind die Spieler am Tisch aufgewacht und haben gesetzt. Die Situation kann nicht besser sein!

Beruhigen Sie sich aber erst einmal wieder und überlegen Ihren nächsten Zug. Momentan haben Sie die Nuts und müssen versuchen, so viel Geld wie möglich in den Pot zu bekommen. Bei zwei Spielern, die betten, können Sie es sich leisten, auf eine ordentliche Summe zu raisen, da sicher einer der beiden mitgehen wird. Spieler B covert Sie, daher hoffen Sie, dass er einsteigen wird, aber Sie geben sich auch mit dem Big Blind zufrieden.

Ich würde auf 2.000 $ raisen, ein Raise in Potgröße. Für Spieler B wäre dies ein klarer Call, falls er ein ordentliches Blatt hat. Falls der Big Blind callen möchte, ist er Pot Committed, daher wird er wohl, wenn er dabei bleibt, All-In gehen. Das könnte wiederum Spieler B vertreiben, aber darauf haben Sie keinen Einfluss. (Ideal wäre für Sie, wenn der Spieler mit dem Big Stack vor dem Spieler mit niedrigerem Stack agieren würde. Dann könnte der Big Stack callen und der Small Stack All-In gehen.)

**Action:** Sie raisen auf 2.000 $. Der Big Blind geht mit seinen letzten 4.700 $ All-In. Spieler B foldet. Sie callen. Der Big Blind zeigt A♥6♠ und hat somit Top- und Bottom Pair. Auf dem River kommt weder ein Ass noch eine Sechs, sodass Sie den Pot gewinnen.

Der Big Blind wollte mit zwei Paaren nach dem Flop eine Falle stellen. Hätten Sie zu diesem Zeitpunkt versucht, den Pot zu stehlen, dann hätte er sicherlich gereraist und Sie damit aus der Hand gejagt – und das hätte Sie einen großen Pot gekostet.

**Hand 9-23**

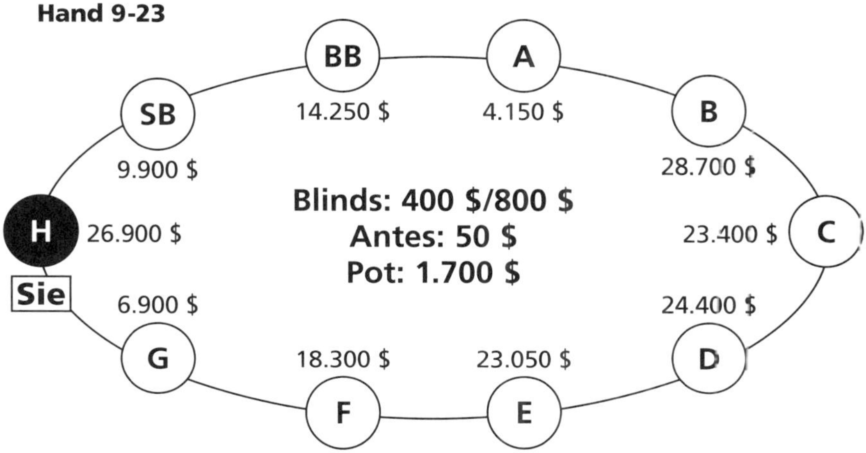


**Situation:** Gegen Ende eines Multi-Table Online-Turniers. Es wird noch an zwei Tischen gespielt.

**Ihr Blatt:** 9♣8♠

**Action bis zu Ihnen:** Die Spieler A bis E folden, Spieler F callt. Spieler G foldet. Im Pot sind jetzt 2.500 $.

**Frage:** *Werden Sie folden, callen oder raisen?*
**Antwort:** Ihr M liegt bei ungefähr 16, Sie sind also mitten in der gelben Zone. Suited oder Unsuited Connectors sind Blätter, die Sie in dieser Zone generell nur widerwillig spielen. In diesem Fall gibt es aber zwei gute Gründe, warum mit diesem Blatt ein Call riskiert werden sollte:

1. Sie sind auf dem Button, daher haben Sie nach dem Flop Position.

2. Es kostet Sie 800 $, einen 2.500 $ Pot zu sehen, daher liegen Ihre Odds bei über 3 zu 1. Das sind unwiderstehliche Odds und Sie sollten derartige Situation immer ausnutzen, wenn sie sich anbieten.

Beachten Sie, welche Rolle die Antes für Ihre Entscheidung spielen. Wenn es keine Antes gäbe, wären nur 2.000 $ im Pot und Sie würden für einen Call nur Odds von 2,5 zu 1 erhalten. Bei 98o wäre das für meine Überlegungen der Unterschied zwischen Callen und Folden. Die Antes verbessern die Pot Odds aller Spieler und lockern die Spielanforderungen in späteren Runden.

**Action:** Sie callen. Der Small Blind foldet. Der Big Blind checkt. Im Pot sind jetzt 3.300 $.

**Flop:** 7♥4♠2♦

**Action:** Der Big Blind und Spieler F checken. *Was machen Sie?*
**Antwort:** Sie sollten eine Probe Bet setzen, ungefähr in halber Potgröße, in der Hoffnung, den Pot stehlen zu können. Anders als in der vorherigen Hand haben Sie hier zwei zwingende Gründe für das Setzen einer Bet:

1. Sie haben rein gar nichts auf der Hand – kein Paar und keinen Draw. Wenn Sie geraist werden und Ihr Blatt wegwerfen müssen, dann mussten Sie keine langfristige Equity aufgeben.

2. Der Flop, 7-4-2, mit drei verschiedenen Farben ist nicht gefährlich, daher hat er wahrscheinlich keinen Ihrer Gegner getroffen. Der Flop in der vorherigen Hand war dagegen sehr gefährlich und es war verdächtig, dass keiner Ihrer Gegner gesetzt hat.

**Action:** Sie betten 1.500 $. Der Big Blind foldet, aber Spieler F callt. Im Pot sind jetzt 6.300 $.

**Turn:** 2♠

**Action:** Spieler F checkt. *Was machen Sie?*

**Antwort:** Sie haben versucht, den Pot zu stehlen, aber Spieler F lässt sich nicht vertreiben. Egal was er hält, es schlägt Ihr Blatt (denn Sie haben nichts). Nehmen Sie einfach Ihre Free Card.

**Action:** Sie versuchen weiterhin, den Pot zu stehlen und setzen 4.000 $. Spieler F raist Sie auf 10.000 $. *Was machen Sie?*

**Antwort:** Er macht keine Scherze, auch wenn Sie das schon vorher hätten wissen können. Sie haben 4.000 $ weggeworfen und können froh sein, dass Ihr Stack noch immer einigermaßen groß ist. Folden Sie.

**Action:** Sie folden.

**Hand 9-24**

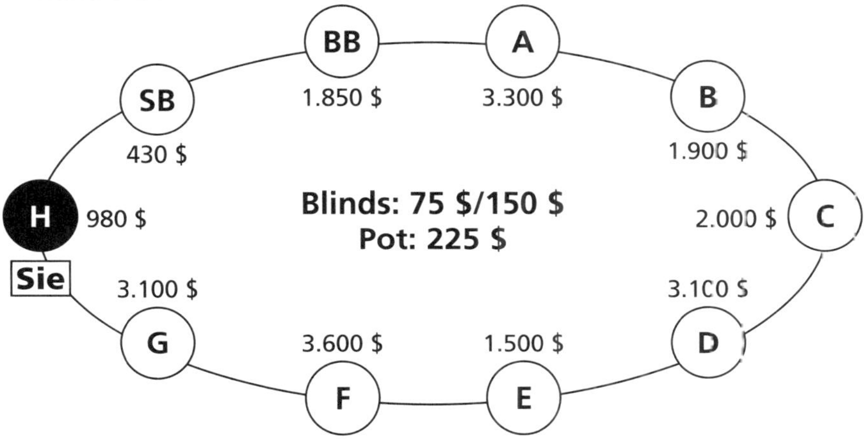


**Situation:** Zwei Stunden nach Beginn eines Multi-Table Online-Turniers. Es sind soeben einige neue Spieler an den Tisch gekommen, an dem bisher tight gespielt wurde. Spieler E hat in vielen Pots mitgespielt.

**Ihr Blatt:** 4♥4♠

**Action bis zu Ihnen:** Die Spieler A bis D folden, Spieler E callt. Die Spieler F und G folden. Im Pot sind jetzt 375 $.

**Frage:** *Werden Sie folden, callen oder raisen?*
**Antwort:** Ihr M liegt zwischen 4 und 5, Sie sind also in die rote Zone gerutscht. Auch wenn niedrige Paare in der gelben und orangefarbenen Zone meistens nicht spielbar sind, werden Sie in der roten Zone zu hervorragenden All-In-Blättern. Beachten Sie, dass hier keine Veranlassung besteht, eine geringere Bet als ein All-In zu setzen. Wenn Sie versuchen, einen normalen Raise in dreifacher Höhe des Big Blinds

zu bringen (das wäre normal für eine frühe Turniersituation), würden Sie die Hälfte Ihres Stacks setzen und wären Pot Committed. Seien Sie zufrieden mit der Erfolgschance, die Ihnen ein All-In bringt und schieben Ihre Chips in die Mitte.

Natürlich wären Sie glücklicher, wenn Spieler E gar nicht um den Pot mitspielen würde. Aber in der roten Zone sollte man nicht allzu wählerisch sein. Spieler E hat nicht geraist und Paare sind manchmal schwer zu schlagen, daher denken Sie nicht allzu lange darüber nach zu folden. Starten Sie Ihren Angriff.

**Action:** Sie gehen All-In. Die Blinds und Spieler E folden und Sie gewinnen den Pot.

**Hand 9-25**

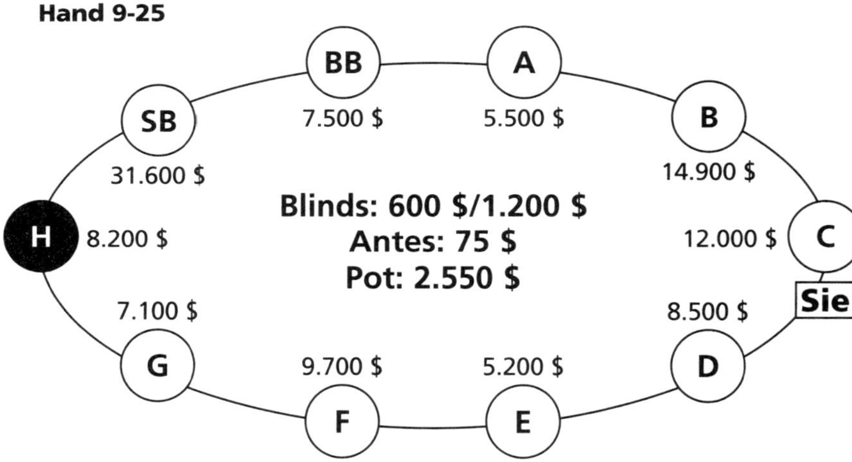


**Situation:** Ein großes Turnier, Mitte des zweiten Tages. Es ist Ihr erstes großes Turnier und Sie sind erst vor kurzem an diesen Tisch gekommen.

**Ihr Blatt:** K♦Q♥

**Action bis zu Ihnen:** Die Spieler A und B folden.

**Frage:** *Wie spielen Sie?*

**Antwort:** Da die Blinds und Antes jetzt eine Gesamtsumme von 2.550 $ pro Pot ergeben, liegt unser M bei 5. Die meisten Spieler haben noch nicht das Gefühl, an diesem Punkt schon aktiv werden zu müssen, ich allerdings schon. Dies ist der Zeitpunkt, an dem ich gerne damit beginne, Manöver zu starten und Chips anzuhäufen. Die Spieler nach mir haben alle kleine, aber nicht sehr kleine Stacks, daher kann ich davon ausgehen, dass sie noch eine Weile konservativ spielen und keine Verzweiflungsaktionen vornehmen werden. Mein KQo ist ein einigermaßen gutes Blatt, obwohl ich am Anfang des Turniers damit lediglich callen würde. Daher werde ich einen Angriff auf den Pot starten. Die einzige Frage dabei ist, in welcher Höhe ich meine Bet setzen soll.

Ein All-In ist hier sehr vernünftig. Damit bedrohe ich jeden, der callt und verliert, außer den Small Blind. Dennoch werde ich lediglich 6.000 $ setzen. Für einen gewitzten und erfahrenen Spieler ist dieser Einsatz eine noch größere Bedrohung als ein simples All-In. Er signalisiert, dass ich gecallt werden möchte und nicht etwa die anderen Spieler vertreiben will. Natürlich signalisiert die Bet einem schwächeren Spieler gar nichts, aber das ist auch in Ordnung. Ich habe kein wirkliches Top-Blatt, daher will ich die guten Spieler verjagen.

**Action:** Sie setzen 6.000 $. Alle folden außer dem Small Blind, der 5.400 $ callt. Im Pot sind jetzt 13.950 $.

**Flop:** 7♠6♠6♣

**Action:** Der Small Blind setzt eine Bet in Höhe von 3.500 $.

**Frage:** *Was machen Sie?*
**Antwort:** Unsere eigene geschickte Strategie wird gegen uns angewendet! Der Small Blind hätte uns leicht All-In setzen können, hat er aber nicht. Seine Bet gibt uns Pot Odds von 5 zu 1 und macht einen Call beinahe unwiderstehlich.

Dies ist eine Standard-Strategie, um aus schwachen Spielern mehr Geld herauszusaugen. (Deshalb nennt man dies auch eine „Suck Bet".) Wenn Sie die Gewinnerhand halten, setzen Sie entweder nur eine niedrige Bet und holen damit etwas mehr Geld in den Pot oder noch besser, Sie verführen Ihren Gegner zu dem Versuch, Sie mit einem übermäßig hohem Raise aus dem Pot zu verjagen. Aber wenn zwei gute Spieler gegeneinander antreten, kann dies auch der geschickteste Bluff sein, den man sich vorstellen kann. Bringen Sie mit nichts eine niedrige Bet in der Hoffnung, dass Ihr kluger Gegner dies als Falle auffasst und den Pot verlässt.

Jetzt müssen wir uns also fragen, wie der Gegner uns einschätzt. Hält er uns für Kanonenfutter oder für einen beachtlichen Gegner? Bei der Beschreibung dieser Aufgabe habe ich gesagt, dass dies unser erstes Turnier ist und wir neu an diesem Tisch sind. Also weiß er nichts über uns und daher ist die Antwort klar: er hält uns für Kanonenfutter. Er hat eine starke Hand (ich vermute ein niedriges Paar zu den Sechsen auf dem Board, aber es könnten auch Trips mit Sechsen sein) und wahrscheinlich sind wir riesiger Außenseiter auf den Gewinn dieser Hand.

Was folgt aus der Tatsache, dass wir nur noch 6.000 $ haben, falls wir jetzt folden? Ist das ein Argument für ein All-In, egal mit welchem Blatt? Nein, das ist es nicht. Wenn Sie wissen, dass Sie geschlagen sind, müssen Sie aus dem Pot aussteigen. Wahrscheinlich sind wir besser dran, wenn wir in der nächsten Hand mit beliebigen zwei Karten All-In gehen, anstatt diese Hand zu Ende zu spielen.

**Schlussfolgerung:** Wir folden.

**Hand 9-26**

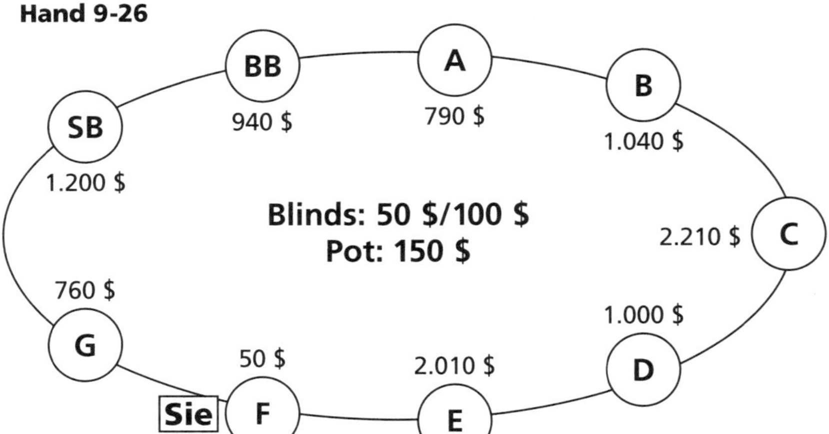


**Situation:** Eine Stunde nach Beginn eines Single-Table-Qualifikationsturniers.

Ihr Blatt: 4♠3♠

**Action bis zu Ihnen:** Spieler A foldet, Spieler B callt. Spieler C erhöht auf 350 $. Spieler D callt und Spieler E foldet. Im Pot sind jetzt 950 $.

**Frage:** *Werden Sie folden oder All-In gehen?*
**Antwort:** Sie sind jetzt in der Dead Zone, runter auf 50 $. Die einzige Frage ist, wann Sie All-In gehen. Es kommen noch fünf Hände, bevor Sie im Big Blind sind und Ihnen die Entscheidung abgenommen wird.

Das Verlockende an dieser Hand ist, dass Sie Ihr Geld verfünffachen können, wenn Sie callen. Sie werden im Hauptpot All-In gegen je 50 $ der Blinds und der Spieler B, C und D sein. Dieser Pot wird 300 $ enthalten. Der Rest des Geldes kommt in einen größeren Side Pot, um den dann weiter gekämpft werden wird.

Die Aussicht auf eine Verfünffachung Ihres Geldes ist wirklich verlockend, aber Ihr Blatt ist unglaublich schwach. Gegen fünf zufällige Blätter liegen Ihre Gewinnchancen bei lediglich 10 %. Der Pot bietet Ihnen zwar Odds von 5 zu 1, aber Ihr Blatt ist 9 zu 1 Außenseiter. Sie haben immer noch fünf Hände vor sich, ehe Sie gezwungen sind, alle Ihre Chips im Big Blind zu setzen. Passen Sie in dieser Hand und warten Sie auf eine bessere Gelegenheit.

*Wie würde eine bessere Gelegenheit aussehen?* Jedes Ass oder jeder König reicht aus für einen entscheidenden Zug. Auch mit den meisten Damen, JT oder J9 könnten Sie All-In gehen, ebenso mit Suited Connectors. Wesentlich ist, dass Sie wenigstens eine hohe Karte haben, die Ihnen die bestmöglichen Gewinnchancen gibt.

**Action:** Sie folden.

# Multiple Wendepunkte

## Einführung

Im vorigen Kapitel habe ich Ihnen die Theorie der Zonen und Wendepunkte vorgestellt und gezeigt, wie der Wert M Ihre Entscheidungen gegen Ende eines Turniers beeinflusst. Jetzt gilt es, eine weitere Komplexitätsebene zu bedenken. Ihre Gegner am Tisch haben alle eigene M-Werte und ihre eigenen Probleme zu bewältigen. Während Sie die Hände spielen, müssen Sie sich der unterschiedlichen Ms am Tisch bewusst sein und auch darüber, wie die anderen Spieler auf ihre eigenen sich verändernden Spielbedingungen reagieren.

Die Situation wird aber noch unüberschaubarer, wenn wir feststellen, dass nicht jeder am Tisch versteht, was vor sich geht. Es gibt viele Spieler in der Pokerszene, die ihre Handauswahl nicht anpassen, bis sich ihr Stack fast in Luft aufgelöst hat. Während Sie den Spieler am Tisch, der Ihnen gegenüber in Early Position sitzt, betrachten und denken: „Sein M betrug 4, er könnte diesen Spielzug also mit fast allem gemacht haben“, denkt er vielleicht gerade: „Gott sei Dank habe ich dieses Paar Könige bekommen – endlich mal ein starkes, spielbares Blatt!“

Auch wenn die Argumentation sehr komplex werden kann, bleibt das eigentliche Spiel doch immer gleich: Position, Pot Odds und sorgfältige Analyse.

Lassen Sie uns einige der Probleme betrachten, auf die Sie treffen, wenn die Stacks schrumpfen.

# Einschätzung der Lage

Seien Sie sich darüber im Klaren, dass der positionelle Vorteil dessen, der als Letzter am Zug ist, sinkt, wenn die Anzahl der Spieler am Tisch mit niedrigem M steigt. Der schlichte Grund dafür ist, dass in immer mehr Händen ein All-In vor dem Flop stattfindet. Sobald die Einsätze getätigt sind, verschwinden alle positionellen Vorteile.

Das heißt nicht, dass Sie nicht froh sind, auf dem Button zu sitzen, sondern nur, dass sich Ihre Position als nicht so rentabel erweisen wird, wie sie es in den frühen Turnierphasen gewesen ist. Das nächste Beispiel verdeutlicht, wie kompliziert sich die Entscheidungsfindung gestaltet, wenn Hände mit sehr unterschiedlichen M-Werten um den Pot spielen.

**Beispiel Nr. 1:** Ein Single-Table Online-Turnier. Es sind noch acht der ursprünglich zehn Spieler im Spiel. Die Blinds liegen bei 50/100 $. Die verbliebenen Spieler sitzen in folgender Reihenfolge:

| Spieler | Summe |
|---|---:|
| Sm Blind | 400 $ |
| Big Blind | 550 $ |
| Spieler 1 (Sie) | 1.500 $ |
| Spieler 2 | 1.300 $ |
| Spieler 3 | 2.300 $ |
| Spieler 4 | 1.500 $ |
| Spieler 5 | 1.200 $ |
| Spieler 6 | 1.250 $ |

Ihr M beträgt 10 und die durchschnittliche Chipzahl am Tisch liegt bei 1.250 $, daher beträgt Ihr Q vorteilhafte 1,2. Die Ms am Tisch liegen für die beiden Spieler mit niedrigen Stacks – die Blinds – zwischen 3 und 4 und reichen bis hin zu etwas über 15 M für den Big Stack. Sie sitzen in erster Position und erhalten

**Frage:** *Was machen Sie?*

**Antwort:** Ein Paar Achten ist an diesem Tisch ein schwieriges Blatt für den Spieler in erster Position. Es wäre Ihnen ein Vergnügen, mit diesem Blatt gegen einen der beiden Small Stacks im Small Blind oder im Big Blind zu spielen. Stellen Sie sich vor, Sie könnten mit dem Big Blind die Position tauschen, sodass er mit seinem 550-$-Stack als Erster am Zug wäre und Sie im Big Blind als Letzter. Würde er All-In gehen und alle anderen Spieler bis zu Ihnen folden, wären Ihre Achten eine großartige Hand für einen Call, da Sie gegen die meisten seiner möglichen Blätter Favorit wären und zusätzlich Pot Odds bekommen würden.

Aber in Ihrer momentanen Situation haben Sie einige echte Probleme. Ein Achter-Paar ist nicht gut genug, um einem All-In der anderen Gegner mit mittleren bis hohen Stacks gelassen ins Auge schauen zu können. Da keiner Ihrer Gegner ein M unter 8 hat, steht auch keiner von ihnen unter dem verzweifelten Druck, diese Hand spielen zu müssen. Lassen Sie uns Ihre Möglichkeiten durchgehen und schauen, welche Spielweise am Vernünftigsten ist:

**Ein Raise auf 400 $.** Ein großer Raise gibt Ihnen die besten Chancen, die Spieler der Positionen 2 bis 6 aus dem Spiel zu verjagen und so die Blinds zu isolieren. Dieser Raise kostet Sie mehr als ein Viertel Ihres Stacks – und hinterlässt Ihnen verlockende Odds für das Callen eines All-Ins eines Spielers mit größerem Stack. Nehmen wir beispielsweise einmal an, dass die Spieler 2 bis 4 alle folden, Spieler 5 mit seinen 1.200 $ All-In geht und die anderen Spieler bis zu Ihnen folden. In diesem Fall steigt der Pot auf 1.750 $ und ein Call würde Sie 800 $ kosten. Sie würden Odds von 2,2 zu 1 auf Ihr Geld erhalten. Das sind gute Odds und wenn Sie denken, dass er ein tighter Spieler ist und es eine 70-prozentige Chance gibt, dass er diesen Raise mit einem höheren Paar macht und eine 30-prozentige Chance, dass er mit zwei Overcards angreift (und die Chance nicht gegeben ist, dass er blufft), dann erhalten Sie *immer noch* die richtigen Odds für einen Call.

Wenn Sie denken, dass er nicht so tight ist, dann ist Ihr Call eine klare mathematische Entscheidung. Sie werden aber nur noch 300 $ im Stack haben, wenn Sie verlieren und es wird Ihnen nicht gefallen, Ihre Turnierteilnahme von einem Achter-Paar abhängig zu machen. Beachten Sie auch ein für diese Szenarien gegen Ende eines Turniers charakteristisches Paradox: *Je größer Ihre Eröffnungsbet, desto günstiger sind Ihre Calling-Odds bei einem nachfolgenden All-In.*

**Ein Raise auf 300 $.** Ein üblicherer Raise gibt Ihnen noch immer eine gute Chance, die Spieler mit schwachen Blättern zu eliminieren, aber jetzt haben Sie mehr Möglichkeiten, wenn Sie mit einem All-In-Reraise konfrontiert werden. In dem von uns eben dargelegten Szenario, bei dem Spieler 5 mit 1.200 $ All-In geht und alle anderen folden, wären nun 1.650 $ im Pot und ein Call würde Sie 900 $ kosten. Die Kombination aus kleinerem Pot und größerem Call reduziert Ihre Calling-Odds auf ungefähr 1,8 zu 1. Ob Sie callen hängt davon ab, wie Sie Ihren Gegner einschätzen. Eine Mischung aus 60 % hohen Paaren und 40 % Overcards macht diesen Call gerade noch korrekt. Ein tighter Spieler wird einen solchen Angriff wahrscheinlich eher mit einem hohen Paar vornehmen – dann können Sie Ihr Blatt wegwerfen. Ein looser Spieler raist häufiger, und um das tun zu können, wird er eher mit ungepaarten hohen Karten raisen müssen, also können Sie callen. Wenn Sie nicht in der Lage sind, Ihren Gegner einzuschätzen, können Sie mit Ihren Odds von 1,8 zu 1 eine Münze werfen, um Ihre Entscheidung zu fällen.

Bedenken Sie auch, dass sich Ihre Calling Odds verändern, falls der Big Stack All-In geht und nicht der Spieler mit dem 1.200-$-Stack. In diesem Fall werden Sie auf die letzten 1.200 $ Ihres Stacks geraist, im Pot sind 1.950 $ und es kostet Sie 1.200 $ zu callen, das wären Pot Odds von 1,6 zu 1. Das sind akzeptable Odds, wenn seine Mischung aus Raise-Blättern 60 % höhere Paare, 30 % Overcards und 10 % Bluffs beinhaltet. Hierbei würde ich meine Achten gegen alle – außer die absolut loosesten – Spieler folden.

**Ein Raise auf 250 $.** Der niedrigste Raise über dem Minimum-Raise. In dem dargelegten Szenario mit einem All-In von Spieler 5 müssten Sie 950 $ setzen, um einen Pot von 1.600 $ zu sehen, die Odds lägen bei ungefähr 1,7 zu 1. Sie callen in diesem Fall lediglich die looseren Spieler.

**Callen.** Das sieht wie ein passiver Spielzug aus, aber angesichts der Verletzbarkeit Ihres Blatts bei einigen der eben genannten Szenarien ist dies eine vernünftige Vorgehensweise. Sie haben nur einen kleinen Teil Ihres Stacks investiert und können Ihr Blatt wegwerfen, wenn einer der Big Stacks All-In geht. Mit etwas Glück könnte die Hand bis zu den Blinds gefoldet werden, von denen dann einer der beiden All-In gehen könnte. Das gefährlichste Szenario wäre ein Call von einem der Big Stacks, gefolgt von einem All-In-Manöver eines Blinds. In diesem Fall müssen Sie das All-In callen, ohne zu wissen, was der Caller vorhat. Es könnte sein, dass er callt, aber er könnte sich genauso gut dafür entscheiden, Sie All-In zu setzen.

**Folden.** Keine absurde Wahl unter diesen ziemlich ungewöhnlichen Umständen. Ich würde niedrigere Paare in einer solchen Situation auf jeden Fall folden. (Denken Sie an unsere Erläuterungen im vorherigen Kapitel über die Schwäche von niedrigen Paaren in der gelben und orangefarbenen Zone.) Während jede andere Wahl einige signifikante Nachteile enthält, ist Folden immer eine billige Option.

Was ist also die richtige Spielweise? Das ist keineswegs einfach zu beantworten. Wenn ich ein Paar Zehnen oder höhere Karten auf der Hand hielte, wäre ein Raise auf 400 $ meiner Ansicht nach völlig akzeptabel, anschließend würde jeder All-In-Raise gecallt. Wenn ich dagegen ein Sechser-Paar oder ein niedrigeres Paar halte, würde ich das Blatt wegwerfen. Ein Achter-Paar erschwert das Spiel ungemein, da meine für einen Call notwendigen Odds meistens grenzwertig sind, wenn ich mit einem All-In eines der größeren Stacks konfrontiert bin. Alles in allem würde ich auf 400 $ raisen und schauen, was passiert. Wenn ich den Pot stehlen kann oder in einer All-In-Situation mit einem der Blinds lande, dann ist das in Ordnung. Wenn ich All-In gereraist werde, habe ich meine zukünftige Entscheidung vereinfacht, da ich die größtmöglichen Pot Odds erhalte. Wenn ich einen der niedrigeren Raises mache (300 $ oder sogar nur 250 $), wird meine nachfolgende Entscheidung schwieriger zu treffen sein. Für meinen Spielstil ist das ein Tabu. Halten Sie das Spiel einfach.

# Das Isolationsmanöver

Das Isolationsmanöver ist eine Kombination aus einer Value Bet und einem Bluff, die man häufig an Tischen mit sehr unterschiedlichen Stackgrößen sieht. Das Grundkonzept ist einfach. Ein Spieler vor Ihnen mit kleinem Stack und niedrigem M geht All-In. Sie haben ein einigermaßen starkes Blatt, aber kein Monster. Angesichts der Anzahl von Händen, die Ihr Gegner halten könnte, vermuten Sie, dass Ihr Blatt ausreichend gut für einen Call ist. Aber Sie wollen sich nicht anderen Spielern mit großem Stack in einem Showdown gegenübersehen. Statt nur zu callen und sich eventueller Action der hinter Ihnen sitzenden Spieler auszuliefern, raisen Sie. Hoffentlich respektieren die Spieler nach Ihnen das All-In und Ihren Raise und entscheiden sich dazu, nicht im Pot mitzuspielen. In diesem Fall erhalten Sie Ihre zusätzlichen Chips zurück und Ihr Raise hat Ihnen dabei geholfen, den anfänglichen Raiser zu isolieren – daher der Name Isolationsmanöver.

Isolationsmanöver können knifflig sein und es gibt mehrere Dinge, die Sie dabei bedenken müssen.

1. **Weiß der Raiser, was gerade passiert?** Falls der Raiser sowohl ein niedriges M als auch ein niedriges Q hat (sein Stack ist also nicht nur absolut klein, sondern auch klein in Relation zum Tisch) und ein kluger Spieler zu sein scheint, dann könnte sein All-In-Raise auf alle Arten von Blättern hindeuten – von einem hohen Paar bis zu niedrigen Suited Connectors oder Blättern wie Q9. Aber wenn er nicht weiß, was gerade vor sich geht, dann stellt sein Raise wahrscheinlich eine Premium-Hand dar. Das Isolationsmanöver funktioniert am Besten als Antwort auf einen starken Spieler und weniger gut bei einem schwachem Spieler.

2. **Ist der Raise notwendig?** Wenn der anfängliche Raiser einen Stack hat, der 30 bis 35 % der Größe der durchschnittlichen Stacks am Tisch betrug, könnte das Einsteigen mit einem weiteren Raise unnötig sein. Ein einfacher Call zeigt Stärke an, während Sie damit zugleich Chips sparen, falls jemand nach Ihnen eine große Hand hat und unabhängig von Ihrer Aktion um den Pot spielen will.

3. **Wie viele Spieler sind noch nach Ihnen am Zug?** Die Notwendigkeit für einen Raise ist am größten, wenn sowohl der anfängliche Raiser als auch Sie in Early Position sitzen und nach Ihnen noch viele Spieler agieren können. Wenn der andere Spieler aus Middle Position raist, Sie auf dem Button sitzen und nach Ihnen nur noch die Blinds am Zug sind, dann ist ein einfacher Call das aussichtsreichere Spiel.

Lassen Sie uns nun eine reale Situation betrachten und schauen, ob die getätigten Züge unserer Meinung nach gut waren.

**Beispiel Nr. 2:** Am Ende des ersten Tages eines großen Turniers. Zehn Spieler an einem vollbesetzten Tisch, die Blinds liegen bei 200/400 $ und die Antes bei 25 $. Im Anfangspot sind 850 $. Die durchschnittliche Chipzahl am Tisch liegt bei ungefähr 12.000 $. Sie haben 10.000 $ und sind als Dritter am Zug. Der Spieler in zweiter Position, ein berühmter Spitzenspieler, hat nur 2.000 $.

Spieler 1, ein Weltklassespieler mit einem 15.000 $ Stack, callt. Spieler 2 geht mit seinen 2.000 $ All-In. Sie nehmen in dritter Position 7♥7♦ auf, entscheiden sich für ein Isolationsmanöver und gehen mit 10.000 $ All-In. Alle anderen am Tisch folden bis zu Spieler 1, der sich nach langer Überlegung dazu entscheidet, seine AKo zu folden. Sie nehmen Ihre zusätzlichen 8.000 $ zurück und im Pot verbleiben 5.250 $. Spieler 2 zeigt KQ und Ihre Siebenen gewinnen.

Ihr Spiel hat funktioniert, aber war dieses Manöver sinnvoll? Ich glaube nicht und will Ihnen auch sagen, warum.

Die erste Schwierigkeit für Sie bestand darin, dass Spieler 1 im Spiel war. Er hat in erster Position an einem voll besetzten Tisch gecallt. Das zeigte an, dass es zumindest ein Blatt gab, das ebenso stark war wie Ihres (und wahrscheinlich sogar stärker), dadurch wird Ihre Bet riskanter.

Sie hatten Recht damit, dass ein einfacher Call nicht ausreichen würde, um Spieler 2 zu isolieren. Ein Call Ihrerseits würde einen 5.250 $ Pot eröffnen. Im besten Fall, wenn alle Spieler nach Ihnen und auch die Blinds folden, würde die Action zu Spieler 1 zurückkommen und er würde dann Odds von 4,5 zu 1 für seinen Call erhalten. Mit jedem Blatt, mit dem anfänglich gecallt werden konnte, würde man diesen

Call ebenfalls machen können. Mit einem niedrigeren Raise hätten Sie Ihr Ziel genauso erreichen können. Ein Raise auf 4.000 oder 5.000 $ hätte sicherlich schwächere Blätter nach Ihnen aus dem Spiel vertrieben und Ihnen gleichzeitig die Chance ermöglicht, mit einem Teil Ihres Stacks davon zu kommen, falls Spieler 1 sich dazu entschließt, Sie All-In zu setzen. (Wenn Sie auf 4.000 $ reraisen und Spieler A All-In geht, werden 16.850 $ im Pot sein. Sie müssen dann für einen Call 6.000 $ zahlen. Sie werden Odds von 2,8 zu 1 erhalten, die sicherlich nicht ausreichen, da die Bet Ihres Gegner ziemlich wahrscheinlich bedeutet, dass er ein höheres Paar hält.)

Die letzte Schwierigkeit ist Ihr Blatt an sich. Selbst mit dem Wissen, dass Spieler 2 ein M von 2,5 hat, sind die einzigen Hände, die er halten kann und Sie zu einem klaren Favoriten machen, Paare, die niedriger sind als Ihre Siebenen. Es ist viel wahrscheinlicher, dass er mit zwei hohen Karten in den Pot eingestiegen ist – dann sind Sie knapper Favorit. Und um dieser knappe Favorit zu werden, mussten Sie all Ihre Chips riskieren.

Ihr Manöver wäre sinnvoll, wenn Sie ein Paar Buben oder Zehnen halten. Dann ist es viel wahrscheinlicher, dass er ein niedrigeres Paar hat als Sie und kein höheres, und Sie wären immer noch der Favorit gegen alle ungepaarten Blätter. In diesem Fall ist ein Isolationsmanöver ein guter Zug. In der aktuellen Hand wäre es besser für Sie, schlichtweg zu folden. Callen ist zu schwach und ein All-In zu riskant.

Wie wir in der vorherigen Hand gesehen haben, kann ein Isolationsmanöver oder sogar ein All-In-Isolationsmanöver gewisse Stärke anzeigen, aber nicht unbedingt überwältigende. Darüber müssen Sie sich im Klaren sein, falls Sie einer der Spieler sind, die sich diesem Manöver gegenüber sehen. Im nächsten Beispiel sehen wir ein Isolationsmanöver im Zusammenhang mit einer multiplen Wendepunktsituation.

**Beispiel Nr. 3.** Ein Single-Table Online-Turnier. Acht Spieler der anfänglich zehn sind noch im Spiel. Ihr Stack liegt bei 1.800 $, es ist der größte am Tisch. Die Blinds liegen bei 15/30 $. Sie sind als Dritter am Zug. Sie erhalten

Spieler 1 foldet. Spieler 2, der noch 1.300 $ hat, erhöht auf 75 $; ein kleiner Raise, der nur dem Zweieinhalbfachen des Big Blinds entspricht. *Was machen Sie mit Ihrem Damen-Paar?*

**Antwort:** Es gibt keinen Grund zu glauben, dass Ihre Damen nicht gut sind, daher wird man normalerweise auf circa 200 bis 250 $ erhöhen. Ich würde dies in fast allen Fällen machen. Spieler 3 entschied sich dafür, lediglich zu callen.

Dieser Call kann nicht als Fehler bezeichnet werden. Es ist ein etwas ungewöhnliches Täuschungsmanöver, das wahrscheinlich von den anderen Spielern so interpretiert wird, dass Sie ein niedriges Paar halten. Der Vorteil dieser Spielweise ist, dass Sie einen großen Pot gewinnen können, wenn Sie auf dem Flop eine Dame treffen, da niemand davon ausgeht, dass Sie Damen auf der Hand halten. Der Nachteil ist, dass Sie nach sich Drawing Hands zulassen, was Sie teuer zu stehen kommen kann, wenn auf dem Flop ein Ass oder ein König kommt.

Dieser Call ist in einigen Situationen sehr sinnvoll, um Ihr Spiel ausgewogen zu gestalten:

1. Bei Cash Games, bei denen Sie Nacht für Nacht gegen dieselben Leuten spielen. In diesem Fall müssen Sie diese Züge auf Zufallsbasis zu einem gewissen Prozentsatz anwenden, um Ihre Gegner zu verwirren – egal ob Sie sie für optimal halten oder nicht. Mit einem Damen-Paar gegen einen schwachen Raiser in Early Position ist eine Kombination aus 80 % Raises und 20 % Calls eine gute Mischung.

2. In High-Stakes Live-Turnieren, wo Sie mit guten, erfahrenen Spielern am Tisch sitzen, mit denen Sie schon oft zusammen Poker gespielt haben. In diesem Fall ist es nicht ganz so notwendig wie im ersten Fall, aber immer noch ein gutes Konzept.

Bei Online-Spielen, insbesondere bei Small-Stakes-Turnieren, ist diese Art von Täuschungsmanövern nach dem Zufallsprinzip nicht notwendig. Da Sie nicht häufig genug auf dieselben Spieler treffen werden und die Spieler auch nicht gut genug sind, haben Sie keinen Grund von Ihrer optimalen Spielweise abzuweichen.

Sie callen. Im Pot sind 195 $. Die Spieler 4, 5, 6 und der Small Blind folden alle. Der Big Blind geht mit 500 $ All-In. Spieler 2 geht mit seinen restlichen 1.225 $ All-In. *Was machen Sie?*
**Antwort:** Nach einem ruhigen Start folgt nun eine Explosion von Aktivitäten. Lassen Sie uns diese Hand aus den Augen der anderen beiden Spieler betrachten und anschauen, was die beiden sehen, ehe wir entscheiden, was zu tun ist.

**Der Big Blind:** Sein Stack beträgt 500 $, er hat also ein M von 11 und liegt am unteren Rand der gelben Zone. Er ist noch nicht verzweifelt, aber sicherlich daran interessiert, unter günstigen Bedingungen einen Angriff zu starten. Er hat gesehen, dass Spieler 2 einen eher kleinen Raise gemacht und Spieler 3 nur gecallt hat. Es wäre möglich, dass einer der beiden slow spielt, aber es ist auch sehr gut möglich, dass keiner der Spieler ein wirklich gutes Blatt hat. Falls er ein sehr starkes Blatt hält, könnte der Big Blind einen Raise auf 225 $ erwägen und auf Action hoffen. Bei einem schwächeren Blatt, das aber immer noch spielbar ist, ist ein All-In ein guter Zug. Ich würde mit einem Blatt wie Zehnen, Neunen oder vielleicht auch noch mit Achten auf jeden Fall All-In gehen. Darunter ist es Geschmackssache, auch wenn ich nicht glaube, dass die meisten guten Spieler ein richtig niedriges Paar wie Vieren oder noch schwächer spielen würden. Mit ungepaarten Händen muss berücksichtigt werden, dass schon zwei Spieler im Pot sind. Wenn ich AK oder AQ halte, würde ich raisen, aber nicht mit einem schwächeren Blatt. Denken Sie daran, dass der Big Blind nicht unbedingt in dieser Hand Widerstand leisten muss, daher wäre es einfach unklug, mit einem Blatt wie KJ einen Kampf heraufzubeschwören.

**Spieler 2:** Spieler 2 hat geraist und wurde nur gecallt, daher glaubt er wahrscheinlich nicht, dass Sie ein sonderlich gutes Blatt haben. Aus seiner Sicht halten Sie wahrscheinlich ein mittleres oder ein niedriges Paar. Wenn er zum gleichen Schluss wie wir gekommen ist, dann wird er davon ausgehen, dass der Big Blind ein spielbares Blatt hat, aber nicht unbedingt ein sehr gutes. Daher braucht er kein sehr starkes Blatt für ein All-In-Manöver, das danach aussieht, als wolle er den Big Blind isolieren. Er könnte sein Manöver mit einem mittleren Paar wie Buben oder Zehnen starten oder mit hohen Karten wie AK oder AQ. (AK ist viel wahrscheinlicher, da wir zwei Damen halten.)

Die einzigen Hände, vor denen wir in dieser Situation wirklich Angst haben müssen, sind Asse und Könige. Es ist wahrscheinlich, dass der Big Blind keines von beiden hat (da er All-In geraist hat, statt einen Raise zu machen, der leicht gecallt werden kann). Spieler 2 könnte ein solches Blatt halten, aber es gibt viele andere Hände, die er ebenso gut haben könnte. Alles in allem sollten wir mit den Damen callen.

Spieler 3 hat in der realen Situation gefoldet und die anderen Spieler haben ihre Hände gezeigt: Der Big Blind hielt ein Paar Neunen und Spieler 2 AKs. Mit dem Board vollendete Spieler 2 einen Flush – obwohl Spieler 3 ein Full House mit Damen getroffen hätte.

Übertrieben konservatives Spiel hat sich als sehr kostspielig erwiesen, da Spieler 3 die Chance verpasst hat, seine Chips zu verdoppeln und gleichzeitig zwei Gegner zu eliminieren. Das kann selbst den besten Spielern passieren (wenn auch nicht so oft wie den schlechten).

# Das Berechnen der Pot Odds in All-In-Situationen

Im ersten Band haben wir einiges an Zeit für die Berechnung der Pot Odds in Situationen, in denen Ihr Gegner Sie in der frühen Phase des Turniers All-In gesetzt hat, investiert. Jetzt wollen wir Situationen betrachten, die für die Endphase eines Turniers typisch sind. Sie sind gemeinsam mit einem Spieler, dessen M viel niedriger ist als Ihres, im Pot. Er macht einen Einsatz, der groß genug ist, dass er Pot Commited sein wird – wenn Sie also weiterspielen, wird sein ganzes Geld in die Mitte gehen. Sie müssen Ihre Pot Odds berechnen, ehe das All-In tatsächlich stattfindet. Schauen wir, wie das gemacht wird.

**Beispiel Nr. 4:** Die mittlere Phase eines großen Turniers. 60 Spieler sind noch dabei, 30 davon kommen in die Geldränge. An Ihrem Tisch sitzen neun Spieler, Sie sind als Zweiter am Zug, haben einen Stack von 37.000 $ und ein M von 41. Auf den Fernsehmonitoren werden Sie unter den Top-Ten der Spieler angezeigt. Die Blinds liegen bei 150/300 $ und die Antes bei 50 $, der Anfangspot beträgt also 900 $ Sie erhalten A♠K♥ und raisen auf 1.200 $, das ist das Vierfache des Big Blinds. Alle bis zum Spieler im Cut-Off folden, dieser hat einen Stack von 11.200 $ und ein M von 12,5. Er raist auf 5.000 $, somit bleiben ihm noch 6.200 $ in seinem Stack. Die letzten drei Spieler bis zu Ihnen folden. Was machen Sie?
**Antwort:** Sie müssen drei Spielweisen in Betracht ziehen:

1. Folden
2. Callen
3. Ein All-In-Reraise

Ein Call ist hierbei die schlechteste Möglichkeit. Mit AK ziehen Sie normalerweise eine Alles-oder-nichts-Entscheidung vor, da Sie dann in der Lage sind, alle fünf Karten zu sehen und somit den größten Nutzen aus Ihren beiden hohen Karten ziehen können. Das trifft insbesondere dann zu, wenn Sie Out Of Position sind und Ihr Gegner einen kleinen Stack hat, mit dem er im weiteren Verlauf sowieso Pot Committed sein wird. Er wird Sie normalerweise nach dem Flop All-In setzen; da

Sie dies wissen, müssen Sie sich sofort entscheiden, ob Sie tatsächlich um seinen ganzen Stack spielen wollen.

Ehe Sie sich dafür entscheiden, ihn All-In zu setzen, müssen Sie ein wenig darüber nachdenken, welches Blatt er haben könnte. Bedenkt man sein relativ geringes M (am unteren Rand der gelben Zone) und seine Begierde, mit jemandem zu spielen, der in Early Position Stärke gezeigt hat, dann ist es sehr wahrscheinlich, dass er ein Paar mit niedrigeren Karten als Ihre hat. Sie können die Möglichkeit, dass er ein Paar Asse oder Könige hält, nicht verwerfen, aber es gibt mehrere Gründe, weshalb Sie sich keine allzu großen Sorgen darüber machen sollten:

1. Wenn die Stacks niedriger werden, ist jedes Paar ein starker Anreiz für einen Angriff.

2. Die meisten Paare sind niedriger als Könige.

3. Sie halten AK, somit reduzieren sich die Möglichkeiten noch weiter. (Es gibt sechs Möglichkeiten, ein Paar Asse aufzunehmen. Aber wenn Sie selbst ein Ass halten, reduziert sich die Zahl der Möglichkeiten auf drei. Das gleiche Argument trifft auf Könige zu.)

4. Ein Paar Asse oder Könige ist angesichts seines niedrigen Ms ein derart starkes Blatt, dass er größere Anstrengungen unternommen hätte, Sie im Pot zu halten, indem er lediglich callt.

Alle diese Argumente schließen die Möglichkeit nicht aus, dass Sie gegen Asse oder Könige spielen, sie zeigen nur, dass die Wahrscheinlichkeit dafür geringer ist. Es ist auch gut möglich, dass Sie noch nicht einmal gegen ein Paar spielen. Eigentlich halte ich das sogar für wahrscheinlicher als die Möglichkeit, dass Sie gegen ein hohes Paar spielen, aber wir wollen die Dinge vereinfachen und sagen daher, dass diese beiden Möglichkeiten sich aufheben. Für unsere Zwecke gehen wir davon aus, dass Sie gegen ein Paar spielen, das niedriger ist als Könige. Sie möchten nun wissen, wie die mathematischen Aussichten sind, wenn Sie Ihren Gegner All-In setzen.

Im Moment sehen die Zahlen folgendermaßen aus:

1. 900 $ sind am Anfang im Pot,
2. 1.200 $ beträgt Ihr Raise, mit
3. 1.200 $ hat er Ihren Raise gecallt und mit
4. 3.800 $ selber geraist.
5. 6.200 $ verbleiben ihm in seinem Stack.

Jetzt können Sie also folden oder ihn mit weiteren 10.000 $ All-In setzen. (Natürlich könnte er diese Bet folden, aber wenn er ein mittleres Paar hält, würde er eher callen, als zu versuchen, mit 6.200 $ und einem M von 7 weiter zu spielen. Nachdem Sie All-In gegangen sind, befinden sich 17.100 $ im Pot und er muss für einen Call seine letzten 6.200 $ setzen – diese Pot Odds von 3 zu 1 werden einfach zu verführerisch für ihn sein.)

Wenn Sie ihn All-In setzen, riskieren Sie 10.000 $, um 10.000 $ (sein Raise plus sein Stack) plus 3.300 $ (die Potsumme, nachdem Ihr letzter Raise gecallt wurde) zu gewinnen. Ihre Bet verschafft Ihnen Odds von 13.300 zu 10.000 $ oder 1,33 zu 1.

Ist das ein guter Deal für Sie? Um diese Frage zu beantworten, müssen wir einige Faktoren betrachten: Ihre tatsächlichen Odds für den Gewinn dieser Hand; den Unterschied, den ein Gewinn oder ein Verlust für Ihren Stack bedeutet; Ihren Turnierstand und die Wichtigkeit der Eliminierung dieses bestimmten Gegners. Lassen Sie uns diese Faktoren einen nach dem anderen betrachten.

**1. Ihre realen Odds.** Wenn Sie AK halten und gegen ein niedrigeres Paar spielen, sind Sie zwischen 12 zu 10 und 13 zu 10 Außenseiter, je nachdem, gegen welches Paar Sie spielen. Das bedeutet, dass die Odds, die Sie erhalten, gerade ausreichen, aber nicht mehr. Ob Sie für eine 50/50-Chance ungefähr 30 % Ihres Stacks setzen wollen, hängt von anderen Umständen ab.

**2. Ihr Turnierstand.** Sie sind momentan in sehr guter Verfassung – Sie befinden sich in der Spitzengruppe des Turniers mit einem sehr gesunden M. Eine 50/50-Wette erhöht die Volatilität Ihrer Lage *ohne Ihre Equity zu erhöhen.* Die meisten guten Spieler wären hieran nicht interessiert und würden passen. Wenn Sie sich für einen der schwächeren noch im Spiel befindlichen Spieler hielten oder wenn der Tisch besonders schwierig wäre, sodass gute Einsätze schwer zu finden sind, könnte dies eine gute Gelegenheit für den Versuch sein, ein paar zusätzliche Chips zu gewinnen. (Allerdings wären Sie, wenn Sie diese ganzen Überlegungen anstellen können, keinesfalls ein schwacher Spieler.) Generell sollten Sie aber in diesem Fall kein Interesse an einem Spiel um extrem hohen Einsatz mit ausgeglichenen Chancen haben.

**3. Die Notwendigkeit, den Gegner zu eliminieren.** Im späteren Verlauf des Turniers ist jeder ausgeschiedene Gegner gleichbedeutend mit einer weiteren Stufe nach oben auf der Erfolgsleiter. Dann wollen Sie gerne solche Situationen nutzen, um einen anderen Spieler aus dem Turnier zu befördern. Aber in diesem Fall macht es keinen Unterschied, ob Sie gegen 59 Spieler antreten oder lediglich gegen 58. Erneut gibt es keinen zwingenden Grund, um den Pot zu spielen.

Aufgrund der Fakten sollten Sie Ihr Blatt wegwerfen. Sie erhalten einen anständigen Preis für Ihren Einsatz, aber nicht mehr, und Ihre Chipsituation ist sehr komfortabel. Folden Sie und warten auf eine günstigere Gelegenheit.

**Beispiel Nr. 5:** Die Bedingungen entsprechen denen der vorigen Hand, aber diesmal hat Ihr Gegner zu dem Zeitpunkt, als er seine 5.000 $ Bet setzt, einen Stack von 16.200 $.
**Diskussion:** Die Tatsache, dass Ihr Gegner nun einen größeren Stack hat, verändert die Ausgangslage erheblich. Lassen Sie uns zunächst die Berechnung der Pot Odds betrachten, wenn Sie sich dazu entschließen, Ihren Gegner All-In zu setzen. Jetzt verbleiben ihm nach seinem Raise noch 11.200 $, Sie müssen also 15.000 $ in den Pot geben, um ihn All-In zu setzen. (3.800 $, um seinen Raise zu callen, plus zusätzliche 11.200 $ ergeben eine Summe von 15.000 $.) Wie zuvor gibt es 3.300 $ zu gewinnen. Ihre Pot Odds betragen momentan

(15.000 $ + 3.300 $) : 15.000 $,

das sind ungefähr 1,22 zu 1. Es sieht definitiv schlecht für Sie aus, wenn Sie mit Ihren AK gegen ein Paar spielen, daher ist ein All-In nicht machbar. Hier heißt es callen oder folden. Wenn Sie callen, erhalten Sie Odds von etwas weniger als 2 zu 1 für Ihre Bet (im Pot sind 7.100 $ und Sie müssen 3.800 $ für einen Call zahlen), und die Odds, auf dem Flop ein Ass oder einen König zu treffen, sind etwas besser als 30 %. Daher sind Ihre Chancen, den Flop zu treffen, etwas niedriger als 2 zu 1.

Gleichen Ihre Implied Odds dies aus, wenn Sie Ihre Hand treffen? Wahrscheinlich. Ihr Gegner könnte sich dazu entschließen, aus der Hand auszusteigen, falls auf dem Flop ein Ass oder ein König aufgedeckt wird, aber vielleicht macht er das auch nicht. Ich würde hier jeden – außer einen super-tighten Spieler – callen.

**Beispiel Nr. 6:** Die gleichen Voraussetzungen, allerdings hat Ihr Gegner diesmal, als er seinen 5.000-$-Einsatz macht, einen Stack von 8.200 $.
**Diskussion:** Dass Ihr Gegner einen kleineren Stack hat, verändert die Situation erneut. In diesem Fall ist ein All-In-Manöver zwingend. Nachdem er seinen Raise gemacht hat, verbleiben ihm noch 3.200 $, daher brauchen Sie für ein All-In nur 7.000 $ in den Pot zu geben. Ihre Pot Odds sind nun

(7.000 $ + 3.300 $) : 7.000 $.

Das entspricht ungefähr 1,47 zu 1. Wenn ich sehe, dass die Odds sich dem Bereich von 1,5 zu 1 nähern, bin ich gerne bereit, mit meinen AK die Hand bis zum Ende zu spielen. Verglichen mit dem ursprünglichen Problem ist mein Stack, wenn ich calle und verliere, auch in besserer Verfassung – das ist ein weiterer Grund zu spielen.

Studieren Sie diese drei Beispiele sehr sorgfältig. Sie werden sich in Situationen wieder finden, in denen Sie entscheiden müssen, ob Sie Ihren Gegner All-In setzen oder Ihr Blatt folden. Beim Poker sind die Pot Odds das Erste, was Sie bedenken müssen – daher sollten Ihnen diese Berechnungen leicht von der Hand gehen.

# Übungsaufgaben

Die Aufgaben 10-1 bis 10-4 zeigen, wie man die Situation behandelt, in der ein Spieler mit einem kleinen Stack All-In geht. Die Aufgabe 10-5 beleuchtet eine Variante desselben Themas: Wie bringt man einen Spieler mit kleinem Stack dazu, alle seine Chips in den Pot zu geben?

Die Aufgaben 10-6 und 10-7 beschäftigen sich mit der analogen Situation: gegen einen Big Stack spielen oder nicht. Die Aufgaben 10-8 und 10-9 befassen sich mit Situationen, in denen Sie gegen mehrere Spieler mit größeren oder auch kleineren Stacks spielen.

Die Aufgaben 10-10 und 10-11 verdienen besondere Beachtung. Es geht in diesen Aufgaben darum, die richtige Größe eines Einsatzes zu finden, wenn man mehrere Gegner mit sehr unterschiedlichen M-Werten hat.

Die restlichen Aufgaben thematisieren unterschiedliche Problematiken. Aufgabe 10-12 zeigt, wie man einen Flop unter Berücksichtigung der Action vor dem Flop bewertet. Aufgabe 10-13 beschäftigt sich mit einem Pot-Odds-Dilemma. Aufgabe 10-14 thematisiert das stets schwierige Problem, wie man ein kleines Paar in Konfrontationen mit niedrigem M spielt. Die Aufgabe 10-15 zeigt Ihnen, wie Sie damit umgehen, wenn Ihnen Ihr M und Q zu gegensätzlichen Spielzügen raten.

**Hand 10-1**

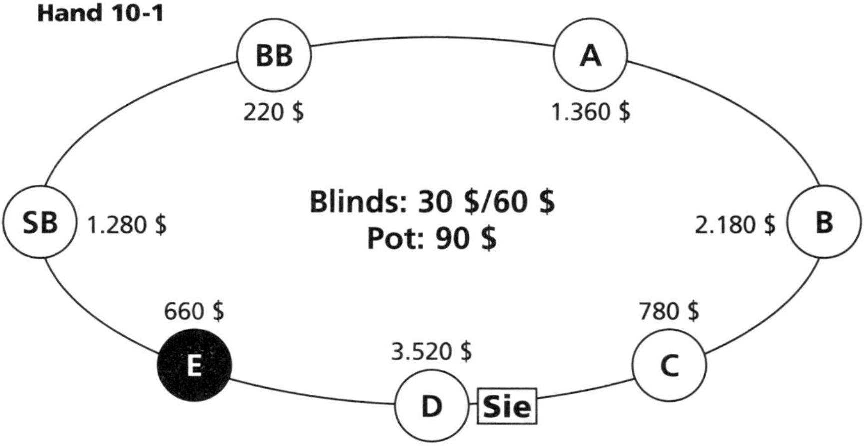


**Situation:** In der Mitte eines Single-Table Online-Turniers. Der Small Blind und Spieler B haben bisher sehr aggressiv gespielt.

**Ihr Blatt:** A♦9♦

**Action bis zu Ihnen:** Spieler A foldet. Spieler B callt. Spieler C foldet. Im Pot sind jetzt 150 $.

**Frage:** *Sollten Sie folden, callen oder raisen?*
**Antwort:** Die reduzierte Spielerzahl und Ihre relativ gute Position bedeuten, dass Sie Ihre Raise- und Call-Anforderungen etwas lockern können. Wenn niemand vor Ihnen in den Pot eingestiegen wäre, wären Ihre A9s sicherlich stark genug für einen Eröffnungs-Raise. Bei einem Spieler, der vor Ihnen eröffnet hat und als aggressiv gilt, ist A9s gut genug, um aus dieser Position zu callen, aber nicht stark genug für einen Raise. Callen Sie.

**Action:** Sie raisen auf 120 $. Der Button foldet, aber beide Blinds callen und Spieler B callt mit weiteren 60 $. Im Pot sind jetzt 480 $. Sie sind als Letzter am Zug, aber beide aggressiven Spieler und auch der Big Blind, der nur noch 100 $ hat, spielen im Pot mit.

**Flop:** 6♦6♣4♠

**Action:** Der Small Blind checkt, der Big Blind geht mit seinen letzten 100 $ All-In und Spieler B foldet. *Was machen Sie?*
**Antwort:** Die schlechte Nachricht lautet, dass Sie den Flop nicht getroffen haben und Ihr Flush in weiter Ferne liegt. Aber die guten Nachrichten sind, dass der Pot Ihnen Odds von ungefähr 6 zu 1 bietet, Sie noch immer eine Hand mit einem Ass als höchste Karte haben und sich eine billige Chance bietet, einen Spieler rauszuwerfen, der mit einem M von lediglich 1 eingestiegen ist. Ergreifen Sie diese Gelegenheit und callen Sie. Die Wahrscheinlichkeit, dass Ihr Ass ausreicht, ist groß. Falls der Small Blind zu einem Manöver ansetzt, müssen Sie neu überlegen, aber er sollte mehr Angst vor Ihrem Stack haben als Sie vor seinem, daher wird er wahrscheinlich ohne großes Aufsehen aussteigen.

Auflösung: Sie callen und der Small Blind foldet. Der Big Blind zeigt K♣Q♣. Auf dem River und Turn kommen 7♥ und 9♠ und Ihr Paar Neunen gewinnt die Hand.

**Hand 10-2**

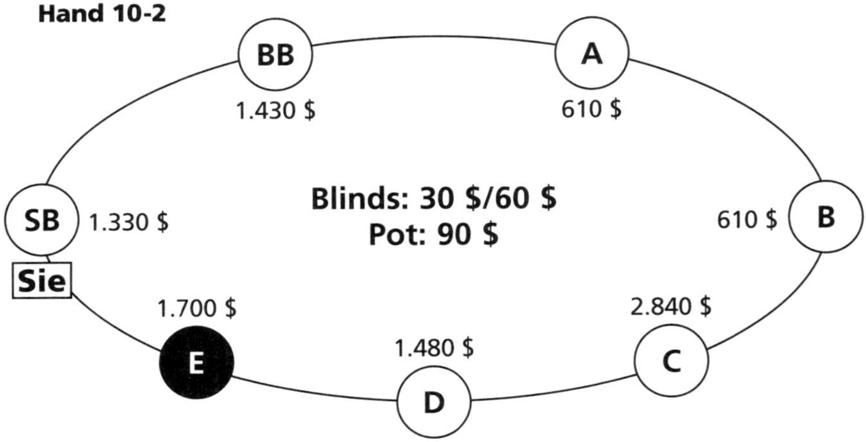


**Situation:** Gegen Ende eines One-Table-Qualifikationsturniers. Die Spieler B und E sind aggressiv. Spieler C ist super-aggressiv.

**Ihr Blatt:** A♥T♦

**Action bis zu Ihnen:** Spieler A foldet. Spieler B raist auf 120 $. Die Spieler C, D und E folden. Im Pot sind jetzt 210 $.

**Frage:** *Sollten Sie folden, callen oder raisen?*
**Antwort:** An einem voll besetzten Tisch und angesichts eines Raise von einem Spieler in zweiter Position würden Sie als Small Blind ATo normalerweise folden. Sie sind nicht nur Out Of Position, auch das Gap-Konzept kommt hier zur Geltung. Er brauchte eine bessere Hand, als Sie sie momentan haben, um einen Raise zu machen, und Sie brauchen eine noch bessere Hand, um zu callen. Ihr Standardspiel sollte deshalb ein Fold sein.

Aber in diesem Fall ist die Situation etwas anders gelagert. Am Tisch sind nur sieben Spieler, nicht zehn, Spieler B hat einen kleinen Stack mit einem M von etwas über 6 und ist als aggressiver Spieler bekannt. All dies bedeutet, dass Sie mit einem viel schwächeren Blatt callen können. ATo kombiniert mit Ihren Pot Odds von 2,3 zu 1 reicht wahrscheinlich aus. Es gibt jedoch keinen Grund für einen Raise. Sie können den Flop abwarten und dann entscheiden, wie aggressiv Sie diese Hand fortsetzen wollen.

**Action:** Sie callen 90 $. Der Big Blind foldet. Im Pot sind jetzt 300 $.

**Flop:** J♣6♠5♥

**Frage:** Sie sind als Erster am Zug. *Was machen Sie?*
**Antwort:** Dieser Flop sollte ungefährlich sein. Es ist gut möglich, dass Sie derzeit die beste Hand haben, daher sollten Sie mit einer Probe Bet in halber Potgröße die Initiative übernehmen. Das gibt Ihrem Gegner die Gelegenheit, aus dem Pot auszusteigen. Wird Ihre Bet gecallt oder geraist, dann wissen Sie, dass Ihr Gegner die Hand sehr wahrscheinlich bis zum Schluss durchspielen wird.

Wenn Sie nicht betten, wird Ihr Gegner die Gelegenheit, den Pot zu stehlen, unwiderstehlich finden und wahrscheinlich mit einem hohen Einsatz einsteigen. Stellen Sie sich eine einfache Frage: Wenn Sie checken und er All-In geht, würden Sie dann callen? Wenn Ihre Antwort darauf Ja lautet, *und Sie kein wirklich starkes Blatt haben,* dann ist es so gut wie sicher besser, wenn Sie als Erster einen Einsatz bringen. Häufig wird das Übernehmen der Initiative zu genau dem gleichen Ergebnis wie Checken führen, aber manchmal gewinnen Sie auch eine Hand, die Sie verloren hätten, wenn diese bis zum Ende gespielt worden wäre.

**Action:** Sie checken und er geht mit seinen letzten 490 $ All-In. *Sollten Sie callen?*
**Antwort:** Da Sie nicht mit einer Bet die Initiative übernommen haben, stehen Sie nun vor einem schwierigem Problem. Wenn Ihr Gegner etwas auf der Hand hat, haben Sie nicht die richtigen Odds, um zu callen. Im Pot sind jetzt 790 $ und ein Call kostet Sie 490 $, Sie erhalten also Pot Odds von 8 zu 5. Aber wenn er zum Beispiel ein niedriges Paar hat, dann sind Sie derzeit ein 3 zu 1 Außenseiter. (Diese Zahl sollten Sie – nebenbei bemerkt – im Gedächtnis behalten. Die meisten Spieler wissen Folgendes: Vor dem Flop sind zwei Overcards 13 zu 10 Außenseiter gegen ein niedriges Paar. Die wenigsten Spieler wissen allerdings, dass die Odds nach dem Flop auf 3 zu 1 steigen.)

Um callen zu können, müssen Sie davon überzeugt sein, dass eine erhebliche Chance besteht, dass er blufft. Selbst wenn Sie aus seinem Verhalten nichts ableiten können, glaube ich, dass diese Annahme hier richtig ist. Ihr Gegner ist ein aggressiver Spieler, er hat nur noch 490 $ und mit Ihrem Check haben Sie ihn zu einem Bluff so gut wie gezwungen. Sie sollten callen.

Angenommen, Sie hätten mit einer Bet von 150 $ die Initiative übernommen, hätte er vielleicht gefoldet. Aber beachten Sie, wie leicht Ihnen die Entscheidung gefallen wäre, wenn er dann mit einem All-In noch einen draufgesetzt hätte. Im Pot wären 940 $ gewesen und ein Call hätte Sie 340 $ gekostet. Das sind Odds von 2,7 zu 1; Sie müssen callen, es sei denn, Sie sind sich sicher, dass er eines hohes Paar hält (und das können Sie nicht sein). Trainieren Sie sich an, Spielzüge zu machen, mit denen Ihnen zukünftige Entscheidungen leicht gemacht werden.

**Auflösung:** Sie callen. Er zeigt 7♣7♠. Auf dem River und Turn kommen T♠ und 9♥ und Ihr Paar Zehnen gewinnt den Pot.

**Hand 10-3**

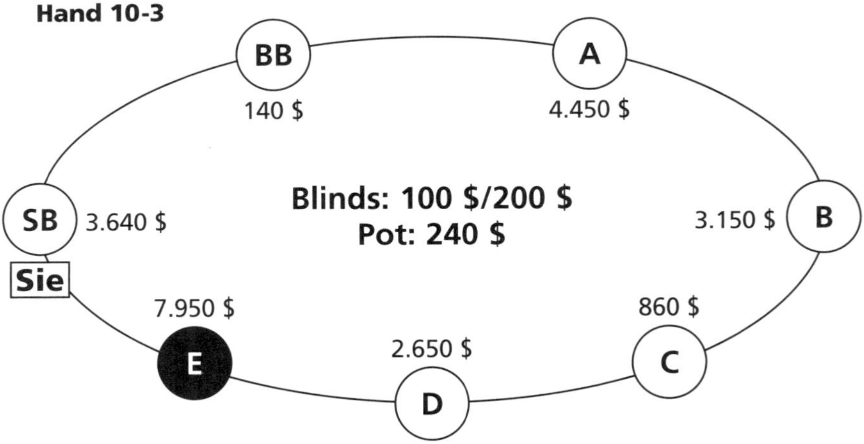


**Situation:** In der Mitte eines Multi-Table Online-Turniers.

**Ihr Blatt:** T♠3♣

**Action bis zu Ihnen:** Die Spieler A bis E folden. Im Pot sind 240 $, da der Big Blind All-In gegangen ist.

**Frage:** *Sollten Sie folden oder callen?*

**Antwort:** Das ist eine einfache Frage, aber dennoch lohnt es sich, darüber nachzudenken, denn diese Situation wird oft falsch gespielt, besonders von Anfängern und in Online-Turnieren. Der Big Blind ist All-In und alle anderen haben gefoldet, daher ist die einzige Frage, ob Sie weitere 40 $ setzen, um einen 240-$-Pot zu sehen oder nicht. Die Antwort lautet Ja und hat nichts mit der Stärke Ihrer Hand zu tun. Die Pot Odds von 6 zu 1 rechtfertigen das Spielen beliebiger zwei Karten; dass Sie eine Zehn halten ist ein zusätzlicher Bonus, da Sie momentan der Favorit sein könnten. (T3o hat eine Gewinnchance von 42 % gegen ein Zufallsblatt – das ist ganz ausgezeichnet, wenn Sie Odds von 6 zu 1 erhalten.)

**Action:** Sie callen und der Big Blind zeigt 7♦6♠. Auf dem Board kommen K♣J♦T♦T♥6♥ und Ihr Drilling gewinnt den Pot.

**Hand 10-4**

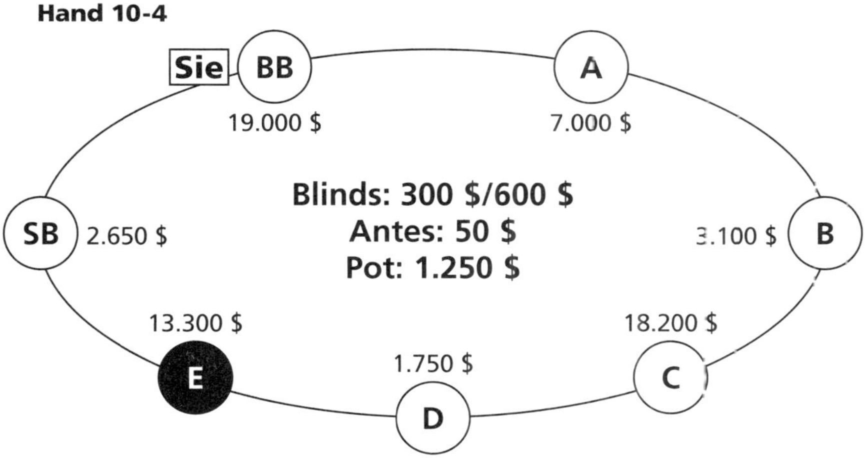


**Situation:** Spät in einem Multi-Table Online-Turnier.

**Ihr Blatt:** T♥4♦

**Action bis zu Ihnen:** Die Spieler A, B und C folden. Spieler D geht mit 1.750 $ All-In. Spieler E und der Small Blind folden. Im Pot sind jetzt 3.000 $.

**Frage:** *Sollten Sie folden oder callen?*
**Antwort:** Dies ist ein reines Pot-Odds-Spiel. Im Pot sind 3.000 $ und ein Call kostet Sie – da Sie im Big Blind sind – nur weitere 1.150 $. Das sind Odds von fast 3 zu 1. Sie erhalten also die notwendigen Odds, um selbst mit Ihrem mickrigen Blatt spielen zu können, es sei denn, Ihr Gegner hält eines der fünf höchsten Paare. Da dessen M vor dieser Hand nur 1,5 betrug, kann er mit fast allem All-In gegangen sein. Es könnte gut sein, dass er sich entschieden hat, 98s oder sogar 65s zu spielen, in diesen Fällen wären Sie sogar Favorit.

**Action:** Sie callen. Er zeigt 9♦9♠.

Eines der besten Blätter, das er haben konnte. Beachten Sie aber, dass Sie auch gecallt hätten, wenn Sie sein Blatt gekannt hätten. Mit Ihrer einen Overcard sind Sie ungefähr 2,5 zu 1 Außenseiter gegenüber den Neunen und der Pot hat Ihnen bessere Odds gegeben.

Action: Auf dem Board werden 6♠6♣2♣7♥T♦ aufgedeckt. Ihr Zehner-Paar gewinnt den Pot.

**Hand 10-5**

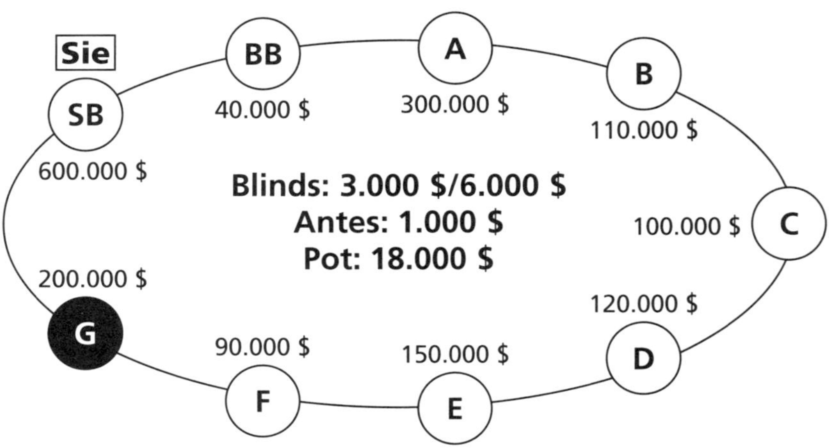


**Situation:** Final Table eines großen Turniers. Spieler B ist ein sehr erfahrener, konservativer Spieler.

**Ihr Blatt:** 8♥8♦

**Action bis zu Ihnen:** Spieler A foldet. Spieler B erhöht auf 18.000 $. Die Spieler C bis G folden. Im Pot sind jetzt 36.000 $. Es kostet Sie 15.000 $ zu callen.

**Frage:** *Sollten Sie folden, callen oder raisen?*
**Antwort:** Ein Achter-Paar ist ausreichend gut, um callen zu können. Ihr Gegner hat den Pot sicher mit einem spielbaren Blatt eröffnet, aber wenn es zwei hohe Karten sind, haben Sie momentan das beste Blatt. Der Pot bietet Ihnen außerdem gute Odds (2,4 zu 1), was Sie teilweise für Ihre schlechte Position entschädigt.

**Action:** Sie callen. Im Pot sind jetzt 51.000 $. Der Big Blind foldet.

**Flop:** K♦8♠7♦

**Action:** *Wie sieht Ihr nächster Zug aus?*
**Antwort:** Ein Achter-Drilling ist ein fantastisches Blatt im Heads-Up, daher ist Ihre Aufgabe nur, so viel Geld wie möglich aus dieser Situation herauszuholen. Ihr konservativer Gegner wird einiges auf der Hand haben, um eine Eröffnungs-Bet zu machen, daher sollten Sie lediglich checken und ihm ermöglichen, einen Einsatz zu bringen.

**Action:** Sie checken. Spieler B setzt 20.000 $. Im Pot sind jetzt 71.000 $. *Was machen Sie?*
**Antwort:** Sie haben nun eine schwierige Entscheidung zu fällen. Ihr Gegner hat jetzt noch 70.000 $ im Stack übrig und Sie wollen so viel wie möglich davon abhaben. Es gibt drei Möglichkeiten, wie Sie diese Hand weiterspielen können.

1. **Ein All-In-Raise.** Uncool. Wenn Ihnen dieser Spielzug gefällt, sind Sie wahrscheinlich die Sorte Mensch, die bei dem Versuch, als Erster am Buffet zu sein, über die eigenen Füße stolpert. Ein All-In wird Ihren Gegner wahrscheinlich aus dem Pot verjagen – dazu ist Ihre Hand aber zu gut.

2. **Ein niedriger Reraise, etwa 20.000 $.** Ihrem Gegner wird dieser Reraise sehr verdächtig vorkommen, denn dadurch erhält er unwiderstehliche Pot-Odds. Er braucht nur 20.000 $ zu setzen, um einen Pot von 111.000 $ zu callen. Natürlich weiß er, dass Sie ihm mit Absicht diese Pot Odds beschert haben und daher offenbar wollen, dass er callt. Aber wahrscheinlich würde er trotzdem callen, weil die Odds einfach zu verlockend sind.

3. **Einfach bloß Callen.** Das ist fast so verdächtig wie der niedrige Raise. Sie versuchen den Eindruck zu vermitteln, dass Sie einen Flush Draw in Karo halten. Das ist unwahrscheinlich, aber vielleicht kommen Sie damit durch. Das Problem dabei ist, dass Sie damit kein weiteres Geld in den Pot holen.

Alles in allem gefällt mir der niedrige Raise am Besten. Es ist der aussichtsreichste Versuch, etwas mehr Geld in den Pot zu bekommen. Es könnte das einzige zusätzliche Geld sein, das Sie in dieser Hand gewinnen können, und das ist einiges wert.

**Action:** Sie raisen auf 20.000 $. Nach langer Überlegung callt Ihr Gegner. Im Pot sind jetzt 131.000 $.

**Turn:** 3♥

**Action:** *Was machen Sie?*
**Antwort:** Diese Karte hat Ihrem Gegner mit Sicherheit nicht geholfen. (Denken Sie daran, dass er vor dem Flop aus Early Position geraist hat und ein konservativer Spieler ist – er hat deshalb bestimmt keine Drei auf der Hand.) Allerdings ist sein Stack auf 50.000 $ gesunken und das wird für Sie zu einem Problem. Selbst wenn Sie nur einen bescheidenen Einsatz machen, kann er diesen nicht callen, ohne seinen eigenen Stack so weit zu reduzieren, dass es für ihn sinnvoller wäre, gleich All-In zu gehen und auf einen Bluff Ihrerseits zu hoffen. Unter diesem Gesichtspunkt beschränkt sich Ihre Auswahl auf drei Möglichkeiten:
1. Setzen Sie ihn jetzt All-In und schauen, ob er callt.
2. Machen Sie eine Bet von circa 20.000 $, damit er keine Free Card bekommt.

3. Setzen Sie ihn am Ende All-In und schauen, ob er callt.

Es besteht die Möglichkeit, dass er ein All-In am Ende als eine Art Steal-Versuch interpretieren könnte und falls dem so ist, dürfte er all seine Chips verlieren. Vielleicht aber auch nicht. Die große Bet am Ende einer Hand ist eigentlich Teil einer anderen Spielweise und zwar einer, in der Sie vor dem Flop mit einer starken Hand betten, nach dem Flop eine Continuation Bet bringen, auf dem Turn checken (um Schwäche vorzutäuschen) und dann auf dem River All-In gehen (und so tun, als ob Sie einen verzweifelten Versuch unternehmen, den Pot zu stehlen). Solch ein Manöver wäre bei dieser Hand nicht sehr überzeugend.

Sollten Sie davor Angst haben, ihm eine Free Card zu gewähren? Nicht wirklich. Betrachten wir einmal seine möglichen Blätter.

1. AA, QQ, JJ, TT, 99. Jedes dieser Blätter hätte einen Eröffnungs-Raise aus Early Position, gefolgt von einer Bet nach dem Flop und dem anschließenden Call Ihres kleinen Reraise gerechtfertigt. Er muss auf dem River sein Set treffen, um Sie zu schlagen – dafür ist er 22 zu 1 Außenseiter.

2. AK, KQ. Er ist Drawing Dead, denn wenn er mit einem König einen Drilling trifft, machen Sie ein Full House.

3. AQ. Er ist Drawing Dead, es sei denn, er hält ausgerechnet A♦Q♦.

4. KK. Er wird verdoppeln, egal wie Sie die Hand spielen.

Bei den bedeutsamen Händen ist er entweder 22 zu 1 Außenseiter oder sein Draw ist wertlos, daher brauchen Sie sich keine Sorgen wegen einer Free Card zu machen. Das stärkste Argument für einen niedrigen Einsatz ist, dass mit einer Bet, auf die Ihr Gegner aufgrund der fantastischen Pot Odds nur schweren Herzens folden kann, mehr Geld in den Pot geholt wird. Wenn er diese Bet callt, kann er auch Ihr All-In am Ende kaum folden. Dies ist also der zuverlässigste Weg, seinen gesamten Stack zu bekommen.

**Action:** Sie gehen All-In und er foldet. Er wirft Q♠Q♥ weg und Sie gewinnen den Pot.

Ein Spitzenspieler, der ein Damen-Paar wegwirft, dürfte ziemlich sicher sein, dass Sie einen Achter-Drilling haben. Mit welchem Blatt könnten Sie sonst noch so spielen und ihn schlagen? Würden Sie AK halten, hätten Sie vor dem Flop gereraist. Sie hatten wahrscheinlich nicht KQ auf der Hand, da er selbst zwei Damen hatte. Und Sie hätten nicht mit K-x gecallt, wenn „x" ein Bube oder eine noch niedrigere Karte ist. Daher also ein Achter-Drilling.

**Hand 10-6**

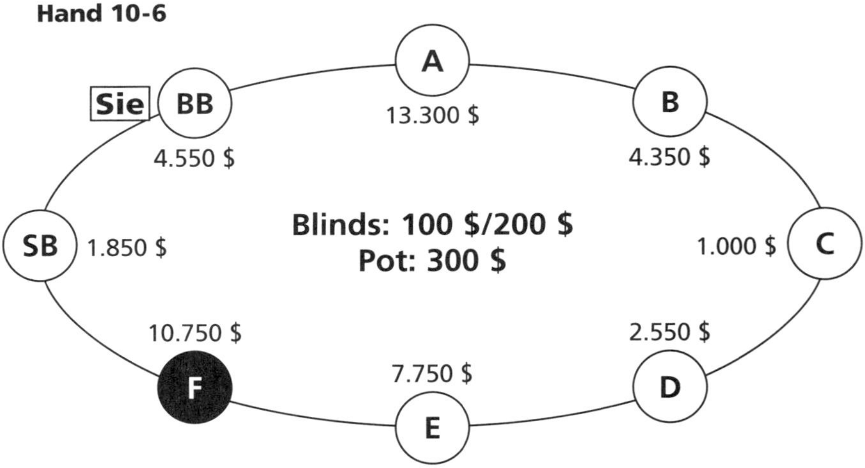


**Situation:** In der Mitte eines Multi-Table Online-Turniers. Mehrere neue Spieler sind gerade an den Tisch gekommen, darunter auch Spieler A.

**Ihr Blatt:** 9♥8♣

**Action bis zu Ihnen:** Spieler A raist auf 400 $. Die Spieler B bis F folden. Der Small Blind foldet. Im Pot sind jetzt 700 $. Es kostet Sie 200 $ zu callen.

**Frage:** *Sollten Sie folden, callen oder raisen?*
**Antwort:** Der Minimum-Raise von dem Spieler in erster Position sollte Misstrauen erwecken. Normalerweise dient dieser Spielzug

dazu, andere Spieler in den Pot zu locken, was gleichzeitig bedeutet, dass er eine sehr starke Hand hat. Aber in Online-Turnieren bedeutet diese Bet etwas anderes. Es gibt Spieler, die eine Art dümmliches Smallball spielen, indem sie ab und an mit Minimum-Bets einen Angriff starten – in der Hoffnung, die Blinds und Antes billig mitnehmen zu können. Je größer deren Stack ist, desto öfter wenden sie diese Strategie an.

Momentan haben Sie keinerlei Informationen über Spieler A, daher können Sie nicht genau wissen, was er vorhat. Behalten Sie beide Möglichkeiten im Gedächtnis und wenden sich den Pot Odds zu, die mit 3,5 zu 1 sehr zu Ihren Gunsten ausfallen. Selbst wenn Spieler A mit einem hohen Paar eine Falle stellt, lohnt sich ein Call aufgrund der Implied Odds, falls Sie eine starke Hand treffen.

Eine letzte Betrachtung gilt dem Unterschied der Stackgrößen. Sie haben 4.350 $ übrig und somit ein M von 14. Spieler A hat 12.900 $ und ein M von 43! Er covert Sie eindeutig, daher ist der Pot für Sie potenziell viel gefährlicher als für ihn. Sie sollten callen, aber danach mit Vorsicht fortfahren.

**Action:** Sie callen. Im Pot sind jetzt 900 $.

**Flop:** 8♥6♥4♠

**Frage:** *Was machen Sie?*
**Antwort:** Dieser Flop ist ziemlich gut für Sie. Sie haben Top Pair und einige vage Möglichkeiten für eine Straight oder einen Flush.

Falls Ihr Gegner die Hand mit einem hohen Paar begonnen hat, haben Sie noch immer die zweitbeste Hand. Falls er mit zwei hohen Karten begonnen hat, sind Sie nun klarer Favorit. Aber Sie wissen nicht, womit er eingestiegen ist und Ihr geringes M mahnt Sie zur Vorsicht. Checken Sie und schauen, was er macht.

**Action:** Sie checken und er checkt nach Ihnen.

Das ist gut, obwohl ein starker Spieler mit einem hohen Paar wahrscheinlich auch checken würde. Aber ein schwacher Spieler hätte mit einem hohen Paar wahrscheinlich gesetzt, daher mehren sich die Anzeichen, dass Sie momentan das beste Blatt halten.

**Turn:** 7♥

**Frage:** *Was machen Sie jetzt?*
**Antwort:** Wow! Das ist eine fantastische Karte! Sie haben jetzt Top Pair und zusätzlich einen Open-ended Straight Flush Draw. Gut möglich, dass Sie derzeit das beste Blatt halten, und außerdem haben Sie 15 Outs für eine Monster-Hand. Jetzt sind Sie in der Hand gefangen. Ergreifen Sie mit einer Bet von ungefähr zwei Dritteln des Pots die Initiative und schauen, ob er mit Ihnen spielen will. Warum sollten Sie zwei Drittel und nicht die Hälfte des Pots setzen? Weil die Bet zum Teil eine Value Bet ist (es könnte sein, dass Sie derzeit das beste Blatt halten) und Sie mehr Geld in den Pot holen müssen, wenn Sie die beste Hand halten.

**Action:** Sie setzen 600 $ und er foldet.

Sie haben den Pot gewonnen und etwas über Spieler A gelernt. Er hatte kein hohes Paar, als er in erster Position einen Minimum-Raise gemacht hat. Wahrscheinlich hatte er einfach zwei hohe Karten und betrachtete die Minimum-Bet lediglich als billigen Versuch, die Blinds zu stehlen. Er hat auch keine Continuation Bet gesetzt, als er gekonnt hätte, deshalb ist – wenn er einen Einsatz bringt – eine gute Hand eher wahrscheinlich. Speichern Sie das unter der Rubrik „Wichtige Information" ab.

**Hand 10-7**

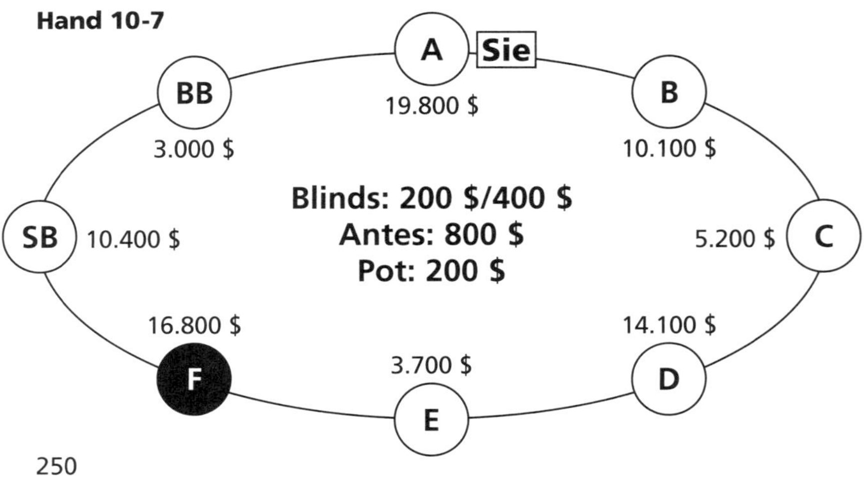

**Situation:** In der Mitte eines Multi-Table Online-Turniers. Spieler F hat zuletzt aggressiv gespielt und seinen Stack aufgestockt, indem er sich mehrere Pots geschnappt hat.

**Ihr Blatt:** A♥J♥

**Action bis zu Ihnen:** Sie sind als Erster am Zug.

**Frage:** *Werden Sie folden, callen oder raisen?*
**Antwort:** An einem voll besetzten Tisch ist AJs keine Premium-Hand für eine Eröffnung aus erster Position. An diesem Tisch sitzen allerdings nur 8 Spieler und keine neun oder zehn und Sie sind der Big Stack mit einem M von 24. Das ist einiges wert, da die anderen Spieler weniger dazu neigen werden, gegen Sie anzutreten. Sie sollten mit einem Einsatz in dreifacher Höhe des Big Blinds eröffnen.

**Action:** Sie raisen auf 1.200 $. Die Spieler B, C, D und E folden. Spieler F auf dem Button callt. Die Blinds folden. Im Pot sind jetzt 3.200 $.

**Flop:** 9♥7♠3♠

**Frage:** *Was machen Sie?*
**Antwort:** Dass der Spieler mit dem zweitgrößten Stack in den Pot eingestiegen ist, war für Sie kein Anlass zur Freude. Jetzt haben Sie den Flop verpasst. Sollten Sie eine Continuation Bet setzen oder nur checken?

Wenn ich gegen einen anderen Big Stack nichts auf der Hand halte, ist es mir lieber, wenn der Pot klein bleibt. Es ist wahrscheinlicher, dass er kein mittleres oder großes Paar hält, da er nicht geraist hat. Wenn ich ihn auf ein Blatt setzen sollte, würde ich sagen, dass er wahrscheinlich zwei Face Cards hält. Wahrscheinlich können Sie ihm mit einer Continuation Bet den Pot abnehmen, aber es könnte auch sein, dass Sie in einen großen Pot verwickelt werden und nichts auf der Hand haben. Zu einem früheren Zeitpunkt des Turniers, würde ich vielleicht so spielen und schauen, was passiert. Aber in diesem Fall ziehe ich es vor, gegen einen anderen Big Stack vorsichtig zu sein, auch wenn ich noch immer in der grünen Zone bin. Ich würde nur checken.

Beachten Sie, dass ich viel eher ein Manöver starten würde, wenn Spieler B oder C gecallt hätten. Ich kann ihnen mit dem Verlust ihres kompletten Stacks drohen, während sie keine entsprechende Gegendrohung für mich darstellen. Dieser Vorteil an Durchschlagskraft könnte spielentscheidend sein.

**Action:** Sie checken. Spieler F checkt ebenfalls.

**Turn:** K♠

**Frage:** *Was tun Sie?*

**Antwort:** Der Turn hat Sie verpasst und vielleicht Ihrem Gegner geholfen. Jetzt sollten Sie definitiv checken.

**Action:** Sie checken. Er setzt 1.000 $.

Es bleibt Ihnen nichts anderes übrig als zu folden.

**Action:** Sie folden.

Das sieht nach einer passiv gespielten Hand aus (war sie auch), aber ein aggressiver Spieler hätte hier bei dem Versuch, den Gegner zu schikanieren, fast seinen ganzen Stack verlieren können. Denken Sie daran, dass Sie möglicherweise von Anfang an geschlagen waren.

**Hand 10-8**

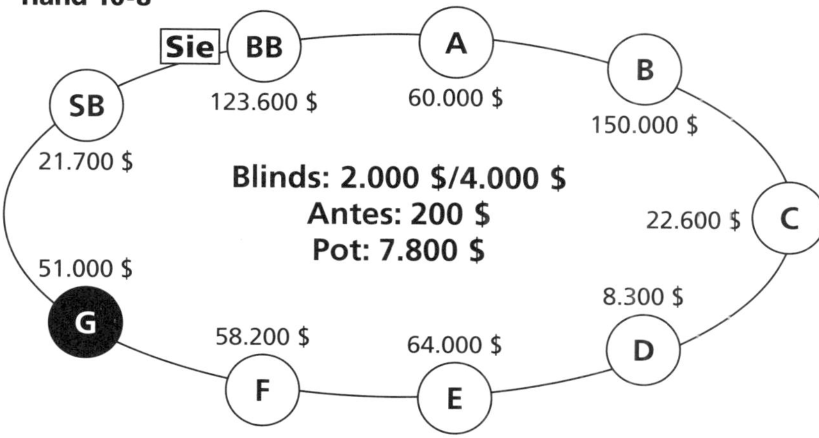


**Situation:** Die letzten beiden Tische eines Multi-Table Online-Turniers. Spieler G ist loose-aggressive.

**Ihr Blatt:** 8♠4♥

**Action bis zu Ihnen:** Die Spieler A, B, C und D folden. Spieler E callt 4.000 $. Spieler F foldet. Spieler G callt 4.000 $ und der Small Blind 2.000 $. Im Pot sind nun 17.800 $.

**Frage:** *Werden Sie checken oder raisen?*
**Antwort:** Checken Sie. Es ist erfreulich, dass Sie mit Ihrem mittelmäßigen Blatt kostenlos den Flop sehen können. Momentan sind Sie mit einem M von 16 in guter Verfassung. Obwohl Sie sich in der gelben Zone befinden, sind Sie gut dabei.

**Action:** Sie checken. Im Pot bleiben 17.800 $.

**Flop:** J♦8♣4♦

**Action:** Der Small Blind checkt. *Was machen Sie?*
**Antwort:** Sie haben Bottom Two Pair gefloppt, das ist ein großartiges Ergebnis. Sie sollten jetzt slow spielen und checken. Denken Sie an das, was wir gesagt haben: je mehr Spieler im Pot mitspielen, desto

weniger sollten Sie bluffen. Der Umkehrschluss ist, dass Sie, je mehr Spieler im Pot sind, umso mehr slow spielen sollten, da bestimmt einer der Spieler ein spielbares Blatt haben wird.

Ziel ist, eine Bet zu provozieren, die Sie dann checkraisen, um damit Ihre Gegner aus dem Pot zu werfen. Mit Trips könnten Sie checken und callen, aber Bottom Two Pair ist dafür nicht gut genug. Sie sind froh, eine zusätzliche Bet gewinnen zu können. Aber der Small Blind hat nur noch 17.500 $ übrig, wenn er also Interesse daran bekundet mitzuspielen, dann wäre er der Hand bis zum Ende ausgeliefert.

**Action:** Sie checken. Spieler E checkt. Spieler G setzt 16.000 $. Der Small Blind geht mit seinen letzten 17.500 $ All-In. *Was machen Sie?*
**Antwort:** Spieler G, der als Letzter am Zug ist, hat einen Angriff auf den Pot gestartet – wie Sie erwartet hatten. Der Small Blind hat gecheckt und geraist – das hatten Sie nicht erwartet. Am wahrscheinlichsten hält er ein Buben-Paar mit ordentlichem Kicker. (Wenn dem so ist, hat er gegen Sie fünf Outs auf dem Turn und acht auf dem River vorausgesetzt, dass weder eine Acht noch eine Vier kommt.)

Ihre beste Spielweise ist jetzt ein Isolationsmanöver. Spieler E hat noch 59.800 $ übrig und Spieler G hat noch 31.000 $. Setzen Sie genügend, um Spieler E All-In zu setzen und hoffen, dass beide sich davonmachen. Auf keinen Fall wollen Sie, dass mehrere Spieler darauf drawen, Ihr Bottom Two Pair zu schlagen.

**Action:** Sie raisen auf 60.000 $. Spieler E und Spieler G folden beide. Der Small Blind zeigt 7♦5♦.

Der Small Blind hat mit einem niedrigen Flush Draw gecheckraist, was wenig Sinn machte. Denken Sie daran, dass das M des Small Blind nur etwas unter 3 war. Er hätte einfach All-In gehen sollen.

**Turn:** 5♣

**River:** 9♦

Der Small Blind trifft seinen Flush und gewinnt den Pot.

**Hand 10-9**

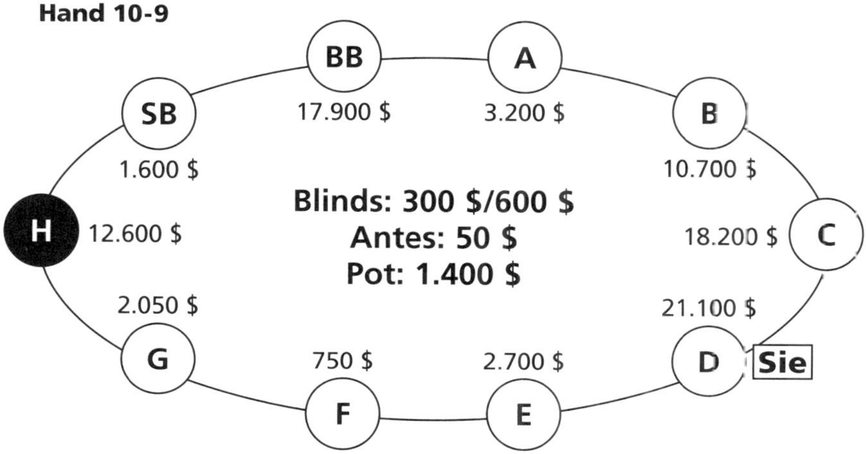


**Situation:** Späte Phase eines Multi-Table Online-Turniers. Es sind nur noch 2 Tische übrig. An diesem Tisch wird seit geraumer Zeit tight gespielt.

**Ihr Blatt:** K♣J♦

**Action bis zu Ihnen:** Die Spieler A, B und C folden. Im Pot sind noch immer 1.400 $.

**Frage:** *Werden Sie folden, callen oder raisen?*
**Antwort:** Gelinde gesagt ist KJo normalerweise ein sehr grenzwertiges Blatt für eine Eröffnung aus der vierten Position an einem voll besetzten Tisch. Am Anfang des Turniers würde ich die Hand so gut wie fast immer wegwerfen. Hier sprechen drei Faktoren dafür, sie doch zu spielen:

1. Der Tisch ist tight. Sie nutzen das aus, indem Sie mit leicht grenzwertigen Blättern die Initiative übernehmen. Wenn Sie von einem Spieler mit ausreichend Chips gecallt oder geraist werden, sind Sie mit Sicherheit geschlagen.

2. Sie sind der Chipleader. Wahrscheinlich werden die Spieler ihre grenzwertigen Blätter gegen Sie eher folden. Wie zuvor müssen Sie bereit sein, schwächere Blätter zu spielen, um diesen Vorteil auszunutzen.

3. Von den sechs Spielern, die nach Ihnen am Zug sind, haben vier winzige Stacks mit Ms zwischen 0,5 und 2. Sie haben keine Angst davor, von diesen Spielern gecallt zu werden, denn sie werden mit schwächeren Blättern callen als üblicherweise.

Berücksichtigt man alle diese Faktoren, dann erscheint ein Raise mit KJo in dieser Situation ziemlich vernünftig.

**Action:** Sie raisen auf 1.200 $. Spieler E foldet. Spieler F geht mit 700 $ All-In. Die Spieler G und H folden. Der Small Blind geht All-In und schiebt dafür seine letzten 1.250 $ in den Pot. Der Big Blind foldet. Es kostet Sie 350 $, um den Small Blind zu callen.

Natürlich callen Sie angesichts der gigantischen Pot Odds. Das ist ein fantastisches Ergebnis, es hat Ihnen die Chance gegeben, zwei der kleineren Stacks in einer Hand zu eliminieren.

**Action:** Sie callen. Spieler F zeigt Q♥T♥ und der Small Blind K♥T♦. Auf dem Board kommen J♠J♥8♣3♠6♠ und Sie gewinnen den Pot.

An der Spielweise der Small Stacks gab es nichts auszusetzen, da sie ziemlich gute All-In-Blätter hatten, wenn man bedenkt, dass sie sich in der roten Zone befanden.

**Hand 10-10**

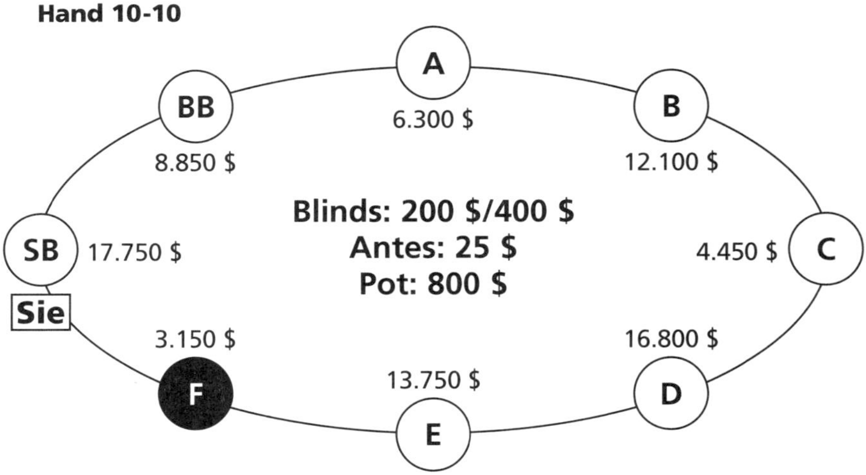

**Situation:** In der Mitte eines Multi-Table Online-Turniers. Am Tisch wurde zuletzt tight gespielt.

**Ihr Blatt:** Q♦Q♠

**Action bis zu Ihnen:** Spieler A callt. Die Spieler B und C folden. Spieler D callt. Die Spieler E und F folden. Im Pot sind jetzt 1.600 $.

**Frage:** *Werden Sie callen oder raisen?*
**Antwort:** Ihre Hand ist sicherlich stark genug für einen Raise und zweifellos nicht ausreichend gut, um sie Out Of Position slow zu spielen. Daher lautet die einzige Frage, die Sie sich stellen müssen: Wie hoch soll mein Raise sein? Sie haben einen komfortablen Stack und ein M von 22. Spieler A hat nach seiner Bet noch 5.900 $ übrig, sein M liegt zwischen 7 und 8. Spieler D hat ein M von etwas über 20. In dieser Situation verfolgen Sie mehrere Ziele und müssen eine Einsatzhöhe auswählen, die möglichst allen Ihren Zielen dient. Ihre Ziele lauten (in loser Reihenfolge):

1. Ihr Blatt ist ausreichend gut, um andere zu Action zu animieren, aber es sollte nicht zuviel Action sein.

2. Sie würden das Feld gerne auf einen Gegner reduzieren.

3. Sie wollen am Liebsten gegen den kleineren Stack spielen, der Ihnen nicht wirklich etwas anhaben kann und der dazu neigen wird, schwächere Blätter zu spielen.

4. Sie sind nicht darauf erpicht, Action vom großen Stack zu bekommen, der Ihnen zusetzen könnte, falls er ein gutes Blatt hat.

Der Spieler, auf den es hier hauptsächlich ankommt, ist der Small Stack. Um das Feld auszudünnen, müssen Sie mindestens eine Bet in Potgröße setzen oder sogar eine etwas höhere. Aber um Spieler A im Spiel zu halten, dürfen Sie nicht mehr als die Hälfte seines Stacks setzen. Die meisten Spieler steigen aus, wenn eine Bet die Hälfte ihres Stacks übersteigt, bleiben aber im Spiel, wenn der Einsatz niedriger ist.

Mit Blick auf all diese Umstände würde ich 2.000 $ setzen. Das reicht aus, um einen, aber vielleicht nicht beide Spieler zu verjagen. Falls der Small Stack irgendeine spielbare Hand hat, könnte er der Meinung sein, dass er es sich leisten kann, den Flop zu sehen. Wenn der Big Stack auch noch einsteigt – sei's drum.

Wenn ich ein stärkeres Blatt hätte (Asse oder Könige) würde ich etwas weniger betten, um zu mehr Action zu ermutigen. Wenn ich Buben oder Zehnen hätte, würde ich mit Sicherheit einen höheren Einsatz bringen, damit die anderen für das Privileg, ihre Draws zu treffen, zahlen.

**Action:** Sie setzen 2.000 $. Der Big Blind foldet und die Spieler A und D folden.

**Hand 10-11**

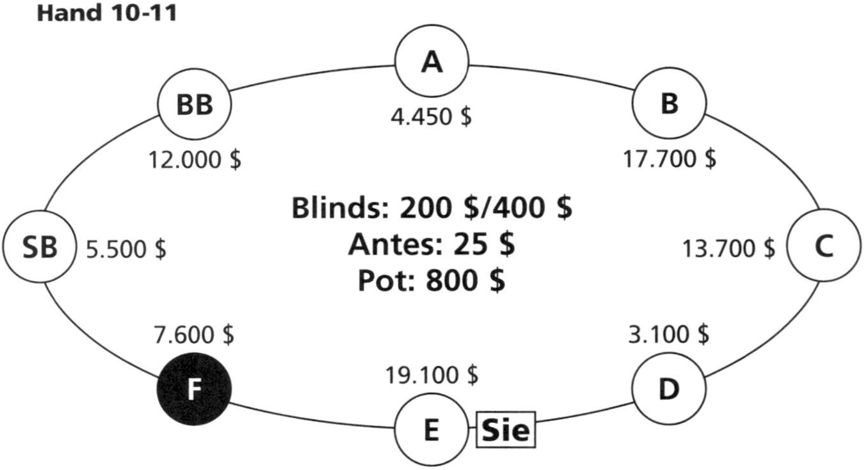


**Situation:** In der Mitte eines Multi-Table Online-Turniers. Am Tisch wurde zuletzt sehr tight gespielt, die meisten Pots gewann der Spieler, der mit einer Minimum-Bet eröffnet hat.

**Ihr Blatt:** Q♣J♠

**Action bis zu Ihnen:** Die Spieler A bis D folden. Im Pot sind immer noch 800 $.

**Frage:** *Werden Sie folden, callen oder raisen?*
**Antwort:** Der Vorteil, den man bei einem lang andauernden Turnier als Big Stack hat, liegt darin, dass man viele Pots billig stehlen kann. Die anderen Spieler merken, dass Sie der Stack sind, der sie ungestraft aus dem Spiel werfen kann, und bleiben den Pots, in denen Sie mitspielen, lieber fern.

Wenn Sie überlegen, mit mittelmäßigen Händen um einen Pot zu spielen, sollten Sie sich vorher die Spieler, die nach Ihnen kommen, genau anschauen. Ideal wäre es, wenn hinter Ihnen ein paar Spieler folgen, die in der orangefarbenen Zone sind. Deren Stacks sind nicht so klein, dass sie verzweifelt sind, aber sie werden auf der Hut sein und deshalb marginale Call-Hände wegwerfen, sobald Sie um den Pot spielen.

In diesem Fall sind die drei Spieler nach Ihnen:

1. Spieler F, M = 9
2. Der Small Blind, M zwischen 6 und 7
3. Der Big Blind, M etwas unter 15.

Zwei der drei Spieler sind in der orangefarbenen Zone, das sind gute Vorzeichen. Auch wenn QJ normalerweise eine ziemlich grenzwertige Hand für eine Eröffnung ist, würde ich sie hier voller Zuversicht spielen.

Wie hoch sollte Ihre Bet sein? Setzen Sie die Summe, die bisher ohne Widerstand Pots gewonnen hat. In diesem Fall ist das die Minimum-Bet gewesen, daher sollten Sie auf 800 $ erhöhen. Falls eine Bet in dreifacher Höhe des Big Blinds die Pots gewonnen hat, setzen Sie 1.200 $. Es geht darum, nichts zu tun, was außerhalb des Normalen liegt.

Wenn Ihre Bet gecallt oder gereraist wird, dann können Sie sicher sein, dass sich Ihr Blatt verbessern muss, um gewinnen zu können.

**Action:** Sie raisen auf 800 $ und gewinnen den Pot.

**Hand 10-12**

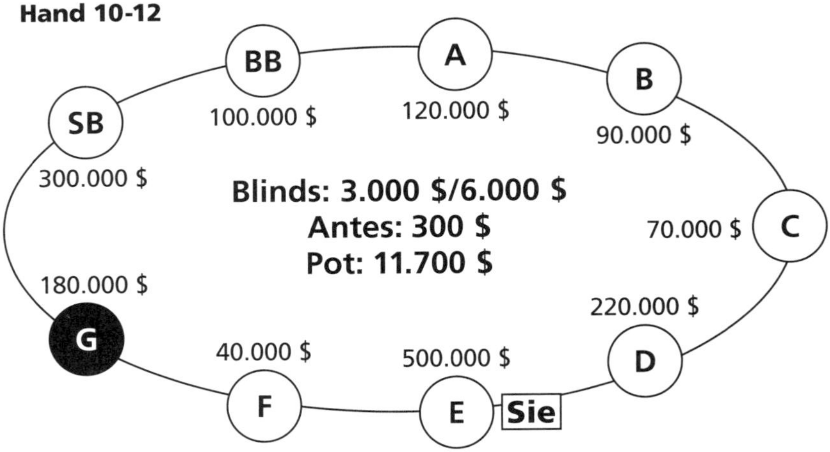


**Situation:** Final Table eines großen Turniers. Der Small Blind hat während des gesamten Turniers extrem aggressiv gespielt. Er war bereit, mit beliebigen zwei Karten zu eröffnen.

**Ihr Blatt:** T♥T♦

**Action bis zu Ihnen:** Die Spieler A bis D folden.

**Frage:** *Werden Sie callen oder raisen?*
**Antwort:** Mittlere Paare sind Blätter, bei denen Sie vor dem Flop heftig raisen müssen, um die Anzahl der Hände zu reduzieren, die Sie mit einem Draw überholen können. Sie sollten ungefähr auf das Drei- bis Fünffache des Big Blinds erhöhen. Denken Sie daran, die Höhe Ihrer Einsätze zu variieren, damit die anderen Spieler Sie nicht so leicht lesen können.

**Action:** Sie raisen auf 16.000 $. Die Spieler F und G folden. Der Small Blind callt 13.000 $. Der Big Blind foldet. Im Pot sind jetzt 40.700 $.

**Flop:** K♥7♠2♣

**Action:** Der Small Blind checkt. *Was sollten Sie tun?*
**Antwort:** Ihre erste Aufgabe ist die Einschätzung des Flops. Dieser Flop ist wirklich ungefährlich für Ihr Blatt. Der Small Blind hat gecallt,

obwohl er Out Of Position ist. Empirisch betrachtet, geschieht so ein Call meistens mit einem der beiden folgenden Blätter:

1. Ein kleines oder mittleres Paar, oder
2. Ass-x.

Jemand mit einem höheren Paar würde reraisen, während Hände wie K-x in dieser Situation normalerweise als zu schwach eingestuft werden. Daher hat dieser Flop wahrscheinlich kaum eines der normalen Call-Blätter getroffen. Denken Sie auch daran, dass ein aggressiver Spieler, nur weil er bereit ist, mit beliebigen zwei Karten zu eröffnen, nicht unbedingt mit jedem Blatt eine solide Bet callt. Seine Calls werden viel eher traditionelle Überlegungen wiedergeben.

Die übliche Vorgehensweise in diesem Fall ist ein Einsatz in halber Potgröße, ungefähr 20.000 $. Sie repräsentieren ein Paar Könige. Diese Bet wird entweder den Pot gewinnen oder offenbaren, dass Ihr Gegner ebenfalls ein gutes Blatt hat. Auch wenn Ihre tatsächliche Hand kein Paar Könige ist, ist es dennoch ein starkes Blatt. Wenn Ihr Gegner Ihre Bet callt, muss er zumindest ein niedriges Paar haben, da keine Flush- oder Straight Draws möglich sind. Wenn er raist, repräsentiert er ein besseres Blatt als Sie und Sie müssen entscheiden, ob er Ihrer Meinung nach blufft oder nicht.

Die andere Art, diese Hand zu spielen, ist sowohl interessanter als auch gefährlicher. Sie spielen gegen einen sehr aggressiven Spieler und haben ein gutes Blatt und sind In Position. Sie könnten auch einfach nur checken. Mit diesem Spiel versuchen Sie, Ihren Gegner zu einem Bluff auf dem Turn zu verleiten, den Sie dann entlarven.

Falls Ihr Gegner nicht viel auf der Hand hat, werden Sie ihm vermutlich in dieser Hand kein Geld abluchsen können, wenn Sie geradlinig spielen. Aber ein Check (der in Wirklichkeit eine viel aggressivere Spielweise ist) könnte Ihnen eine zusätzliche Bet auf dem Turn oder River einbringen.

Natürlich birgt diese Spielweise auch zusätzliche Risiken. Das primäre Risiko besteht darin, dass Sie Ihrem Gegner eine Free Card ermöglichen, mit der er Sie schlagen kann. Das zweite Risiko besteht darin, dass Sie nicht wissen, was eine nachfolgende Bet tatsächlich bedeutet, nachdem Sie auf die Möglichkeit verzichtet haben, Ihre Hand zu definieren. Wenn auf dem Turn ein Bube kommt und der Small Blind bettet, blufft er dann nur oder hat er gerade seine Hand getroffen? Sie sind auf eine Vermutung angewiesen. Das letzte Risiko besteht darin, dass Ihr Spiel Ihnen in Wirklichkeit keinen zusätzlichen Gewinn einbringt. Es könnte sein, dass Ihr Gegner die Hand bis zum Schluss durchcheckt.

Ist eine der beiden Varianten „korrekt"? In den meisten Fällen gewinnt die geradlinige Bet einen kleinen Pot mit minimalem Risiko und minimaler Fluktuation. Aber gegen einen Spieler, von dem Sie wissen, dass er sehr wohl einen Steal versuchen könnte, wird Ihnen ein Check langfristig wahrscheinlich mehr Geld bescheren, aber mit größeren Gewinnen und Verlusten. Allerdings ist diese Methode die Art und Weise, wie super-aggressive Spieler ihre Chipstacks vergrößern.

Sie provozieren die Volatilität im sicheren Wissen, dass sie besser als ihre Gegner dazu in der Lage sind, schwierige Hände zu spielen.

**Action:** Sie checken.

**Turn:** 9♠

**Action:** Der Small Blind setzt 35.000 $. *Was machen Sie?*
**Antwort:** Jede Karte, die niedriger ist als Ihre Zehnen, ist eine gute Karte für Sie. Dieser Einsatz war genau das, was Sie erwarteten, als Sie beim letzten Mal gecheckt haben. Es gibt deshalb keinen Grund, davor Angst zu haben. Sie sollten einfach callen.

**Action:** Sie callen. Im Pot sind jetzt 110.700 $.

**River:** Q♣

**Action:** Der Small Blind checkt. *Was machen Sie?*
**Antwort:** Die Dame war eine gefährliche Karte für Sie, aber sie ist es auch für Ihren Gegner, falls er weder einen König noch eine Dame hält. In diesem Moment ist die kluge Spielweise, die Hand zu checken. Wahrscheinlich haben Sie das beste Blatt, aber eine Bet würde Ihnen zu keinem Gewinn verhelfen, sondern könnte im Gegenteil dazu führen, dass Sie viel Geld verlieren. Also checken Sie nur.

**Auflösung:** Sie checken. Der Small Blind zeigt 6♠6♣ und Sie gewinnen den Pot.

**Hand 10-13**

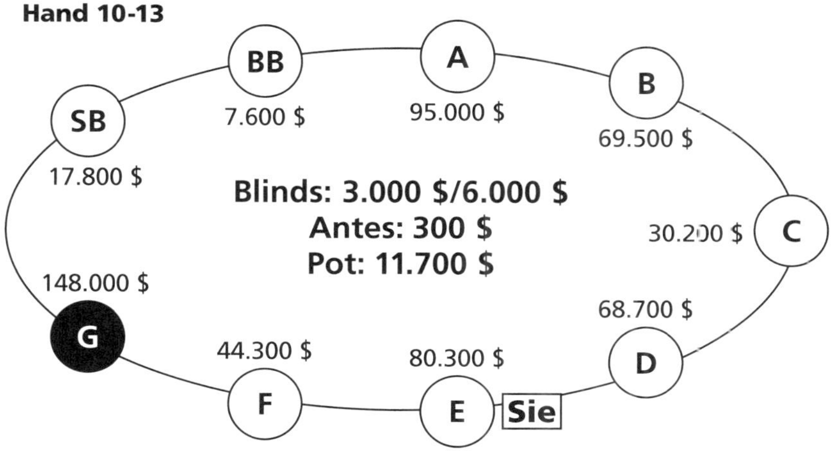


**Situation:** Die letzten beiden Tische eines Multi-Table Online-Turniers. Spieler F ist ein sehr starker Spieler, der bisher bei den Turnieren auf Ihrer Pokerseite sehr erfolgreich war.

**Ihr Blatt:** A♠4♣

**Action bis zu Ihnen:** Die Spieler A, B, C und D folden. Im Pot sind weiterhin 11.700 $.

**Frage:** *Werden Sie folden, callen oder raisen?*
**Antwort:** Hier können Sie als Teil eines ungewöhnlichen Isolationsmanövers raisen. Beachten Sie, dass der Big Blind nach dem Setzen der Blinds und Antes nur noch 1.300 $ übrig hat, daher ist er praktisch All-In. Ihre A4o ist ein perfektes Blatt, um gegen ein zufälliges Blatt im Heads-Up zu spielen. Der Small Blind hat nur noch 14.500 $, daher stellt sein Stack keine sonderliche Gefahr dar. Ihre einzige wirkliche Sorge sind die beiden Spieler direkt nach Ihnen, und A4 ist (gerade eben) gut genug, um vor den beiden zu raisen.

Ein sehr konservativer Spieler könnte sich in diesem Fall entscheiden zu folden und dass wäre keine schlechte Spielweise. Aber super-aggressive Spieler vergrößern ihre Stacks, indem Sie in solchen Situationen ein Manöver starten.

**Action:** Sie raisen auf 12.000 $. Spieler F raist auf 27.000 $. Spieler G und der Small Blind folden. Der Big Blind geht mit seinen letzten 1.300 $ All-In. Im Pot sind jetzt 52.000 $. *Was machen Sie?*

**Antwort:** Das ist ein schlechtes Ergebnis für Sie. Spieler F hat Sie zwar geraist, aber er hat Sie nicht All-In geraist. Stattdessen hat er nur auf 27.000 $ erhöht, sodass er selbst nur noch 17.000 $ übrig hat. Da sein M lediglich bei 4 lag (Ihres lag bei 7) – und es gewiß gerechtfertigt war, dass er seinen ganzen Stack in die Mitte schiebt, wenn er spielen will –, kann der einzige Grund für diesen Spielzug nur sein, dass er Ihnen die bestmöglichen Pot Odds für einen Call bescheren wollte, damit Sie noch mehr Geld in den Pot geben. Das heißt, dass er eine sehr starke Hand hat, wahrscheinlich ein hohes Paar, vielleicht aber auch etwas wie AK oder AQ.

Auch wenn das schlechte Neuigkeiten für Sie sind, gibt es doch auch etwas Gutes daran. Sie haben immer noch ein Ass, wenn er also sein Spiel auf ein anderes hohes Paar als Asse gründet, würde Ihr Ass Ihnen eine 30-prozentige Gewinnchance für diese Hand geben. Wenn er mit Ass-x spielt, liegen Ihre Gewinnchancen nur noch bei 25 Prozent. Wenn die Pot Odds ausreichend sind, könnte es sich lohnen zu spielen.

Jetzt müssen wir uns wieder mit Mathematik beschäftigen. Da diese Hand entscheidend ist, sollten wir uns etwas mehr Zeit nehmen, um sicher zu stellen, dass wir die richtige Entscheidung treffen.

Als Erstes rechnen wir aus, wie viel wir investieren müssen, um spielen zu können. Momentan sieht es so aus, als müssten wir 15.000 $ setzen, um einen Pot von 52.000 $ zu callen, das entspräche Odds von 3,5 zu 1. Aber bei dieser Schlussfolgerung gibt es zwei Probleme. Spieler F begann mit 44.000 $ und hat gerade 27.000 $ gesetzt, er behält lediglich 17.000 $ übrig. Wenn wir jetzt callen, wird er seine letzten 17.000 $ (die einem M von 1,5 entsprechen) nach dem Flop setzen und die Pot Odds werden uns so gut wie sicher zu einem Call zwingen. In Wirklichkeit sind wir dann beide Pot Committed. Daher sollten wir bei unseren Berechnungen annehmen, dass sich seine letzten 17.000 $ bereits im Pot befinden und wir gleichgezogen sind. Nur wenn dieses Szenario einen Call rechtfertigt, werden wir im Spiel bleiben.

Das zweite Problem ist, dass wir nicht nur einen, sondern zwei Pots haben. Das Setzen im Hauptpot war in dem Moment beendet, als der Big Blind All-In ging, sodass in diesem Pot nur die 11.700 $ der Blinds und Antes plus den 1.300 $ von jedem der drei Spieler sind – also eine Gesamtsumme von 15.600 $. Im Side Pot sind 43.000 $ von Spieler F (sein gesamter Stack abzüglich der 1.300 $, die er in den Hauptpot gegeben hat) und 43.000 $ von mir, also eine Gesamtsumme von 86.000 $. Das Geld, das ich gewinnen möchte, sind seine 43.000 $ plus die 10.700 $, die ich schon beigesteuert habe (die anderen 1.300 $ gingen in den Hauptpot), also insgesamt 53.700 $. Um das zu gewinnen, muss ich insgesamt 32.000 $ setzen (15.000 $, um die derzeitige Bet zu callen, und – wie wir ja annehmen – die anderen 17.000 $, die ich auch noch setzen muss, um auf die eine oder andere Weise seine restlichen Chips zu bekommen).

Wenn Sie Grund haben zu glauben, dass die Odds für den Gewinn beider Pots sehr verschieden sind (aufgrund der Action, die Sie am Tisch sehen), dann könnten Sie auch jeden Pot einzeln betrachten, grob abschätzen wie Ihre Gewinnchancen jeweils stehen und dann die beiden Ergebnisse in Verbindung bringen. Wenn Ihre Gewinnchancen bei beiden Pots ungefähr gleich sind, ist die einfachste Lösung, das ganze Geld zusammen zu zählen und zu schauen, ob die Pot Odds ausreichen. Hier ist dies der Fall. Wir gehen davon aus, dass Spieler F ein hohes Paar hat und der Big Blind eine zufällige Hand, daher werden wir, wenn wir uns verbessern und Spieler F schlagen, gut genug sein, um auch den Hauptpot zu gewinnen. Das ist nicht hundertprozentig exakt, aber die Sache war schon kompliziert genug.

Wir sind also fast fertig. Wir müssen zusätzliche 32.000 $ setzen, um die Hand bis zum Ende durchzuspielen. Im Gegenzug können wir die folgende Summe gewinnen:

- 11.700 $: Blinds und Antes
- 1.300 $: Rest des Stacks vom Big Blind
- 12.000 $: unsere erste Bet
- 44.000 $: Rest des Stacks von Spieler F.

Das ergibt eine Gesamtsumme von 69.000 $. 32.000 $ setzen, um 69.000 $ zu gewinnen, bedeutet, dass wir 2,1 zu 1 Odds für unser Geld erhalten.

Wie sehen also unsere wahren Gewinnchancen gegen Spieler F aus? Wenn wir meinen, dass er ein hohes Paar wie zum Beispiel Damen hat, sind wir 70 zu 30 Außenseiter oder 2,3 zu 1. Wenn er uns mit AK oder AQ dominiert, sind wir 3 zu 1 Außenseiter. Es kann auch sein, dass er einen Post-Oak Bluff macht und mit seiner niedrigen Bet Stärke vortäuschen möchte, obwohl er eigentlich eine schwache Hand hält, aber das ist eine sehr, sehr seltene Spielweise bei Online-Turnieren. (Die Spieler sind einfach nicht so raffiniert, um zu verstehen, was Sie machen.) Fazit: Wir haben in diesem Fall nicht die notwendigen Odds. Steigen Sie aus der Hand aus.

**Action:** Sie callen und auf dem Flop kommen J♣J♠7♠. Sie setzen Spieler F All-In und er callt. Er zeigt K♠K♥ und seine Hand gewinnt.

**Hand 10-14**

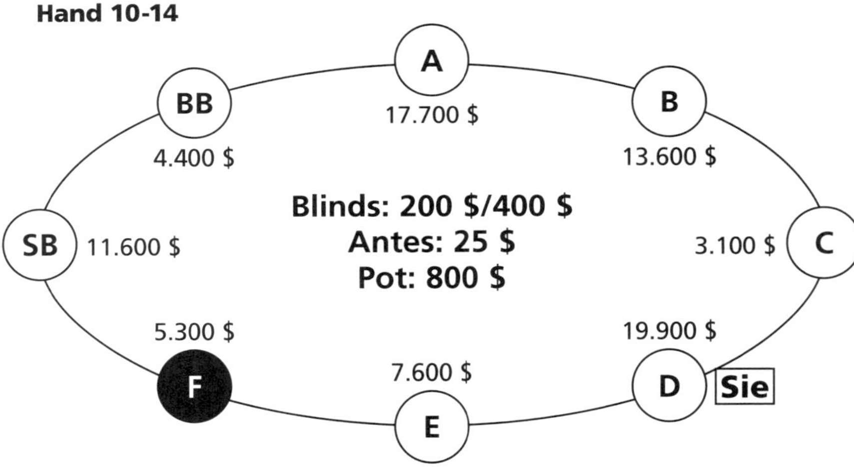


**Situation:** In der Mitte eines Multi-Table Online-Turniers. Am Tisch wurde zuletzt sehr tight gespielt.

**Ihr Blatt:** 6♣6♦

**Action bis zu Ihnen:** Spieler A foldet. Spieler B raist auf 2.000 $. Spieler C foldet. Im Pot sind jetzt 2.800 $.

**Frage:** *Werden Sie folden, callen oder raisen?*
**Antwort:** Wie ich in Kapitel 9 erklärt habe, sind niedrige Paare problematische Blätter, wenn Ihr M niedrig ist. Sie können ebenso problematisch sein, wenn Ihr M ordentlich ist und die anderen Ms am

Tisch niedrig sind. In dieser Situation liegt Ihr M bei 24 und Sie halten ein Sechser-Paar. Können Sie callen?

Die Antwort darauf ist ein klares Nein. Dafür gibt es zwei Hauptgründe:

1. **Die Pot Odds.** Ihre Chancen, auf dem Flop ein Set zu treffen, liegen bei 7,5 zu 1. Spieler B hatte einen Stack von 13.600 $ und auf 2.000 $ geraist. Somit hat er nur noch 11.600 $ übrig. Bei den Gelegenheiten, bei denen Sie Trips bekommen, werden Sie nicht genug gewinnen können, um Ihren Call allein auf dieser Basis zu rechtfertigen. Sie müssen einige Male gewinnen, ohne Ihr Blatt verbessert zu haben. Aber wenn Sie Ihr Blatt nicht verbessern und auf dem Flop einige hohe Karten kommen, werden Sie sehr ungern eine relativ hohe Bet callen.

2. **Die Spieler, die nach Ihnen kommen.** Nach Ihnen sind noch vier Spieler am Zug und diese haben alle niedrigere Stacks als Spieler B. Nehmen wir an, Sie callen, Spieler E (dessen Stack 7.600 $ beträgt) geht All-In und Spieler B foldet. Wenn Sie davon ausgehen, dass er kein Paar hält, können Sie callen. Aber wenn Sie meinen, dass er sehr wahrscheinlich eines hat, müssen Sie Ihr Blatt wegwerfen. Die Möglichkeit, dass Sie von Spielern nach Ihnen geraist werden, erhöht zusätzlich die Summe, die Sie potenziell gewinnen müssen, falls Ihre Hand am Ende die beste ist. Meistens hat man das Gefühl, die Action des Spielers vor einem zu verstehen – und dann kommt der Todesstoß von hinten.

**Action:** Sie folden. Der Small Blind callt. Auf dem Flop kommen Q♦9♣4♦, der Small Blind geht All-In und gewinnt damit den Pot.

**Hand 10-15**

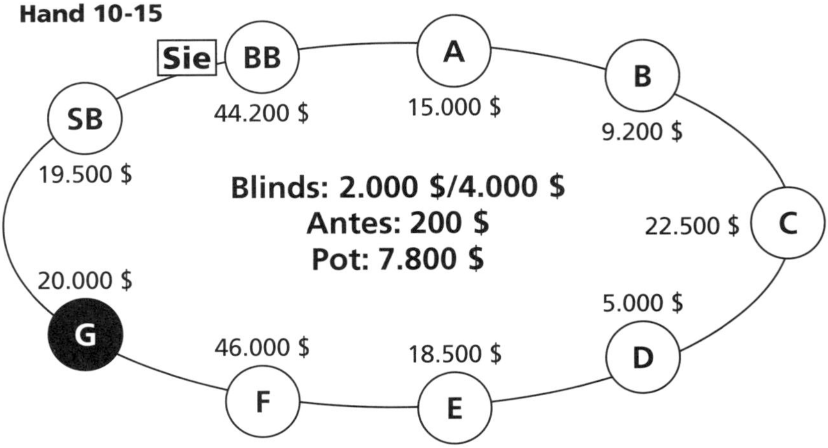


**Situation:** Ein Multi-Table Online-Turnier, die letzten 54 Spieler befinden sich an 6 Tischen. Das Turnier begann mit 400 Spielern, von denen jeder Chips im Wert von 1.000 $ besaß. Die 40 besten Spieler kommen in die Geldränge. Momentan sind Sie im Turnier an zweiter Stelle.

**Ihr Blatt:** 9♥6♠

**Action bis zu Ihnen:** Spieler A foldet. Spieler B geht mit seinen letzten 9.000 $ All-In. Alle anderen Spieler bis zu Ihnen folden. Im Pot sind jetzt 16.800 $. Ein Call kostet Sie 5.000 $.

**Frage:** *Werden Sie callen oder folden?*
**Antwort:** Diese Situation ist typisch für viele Small-Stakes Multi-Table Online-Turniere. Viele Spieler lassen sich in diesen Situationen verwirren, da es Argumente sowohl für Callen als auch für Folden gibt. Lassen Sie uns diese Aufgabe sorgfältig durchgehen und schauen, welches Argument die Oberhand behält.

1. Ihre Pot Odds sind sehr gut, das ist ein Argument für einen Call, aber

2. Ihr Blatt ist schwach, das ist ein Argument für Folden, aber

3. Spieler B kann mit fast allem All-In gegangen sein – ein Argument für einen Call –, aber

4. Sie sind auf dem zweiten Platz im Turnier und nahe am Geld, das ist ein Argument für Folden.

Was wäre also die richtige Entscheidung?

Ihre Pot Odds sind wirklich sehr gut. Sie müssen 5.000 $ setzen, um einen Pot von 16.800 $ zu sehen, daher liegen Ihre Odds bei 3,3 zu 1. Das ist die wichtigste Überlegung und sie fällt sehr günstig für Sie aus. Nur falls er ein Paar Neunen oder ein noch höheres Paar hält, erhalten Sie nicht die für einen Call notwendigen Odds. Angesichts der verzweifelten Lage von Spieler B können Sie davon ausgehen, dass dem nicht so ist und Ihre Odds trotz der Schwäche Ihrer Hand gut genug sind.

Sollte Ihr Stand im Turnier Sie von einem Call abhalten? Das ist die entscheidende Frage in dieser Hand und die Antwort darauf lautet Nein. Ihr guter Stand ist in gewisser Weise eine Illusion. Die anfänglichen 400 Spieler begannen alle mit einem Stack von 1.000 $. Nur noch 54 Spieler sind im Spiel, ungefähr ein Achtel des ursprünglichen Feldes. Das bedeutet, dass der durchschnittliche Chipstack jetzt bei 8.000 $ liegt. Da Ihr Stack 40.000 $ beträgt, liegt Ihr Q über 5. Das hört sich gut an – bis Sie merken, dass Ihr M ebenfalls nur etwas über 5 liegt. Diese Situation – ein niedriges M und zugleich ein hohes Q – ist typisch für Small-Stakes Online-Turniere mit einem großen Feld und kurzen Runden. Die Blinds steigen so schnell, dass selbst die Chipleader gegen Ende des Turniers in eine verzweifelte Lage geraten.

Ihre scheinbare Führung ist eine Illusion, eine Falle. Wenn Sie versuchen, Ihre Führung mit konservativem Spiel zu halten, werden die Blinds Sie schlichtweg auffressen. Die wahre Stärke Ihrer Position liegt darin, dass Sie in einigen dieser für Sie sehr günstigen All-In-Situationen mitspielen und einen Schlag überleben können, wohingegen Ihre Gegner rausgeworfen werden, wenn sie verlieren. Daher müssen Sie die Chance ergreifen und spielen. Ihr M sollte Ihre Strategie beherrschen, nicht Ihr Q.

**Action:** Sie callen. Ihr Gegner zeigt A♦J♠. Sein Blatt gewinnt die Hand.

# Das Spiel an Tischen mit reduzierter Spieleranzahl

## Einführung

Bei großen Turnieren hat der Turnierdirektor unter anderem die Aufgabe, die Tische so voll wie möglich zu halten. Acht oder neun Spieler gelten als ideale Anzahl. (Zehn Spieler werden als zu viele angesehen, da dann meist extrem tight gespielt wird.) Schrumpft ein Tisch auf sechs oder sieben Spieler zusammen, dann versucht der Turnierdirektor so bald wie möglich die Spieler auf andere Tische mit reduzierter Spieleranzahl zu verteilen.

Sinkt die Gesamtspieleranzahl unter 30, werden die Spieler mehr und mehr Zeit an Tischen mit relativ geringer Spieleranzahl verbringen. Sobald die Überlebenden den Final Table erreicht haben und ein paar Spieler eliminiert wurden, wird der Rest die verbleibende Turnierzeit unter den Bedingungen eines Tischs mit reduzierter Spieleranzahl spielen.

Das Spiel an kleinen Tischen ist wie Poker unter Drogeneinfluss. Die Action beschleunigt sich und All-Ins werden häufiger. Sie müssen ein wachsames Auge auf Ihren Stack und die Blinds haben und sich darauf einstellen, wann immer günstige Bedingungen auftauchen, ein Manöver zu starten. Sie haben vielleicht einige Informationen über einige Ihrer Gegner, da Sie mit ihnen in den letzten Tagen an verschiedenen Tischen gespielt haben. Druck und Anspannung sind groß und enorm viel Geld – für manche eine Summe, die ihr Leben verändert – nur ein paar Hände entfernt.

Für Neulinge ist dieser Teil des Turniers ein wahrer Charaktertest. Manche haben Erfolg und entdecken (zu ihrer Verwunderung), dass sie im Wettkampf mit den weltbesten Spielern unter extremen Bedingungen voll in ihrem Element sind. Andere entdecken ganz andere Seiten an sich selbst.

Der persönliche Teil des Spiels kann nicht gelehrt werden, der technische Teil schon. In diesem Kapitel werde ich Ihnen einige wesentliche Strategien für das Spiel an Tischen mit reduzierter Spieleranzahl erläutern. Aber lassen Sie uns zuerst noch eine Stippvisite bei unserem alten Freund M abstatten, der an Tischen mit weniger Spielern einige Veränderungen erlebt.

# Effektives M: Das Anpassen an einen Tisch mit reduzierter Spieleranzahl

In Kapitel 9 habe ich M als Verhältnis Ihres Chipstacks zur Gesamtsumme der Blinds und Antes definiert und dann gezeigt, wie das Sinken von M zur Veränderung Ihrer Strategie führt. Dies geschah allerdings im Kontext eines voll besetzten Tisches, an dem acht, neun oder zehn Spieler sitzen. Wenn wir zum Spiel an Tischen mit reduzierter Spieleranzahl kommen, müssen wir den M-Wert anpassen und das, was ich „effektives M" nenne, ins Leben rufen.

Erinnern Sie sich: M dient Ihnen dazu, etwas darüber zu erfahren, wie lange Ihr Stack bestehen kann, ehe er von den Blinds aufgefressen wird. Nehmen wir an, Sie haben 60.000 $ im Stack und die Blinds und Antes liegen bei insgesamt 12.000 $. Ihr M beträgt dann 5, das heißt, dass Sie fünf Runden am Tisch überstehen können, ehe sich Ihr Stack in Luft auflöst. An einem voll besetzten Tisch mit neun oder zehn Spielern heißt das, dass Sie 45 bis 50 Hände spielen können. Aber nehmen wir einmal an, dass Sie an einem Tisch mit vier Spielern spielen: jetzt bedeutet Ihr M von 5, dass Sie lediglich noch 20 Hände spielen können. In Wahrheit entspricht Ihr M einem M von ungefähr 2 an einem voll besetzten Tisch.

Es ist offensichtlich, dass Sie eine Anpassung des M-Wertes vornehmen müssen, je mehr die Spieleranzahl sinkt. Ich nenne dies die Ermittlung des „effektiven M" und der Vorgang entspricht einer ziemlich simplen Änderung. Berechnen Sie Ihr M wie gehabt und multiplizieren Sie es dann mit der Prozentzahl dessen, was von einem voll besetzten Tisch noch vorhanden ist. Hier ist eine schnelle Formel dafür:

Effektives M = (Klassisches M) x (restliche Spieler : 10)

Ich habe 10 statt 9 als Nenner verwendet, da die Berechnung so leichter ist. Wir benötigen einen schnellen Richtwert, keine exakte mathematische Berechnung.

**Beispiel Nr. 1:** Ihr Stack beträgt 100.000 $, die Blinds und Antes betragen zusammen 12.000 $ und es sind noch vier Spieler am Tisch. *Wie hoch ist Ihr effektives M?*

**Antwort:** Ihr klassisches M beträgt 100.000 geteilt durch 12.000, das ist etwas mehr als 8. Bei vier verbliebenen Spielern multiplizieren wir 8 mit 0,4 und erhalten so ein effektives M von 3,2.

An Tischen mit reduzierter Spieleranzahl müssen Sie Ihre Strategie Ihrem effektiven M anpassen, denn sonst gehen Sie von einer höheren Anzahl von Händen aus, als Sie effektiv noch spielen können, und werden dadurch zu tight.

**Beispiel Nr. 2:** Final Table eines großen Turniers. Fünf Spieler sind noch im Spiel. Die Blinds liegen bei 15.000/30.000 $ mit Antes von jeweils 5.000 $. Die Chipstacks der einzelnen Spieler sehen folgendermaßen aus:

| | |
|---|---|
| Spieler A | 600.000 $ |
| Spieler B | 100.000 $ |
| Spieler C | 1.200.000 $ |
| Spieler D | 450.000 $ |
| Spieler E | 220.000 $ |

*Wie hoch sind die effektiven Ms eines jeden Spielers?*
**Antwort:** Wenn Sie richtig rechnen, müssten Sie die folgenden Werte erhalten:

| | |
|---|---|
| Spieler A | Etwas mehr als 4 |
| Spieler B | Unter 1 |
| Spieler C | Zwischen 8 und 9 |
| Spieler D | Etwas mehr als 3 |
| Spieler E | Zwischen 1 und 2 |

Beachten Sie, dass der effektive M-Wert von Spieler C, obwohl dieser einen großen Vorsprung und einen komfortablen Stack hat, sich schon in der orangefarbenen Zone befindet. Er kann sich nicht zurücklehnen und tight spielen. Wenn er versucht, konservativ zu spielen, dann wird Folgendes passieren: Derjenige, der den sich abzeichnenden Kampf zwischen den Spielern A, B, D und E gewinnt, wird ihm schnell in einer bedrohlichen oder gar dominierenden Art und Weise gegenüber stehen. Mit einem tighten Spielstil kann Spieler C vielleicht als einer der ersten Drei das Turnier beenden, aber er wird seine Chancen, Erster zu werden, nicht erhöhen.

# Strategie an einem Tisch mit reduzierter Spieleranzahl

Tische mit reduzierter Spieleranzahl sind taktische Schlachtfelder. Wenn die Zeit aller Teilnehmer abläuft, verschwimmt die Grenze zwischen einem Bluff und einer Value Bet rasch. Unabhägig davon, worauf eine Value Bet eigentlich beruht, werden Spieler mit ziemlich beliebigen Blättern den Pot attackieren, wenn zwei von sechs Spielern eines Tisches gefoldet haben.

Angesichts von Spielern, die so eifrig darauf aus sind, auch mit schwächeren Blättern um den Pot zu spielen, wird Slow Play eine noch stärkere und gefährlichere Option, sowohl vor als auch nach dem Flop. Lassen Sie uns beide Situationen gesondert betrachten.

### Slow Play vor dem Flop

Wenn die Spieleranzahl am Tisch abnimmt, wird Slow Play vor dem Flop schwieriger. Sind nur noch drei oder vier Spieler am Tisch, dann gewinnen die Hände unweigerlich an Wert, und Blätter, mit denen man an einem vollen Tisch nicht slow spielen würde, besitzen nun einen gewissen Reiz. Was sind vernünftige Maßstäbe für Checken und das damit verbundene Stellen von Fallen an einem dieser Tische?

Meiner Erfahrung nach versuchen die meisten Spieler an kleinen Tischen viel zu raffiniert zu spielen und geben ihren Gegnern dadurch viele Free Cards, obwohl diese nur bedingt starke Hände halten, und werfen sich häufig dadurch selber aus dem Rennen. Wenn die Spieleranzahl abnimmt, steigen in der Regel die Blinds. Sehr hohe Blinds sind ein starkes Gegengewicht und spornen Sie dazu an, den Pot so schnell wie möglich an sich zu reißen.

Für das Slow Play an kleinen Tischen habe ich einige einfache Regeln, die dazu dienen, mich so oft wie möglich aus Schwierigkeiten herauszuhalten. Hier sind sie:

1. **AA, KK, QQ.** Unabhängig von der Spielsituation sind dies grundsätzlich starke Blätter, die ich sehr gern slow spiele und bei denen ich nur ab und an, als Teil einer ausgewogenen Strategie, einen Raise vornehme.

2. **JJ, TT, 99.** Verführerisch, aber gefährlich. Manchmal spiele ich Buben slow oder sogar Zehnen, aber auf keinen Fall Neunen. Selbst gegen einen einzigen Spieler müssen Sie möglicherweise Ihre Hand wegwerfen, falls auf dem Flop Overcards kommen.

3. **Niedrigere Paare.** Sie sollten immer eine Value Bet setzen.

4. **Ungepaarte Hände.** Sie sollten immer eine Value Bet setzen. Ich habe in all den Jahren viele Spieler erlebt, die AK slow spielten und dann in Schwierigkeiten kamen, als drei zufällige Karten kamen und ihr Gegner einen hohen Wetteinsatz machte. Ungepaarte Karten sind einfach nur ungepaart und mit AK die Blinds zu schnappen, ist ein gutes Ergebnis.

### Slow Play nach dem Flop

An Tischen mit reduzierter Spieleranzahl ist Slow Play nach dem Flop eine mächtige Waffe. Da die Ms der Spieler niedriger sind, sind sie jetzt anfälliger für den Köder augenscheinlicher Schwäche als zu einem früheren Zeitpunkt an einem voll besetzten Tisch. Sie setzen nicht nur viel lieber, nachdem Sie Schwäche gezeigt haben, der Pot kann vielmehr durch eine Bet und einen Call so groß werden, dass sie es für gerechtfertigt halten, den Rest Ihrer Chips mit einer mittelmäßigen Hand zu investieren.

**Beispiel Nr. 3:** Der Final Table eines großen Turniers. Es sind noch sechs Spieler verblieben. Die Blinds liegen bei 600/1.200 $ und die Antes bei 200 $, im Anfangspot sind 3.000 $. Derzeit führen Sie das Turnier an und haben 180.000 $. In dieser Hand sind Sie als Zweiter am Zug. Sie gelten als sehr gewiefter, erfahrener und aggressiver Spieler und haben bisher während des Turniers auch so gespielt. Der Spieler direkt nach Ihnen in dritter Position ist ebenfalls sehr erfahren und bekannt für sein trickreiches und fallenreiches Spiel. Er hat noch 80.000 $. Die anderen vier Spieler am Tisch sind Turnier-Veteranen, deren Chipzahlen zwischen 50.000 und 160.000 $ liegen.

Spieler 1 foldet. Sie halten

*Was werden Sie tun?*

**Antwort:** A7o ist ein vernünftiges, wenn auch etwas schwaches Blatt für eine Eröffnung aus zweiter Position an einem Tisch mit sechs Spielern. Die Struktur des Turniers ist recht ungebräuchlich, die Blinds und Antes sind viel niedriger, als es zu diesem Zeitpunkt üblich ist. Der kleinste Stack hat ein M von 17 und ein effektives M von ungefähr 10, wohingegen Ihr M kolossale 60 beträgt und Ihr effektives M ungefähr 36. Hohe M-Werte bedeuten, dass keiner der Spieler allzu verzweifelt ist, daher müssen Sie sich keine allzu großen Gedanken darüber machen, ob Sie Ihre Hand nach einem zufälligen All-In eines Small Stacks wegwerfen. Jedes All-In an diesem Tisch wird wahrscheinlich große Stärke anzeigen und Sie können problemlos Ihre A7 aufgeben.

Angesichts Ihres großen Stacks sollten Sie versuchen, Ihre Führung langsam auszubauen, indem Sie Ihre Gegner in uneröffneten Pots mit einigermaßen viel versprechenden Blättern unter Druck setzen. Für diesen Zweck ist Ihre Hand hier gut genug.

Sie raisen auf 4.000 $. Der Spieler in dritter Position callt. Der letzte Spieler und die Blinds folden. Im Pot sind jetzt 11.000 $. Auf dem Flop kommen

**Sie sind als Erster am Zug?** *Was machen Sie?*

**Antwort:** Dies ist natürlich ein fantastischer Flop für Sie. Ihr einziges Problem ist, dass er sehr wahrscheinlich Ihren Gegner nicht getroffen hat. Sie haben jetzt zwei Möglichkeiten, von denen keine die perfekte Lösung darstellt.

1. Sie können checken und darauf hoffen, dass Ihr Gegner entweder versucht, mit einer Bet den Pot zu stehlen, oder auf dem Turn eine Karte trifft, die ihn dazu bringt, mehr Geld zu setzen.

2. Aufgrund der Theorie, dass ein Check von einem als aggressiv bekannten Spieler, wie Sie es sind, mehr Verdacht auslöst, als eine offenkundige Continuation Bet, können Sie einen Einsatz in Höhe einer solchen Bet bringen. Wenn Ihr Gegner ein paar hohe Karten hat und davon ausgeht, dass Sie den Flop nicht getroffen haben (eine vernünftige Annahme), dann erhalten Sie möglicherweise Action.

Dies ist eine typische Ermessensentscheidung, wie Sie sie oft während eines Turniers treffen müssen. Ich würde mich für einen Check entscheiden. Ihre Hand ist so gut und dass der Flop Ihrem Gegner geholfen hat, ist derart unwahrscheinlich, dass es das rentabelste Vorgehen sein dürfte, eine weitere Karte abzuwarten, ehe Sie setzen.

An diesem Punkt werden einige aufmerksame Leser die Hand heben und fragen: „In Band I haben Sie gesagt, dass der schlimmste Fehler, den ein Spieler machen kann, der ist, dass man seinem Gegner eine Free Card gewährt, mit der er einen dann schlagen kann. Auf dem Board sind zwei Karokarten, warum also geben Sie jemandem mit zwei Karos die Chance auf einen Flush? Sollte er nicht eher dafür zahlen, dass er drawt?"

Ein gutes Argument, meine Antwort darauf lautet: Zunächst spielen Sie gegen einen Spieler, nicht gegen zwei oder drei, das reduziert die Chancen, dass Sie einem Flush Draw gegenüber stehen. Dazu kommt, dass Sie am Final Table gegen starke Spieler antreten, die hohe Karten und keine Flush Draws spielen wollen. Sie werden dort keinen Blättern wie Q3s oder J4s begegnen, wie häufig in Small-Stakes Online-Turnieren, bei denen die Spieler davon ausgehen, dass alle gleichfarbigen oder zusammenhängenden Karten einen Call wert sind. Dadurch ist die Zahl möglicher gleichfarbiger Blätter, denen Sie sich gegenüber sehen könnten, gewaltig eingeschränkt. Drittens würde Ihr Gegner zu diesem Zeitpunkt wahrscheinlich mit einem Flush Draw setzen (der No-Limit Semi-Bluff), und dadurch seine Chance auf eine Free Card selber eliminieren. Außerdem ist die Wahrscheinlichkeit eines gegnerischen Flush Draw so gering, dass Sie bei Ihrer Planung von einem der plausibleren Blätter ausgehen sollten. Denken Sie auch daran, dass Ihre Hand unglaublich stark ist und Sie selbst gegen einen Flush Draw, der die Hand Ihres Gegners später komplettieren könnte, Outs haben. Auf dem Turn gibt es noch drei mögliche Asse und drei Dreien, mit denen Sie Ihr Full House vervollständigen können, sowie eine verbleibende Sieben für einen Vierling. Auf dem River haben Sie 3 zusätzliche Outs, um Ihr Blatt zu ergänzen. Also haben Sie eine erhebliche Chance (über 30 %), einen Flush zu schlagen.

Sie checken. Ihr Gegner checkt nach Ihnen. Auf dem Turn kommt 5♠.
*Was machen Sie nun?*
**Antwort:** Der Check war ein schlechtes Zeichen. Entweder hat Ihr Gegner nichts auf der Hand oder er ist misstrauisch geworden, weil Ihre Bet ausblieb. Die 5? war ein ebenso schlechtes Zeichen. Diese Karte hat Ihrem Gegner sicherlich nicht geholfen. Aber es besteht weiterhin kein Anlass für einen Einsatz. Es gibt immer die Möglichkeit, auf dem River etwas Geld zu machen. Deshalb checken Sie einfach wieder und hoffen, dass Ihr Gegner mit der River-Karte ein Paar trifft.

Tatsächlich setzen Sie 4.500 $ und Ihr Gegner foldet.

Ihr Gegner hielt 10♥9♠. Er machte einen grenzwertigen Call vor dem Flop, zum Teil wegen Ihres Rufs – Sie gelten als sehr aggressiver Spieler und könnten daher mit einem noch schwächeren Blatt als er spielen – und zum Teil wegen der halbwegs guten Pot Odds, die ihm geboten wurden. (Es waren 7.000 $ im Pot und es hat ihn nur 4.000 $ gekostet zu callen.) Ich hätte diese Überlegungen gegen die Bedrohung durch die drei Spieler, die noch am Zug waren, abgewogen und die Hand verlassen, aber es ist eine knappe Entscheidung und sein Spiel durchaus vertretbar.

### Das Cooperation Play

Wenn das Feld schrumpft und mit jedem Platz der Preisgeldunterschied steigt, tritt eine neue Spielweise auf, das so genannte Cooperation Play. Die Idee des Cooperation Play ist die Maximierung der Wahrscheinlichkeit, einen Short Stack zu eliminieren, indem man gegen keinen der anderen im Pot befindlichen Spieler eine Bet setzt. Je mehr Spieler noch im Pot sind, desto besser sind die Chancen auf die Eliminierung des Short Stack beim Showdown. (Die „Kooperation" verläuft hier natürlich nonverbal. Es wäre ein schwerer Verstoß gegen die Regeln und die Poker-Etikette, wenn darüber am Tisch diskutiert würde.) Das Cooperation Play funktioniert umso zuverlässiger, je weniger Chips der Small Stack hat. Wenn der Small Stack nur geringfügig kleiner ist als die anderen Stacks am Tisch, würde das Kassieren seiner Chips möglicherweise zu einem wichtigeren Ziel werden, als ihn auszuknocken. In diesem Fall könnte die Kooperation scheitern.

Ich will Ihnen das Cooperation Play in Aktion anhand eines Beispiels illustrieren.

**Beispiel Nr. 4:** Der Final Table eines großen Events. Es spielen noch sechs Spieler. Die Blinds liegen bei 3.000/6.000 $, die Antes bei 500 $. Im Anfangspot sind 12.000 $. Sie sind der Big Blind. Die Stacks sind nach Setzen der Blinds und Antes folgendermaßen:

| | |
|---|---|
| Small Blind | 350.000 $ |
| Big Blind (Sie) | 400.000 $ |
| Spieler 1 | 950.000 $ |
| Spieler 2 | 30.000 $ |
| Spieler 3 | 500.000 $ |
| Spieler 4 (Button) | 600.000 $. |

Spieler 1 foldet. Spieler 2 geht All-In. Spieler 3 callt. Spieler 4 und der Small Blind folden. Sie halten 9♠7♥. *Was machen Sie?*

**Antwort:** Callen Sie mit dem Plan, die Hand durchzuchecken. Spieler 3 und Sie sind wie zwei Abwehrspieler beim Football, die versuchen, die Lücken zu schließen und sicher zu stellen, dass Spieler 2 nicht entkommen kann. Ihr 97o ist ein nützliches Blatt, das viele mittlere Karten, die kommen könnten, abdeckt. Hoffentlich deckt Spieler 3 ein paar hohe Karten ab, damit Sie den Short Stack im Zusammenspiel aus dem Turnier werfen können.

Unter welchen Umständen würden Sie die Kooperation aufgeben und eine Bet setzen? Darauf gibt es eine einfache Antwort: Wann immer Sie auf dem Flop eine Hand treffen, die so gut ist, dass Sie denken, das Thema sei nicht mehr Spieler 2 zu schlagen, sondern so viel Geld wie möglich aus Spieler 3 herauszuholen. Dazu bedarf es einer sehr guten Hand. Wie gut diese starke Hand genau sein muss, ist unter den jeweiligen Umständen Ermessenssache.

Die Reihenfolge, in der die Stacks sich am Pot beteiligen, ist sehr wichtig. Bei dem vorherigen Beispiel war der Short Stack als Erster im Pot und wurde dann von Spieler 3 und anschließend von Ihnen gecallt. In diesem Fall gibt es keinen Side Pot und auch keinen Grund, einen solchen zu eröffnen. Wenn ein großer Stack mit einer Bet beginnt und dann von einem kleineren Stack gecallt wird, ist die Situation eine völlig andere. Wenn Sie jetzt callen, spielen Sie mit zwei Gegnern in einem kleinen Hauptpot, aber um einen größeren Side Pot mit Ihrem weiterhin aktiven Gegner. In diesem Fall kann der Gewinn des Side Pots für Ihre Turnierchancen viel wichtiger sein als der Hauptpot, daher würde eine Kooperation keine große Rolle spielen. Sie werden so spielen, dass Sie Ihre Gewinnchancen für den Side Pot maximieren.

**Fliegen klatschen: Die 10-zu-1-Regel**

Je näher Sie dem Ende des Turniers kommen, desto wichtiger wird das Eliminieren von Spielern, da jeder ausgeschiedene Spieler Ihnen ein höheres Mindestpreisgeld garantiert. Eine schnelle und praktische Faustregel für diese Fälle ist die von mir so genannte „10-zu-1-Regel". Wenn ich mindestens zehnmal so viele Chips habe wie einer der anderen Spieler, setze ich ihn ohne Zögern mit beliebigen zwei Karten All-In. Die kombinierte Wahrscheinlichkeit, dass der andere folden wird oder dass ich die Hand gewinnen werde, falls er callt, ist immer groß genug, um einen Verlust von maximal 10 % meines Stapels zu riskieren.

**Beispiel Nr. 5:** Ein großes Turnier, es sind noch fünf Spieler im Rennen. Sie sind der Small Blind und an zweiter Stelle mit 760.000 $. Die Blinds liegen bei 5.000/10.000 $, die Antes bei 1.000 $. Der Big Blind ist mit 60.000 $ der Short Stack. Die ersten drei Spieler folden. Sie halten

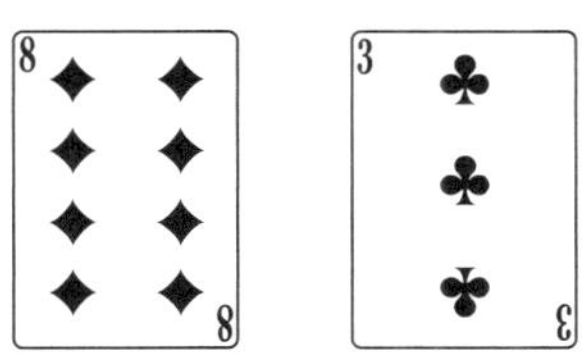

auf der Hand. *Was machen Sie?*

**Antwort:** Setzen Sie ihn All-In. Sein Stack betrug am Anfang der Hand weniger als ein Zwölftel Ihres eigenen Stacks. Der Vorteil, den Sie durch die Eliminierung eines Spielers erhalten, ist so groß, dass das kleine Risiko für Ihren eigenen Stack es allemal wert ist. Ihre momentane Hand ist irrelevant.

Die Situation ist eine etwas andere, wenn der Small Stack als Erster All-In geht. Sie haben kein First-In Vigorish mehr und seine Hand ist wahrscheinlich etwas besser als der Durchschnitt. In diesem Fall würde ich zusätzlich zu meinem größeren Stack noch einigermaßen gute Karten benötigen.

Im Jahr 1995 habe ich am Final Table der World Series ein Manöver gestartet, das ausschließlich von der 10-zu-1-Regel bestimmt wurde. Die Blinds lagen bei 15.000/30.000 $, die Antes bei 2.000 $ und ich war im Big Blind mit beinahe 1.000.000 $. Hamid Dastmalchi saß auf dem Button, ein hervorragender Spieler, der einige Jahre zuvor die World Series gewonnen hatte. Sein Stack war auf 110.000 $ gesunken. Die Hand wurde bis zum Button gefoldet und Dastmalchi ging All-In. Der Small Blind foldete, somit war es mir gegenüber ein 80.000 $ Raise. Da ich von der 10-zu-1-Regel wusste, habe ich mit meinen schwachen

gecallt.

Dastmalchi präsentierte

und ich zeigte meine J♣3♠. Am Tisch war ein Raunen zu vernehmen und ich hörte, wie mindestens einer der Zuschauer flüsterte: „Harrington hat den Verstand verloren!“ Mein Verstand war durchaus noch intakt, aber ich habe diese Hand verloren.

Der Verlust dieser Hand hatte aber einen gänzlich unerwarteten, positiven Effekt: Mehrere Runden lang griff keiner der Spieler meinen Big Blind an. Der Tisch hatte entschieden, dass „Action-Dan" sich jetzt in „Maniac-Dan" verwandelt hatte, und keiner der Spieler wollte meinen Blind herausfordern, außer mit einem wirklich spielbaren Blatt.

Innerhalb weniger Runden hatte ich meine 80.000 $ zurückgewonnen und noch etwas Zinsen dazu. Denken Sie an diese Anekdote, wenn Sie das nächste Mal bei einer Konfrontation mit einem Spieler, der ein niedriges M hat, mit einem schwachen Blatt erwischt werden.

Ihre Gegner werden nicht automatisch die richtigen Rückschlüsse ziehen, es sei denn, es sind wirklich gewiefte Turnier-Taktiker.

## Im Zweifelsfall lassen Sie die Pot Odds entscheiden

An Tischen mit sehr wenigen Spielern sinkt die Bedeutung Ihrer Hand und die Bedeutung Ihrer Pot Odds steigt. Gewöhnen Sie sich an, den Pot und Ihre Odds zu berechnen, *ehe Sie eine Entscheidung fällen.* Im Geiste sollten Sie sich nicht sagen: „Ich halte nur J5" sondern: „Ich halte J5 und die Pot Odds liegen bei 2,2 zu 1." Wenn Sie sich angewöhnen, Ihre Karten und Ihre Pot Odds als zusammengehörige Fakten zu betrachten, halten Sie Ihr Denken in Ordnung. Gutes Spiel an Tischen mit reduzierter Spielerzahl besteht aus einem ausgewogenen Verhältnis von Karten und Odds.

Schwache Karten plus gute Odds = spielbare Situation

Letztlich werden die meisten Ihrer Karten im Vergleich zu den Blättern, die Sie sonst spielen, schwach sein, aber indem Sie anhand der Odds verfahren, halten Sie sich selbst im Spiel. Denken Sie daran, dass Ihre Gegner sich mit den gleich schlechten Karten wie Sie abquälen müssen.

**Beispiel Nr. 6:** Ein großes Turnier, drei Spieler sind noch im Spiel. Die Blinds liegen bei 3.000/6.000 $ und die Antes bei 300 $. Die Chips und Stacks sind folgendermaßen verteilt:

| | |
|---|---|
| Button | 71.000 $ |
| Small Blind (Sie) | 35.500 $ |
| Big Blind | 72.500 $ |

Sie haben K♥3♥. Der Button callt 6.000 $. *Was machen Sie?*
**Antwort:** Im Pot sind jetzt 15.900 $. Es kostet Sie weitere 3.000 $ zu callen. Sie erhalten Odds von mehr als 5 zu 1 für Ihr Geld. Unter diesen Umständen ist K3s eine Monsterhand und Sie können damit auf jeden Fall callen. Dass Sie der Short Stack sind oder nach dem Flop Out Of Position sind, sind dabei zweitrangige Überlegungen im Vergleich zu den monströsen Odds.

Sie haben noch eine zweite Möglichkeit: auf All-In raisen. Dass der Button einfach nur gecallt hat, zeigt wahrscheinlich eher Schwäche als eine Falle an. Der Big Blind hat – soweit Sie wissen – ein zufälliges Blatt. Wenn ich ein so starkes Blatt wie K7s hätte, würde ich in dieser Situation definitiv All-In gehen. (Denken Sie daran, dass Ihr Stack ausreichend groß ist, dass jemand, der callt und verliert, auf den letzten Platz zurückfällt.) Die 3 als Kicker ist allzu schwach, daher würde ich zu einem Call tendieren.

**Beispiel Nr. 7:** Im gleichen Turnier, gleiche Blinds, ein paar Hände später. Jetzt sind die Stacks folgendermaßen verteilt:

| | |
|---|---|
| Button | 62.000 $ |
| Small Blind | 85.100 $ |
| Big Blind (Sie) | 31.900 $ |

Sie halten

Der Button geht All-In und der Small Blind foldet. Sie wurden um den Betrag Ihres gesamten Stacks geraist, das sind 25.600 $. *Was werden Sie tun?*

**Antwort:** Im Pot sind 31.900 $ vom Button (er hat Sie All-In gesetzt) plus 3.300 $ vom Small Blind plus Ihre anfänglichen 6.300 $ – also ein Gesamtbetrag von 41.800 $. Ein Call kostet Sie 25.600 $. Die Pot Odds liegen bei 40 zu 25 oder 8 zu 5, also ungefähr 1,6 zu 1. Das sind enorme Odds, wenn man JT auf der Hand hält. Sie bekommen fast den richtigen Preis, falls er zwei höhere Karten auf der Hand hat, und liegen darüber, falls er eine höhere und eine niedrigere Karte oder ein Underpair hält. Nur wenn er eines der fünf Top-Paare hält, sind Sie in wirklichen Schwierigkeiten. Eines der anderen Blätter ist sehr viel wahrscheinlicher, daher sollten Sie callen.

# Kontrolle der Pot Odds

Wenn die Pot Odds eine so große Bedeutung haben, folgt daraus, dass Sie versuchen sollten, die Odds Ihrer Gegner zu kontrollieren, entweder um sie aus dem Pot zu drängen oder zu Fehlern zu verleiten. Bei so wenigen Spielern am Tisch ist dies meist leichter als an einem voll besetzten Tisch.

Eine gute Technik, dieser Aufgabenstellung näherzukommen, ist, sich die Arten von Blättern vorzustellen, die Ihr Gegner halten könnte. Dann können Sie überlegen, ob es Einsatzhöhen gibt, die einen Call für bestimmte Kategorien von Händen inkorrekt werden lassen. Manchmal lässt sich der Call für einige Kategorien inkorrekt gestalten, für andere aber nicht. Im Folgenden ein gutes Beispiel dazu.

**Beispiel Nr. 8:** Ein großes Turnier, Final Table mit den letzten drei Spielern. Die Blinds liegen bei 3.000/6.000 $ und die Antes bei 300 $. Der Anfangspot beträgt 9.900 $. Sie nehmen T♥T♣ auf. Die Stackgrößen sind:

| | |
|---|---|
| Button | 68.900 $ |
| Small Blind (Sie) | 57.800 $ |
| Big Blind | 53.200 $ |

Der Button foldet. *Was ist die richtige Höhe für einen Raise?*

**Antwort:** Ein Zehner-Paar ist natürlich ein großartiges Blatt im Heads-Up. Aber natürlich können Sie auch keinem, der irgendeine hohe Karte hält, eine kostenlose Chance gewähren, Sie zu schlagen. Sie wollen Ihren Gegner aber auch nicht mit einem All-In-Raise verjagen. Sie müssen ihm etwas Geld fürs Mitspielen abnehmen, ihn zu etwas Action ermutigen und gleichzeitig die Chance geben, einen Fehler zu machen. Gibt es eine Einsatzhöhe, die all dies erreicht?

Lassen Sie uns damit beginnen, zu überlegen, welche Arten von Händen der Big Blind halten könnte, wenn wir davon ausgehen, dass er vorhat, einen Raise von uns zu callen.

1. **Zwei Undercards.** Diesen Fall können wir ignorieren. Mit ziemlicher Sicherheit wird er zwei niedrigere Karten als Zehnen nach einem bedeutsamen Raise wegwerfen. Um zu spielen, braucht er mindestens 4 zu 1 Odds, die er nicht bekommen wird.

2. **Ein höheres Paar.** Wenn er ein Premium-Paar hat, wird er wahrscheinlich unabhängig von unserer Bet unser gesamtes Geld gewinnen, daher werden wir diesen Fall ebenfalls ignorieren.

3. **Ein niedrigeres Paar.** Das ist die beste Situation, die wir allerdings ebenso ignorieren können, da sie sich von selbst erledigt. Er braucht Odds von 4 zu 1, die wird er nicht erhalten – zudem wird er ohnehin spielen. Ende der Angelegenheit.

4. **Zwei Overcards.** Dieser Fall ist interessanter, zum Teil deswegen, weil viele Calls in diese Kategorie fallen. Wir werden gegen zwei Overcards ungefähr ein 13 zu 10 Favorit sein. Wenn wir den Standard-Raise in dreifacher Höhe des Big Blinds setzen, müssen wir eine Gesamtsumme von 21.000 $ platzieren (3.000 $ um den Big Blind zu callen und weitere 18.000 $ für den Raise). Wenn wir so agieren, dann muss der Big Blind 18.000 $ für einen Call zahlen, um einen Pot von 30.900 $ zu sehen. Der Pot bietet ihm Odds von 1,6 zu 1, daher wäre sein Call eindeutig korrekt. Was können wir aber tun? Wenn wir auf die vierfache Summe des Big Blinds raisen wollen, müssen wir 27.000 $ in den Pot geben. Dann müsste er 24.000 $ setzen, um einen 36.900-$-Pot zu callen. Wir haben seine Pot Odds auf 1,5 zu 1 reduziert, aber ein Call ist damit immer noch gerechtfertigt. Wenn wir auf eine sehr viel höhere Summe als diese raisen, können wir seine Odds zwar weiter reduzieren, sind dann aber Pot Committed und könnten auch gleich All-In gehen. In diesem besonderen Fall gibt es einfach nicht sehr viele Möglichkeiten, unserem Gegner die für seinen Call notwendigen Odds zu verwehren.

5. **Eine Overcard.** Aha! Hier kommt der interessanteste Fall. Ein Blatt wie A8 ist ein Außenseiter von etwas mehr als 2 zu 1 gegen unser Zehner-Paar. Das ist genau das, wonach wir gesucht haben: eine Hand, die definitiv eine potenzielle Call-Hand ist und dazu eine, der wir die nötigen Odds verweigern können. Jetzt wird unsere Bet in dreifacher Höhe des Big Blinds, die Call-Odds von 1,6 zu 1 beschert, ihn dazu zwingen, einen Fehler zu machen, indem er callt. Da dies die einzige Kategorie ist, bei der wir eine Einsatzhöhe auswählen

können, die einen Unterscheid macht, ist dies auch die einzige Kategorie, die wir beachten müssen.

**Schlussfolgerung:** Wir raisen auf die dreifache Höhe des Big Blinds und schieben 21.000 $ in die Mitte.

# Strategie-Mix, Stackgröße und Preisfonds

Es ist jetzt an der Zeit, einen anderen Faktor, der ebenfalls die Entscheidungsfindung an Tischen mit reduzierter Spieleranzahl beeinflusst, zu betrachten: Die Preisverteilung selbst. Bevor Sie an einem Final Table zu spielen beginnen, müssen Sie sich die exakte Preisverteilung der ersten neun oder zehn Plätze einprägen. *Sie müssen dies tun, selbst wenn die Preisverteilung Sie nicht persönlich betrifft.* Vielleicht sind Sie ein pensionierter Krösus, dem es nur darum geht, den ersten Platz zu machen. Falls das zutrifft, ist das wunderbar. Aber das Geld wird für die meisten Ihrer bunt zusammengewürfelten Gegner eine Bedeutung haben und sie in vorhersehbarer Weise beeinflussen. Wenn Sie ein paar vernünftige und intelligente Vermutungen anstellen, worauf jeder Spieler hofft und was er zu erreichen versucht, kann Ihnen das einige spektakuläre Spielzüge ermöglichen.

Lassen Sie uns einige Poker-Spielertypen betrachten und Beobachtungen anstellen, in welcher Art diese vom Geld beeinflusst werden und wie Ihr Spiel in Anbetracht dessen aussehen sollte.

**Der Internetqualifikant.** Er ist ein junger Mann, der 50 $ oder etwas in dieser Größenordnung bezahlt hat, um an einem Online-Qualifikationsturnier teilzunehmen, dann die kostenlose Teilnahme an einer großen Veranstaltung gewonnen hat und nun am Final Table sitzt und auf soviel Geld stiert, wie er es seine Lebtage noch nicht gesehen hat. Die meisten dieser Spieler wollen einfach nur die Leiter hinaufklettern und jede Stufe dieser Leiter könnte mehreren Jahreseinkommen entsprechen. Ein Spieler mit solch einer Denkweise lässt sich ziemlich leicht herumschubsen. Aber manche dieser Typen erweisen sich als wahre Tiger, die Ihre glückliche Chance als Sprungbrett für eine richtige Pokerkarriere betrachten. Passen Sie auf diese Spieler auf und überlassen jemand anderem den Versuch, sie aus dem Pot zu werfen. Beobachten Sie, was passiert, und agieren Sie zukünftig dementsprechend.

**Der High-Tech-Millionär.** Er hat sein Geld während des Wirtschaftsbooms der Neunzigerjahre gemacht, sich mit intaktem Vermögen aus dem Geschäft zurückgezogen und braucht jetzt etwas, um seine Freizeit auszufüllen. Er spielt nicht um des Geldes Willen, sondern um zu zeigen, wie clever er ist. Er wird häufig bluffen und seine Karten zeigen, wenn sein Bluff funktioniert, damit Sie auch wissen, wie viel schlauer er ist. Ob er auf Ihren Bluff foldet oder nicht, hängt von der Art des Bluffs ab, den Sie gebracht haben. Wenn Sie einfach all Ihr Geld vor dem Flop in den Pot geschoben haben, wird er Sie callen (nach dem Motto: *Mich schubst keiner herum).* Aber wenn Sie ein langes, kompliziertes Manöver lancieren und dann auf dem River eine Bet setzen, wird er aussteigen. *(Ihr Manöver war brillant, ich habe aber alles durchschaut – Ha Ha!)* Je mehr die Spieleranzahl sinkt, desto häufiger wird er angreifen, da er weiß, das Geld Ihnen mehr bedeutet als ihm. Sie werden ihn nicht zermürben können; stattdessen müssen Sie Ihre Gelegenheiten ergreifen und Widerstand leisten. Ein All-In-Check-Raise ist dafür besonders gut geeignet.

**Der arbeitslose Profi ohne Geld.** Womöglich war er vor ein paar Wochen noch Millionär, aber jetzt ist er pleite. So sieht das Leben auf der Überholspur nun mal aus. Geld hat für ihn sicherlich eine Bedeutung, aber in welcher Weise ist unvorhersehbar. Vielleicht will er sich einfach wieder eine Bankroll aufbauen, in diesem Fall besitzt jede Stufe der Leiter eine große Bedeutung für ihn. Ein guter Hinweis dafür ist seine Bereitschaft, Deals und Splits in Spielpausen anzubieten. Er könnte aber auch riesige Schulden haben, dann brächte ihm nur eines der höchsten Preisgelder ein ausgeglichenes Konto. In diesem Fall wird er pleitegehen. (Eine Geschichte, die beim Backgammon Circuit legendär wurde, handelt von einem semi-professionellen Spieler, der vor vielen Jahren in einem Londoner Club spielte. Ihm stand in einem High-Stakes-Spiel, bei dem er gegen sieben wohlhabende Gegner antrat, das Wasser bis zum Hals. Das Team hat irgendwann seine sieben Verdopplungswürfel auf 128 erhöht. Als er die Würfel akzeptierte, sagte er: „Ich kann genauso gut annehmen, da ich nicht bezahlen kann, wenn ich ablehne." Er verlor, ging raus und wurde nie wieder gesehen.)

**Der pensionierte Geschäftsmann.** Er war lange Zeit Geschäftsmann, hat eine erfolgreiche Karriere hinter sich und nun Poker zu seinem Hobby gemacht. Sein Leben lang hat er Entscheidungen treffen und verhandeln müssen, ein ideales Training für einen Pokerspieler. Er braucht das Geld nicht, aber er respektiert Geld und Sie können davon ausgehen, dass seine Entscheidungen vernünftig und scharfsinnig sind. Er weiß, dass die Profis ihn als Anfänger betrachten und versuchen werden, ihn herumzuschubsen, und er wird darauf vorbereitet sein. Wenn er einen Pot eröffnet und Sie ein gutes Blatt haben, sollten Sie ihn einfach All-In setzen. Er wird öfter callen als nicht.

**Der wohlhabende, erfahrene Profispieler**. Dieser Typ ist ein kompromissloser Kerl. Er hat schon alles erlebt, alle Spielvarianten gespielt und dabei sein Geld behalten – Sie können also getrost vergessen, ihn ausspielen zu wollen. Die Vorstellung, ihn mit Geld unter Druck setzen zu können, ist ein Witz. Die empfohlene Strategie lautet: Wenn Sie ihn nicht ausspielen können, müssen Sie anders vorgehen. Wenn er in einen Pot einsteigt, raisen Sie ihn mit beliebigen zwei Karten All-In. Die anderen Spieler werden ihnen aus dem Weg gehen und die ersten Male, in denen Sie so spielen, wird er seine Hand wegwerfen – außer er hält ein hohes Paar. Nach und nach wird er allerdings merken, was Sie treiben. Irgendwann wird er ein gutes Blatt haben und Sie callen – dann müssen Sie diese Hand tatsächlich gewinnen. Aber vielleicht halten Sie in diesem Moment ein starkes Blatt oder vervollständigen Ihren Draw. Es ist jedenfalls Ihr bester Versuch.

Wenn Sie es mit dem Poker Circuit zu tun bekommen und anfangen, von einem Turnier zum anderen zu reisen und währenddessen mit Spielern Zeit verbringen, werden Sie immer auch Gesprächsfetzen in Form von Neuigkeiten, Geschichten und Gerüchten aufschnappen. Manches werden Sie aus erster Hand erfahren, anderes kolportiert bekommen, manches aus guten, anderes aus unzuverlässigen Quellen erfahren. Schenken Sie allen Informationen Beachtung. Versuchen Sie, es zu einem wiedererkennbaren Gesamtbild zusammenzusetzen. Die Kenntnis des finanziellen oder emotionalen Zustands Ihrer Gegner kann beim Spielen eine genauso wertvolle Information sein, wie das Wissen, dass ein Gegner gerne checkt, wenn er den Flop trifft und anschließend auf dem Turn einen Angriff startet.

Lassen Sie uns jetzt eine praktische Anwendung all dieses Palavers betrachten.

**Beispiel Nr. 9.** Ein großes Turnier, außer Ihnen sind nur noch drei Spieler dabei. Sie sind ein erfahrener Profi und können in letzter Zeit eine Reihe von Erfolgen vorweisen. Sie werden weithin als kompromissloser und scharfsinniger Spieler respektiert und gelten als schwer lesbar. Sie sind der Big Stack mit 4.000.000 $. Dies sind Ihre Gegner:

**Gegner Nr. 1:** Ein Topspieler, der schon viele Jahre Ansehen genießt und mehrere große Siege vorweisen kann. Er ist relativ wohlhabend, völlig unlesbar und unerschütterlich. Sein momentaner Stack beträgt 1.500.000 $.

**Gegner Nr. 2.** Ein Internetqualifikant, der sein erstes größeres Turnier spielt. Ein höflicher Junge, der ziemlich intelligent zu sein und gut zu spielen scheint. Er startet gern kleine aggressive Manöver in vielen Pots. Sein Stack: 1.200.000 $.

**Gegner Nr. 3:** Ein Restaurantbesitzer aus London, der wahrscheinlich ziemlich reich ist und nur zum Spaß mitspielt. Sein Glück hat ihn vor ein paar Stunden verlassen und er verwaltet jetzt einen Small Stack, der kleiner wird. Er hat, selbst als sich dazu die Möglichkeit bot, kein aggressives Manöver gestartet, vielleicht hat er demnach beschlossen, sich mit einem vierten Platz zu begnügen. Sein Stack: 120.000 $.

Die Blinds liegen derzeit bei 10.000/20.000 $ mit Antes von 2.000 $. In jeder Hand sind 38.000 $ im Pot. Jeder der Spieler hat ein komfortables M, außer Gegner Nr. 3, dessen effektives M jetzt bei ungefähr 1,2 liegt.

Die Preisverteilung sieht folgendermaßen aus:

| | |
|---|---|
| Erster Platz: | 1.200.000 $ |
| Zweiter Platz: | 600.000 $ |
| Dritter Platz: | 400.000 $ |
| Vierter Platz: | 150.000 $ |

Das ist in der heutigen Zeit keine ungewöhnliche Preisverteilung für ein großes Turnier, der erste Platz wird zwar stark gewichtet, aber es gibt immer noch sehr ansehnliche Preisgelder für den zweiten und den dritten Platz. Zwischen dem dritten und dem vierten Platz liegt allerdings ein deutlicher Unterschied.

In der nächsten Hand sind Sie als Erster am Zug. Der Internetqualifikant sitzt auf dem Button, der Restaurantbesitzer im Small Blind und der erfahrene Profispieler im Big Blind.

Sie nehmen

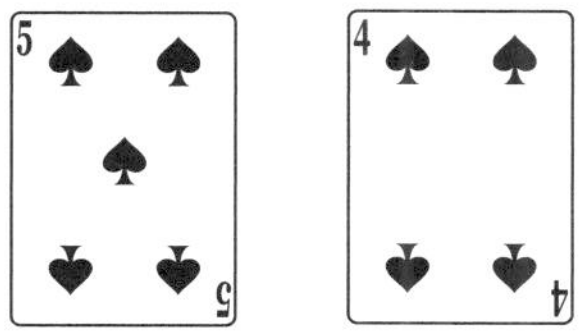

auf und übernehmen mit 60.000 $, dem Dreifachen des Big Blinds, die Initiative. Der Internetqualifikant raist auf 130.000 $. Die Blinds folden.
*Was werden Sie tun?*
**Antwort:** Callen Sie. Sie wissen, dass der Junge gern kleine Manöver startet und diese Bet fällt sicher darunter. Möglicherweise hat er nicht viel auf der Hand, aber das Gefühl, dass er den Pot mitnehmen kann, indem er die Initiative übernimmt und in der nächsten Runde nach Ihnen agiert. Sie haben einen großen Stack und unter diesen Umständen eine spielbare Hand, daher sollten Sie callen.

**Sie callen.** Im Pot sind jetzt 298.000 $. Auf dem Flop kommen

*Was werden Sie tun?*
**Antwort:** Dieser Flop ist gut für Ihr Blatt – keine hohen, sondern nur niedrige Karten. Sie haben jetzt einen Open-ended Straight-Draw und zusätzlich die Chance auf einen Runner-Runner-Flush. Sie könnten setzen, aber ich rate Ihnen zu checken und zwar aus Gründen, die bald offensichtlich sein werden.

Sie checken. Der Internetqualifikant setzt 130.000 $. *Was machen Sie?*
**Antwort:** Sie gehen All-In.

Ein guter Spieler überlegt in dieser Situation nicht lange, denn hier geht es weder um mögliche Hände Ihres Gegners noch um Pot Odds oder Handanalyse. Hier geht es nur um Ihren Gegner und den Preisfond.

Bis vor ein paar Sekunden hat jeder am Tisch dem Restaurantbesitzer den vierten Platz zugerechnet, weil er lediglich ein paar Blinds von seiner Eliminierung entfernt ist. Insbesondere der Internetqualifikant, der sein erstes Turnier dank eines Freiplatzes spielt, dachte sich: „Ich habe 400.000 $ in der Tasche und jetzt versuche ich, noch mehr zu kriegen." Ihr All-In hat die Gleichung verändert. Jetzt denkt sich der Junge: „Wenn ich diese Hand verliere, verliere ich 250.000 $." 250.000 $ dürfte für einen Twen, der an seinem ersten Turnier teilnimmt, viel Geld sein, besonders wenn er vorher dachte, er hätte es schon in der Tasche.

Ihre Bet repräsentiert Trips. Ihr Gegner wird diese Hand folden, außer er hält selbst einen Drilling. Vielleicht foldet er sogar Bottom Trips, aber mit Sicherheit wird er eher ein hohes Paar folden, als 250.000 $ zu riskieren.

**Sie gehen All-In und Ihr Gegner foldet.**

Die Hand war von der Präsenz des Restaurantbesitzers abhängig, der ein – wie wir sagen – „Krüppel" war. So nennt man einen Spieler, dessen Stack schon über einen langen Zeitraum so niedrig ist, dass jeder andere am Tisch sich selbst auf einem der drei oberen Geldränge sieht. Die Existenz eines Krüppels verändert auf subtile Weise die Dynamik zwischen den übrigen Spielern, so wie die Gravitation eines unsichtbaren Planeten, die alles in Ihrer Umgebung beeinflusst. Sie stärkt die Position des Big Stack (das sind in diesem Falle Sie), der die Spieler mit mittlerem Stack durch ein All-In bedrohen kann, das diese nicht callen können, ohne Geld zu riskieren, von dem sie dachten, dass sie es schon sicher haben. Sobald der Krüppel eliminiert ist, verschwindet diese Bedrohung und das Spiel normalisiert sich wieder.

# Die Hand gewinnen oder um das Preisgeld spielen?

Dies ist eine der Kernfragen, die viele Turnierspieler beschäftigt. „Sollten Sie auf die Maximierung Ihrer Chancen auf den Turniersieg hinarbeiten oder so spielen, dass Sie Ihre Chips sparen und in den Geldrängen aufsteigen?" Die prompte Antwort von mir darauf lautet: Spielen Sie auf Sieg! In der Praxis heißt das, dass Sie bestmöglich spielen und versuchen, in jeder Hand Ihre Equity zu maximieren; Ihre Endplatzierung im Turnier können Sie getrost sich selbst überlassen. Für diese Spielweise gibt es drei gute Gründe.

So zu spielen, dass Ihre Equity in jeder Hand maximiert wird, ist meistens sowieso die richtige Spielweise. Ausnahmen sind selten und haben für gewöhnlich damit zu tun, dass eine gute Hand weggeworfen wird, wenn ein größerer Stack in der Lage ist, Sie auszulöschen. Bei den meisten Turnieren ist die Preisverteilung zu den obersten Rängen hin asymmetrisch, daher wird Ihnen in der Mehrzahl der Fälle das Spiel auf Sieg langfristig mehr Geld einbringen, wenn auch nicht unbedingt in diesem speziellen Turnier.

Die meisten Ihrer Gegner werden darum spielen, Plätze nach oben zu klettern und größere Preisgelder zu gewinnen. Wie immer beim Poker ist es die rentabelste Vorgehensweise, das Gegenteil dessen zu tun, was die anderen machen.

Poker ist heutzutage ein großes Geschäft und die Nebeneinkünfte gehen an die Spieler, die tatsächlich Turniere gewinnen, nicht an die Zweitplatzierten. Den Sieg in einem Turnier zu erringen, macht sich in Ihrem Lebenslauf viel besser, als mehrfach in den Geldrängen zu sein.

## Die Wahl des richtigen Einsatzes: Zuckerbrot und Peitsche

Eine der attraktivsten Eigenschaften von No-Limit Hold'em ist die Möglichkeit, die Höhe der Wetteinsätze zu kontrollieren und dies für die eigenen Zwecke zu nutzen. In Band I haben wir Situationen betrachtet, in denen Sie Ihre Einsätze dazu verwenden konnten, einen Gegner aus dem Pot zu verjagen, indem Sie ihm die für einen Call notwendigen Pot Odds verweigert haben. In Situationen mit reduzierter Spielerzahl und niedrigen M-Werten werden Sie vielleicht genau das Gegenteil anstreben: Sie werden Ihrem Gegner verführerische Odds anbieten, damit er im Spiel bleibt und all seine Chips verliert.

Selbst an einem Tisch mit reduzierter Spielerzahl brauchen Sie natürlich eine starke Hand, um Ihren Gegner im Spiel halten statt ihn verjagen zu wollen. Vor dem Flop müsste ich Asse, Könige oder Damen haben, ehe ich daran denken würde, meinen Gegner mit einer Falle in diese Hand zu locken.

Niedrigere Paare werden einfach mit zu großer Wahrscheinlichkeit noch überholt und ein Blatt wie AK ist trotz alledem lediglich ein Ass mit einer hohen Beikarte. Aber wenn Sie das richtige Blatt haben und die richtige Situation vorfinden, muss das Stellen von Fallen mithilfe der Einsatzhöhen Teil Ihres Repertoires sein. Lassen Sie uns betrachten, wie dabei vorgegangen wird.

**Beispiel Nr. 10:** Ein Multi-Table-Turnier mit fünf verbliebenen Spielern. Die Blinds liegen bei 2.000/4.000 $, die Antes bei 200 $. Der Anfangspot beträgt 7.000 $. Der Tisch setzt sich folgendermaßen zusammen:

| | |
|---|---|
| Spieler 1 | 21.500 $ |
| Spieler 2 | 27.100 $ |
| Spieler 3 | 83.200 $ |
| Small Blind (Sie) | 20.700 $ |
| Big Blind | 37.500 $ |

Sie nehmen ein Paar Asse auf. Spieler 1 setzt den Minimum-Raise von 8.000 $. Die Spieler 2 und 3 folden.

**Diskussion:** Sie können Ihrem Gegner einen Peitschenhieb verpassen und All-In gehen, aber dies birgt das Risiko, ihn aus dem Pot zu verjagen. Ihr M liegt in der roten Zone und beträgt 3,5 – Ihr effektives M gerade mal 1,7 –, daher sollten Sie versuchen, alle seine Chips zu bekommen und zu verdoppeln. Eine bessere Spielweise ist deshalb, den Minimum-Reraise um weitere 6.000 $ zu machen. Jetzt hat Ihr Gegner 8.000 $ gesetzt und Sie 14.000 $, der Pot enthält also 29.000 $ und ein Call kostet ihn 6.000 $. Er wird misstrauisch sein, weil Sie ihm Pot Odds von 4,5 zu 1 gewährt haben, aber er wird callen.

Nach dem Flop werden 35.000 $ im Pot sein und Sie werden noch 4.500 $ übrig haben, Ihr Gegner noch 7.300 $. Wenn Sie Ihr restliches Geld setzen, erhält er für seinen Call Odds, die besser sind als 5 zu 1. Erneut wird er misstrauisch sein, aber der Köder ist einfach zu verführerisch. Die Pot Odds werden ihn dazu treiben zu callen. Jetzt haben Sie sein ganzes Geld in den Pot geholt – das ist alles, was Sie mit Ihrem Monster verlangen konnten. Jetzt müssen Sie nur noch die Hand gewinnen!

## Den Big Stack verfolgen

Sich bewusst zu sein, wo der Big Stack sitzt, ist in allen Phasen eines Turniers wichtig. Aber wenn die Spieleranzahl zurückgeht, die Blinds steigen und die Ms fallen, ist es besonders entscheidend, jederzeit genau zu wissen, wo sich der Big Stack befindet. Denken Sie daran, dass der Big Stack der Spieler ist, der Sie mit geringstem eigenen Risiko eliminieren kann. Da er Sie so leicht ausschalten kann, hat sein Status direkten Einfluss auf Ihre Bereitschaft, aggressiv oder tight zu spielen.

1. Wenn er nicht an der Hand teilnimmt, können Sie maximale Aggressivität an den Tag legen.

2. Wenn er möglicherweise in der Hand mitspielt (aber noch nicht agiert hat), müssen Sie vorsichtiger sein.

3. Wenn er definitiv in der Hand mitspielt, benötigen Sie zum Mitspielen ein ordentliches Blatt.

Diese Empfehlung trifft umso mehr dann zu, wenn der Big Stack im Big Blind ist. Da er schon den Blind bezahlt hat, sind seine Odds günstiger als die der anderen Spieler, um den Pot zu spielen. Daher müssen Sie noch vorsichtiger sein.

Wenn nach dem Ausscheiden eines Spielers die Spieleranzahl weiter abnimmt, orientiere ich mich gern, indem ich mich frage: „In welcher Position werde ich sein, wenn der Big Stack im Big Blind sitzt?" Die Antwort auf diese Frage in den Vordergrund zu rücken, hilft mir dabei, im weiteren Verlauf der Hand Fehler zu vermeiden. Sitzt der Big Stack zum Beispiel rechts neben mir, weiß ich, dass ich als Erster am Zug sein werde, wenn er im Big Blind ist. Selbst wenn nur fünf oder sechs Spieler am Tisch sitzen, weiß ich, dass meine Spielkriterien in erster Position eher denen an einem vollbesetzten Tisch ähneln werden, als denen an einem Tisch mit reduzierter Spieleranzahl.

# Übungsaufgaben

An Tischen mit reduzierter Spieleranzahl kommen alle normalen Aspekte des Pokers zum Zug, allerdings mit leichten Schwerpunktverlagerungen, denn der Tisch hat weniger Spieler, die Action verläuft schneller und die Einsätze sind höher.

Die Aufgaben 11-1 bis 11-3 behandeln die Eröffnungsanforderungen für das Spiel an Tischen mit reduzierter Spieleranzahl. Die Aufgaben 11-4 und 11-5 zeigen einige Beispiele dafür, wie man mit seinem Setzverhalten an Informationen gelangt. Einige Feinheiten des Positionsspiels werden in den Aufgaben 11-6 bis 11-8 dargestellt.

Aufgabe 11-9 zeigt, wie an Tischen mit reduzierter Spieleranzahl das Gap-Konzept und der Sandwich-Effekt eine besondere Bedeutung erlangen.

In den Aufgaben 11-10 bis 11-12 betrachten wir Beispiele für Probe- und Continuation Bets.

Das Stehlen, Bluffen und Slow Play an Tischen mit reduzierter Spielerzahl wird in den Aufgaben 11-12 bis 11-26 thematisiert.

Das Kalkulieren der Pot Odds in kritischen Endspielsituationen erläutern die Aufgaben 11-18 bis 11-22. Die Analyse von All-In-Manövern ist besonders entscheidend. Dieses Thema wird in den Aufgaben 11-23 bis 11-25 behandelt.

Aufgabe 11-26 ist ein Beispiel für die Entscheidung, ob Sie kooperieren sollten oder nicht. Aufgabe 11-27 zeigt die 10-zu-1-Regel in der Praxis.

**Hand 11-1**

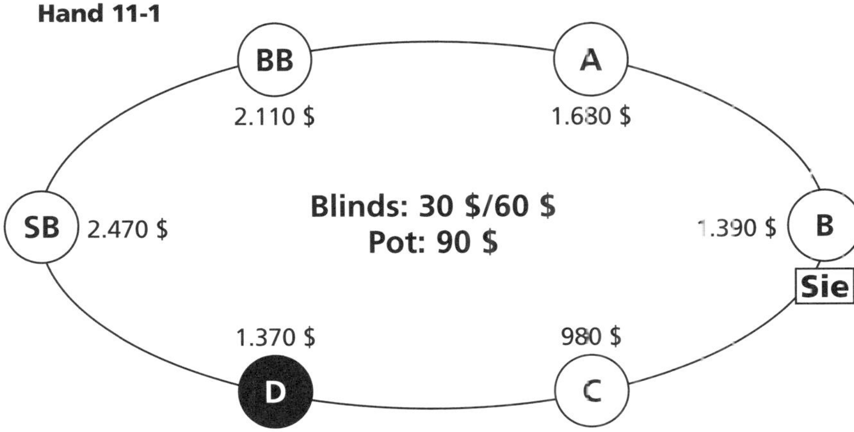

**Situation:** Ein Single-Table-Qualifikationsturnier. Der Small Blind ist ein sehr aggressiver Spieler, die anderen sind tight.

**Ihr Blatt:** A♥8♥

**Action bis zu Ihnen:** Spieler A foldet.

**Frage:** *Werden Sie folden, callen oder raisen?*
**Antwort:** Je weniger Spieler am Tisch sind, desto geringer werden die Anforderungen an die Eröffnungshände. An einem vollen Tisch sollten Sie in erster Position von einem Zug mit einem Blatt wie A8s nicht allzu angetan sein. Aber bei nur sechs Spielern am Tisch und einem Spieler, der vor Ihnen gefoldet hat, gibt es nur noch vier Spieler, die agieren können. Ihre Position entspricht der Late Middle Position an einem voll besetzten Tisch. A8s ist jetzt eine relativ starke Hand und ausreichend gut, um den Pot zu attackieren. Setzen Sie eine hohe Bet – ungefähr das Zwei- bis Dreifache des Big Blinds – und schauen, was passiert.

**Action:** Sie setzen 160 $. Alle Spieler nach Ihnen folden.

Das ist ein tolles Ergebnis, auch wenn Sie nach wie vor eine Hand gehabt hätten, wenn Sie gecallt worden wären.

**Hand 11-2**

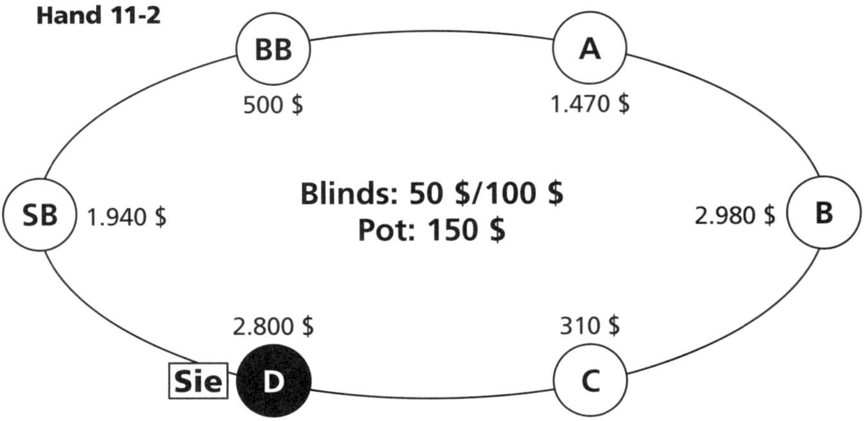


**Situation:** Späte Phase eines Single-Table Online-Turniers. Spieler B und der Small Blind sind sehr aggressive Spieler.

**Ihr Blatt:** Q♠9♣

**Action bis zu Ihnen:** Spieler A foldet. Spieler B callt. Spieler C foldet.

**Frage:** *Werden Sie folden, callen oder raisen?*
**Antwort:** Sie sollten folden. Bei Ihrem Blatt gibt es drei Probleme:

1. Es ist kein wirklich starkes Blatt. KQ oder QJ wären für einen Call viel besser.

2. Es kommen noch 2 Spieler nach Ihnen, einer davon ist als aggressiver Spieler bekannt. Sie wissen nicht, was die beiden machen werden.

3. Der Big Stack hat gecallt – der Spieler, der Ihnen das Genick brechen kann.

Sie sollten mit grenzwertigen Blättern an aktiven Tischen vorsichtig sein, selbst wenn die Spieleranzahl an diesen abnimmt. Wenn vor Ihnen drei Spieler gefoldet hätten, wären Sie mit dieser Hand problemlos in der Lage, einen Angriff auf den Pot zu starten. Aber in Situationen, in denen der Pot umkämpft wird und nach Ihnen noch zwei Spieler am Zug sind, brauchen Sie ein solideres Blatt als dieses.

**Action:** Sie folden.

**Hand 11-3**

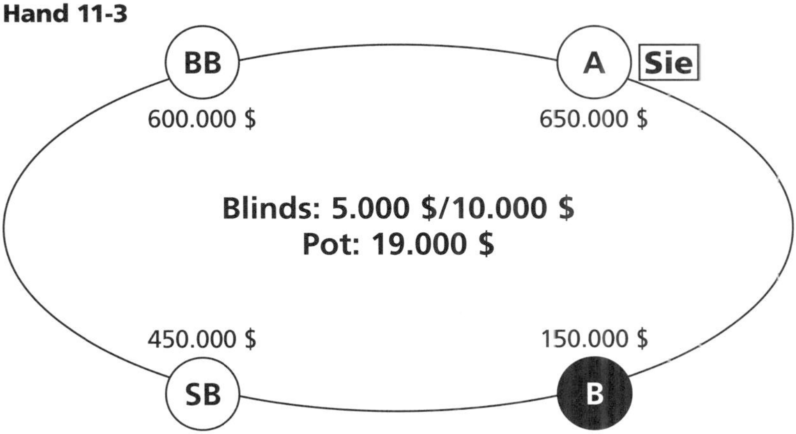

**Situation:** Final Table eines größeren Turniers. Spieler B hat während des ganzen Turniers sehr aggressiv gespielt.

**Ihr Blatt:** K♦9♠

**Action bis zu Ihnen:** Sie sind als Erster am Zug.

**Frage:** *Werden Sie folden, callen oder raisen?*
**Antwort:** An einem Tisch mit vier Spielern sind Ihre K9 kein sonderlich gutes Blatt, aber dennoch ausreichend, um einen Angriff zu starten. Raisen Sie auf 35.000 $ und schauen, ob Sie den Pot mitnehmen können.

**Action:** Sie raisen auf 35.000 $. Spieler B geht mit 150.000 $ All-In. Die Blinds folden. Im Pot sind jetzt 204.000 $. *Werden Sie callen oder folden?*
**Antwort:** Die Antwort auf diese Frage hängt von zwei Dingen ab: den Pot Odds und dem Table-Image. Betrachten wir zunächst die Pot Odds.

Um diese Bet zu callen, müssen Sie weitere 115.000 $ setzen, um eine Chance auf den Gewinn eines 204.000-$-Pots zu haben. Sie erhalten also Odds von 1,77 zu 1 oder auch 9 zu 5. Das sind hervorragende Odds, wenn Sie gegen ein Paar spielen, das niedriger ist als Ihre Neun, denn dabei wären Sie lediglich ein 11 zu 10 Außenseiter. Gegen die verschiedenen Kombinationen von ungepaarten Händen, mit denen Sie konfrontiert sein könnten, erhalten Sie in den meisten Fällen zumindest die Minimum-Odds, die Sie für einen Call brauchen. Zum Beispiel:

1. Gegen eine niedrige Karte mit einer Karte zwischen den Ihren – wie Q7 – sind Sie 8 zu 5 Favorit.

2. Gegen zwei Karten zwischen den Ihren – wie JT – sind Sie 12 zu 10 Favorit.

3. Gegen eine hohe Karte plus niedrige Karte – wie beispielsweise A6 – sind Sie 6 zu 5 Außenseiter.

4. Gegen eine hohe Karte und eine Karte zwischen den Ihren – wie AT – sind Sie 8 zu 5 Außenseiter.

5. Gegen K-x sind Sie in großen Schwierigkeiten, wenn x höher ist als Ihre Neun. Dann sind Sie zwischen 2,5 zu 1 und 3 zu 1 Außenseiter.

Nur gegen die letzte Kombination – ein König mit Ass, Dame, Bube oder Zehn – erhalten Sie nicht die notwendigen Odds.

Natürlich sind Sie in ernstzunehmenden Schwierigkeiten, wenn Sie gegen eines der hohen Paare spielen und würden sich wünschen, gefoldet zu haben. Aber alles in allem scheinen die Pot Odds einen Call klar zu rechtfertigen.

Der andere Schlüsselfaktor ist das Table-Image und auch hier spricht alles für einen Call. Wenn der Tisch auf drei, vier oder fünf Spieler reduziert ist und die Blinds relativ hoch sind, versucht jeder den Pot anzugreifen. Nur die größten Stacks haben dabei eine Auswahl, aber auch sie müssen sich an Pots beteiligen, um ihre Stacks vor einer stetigen Abnahme zu bewahren. Da nicht genug starke Blätter im Spiel sein können, wissen die guten Spieler, dass viele dieser Angriffe auf schwachen Blättern basieren. Um dies auszunutzen, kann man den Raiser bei günstigen Gelegenheiten mit einem Reraise konfrontieren. Spieler, die so vorgehen, versuchen natürlich, den Pot zu gewinnen, aber sie versuchen auch, eine Antwort auf die absolut zentrale Frage *„Wird dieser Spieler seinen Raise verteidigen oder seine Karten wegwerfen, falls er kein wirklich starkes Blatt hat?“* zu erhalten.

Sobald Sie als ein Spieler bekannt sind, der seine Raises nicht verteidigt, haben diese keine Durchschlagkraft mehr. Jeder am Tisch wird bemerken, dass Sie eine Memme sind und Sie immer wieder angreifen. Wenn Sie eine Chance haben wollen, in Zukunft irgendeinen Pot zu stehlen, müssen Sie diese Bet callen. Immerhin war Ihre Bet kein reiner Steal und Sie haben ein vernünftiges Blatt.

**Action:** Sie callen und Ihr Gegner zeigt A♠J♦. Auf dem Flop kommen K-7-4 in verschiedenen Farben und Ihre Könige gewinnen.

**Hand 11-4**

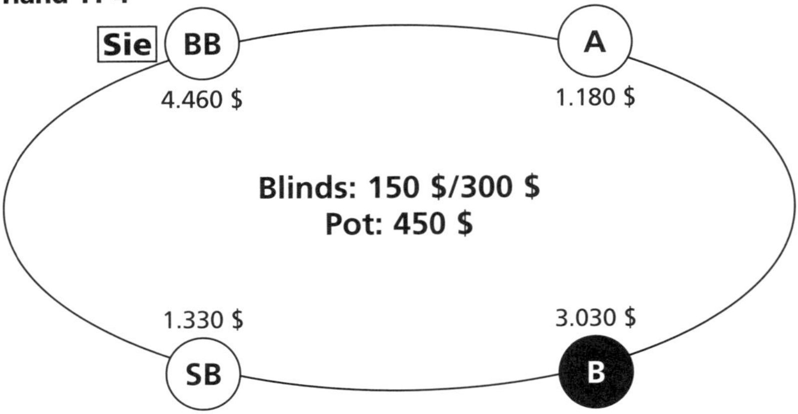


**Situation:** Späte Phase eines Single-Table Online-Turniers. Spieler B ist sehr aggressiv, er steigt in viele Pots ein und raist häufig.

**Ihr Blatt:** A♠T♣

**Action bis zu Ihnen:** Spieler A foldet, Spieler B raist auf 750 $. Der Small Blind foldet. Im Pot sind jetzt 1.200 $.

**Frage:** *Werden Sie folden, callen oder raisen?*
**Antwort:** Sie haben für einen Tisch mit vier Spielern ein vernünftiges Blatt, aber Sie sitzen in schlechter Position. Lassen Sie uns Ihre Optionen eine nach der anderen betrachten.

1. **Folden.** Kann nicht richtig sein. Ein sehr aggressiver Spieler hat an einem Vierer-Tisch geraist. Das ist keine Rechtfertigung für das Wegwerfen einer vernünftigen Hand. Es kostet Sie 450 $, einen Pot von 1.200 $ zu sehen, und diese Odds von 2,6 zu 1 bedeuten, dass Folden keine Alternative ist.

2. **Callen.** Dadurch bleiben Sie im Spiel, aber auf Kosten der Tatsache, dass Sie Out Of Position sind und keinerlei Informationen über das Blatt von Spieler B haben.

3. **Ein Raise auf 1.500 $.** An einem Tisch mit vier Spielern ist AT derzeit wahrscheinlich die beste Hand. Ihr Gegner könnte ein gutes Blatt haben, aber ebenso gut könnte er einen Routine-Angriff vom Button aus starten, um die Blinds zu stehlen. Indem Sie einen draufsetzen, können Sie herausfinden, wo Sie stehen. Da er ein aggressiver Spieler ist, spricht etwas mehr dafür, dass er ein schwaches Blatt hat, aber dem würde ich nicht allzu viel Gewicht beimessen. An einem Tisch mit reduzierter Spieleranzahl muss jeder Spieler versuchen, den Pot zu stehlen. Außerdem kann auch ein aggressiver Spieler ein gutes Blatt auf der Hand haben.
   Es gibt aber noch einen anderen Grund, warum Sie hier einen Raise machen sollten. Sie sind auch in zukünftigen Händen gegen diesen Spieler Out Of Position. Das ist schlecht und Sie wollen sich in den Endphasen eines Turniers nicht selbst in solche Positionen manövrieren. Wenn Sie raisen und er foldet ist das fantastisch. Wenn Sie raisen und er All-In geht, sind Sie wahrscheinlich geschlagen, aber zumindest wissen Sie dann Bescheid und können Ihren Verlust auf 1.500 $ begrenzen. Falls er callt, stehen Sie weiter unter Druck, aber zumindest wissen Sie etwas mehr über seine Hand. (Das ist ziemlich gut.)

4. **Ein All-In-Raise.** Da Ihr Gegner sehr aggressiv ist, ist es durchaus denkbar, dass viele seiner Blätter – vielleicht bis zu 70 % – Hände sind, mit denen er keine All-In-Situation riskieren würde. Wenn das wahr ist, ist es nicht schwer zu erkennen, dass ein All-In ein rentabler Spielzug sein wird. Sagen wir einmal, dass Spieler B 70 % seiner Hände foldet, aber wenn er callt, 2 zu 1 Favorit gegen Ihre AT sein wird. In diesem Fall lassen sich die möglichen Resultate folgendermaßen aufschlüsseln:

- 70 %: Er foldet und Ihr Stack wächst auf 5.360 $.
- 20 %: Er callt und gewinnt. Ihr Stack schrumpft auf 1.430 $.
- 10 %: Er callt und Sie gewinnen. Ihr Stack wächst auf 7.640 $.

Wenn wir diese Kalkulationen zusammennehmen, dann haben Sie am Ende der Hand im Durchschnitt 4.802 $ im Stack, und damit einen Gewinn von 342 $ nach einem All-In.

Was also ist der richtige Zug? Da das All-In einen Profit bringen würde, wissen wir, dass es falsch sein muss, zu folden. Dennoch wissen wir nicht, ob ein Call oder ein niedriger Raise profitabler sind als ein All-In. Meine Intuition sagt mir, dass ein niedriger Raise, mit dem Sie versuchen, den positionellen Nachteil zu ignorieren, die beste Wahl ist. Eine sehr schwere Entscheidung.

**Action:** Sie callen lediglich weitere 450 $. Im Pot sind jetzt 1.650 $.

**Flop:** 4♦3♥2♣

**Frage:** *Was nun?*
**Antwort:** Gute Frage. Der Flop hat Sie nicht getroffen, aber wahrscheinlich auch nicht Ihren Gegner. Nur wenn er einen Steal versucht hat, ohne etwas auf der Hand zu haben, hat er den Flop vielleicht getroffen. Da Sie in der letzten Setzrunde nicht geraist haben, wissen Sie noch immer nichts über seine Hand.

Ich würde hier mit einer Bet zwischen 600 und 700 $ die Initiative übernehmen. Mein Blatt mit Ass als höchster Karte kann die beste Hand sein und eine Bet könnte den Pot gewinnen. Wenn die Bet mit einem Call oder Raise beantwortet wird, hat mein Gegner etwas und ich bin aller Voraussicht nach mit dieser Hand fertig.

Wie vorher auch, werde ich hier nur durch einen Einsatz etwas über seine Hand erfahren.

**Action:** Sie checken. Spieler B setzt 300 $. Im Pot sind jetzt 1.950 $. *Was werden Sie tun?*
**Antwort:** Ihnen werden Money Odds von 6,5 zu 1 angeboten, daher ist es unmöglich, die Hand wegzuwerfen. Aber als Sie checkten, war für Ihren Gegner ein Einsatz unwiderstehlich, daher wissen Sie noch immer nichts über seine Hand.

**Action:** Sie callen. Im Pot sind jetzt 2.250 $.

**Turn:** J♦

**Frage:** *Wie sieht Ihr Plan jetzt aus?*

**Antwort:** Der Bube sieht gefährlich aus, aber er ist es nicht. Die wahrscheinlichste Hand von Spieler B ist Ass-x. Aber falls x ein Bube ist, dann verlieren Sie sowieso. Die wirklich gefährlichen Karten auf dem Turn wären Siebenen, Achten und Neunen, denn falls er Ass-x hat und x eine dieser Karten ist, hat sich sein Blatt von einer Verlierer- zu einer Gewinnerhand entwickelt. Falls es weit hergeholt scheint, ihn derzeit auf Ass-x zu setzen, dann sollten Sie bedenken, dass an Tischen mit reduzierter Spieleranzahl Ihre Gegner Asse fast immer spielen, andere Karten aber nur eventuell. Wenn Sie eine Vermutung anstellen, ist Ass-x immer eine gute erste Annahme.

Nachdem Sie bis zu diesem Punkt alles untersucht haben, können Sie gleich weitermachen. Eine niedrige Bet wird ihn nicht verjagen und es gibt für Sie keinen Grund, noch mehr Chips ins Spiel zu bringen, es sei denn Sie müssen. Die Hand bis zum Ende durchzuchecken wäre ein gutes Ergebnis für Sie.

**Action:** Sie checken, er setzt 300 $ und Sie callen. Im Pot sind jetzt 2.850 $.

Sein Einsatz von 300 $ ergibt wenig Sinn. Er ist nicht hoch genug, um Sie zu verjagen und bei einer potenziellen Straight auf dem Board ist er sich wahrscheinlich nicht sicher, ob er derzeit die beste Hand hält.

**River:** K♠

Der König auf dem River ist aus dem gleichen Grund wie der Bube auf dem Turn eine gute Karte für Sie. Falls er diese Karte schon hatte, sind Sie wahrscheinlich sowieso geschlagen. Die wirklich ausschlaggebenden Karten in dieser Situation sind die Karten, die niedriger sind als Ihre Zehn.

**Frage:** *Sollten Sie zum Ende noch einen Einsatz bringen?*
**Antwort:** Nein. Checken Sie die Hand wenn möglich einfach durch.

**Auflösung:** Sie checken und er auch. Er zeigt A♣Q♥ und gewinnt den Pot.

**Hand 11-5**

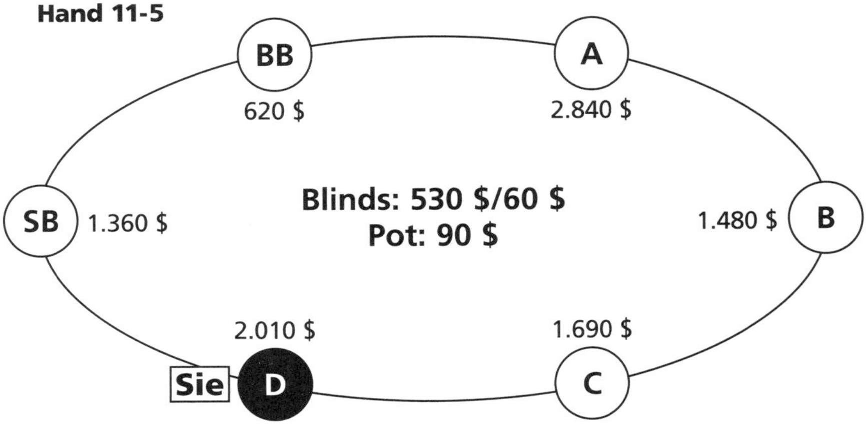


**Situation:** Späte Phase eines One-Table Online-Turniers. Die Spieler A und C sind sehr aggressiv.

**Ihr Blatt:** A♥T♠

**Action bis zu Ihnen:** Die Spieler A und B callen. Spieler C foldet. Im Pot sind jetzt 210 $.

**Frage:** *Folden, callen oder raisen Sie?*
**Antwort:** Sie könnten callen, aber ich würde einen Raise bevorzugen und damit versuchen, die Blinds und vielleicht einen der schon im Pot befindlichen Spieler aus der Hand zu drängen. Ein Call in Early Position von einem Spieler, der als aggressiv bekannt ist, besagt etwas, deutet aber nicht darauf hin, dass er ein sonderlich starkes Blatt hat. Der Call von Spieler B ist etwas bedrohlicher, aber er hat nicht geraist. AT ist an einem voll besetzten Tisch kein tolles Blatt, aber eine ziemlich gute Hand an einem Tisch dieser Größe. Ich würde raisen – ungefähr in dreifacher Höhe des Big Blinds, also 160 bis 200 $ – und abwarten was passiert.

**Action:** Tatsächlich callen Sie lediglich 60 $. Der Small Blind foldet und der Big Blind checkt. Im Pot sind 270 $.

**Flop:** 6♠4♥4♦

**Action:** Der Big Blind setzt 60 \$. Spieler A callt. Spieler B raist auf 120 \$. Im Pot sind jetzt 510 \$. *Was sollten Sie tun?*
**Antwort:** Dies war ein seltsam kleiner Flop, um Action auszulösen, aber alle drei Spieler sind noch in der Hand und Sie haben lediglich ein Ass als höchste Karte. Der Big Blind könnte einen Bluff gestartet haben, aber der Call von Spieler A ist ernst zu nehmen und dass Spieler B angesichts einer Bet und eines Calls geraist hat, zeigt an, dass nicht mit ihm zu spaßen ist. Sie sollten nicht einmal im Traum daran denken, hier mitzuspielen. Steigen Sie aus.

**Auflösung:** Sie folden. Der Big Blind und Spieler B spielen die Hand bis zum Ende und teilen sich den Pot, da beide J6 auf der Hand haben.

**Hand 11-6**

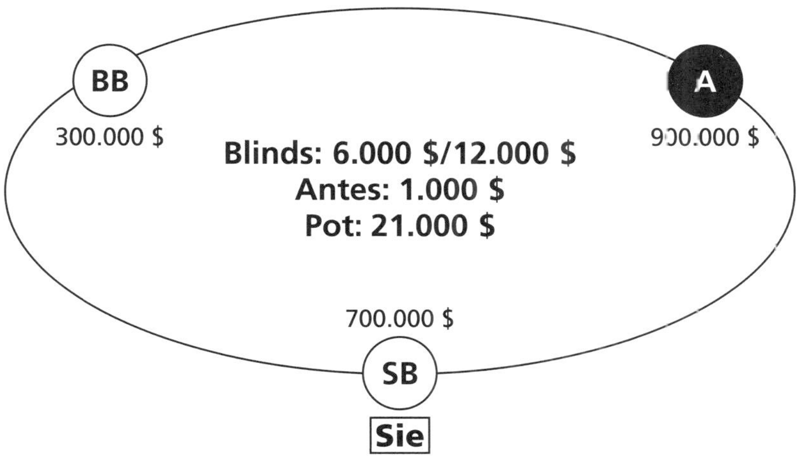


**Situation:** Final Table eines großen Turniers. Noch drei Spieler sind dabei. Der Big Blind ist ein solider Spieler. Spieler A begann solide, wurde am Final Table aber aggressiver.

**Ihr Blatt:** A♥J♥

**Action bis zu Ihnen:** Spieler A raist auf 60.000 \$. Im Pot sind jetzt 81.000 \$. Ein Call kostet Sie 54.000 \$.

**Frage:** *Raisen Sie? Und wenn ja, auf wie viel?*

**Antwort:** Es ist keine Frage, dass Sie raisen werden. AJ ist eine sehr starke Hand an einem Tisch mit drei Spielern und ein Raise vom Button, der genauso gut ein Bluff sein könnte, sollte Sie nicht irritieren. Die einzig wirkliche Frage lautet: Wie hoch sollte Ihr Raise sein?

In dem Turnier, aus dem diese Hand stammt, setzte der Small Blind 150.000 $, womit er Spieler A um weitere 96.000 $ raiste. Er hatte verstanden, dass er raisen muss, aber die Ausführung war extrem fehlerhaft. Im Pot sind jetzt 231.000 $ und Spieler A muss nur 96.000 $ setzen, um zu callen – er erhält dadurch Odds von fast 2,5 zu 1. Das ist mit beinahe jeder Hand ein ziemlich klarer Call.

Wenn Sie überlegen, um wie viel Sie raisen sollten, sollten Sie unbedingt berücksichtigen, wer nach dem Flop Position haben wird. *Wenn Sie nach dem Flop Position haben, können Sie niedrigere Raises machen und zulassen, dass die Hand fortgesetzt wird; hat Ihr Gegner nach dem Flop Position, müssen Sie mehr raisen, um die Hand möglichst direkt zu beenden.* Sie sollten hier einen hohen Raise vornehmen, in der Gegend von 240.000 bis 300.000 $. Mit einem derartigen Einsatz erreichen Sie zwei Dinge:

1. Sie beschneiden die Odds von Spieler A, bei schwächeren Händen erhält er somit nicht mehr die für einen Call notwendigen Odds.

2. Sie zeigen klar und deutlich, dass es Ihnen mit dieser Hand sehr ernst ist.

Gute No-Limit-Hold'em-Spieler spüren Schwäche und greifen an. Wenn Sie von Natur aus ein Hai sind und keine Angst davor haben zu verlieren, ist es das beste Spiel der Welt. Sind Sie nicht wirklich ein Hai, dürfen Sie sich zumindest nicht wie ein kleiner Fisch verhalten.

Eine andere Art, diese Hand zu spielen, ist, in diesem Moment All-In zu gehen. Das ist auf jeden Fall eine spielbare Variante und ich würde keinen Spieler kritisieren, der so sich dafür entscheidet. Auf einen Spitzenspieler wirkt eine niedrige Bet jedoch gefährlicher: Es sieht dann so aus, als wäre es Ihnen egal, ob er callt, daher muss Ihre Hand sehr gut sein. Aber einem Durchschnittsspieler oder Anfänger flößt ein All-In mehr Angst ein und macht den Gewinn des Pots wahrscheinlicher.

**Auflösung:** Sie setzen nur 150.000 $. Spieler A callt mit A♠9♠, bleibt im Spiel und gewinnt letztendlich mit einem Neuner-Paar die Hand.

**Hand 11-7**

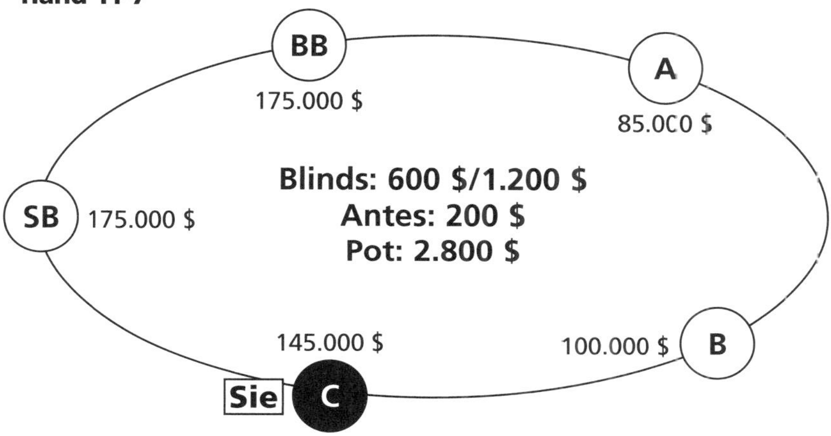


**Situation:** Final Table eines großen Turniers. Spieler B, der früher Chipleader war, hat in letzter Zeit einige Bad Beats einstecken müssen. Er hat generell aggressiv gespielt.

Ihr Blatt: 9♦9♣

**Action bis zu Ihnen:** Spieler A foldet. Spieler B raist auf 5.000 $.

**Frage:** *Folden, callen oder raisen Sie?*
**Antwort:** Ein Neuner-Paar ist sicher ein gutes Blatt an einem Tisch mit fünf Spielern und Sie sollten entweder raisen oder callen. Ein Raise wird die Blinds wahrscheinlich eher eliminieren. Ein Call nutzt ihren positionellen Vorteil nach dem Flop besser aus. Ich bevorzuge den Call, da ich etwas mehr darüber erfahren kann, wo ich stehe, ehe ich eine größere Anzahl von Chips in den Pot gebe.

**Action:** Sie callen. Die Blinds folden. Im Pot sind jetzt 12.300 $.

**Flop:** A♠7♠3♣

**Action:** Spieler B checkt. *Was sollten Sie tun?*

**Antwort:** Der Flop enthielt nur eine Karte, die höher ist als Ihre Neunen, was gut war. Aber diese Karte war ein Ass, das ist schlecht. Allerdings hat Ihr Gegner gecheckt, das war wiederum gut. Sollten Sie betten oder checken?

Der Check Ihres Gegners kann eine Falle sein oder bedeuten, dass er ebenfalls Angst vor dem Ass hat. Wenn sein anfänglicher Raise darauf basiert, dass er ein Paar hält, dann ist es wahrscheinlich ein Paar, das höher ist als Ihre Neunen, denn es gibt mehr höhere Paare, die einen hohen Einsatz forcieren, als niedrigere. Wenn er mit einem Paar spielt, das niedriger ist als Ihre Neunen, dann haben sich zwei dieser Paare gerade in Trips verwandelt. Wenn er kein Paar hält, ist Ass-x seine wahrscheinlichste Hand. Wenn Sie betten und er raist, wissen Sie Bescheid – Ihre Hand ist nichts wert und Sie müssen aus dem Spiel aussteigen. Allerdings sind Sie nicht gezwungen zu setzen. Ich würde checken und schauen, was Ihr Gegner auf dem Turn macht.

Der Nachteil des Checks ist natürlich, dass Ihr Gegner eine Free Card erhält. Aber Sie hoffen darauf, dass Ihre Position dies ausreichend kompensiert. In jedem Fall halten Sie so den Pot klein und vermeiden Fallen.

**Action:** Sie checken. Im Pot sind immer noch 12.800 $.

**Turn:** 9♠

**Action:** Spieler B setzt 8.000 $. Im Pot sind jetzt 20.800 $. *Was werden Sie tun?*

**Antwort:** Die Neun kam sehr gelegen. Sie hat Ihnen geholfen und Ihrem Gegner vermutlich nicht. Es ist unwahrscheinlich, dass er vor dem Flop zwei Pik auf der Hand hatte, da er eine kräftige Bet machte, und wir wissen, dass er das Pik-Ass nicht hat. Mit zwei Pik-Karten auf der Hand, hätte er auf dem Flop einen Semi-Bluff starten können, aber das hat er nicht getan. Es ist viel wahrscheinlicher, dass er ein Paar oder Ass-x hält, versuchte, auf dem Flop eine Falle zu stellen, aber keine Action bekam und jetzt einen Einsatz macht, um den Pot zu gewinnen.

Sie können hier nicht nur callen und versuchen, eine Falle zu stellen. Es kann gut sein, dass er ein Pik hält und Sie können ihm keine kostenlose Chance darauf gewähren, Ihnen einen ziemlich hohen Pot wegzuschnappen. Sie sollten einen Raise in etwa der Potgröße bringen, um ihm die für einen Draw notwendigen Odds zu verweigern, falls er einen Flush Draw hält. Falls er ein Paar Asse hält, kann er callen. So gut wie jedes andere Blatt muss er wegwerfen.

**Action:** Sie raisen auf 23.000 $. Spieler B foldet und Sie gewinnen den Pot.

Spieler B hat tatsächlich ein Paar Könige gehabt. Das Ass auf dem Flop hat die Hand für Sie gewonnen, da es Ihn dazu brachte, zu checken.

**Hand 11-8**

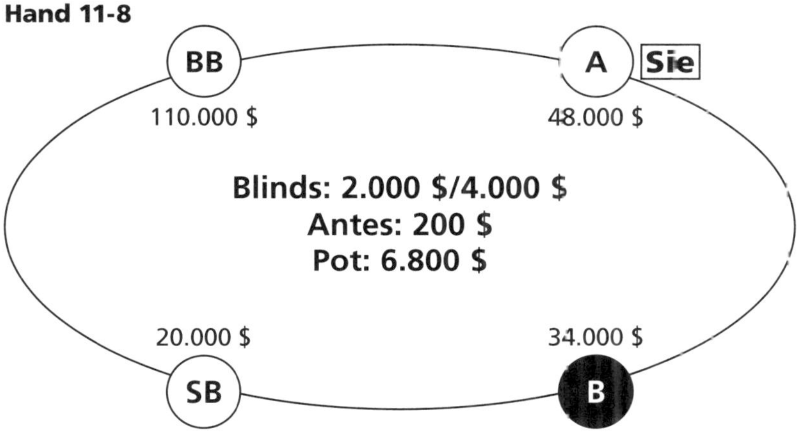


**Situation:** Final Table eines Multi-Table Live-Turniers. Sie waren in letzter Zeit aktiv und haben mehrere Hände gewonnen, ohne Ihre Karten zu zeigen.

**Ihr Blatt:** A♥4♣

**Action bis zu Ihnen:** Sie sind als Erster am Zug.

**Frage:** *Werden Sie folden, callen oder raisen?*
**Antwort:** Ein Ass ist ein gutes Blatt an einem Tisch mit vier Spielern, daher würden Sie normalerweise in dieser Situation spielen. In diesem Fall gibt es allerdings einige Argumente dagegen.

1. Ihr Ass ist sehr schwach. Jedes Ass, mit dem Sie es zu tun bekommen, wird Ihren Kicker mit ziemlicher Wahrscheinlichkeit übertreffen.

2. Sie waren in letzter Zeit aktiv und hätten die anderen Spieler am Tisch, deren Verständnis nach, mit nichts auf der Hand herumschubsen können.

3. Der Big Blind hat einen sehr großen Stack. Er ist der Spieler am Tisch, mit dem Sie sich am wenigsten gerne anlegen würden.

Ein Ass und eine niedrige Karte sind eine knifflige Hand, selbst an einem Tisch mit reduzierter Spieleranzahl. Wenn Sie die Initiative übernehmen, Action bekommen und auf dem Flop ein Ass treffen, laufen Sie Gefahr, die meisten Ihrer (oder alle Ihre) Chips zu verlieren. Wenn Sie Ihre niedrige Karte treffen, haben Sie immer noch kein gutes Blatt, wissen nicht, wo Sie stehen und es besteht die Gefahr, dass dieses Paar im weiteren Verlauf entwertet wird. Solche Hände sollten Sie möglichst vor dem Flop gewinnen, aber die Anwesenheit des Big Stack lässt dies problematischer werden.

Dies ist eine schwierige Frage und ich kann niemandem einen Vorwurf machen, der in dieser Situation raist. Ich selber würde unter diesen Umständen lieber aus der Hand aussteigen.

**Action:** Sie folden.

**Hand 11-9**

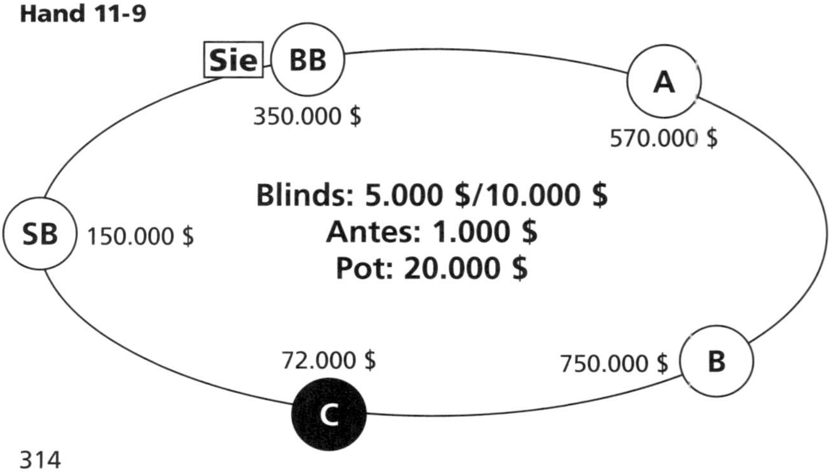

**Situation:** Final Table eines größeren Turniers. Spieler A hat tightes und konservatives Poker gespielt. Spieler C war während des ganzen Turniers aggressiv, musste allerdings in letzter Zeit einige Bad Beats einstecken.

**Ihr Blatt:** A♣J♠

**Action bis zu Ihnen:** Spieler A raist auf 35.000 $. Spieler B foldet. Spieler C geht mit seinen letzten 71.000 $ All-In. Der Small Blind foldet. Im Pot sind jetzt 126.000 $. Es kostet Sie 61.000 $ zu callen.

**Frage:** *Folden, callen oder raisen Sie?*

**Antwort:** Diese Hand täuscht viele Spieler. AJo ist eine gute Hand und an einem Tisch mit wenigen Spielern sowie dem Fehlen jeglicher anderer Information wären Sie glücklich, AJ aufzunehmen. Aber hier haben Sie zusätzliche Informationen: Spieler A, der einen vernünftigen tighten Stil pflegt, hat schon aus erster Position geraist. Natürlich hat eine solche Bet an einem Tisch mit wenigen Spieler nicht die gleiche Bedeutung wie an einem voll besetzten Tisch. Wahrscheinlich hat er ein spielbares Blatt, aber nicht unbedingt ein besseres als Ihre AJo.

Viel interessanter ist, dass Spieler C, der gar nicht gezwungen war, alles zu riskieren, sich entschieden hat, All-In zu gehen. Dazu kommt, dass der Stack von Spieler C nicht allzu groß ist, so dass die Pot Odds, die Spieler A bekommt, zu einem zwingenden Call führen. Wenn sowohl der Small Blind als auch Sie folden, muss Spieler A weitere 36.000 $ setzen, um einen Pot von 126.000 $ gewinnen zu können – das sind Pot Odds von 3,5 zu 1. Jedes Blatt, das ausreichend war, um eine legitime Eröffnungsbet zu bringen, macht auch einen Call obligatorisch. Spieler C hat seinen Angriff in dem Wissen gestartet, dass er die Hand bis zum Showdown spielen muss, daher muss er ein starkes Blatt haben.

Wie gut stehen Ihre AJ nun da? Rufen wir uns zwei Hauptideen aus Band I in Erinnerung: das Gap-Konzept und den Sandwich-Effekt.

Wenn Sie daran denken, nach einem Raise in den Pot einzusteigen, muss Ihre Hand laut Gap-Konzept besser sein, als die schlechteste Hand, die Ihr Gegner halten könnte. Spieler A könnte ein gutes Blatt haben, aber Spieler C hat zweifellos ein gutes Blatt. Tatsache ist, dass

Ihre AJ ungefähr dem Minimum-Blatt entspricht, das einen All-In-Spielzug von Spieler C rechtfertigt. (Wahrscheinlich hält er ein mittleres Paar, das gegen Ihre Hand Favorit ist.) Wenn man berücksichtigt, dass Spieler A ebenfalls ein gutes Blatt haben könnte, dann ist ein Call keine gute Idee.

Jetzt müssen wir den Sandwich-Effekt bedenken. Kommen nach Ihnen noch aktive Spieler, brauchen Sie ein Blatt, das besser ist als das Minimum-Blatt, um folgende Dinge zu kompensieren:

1. Die potenziellen Raises, denen Sie gegenüber stehen.

2. Die Unsicherheit, nicht die Pot Odds zu kennen, die Sie tatsächlich erhalten.

Hat Spieler A einen Steal versucht, wird er wahrscheinlich seine Hand wegwerfen, wenn Sie in den Pot einsteigen. Falls er aber ein reales Blatt hat, könnte er Sie All-In setzen. Ihr Blatt muss stark genug sein, um dieses potenzielle All-In callen zu können. Wenn Sie sowohl das Gap-Konzept als auch den Sandwich-Effekt berücksichtigen, reicht Ihr AJ in dieser Spielsituation einfach nicht aus. Sie sollten folden, auch wenn es knapp ist.

**Auflösung:** Sie folden. Spieler A callt und zeigt T♣8♥. Spieler C zeigt 5♠5♦. Auf dem Flop kommen 8♦7♠4♥, aber auf dem Turn kommt 6♦ und Spieler C gewinnt mit seiner Straight.

Es gibt eine Fußnote zu dieser Hand. Die Blätter, die beim Showdown gezeigt wurden, waren so ziemlich die schwächsten Blätter, mit denen Sie konfrontiert sein konnten. Dennoch hätten Sie nur 40 % Gewinnchancen gehabt, wenn Sie im Spiel geblieben wären. Gegen vernünftigere (und wahrscheinlichere) Blätter wären Ihre Gewinnchancen auf etwa 30 % gesunken.

**Hand 11-10**

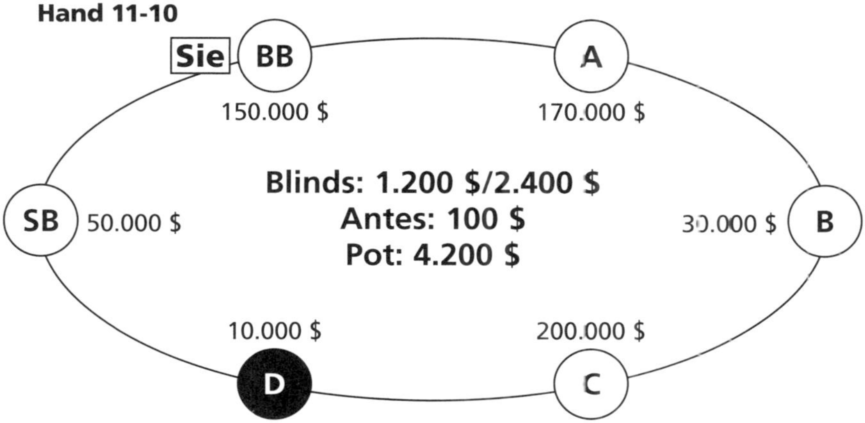


**Situation:** Spät am zweiten Tag eines großen Turniers. Spieler C hat bisher aggressiv gespielt und Glück gehabt.

**Ihr Blatt:** J♦9♦

**Action bis zu Ihnen:** Die Spieler A und B folden. Spieler C raist auf 8.400 $. Spieler D und der Small Blind folden. Im Pot sind jetzt 12.600 $.

**Frage:** *Folden, callen oder raisen Sie?*
**Antwort:** Ein Call kostet Sie 6.000 $ und es sind über 12.000 $ im Pot. Sie erhalten also Pot Odds von 2 zu 1 für Ihren Call. Ein Call ist obligatorisch, selbst wenn Sie Out Of Position sind und J9s halten.

**Action:** Sie callen. Im Pot sind jetzt 18.600 $.

**Flop:** Q♠8♦4♥

**Frage:** Sie sind als Erster am Zug. *Was werden Sie tun?*
**Antwort:** Sie haben einen Inside Straight Draw, aber abgesehen davon hat der Flop Sie nicht getroffen. Ihr Gegner kann ihn natürlich auch verpasst haben. Die Textur ist gut für Sie und Buben, Zehnen und Neunen könnten alle Outs sein. Ihre beste Chance, den Pot zu gewinnen, ist jetzt zu betten. Eine standardmäßige Probe Bet von

ungefähr der halben Potgröße oder etwas weniger ist richtig und bietet Ihnen gute Odds. Setzen Sie 7.000 oder 8.000 $ und warten Sie ab, was passiert.

**Action:** Sie checken lediglich. Spieler C bettet 15.000 $. *Was tun Sie?*
**Antwort:** Sie folden. Sie haben nichts auf der Hand und es stehen nur noch zwei Karten aus. Sie sind fast ein 11 zu 1 Außenseiter, Ihre Inside Straight auf dem Turn zu vervollständigen und falls Sie sie nicht komplettieren, werden Sie sich wahrscheinlich einem Wetteinsatz gegenüber sehen, den Sie nicht callen können. Es sind noch drei Buben und drei Neunen im Deck, aber Sie können nicht sicher sein, dass diese tatsächlich Outs sind, da Ihr Gegner eine Dame haben könnte. Selbst wenn Spieler C den Flop nicht getroffen hat und glaubt zu bluffen, könnte er immer noch ein Ass oder einen König auf der Hand haben und Sie schlagen. Sie müssen folden.

**Action:** Sie folden.

Out of Position zu sein, hat einen versteckten Vorteil. Da Sie als Erster am Zug sind, können Sie den ersten Einsatz bringen und die meisten Pots werden tatsächlich von dem Spieler gewonnen, der zuerst gesetzt hat. Aus diesem Grund ist eine Continuation Bet oder eine Probe Bet in halber Potgröße ein derart schlagkräftiger Zug. Da Sie auf Ihre Bet Odds von 2 zu 1 erhalten, müssen Sie den Pot nur in einem von drei Fällen gewinnen, um Null auf Null herauszukommen. Dies gilt selbst unter der Annahme, dass Sie niemals den Pot gewinnen, wenn Ihre Bet gecallt wird. Natürlich können Sie diesen Spielzug nicht überstrapazieren. Falls Sie dies doch tun, werden die Spieler das merken und Sie raisen, egal ob sie den Flop getroffen haben oder nicht. Aber eine Probe Bet zum richtigen Zeitpunkt sollte ein Standardzug in Ihrem Repertoire sein.

**Hand 11-11**

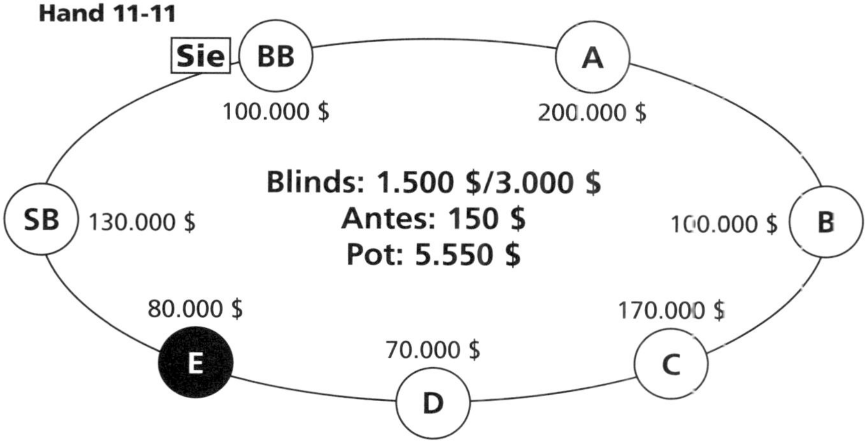


**Situation:** Spät am zweiten Tag eines großen Turniers. Spieler A ist ein sehr aggressiver Spieler. In den letzten 20 Händen haben Sie mehrere Probe- und Continuation Bets gebracht und keine davon wurde gecallt.

**Ihr Blatt:** Q♥3♦

**Action bis zu Ihnen:** Spieler A callt. Die Spieler B, C und D folden. Spieler E callt. Der Small Blind foldet. Im Pot sind jetzt 11.550 $.

**Frage:** *Werden Sie checken oder raisen?*
**Antwort:** Checken Sie. Sie haben nichts, aber Checken ist umsonst. Verlieren Sie nicht den Kopf, indem Sie versuchen, den Pot zu diesem Zeitpunkt zu stehlen. Die beiden anderen Spieler im Pot haben wahrscheinlich bessere Blätter als Sie.

**Action:** Sie checken.

**Flop:** T♠4♦2♦

**Frage:** Sie sind als Erster am Zug. *Was werden Sie tun?*
**Antwort:** Normalerweise wäre das ein fantastischer Flop für eine Probe Bet. Obwohl Sie nichts haben, gibt es keinen Grund zu glauben, die anderen hätten etwas. Allerdings haben Sie in letzter Zeit einige

Probe- und Continuation Bets gesetzt. Auch wenn diese nicht gecallt wurden, sollten Sie davon ausgehen, dass die anderen Spieler es bemerkt haben und jetzt bereit sind, Sie anzugreifen. Da Ihre Hand sehr schwach ist, sollten Sie sich zurücklehnen und checken.

**Action:** Sie checken. Die Spieler A und E checken ebenfalls. Der Pot bleibt bei 11.550 $.

**Turn:** 3♣

**Frage:** *Was machen Sie jetzt?*
**Antwort:** Auch wenn Sie nur ein Paar Dreien haben, können Sie hier zu Recht einen Einsatz bringen. Ihre beiden Gegner haben vor dem Flop nur gecallt und danach gecheckt, daher gibt es keinen Grund zu glauben, dass Sie geschlagen sind. Setzen Sie eine Probe Bet in ungefähr der halben Potgröße oder etwas weniger und schauen, ob sie funktioniert. In der letzten Setzrunde waren Sie vorsichtig mit dem Setzen einer Probe Bet, aber wenn die anderen Spieler Ihnen den Pot geben wollen, sollten Sie vortreten und ihn sich nehmen.

**Action:** Sie betten 6.000 $. Spieler A callt und Spieler E foldet. Im Pot sind jetzt 23.550 $.

**River:** 2♣

**Frage:** *Sollten Sie am Schluss eine Bet setzen?*

**Antwort:** Nein. Dies ist eine Standardsituation, die immer wieder vorkommt. Sie könnten die beste Hand haben, aber jede Hand, die eine Bet callen kann, wird Sie schlagen. Eine Bet kann in diesem Fall also nur Geld verlieren. Checken Sie einfach. Falls Spieler A einen Einsatz macht, stehen Sie vor einer schwierigen Entscheidung und werden die Pot Odds genau prüfen müssen. Aber hier müssen Sie zweifellos checken.

**Action:** Sie betten 20.000 $. Spieler A raist Sie auf 70.000 $. Im Pot sind jetzt 113.550 $. *Sollten Sie callen?*

**Antwort:** Sie haben sich selbst in eine Situation manövriert, in der Sie eine schwere Entscheidung treffen müssen, bei der es um fast alle Ihre Chips geht. Ein Call kostet Sie 50.000 $, der Pot bietet Ihnen auf Ihr Geld Odds von über 2 zu 1. Sie können nur einen Bluff schlagen, aber Spieler A ist sehr wohl imstande dazu. Gegen einen konservativen Spieler sollten Sie folden. Gegen einen aggressiven Spieler könnten Sie überlegen, zu callen. Die Pot Odds sind beträchtlich.

**Action:** Sie folden.

**Hand 11-12**

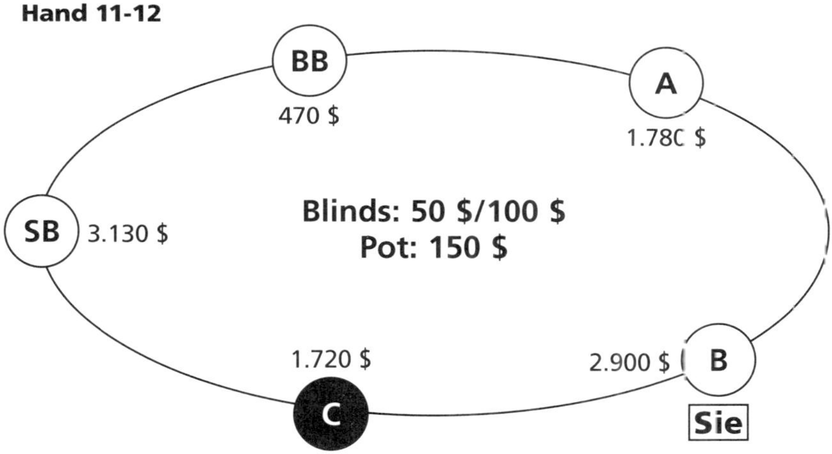


**Situation:** Gegen Ende eines One-Table Online-Turniers.

**Ihr Blatt:** 6♦4♠

**Action bis zu Ihnen:** Spieler A foldet.

**Frage:** *Sollten Sie folden oder versuchen, den Pot mit einem Raise zu stehlen?*

**Antwort:** Schmeißen Sie die Hand weg. Sie haben ein sehr schwaches Blatt und alles was Sie bisher wissen, ist, dass einer der Spieler ausgestiegen ist. Falls irgendeiner der anderen drei Spieler Sie callt, sind Sie mit Sicherheit klarer Außenseiter. Darüber hinaus hat der Big Blind nur 470 $ und wird vermutlich mit so gut wie jedem Blatt All-In zu gehen.

Versuchen Sie nicht, einen Spieler zu bluffen, der unbedingt seine Chips in die Mitte schieben will. Sie sind in keiner verzweifelten Lage und Ihr Chipstand ist solide. Überlassen Sie diese Manöver den verzweifelten Spielern.

**Action:** Sie versuchen einen Steal und raisen auf 200 $. Spieler C und der Small Blind folden, aber der Big Blind callt. Im Pot sind jetzt 450 $.

Ihr Steal war von Anfang an verkehrt, aber Sie haben den Fehler noch verschlimmert, indem Sie Ihren Einsatz zu niedrig ansetzten. Sie müssen einen höheren Einsatz bringen, beispielsweise das Dreifache des Big Blinds (hier wären das 300 $), außer wenn Sie gesehen haben, dass die Spieler nach Ihnen auf einen Minimum-Raise folden.

**Flop:** 8♥3♦2♦

**Action:** Der Big Blind checkt. *Was werden Sie tun?*
**Antwort:** Das ist ein ziemlich guter Flop für Sie. Es ist unwahrscheinlich, dass er Ihren Gegner getroffen hat, und Sie haben nun einen Inside Straight Draw. Sie haben mit Sicherheit momentan die zweitbeste Hand.

Sie können nun gut eine Bet setzen. Es ist ein ziemlich billiger Einsatz für Sie, da Ihr Gegner nur noch 270 $ hat. Und da er gecheckt hat, gibt es eine gewisse Chance, dass er folden wird. Dazu kommt, dass alle Sechsen, Fünfen und Vieren Outs sein könnten. In diesem Fall ist eine Bet natürlich ein Semi-Bluff.

**Action:** Sie setzen ihn mit einem Einsatz von 270 $ All-in und er callt. Er zeigt J♦8♣ und sein Achter-Paar gewinnt.

Ihr letzter Einsatz war korrekt. Lediglich die anfängliche Entscheidung, um den Pot zu spielen, war ein Fehler.

**Hand 11-13**

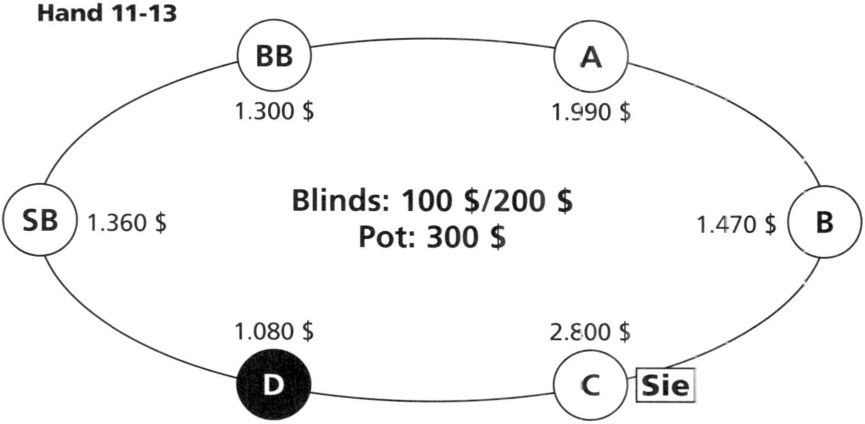


**Situation:** Ein Online-Turnier, die ersten drei Spieler kommen in die Geldränge. Der Tisch war zunächst loose, mittlerweile wird tight gespielt. In der letzten Hand haben Sie gecallt und dann nach dem Flop einen hohen Einsatz gebracht, der nicht gecallt wurde.

**Ihr Blatt:** Q♠T♦

**Action bis zu Ihnen:** Die Spieler A und B folden.

**Frage:** *Folden, callen oder raisen Sie?*
**Antwort:** Sie sind darauf eingestellt, maximal aggressiv zu spielen, da die restlichen Stacks weder groß noch klein sind. Da zwei Spieler schon gefoldet haben, reichen Ihre QT völlig aus, um einen Angriff zu starten. Sie könnten dies auch mit einem deutlich schlechteren Blatt tun.

Wie hoch Sie Ihren Raise ansetzen, hängt davon ab, was Sie zuvor gemacht haben. In der vorherigen Hand haben Sie gecallt und nach dem Flop angegriffen. In dieser Situation sollten Sie unbedingt anders vorgehen. Sie schnappen sich das Geld Ihrer Gegner und *diese wissen, dass Sie das tun.* Aber Sie können nicht in jeder Hand unverhohlen dasselbe machen, sonst zwingen Sie Ihre Gegner geradezu, Widerstand zu leisten. Denken Sie immer daran, denn es ist ein sehr wichtiges Konzept. Sie müssen auf eine Art und Weise stehlen, die es Ihren Gegnern erlaubt, ihr Gesicht zu wahren, selbst wenn sie wissen, was Sie machen.

Sie sollten also auf einen ordentlichen, soliden Betrag raisen – auf ungefähr 600 $.

**Action:** Sie setzen 600 $ und die restlichen Spieler folden.

**Hand 11-14**

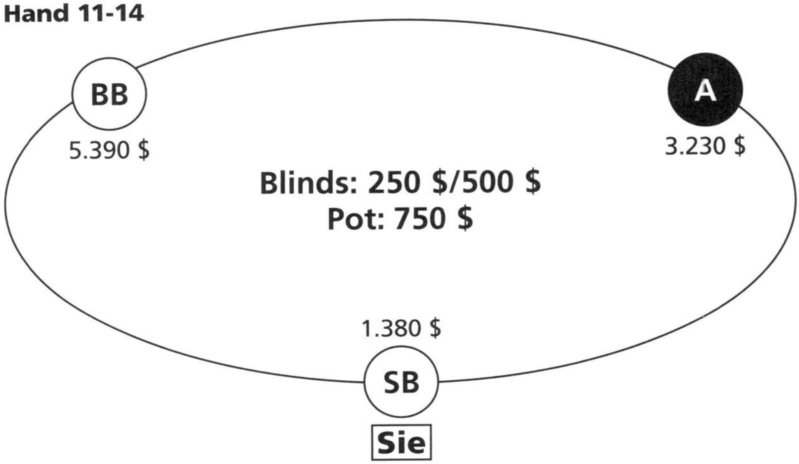


**Situation:** Die letzten drei Spieler eines Single-Table Online-Turniers.

**Ihr Blatt:** 8♠5♦

**Action bis zu Ihnen:** Spieler A foldet.

**Frage:** *Folden, callen oder raisen Sie?*
**Antwort:** Keine Frage: Sie müssen den Rest Ihrer Chips in den Pot schieben und sehen, ob Sie gecallt werden. Nachdem Sie den Small Blind bezahlt haben, haben Sie nur noch 1.130 $, also nur noch etwa ein Drittel der Chips des zweitbesten Spielers. Das bedeutet, dass die nächsten Blinds Sie auslöschen werden. Der Hauptgrund, weshalb Sie mit diesem wenig aussichtsreichen Blatt (8♠5♣) einen Angriff starten sollten, ist, dass schon *einer der Spieler gefoldet hat.* Das ist eine wertvolle Information und wenn Sie bis zur nächsten Runde warten, in der Sie auf dem Button sitzen, müssen Sie einen Angriff gegen zwei Spieler starten, die schon im Pot sind. Sie hoffen einfach, dass der Big Blind Schrott wie Q3 auf der Hand hat und sich dazu entschließt, nicht um den Pot zu kämpfen.

Ein zweiter Grund dafür, jetzt All-In zu gehen, ist, dass Sie schon 250 $ in den Pot gezahlt haben, was Ihnen einen Hebel gibt, den Sie aus keiner anderen Position heraus haben werden.

**Action:** Sie gehen All-In und der Big Blind foldet.

**Hand 11-15**

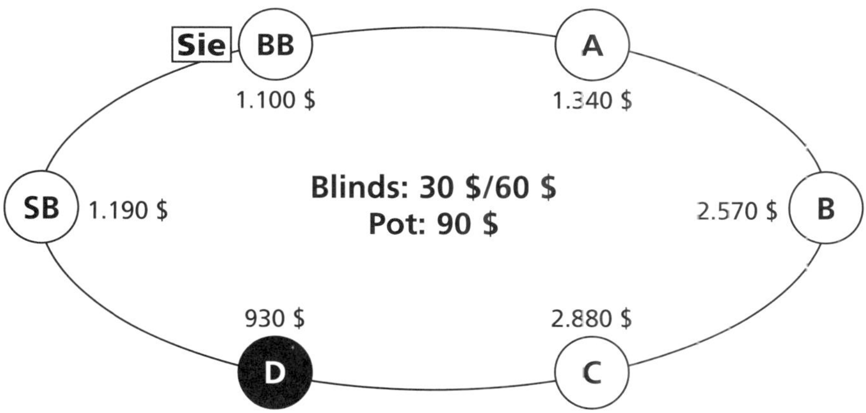


**Situation:** In der Mitte eines Single-Table Online-Turniers.

**Ihr Blatt:** K♠K♥

**Action bis zu Ihnen:** Die Spieler A, B, C und D folden alle. Der Small Blind callt. Im Pot sind jetzt 120 $.

**Frage:** *Werden Sie checken oder raisen?*
**Antwort:** Sie müssen dieses Blatt mit dem Fingerspitzengefühl eines Juweliers spielen. Sie haben ein Monsterblatt und sind mit einem einzigen Spieler konfrontiert, der möglicherweise kaum etwas auf der Hand hat, aber noch nicht bereit war, Ihnen den Pot zu überlassen. Sie müssen versuchen, so viel Geld wie möglich zu gewinnen – was eventuell nicht sehr viel sein wird – und gleichzeitig die Möglichkeit im Auge behalten, dass Sie von einem Ass auf dem Flop geschlagen werden könnten. Alles in allem ist dies eine knifflige Situation.

Ihre erste Entscheidung ist die Antwort auf die Frage: leicht erhöhen oder nur checken. In diesem Fall sollten Sie einen niedrigen

Raise bringen, ausreichend hoch, um Ihrem Gegner zu zeigen, dass es Ihnen mit diesem Pot ernst ist, aber hoffentlich nicht so hoch, dass Sie ihn verjagen. Sie wollen einen Pot aufbauen, damit dieser in den späteren Setzrunden ein verlockendes Ziel wird und Ihr Gegner ihn nicht so einfach aufgeben kann. Sie wollen auch etwas mehr Geld Ihres Gegners in die Mitte holen, damit er sich nach dem Flop Pot Committed fühlt. Die richtige Höhe für einen Raise liegt hier zwischen 60 und 90 $. Ich würde einen niedrigeren Raise machen, falls Ihr Gegner ein tighter Spieler zu sein scheint, und einen höheren Raise, wenn er eher loose zu sein scheint.

**Action:** Sie raisen auf 60 $ und der Small Blind callt. Im Pot sind jetzt 240 $.

**Flop:** K♣J♦4♠

**Action:** Er setzt 60 $. *Was machen Sie?*

**Antwort:** Das war natürlich ein exzellenter Flop für Sie. Der einzige Nachteil ist der Bube, der Blättern wie AQ oder QT ermöglicht, auf eine Straight zu drawen. AQ ist ein unwahrscheinliches Blatt, da es vor dem Flop zu einem Raise animiert hätte, aber mit QT wäre ein Call folgerichtig. Aber das sind abseitige Sorgen. Sie sollten einfach callen und Ihren Gegner im Spiel halten. Ihre erste Vermutung sollte momentan sein, dass er entweder ein Buben-Paar hat und slow spielt oder dass er einfach nur eine niedrige Bet setzt, um herauszufinden, wo er im Spiel steht.

**Action:** Sie callen. Im Pot sind jetzt 360 $.

**Turn:** A♣

**Action:** Er setzt 60 $. Im Pot sind jetzt 420 $. *Was werden Sie tun?*
**Antwort:** Das Ass ist für Sie sowohl gut als auch schlecht. Wenn er ein Ass mit einer niedrigen Beikarte hält, glaubt er nun, dass er seine Hand getroffen hat und gewinnen wird. Aber das Ass könnte ihm geholfen haben, wenn er Straight-Chancen besitzt.

Sie müssen ihn jetzt zur Kasse bitten, da er auf eine Hand drawen könnte, gegen die Sie verlieren würden. Ihr Problem ist, dass jeder Raise Ihren Gegner vertreiben könnte, wenn er überhaupt nichts auf der Hand hat. Ich empfehle Ihnen, auf 200 $ zu raisen. Das sollte seine Neugier aufrechterhalten, aber ihn hoffentlich nicht verjagen, wenn er etwas auf der Hand hat. Wenn Sie Action bekommen, müssen Sie sich fragen, ob er seine Straight getroffen hat, aber es würde Ihre Spielweise nicht verändern. Bisher hat Ihr Gegner sehr gut gespielt, seine kleinen Einsätze machen es Ihnen schwer, die optimale Strategie zu finden.

**Action:** Sie raisen auf 400 $ und er foldet. Sie gewinnen den Pot.

Ihre Bet hat ihm keinen Ausweg gelassen. Wenn er gecallt hätte, wäre der Pot so groß gewesen, dass er bis zum Schluss in der Hand bleiben müsste, deshalb ist er lieber ausgestiegen. Bei sehr starken Blättern sollten Sie Einsätze bringen, die ihm immer noch einen Gutteil seiner Chips lassen, falls er callt und verliert. Diese Bets sind viel leichter zu callen.

**Hand 11-16**

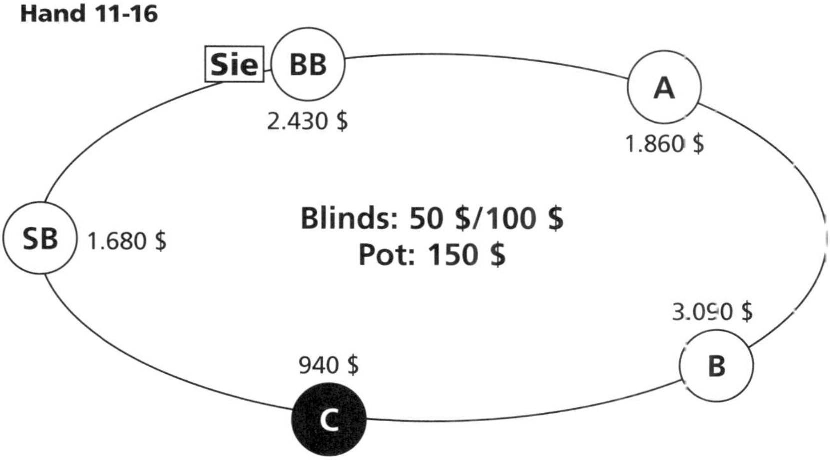


**Situation:** Gegen Ende eines Single-Table Online-Turniers. Es sind noch fünf Spieler im Rennen.

**Ihr Blatt:** K♥Q♣

**Action bis zu Ihnen:** Spieler A foldet. Die Spieler B und C callen. Der Small Blind foldet. Im Pot sind jetzt 350 $.

**Frage:** *Folden, callen oder raisen Sie?*
**Antwort:** An Tischen mit wenigen Spielern sind KQ, egal ob suited oder nicht, ein großartiges Blatt. Sie sollten diese Hand unbedingt spielen und raisen.

**Action:** Sie raisen auf 250 $.

Die Idee ist richtig, aber der Raise zu niedrig. Ich hätte auf 500 $ geraist. Sie haben momentan zwei Gegner und würden zumindest einen davon gern loswerden. Mit einem niedrigen Raise erhalten Ihre Gegner fantastische Odds für einen Call. Tatsache ist, dass Sie förmlich darum betteln, gecallt zu werden.

**Action:** Die Spieler B und C callen beide zusätzliche 150 $. Im Pot sind jetzt 800 $.

**Flop:** K♦Q♠2♠

**Frage:** *Bringen Sie mit Ihren beiden Paaren einen Einsatz oder checken Sie mit der Absicht eines Check-Raise?*
**Antwort:** Beim Spielen einer Hand ist es äußerst wichtig zu bedenken, wie Ihre Aktionen auf die anderen Spielern wirken. Wenn Sie dies außer Acht lassen, verpassen Sie großartige Gelegenheiten – entweder indem Sie viel zu wenig Geld mit Ihren guten Blättern gewinnen oder viel zu viel Geld mit Ihren schlechten Blättern verlieren.

Sie haben in der ersten Setzrunde die Initiative übernommen, obwohl Sie in schlechter Position saßen, und haben ein gutes Blatt annonciert. Ein gutes Blatt bedeutet normalerweise ein Blatt mit hohen Karten. Jetzt kommen ein König und eine Dame auf dem Flop. Wäre ich einer Ihrer Gegner würde ich denken: „Heiliger Strohsack! Er hat mit einer Bet die Initiative übernommen und jetzt sind KQ auf dem Board. Das wird seinem Blatt geholfen haben, also Vorsicht!"

Wenn Sie checken, werden Sie keine Gelegenheit für einen Check-Raise bekommen, weil niemand setzen wird. Ihre Gegner werden den Check richtigerweise als Falle begreifen. Wenn Sie weiter setzen, sagen wir mit 200 $ oder Ähnlichem, könnte einer der Spieler glauben, dass Sie versuchen, den Pot zu stehlen, und callen. Es ist Ihre beste Möglichkeit, einen Pot aufzubauen.

**Action:** Sie checken und die Spieler B und C checken beide nach Ihnen.

**Turn:** 4♣

**Frage:** *Was nun?*
**Antwort:** Ein Check wird nur zu zwei weiteren Checks führen, es sei denn jemand hat ein Paar Vieren. Setzen Sie ein paar Hundert und schauen, ob Sie Glück haben.

**Action:** Sie setzen 200 $. Sowohl Spieler B als auch Spieler C folden.

Ihre Bet in der Eröffnungsrunde war zu niedrig, als Sie mit einem starken Blatt einen ordentlichen Pot hätten aufbauen können. Ein Einsatz nach dem Flop hätte Ihnen nicht unbedingt mehr Geld gebracht, aber es wäre der beste Versuch gewesen.

**Hand 11-17**

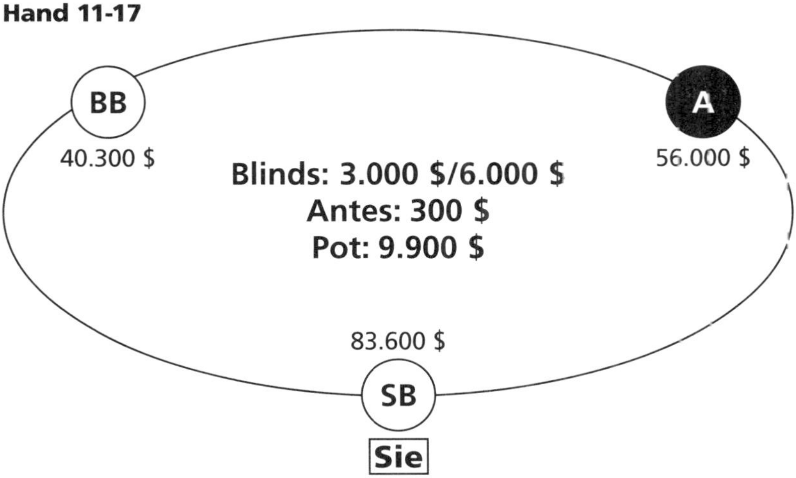

**Situation:** Final Table eines Multi-Table Live-Turniers. Alle noch im Spiel befindlichen Spieler pflegen einen soliden, gewitzten Spielstil.

**Ihr Blatt:** Q♣Q♠

**Action bis zu Ihnen:** Spieler A foldet.

**Frage:** *Folden, callen oder raisen Sie?*
**Antwort:** Ein Damen-Paar ist ein ausreichend starkes Blatt, um slow zu spielen. Callen Sie einfach und versuchen, Ihrem Gegner eine Falle zu stellen.

**Action:** Sie callen. Der Big Blind checkt. Im Pot sind jetzt 12.900 $.

**Flop:** K♠6♠4♦

**Frage:** *Was machen Sie?*
**Antwort:** Sie checken erneut und setzen Ihre Falle fort. Sie fürchten sich lediglich vor einer Karte in seiner Hand (einem König) und vermutlich hat er diese nicht. Wenn er einen König hat, sind Sie geschlagen und werden eine Menge Geld in dieser Hand verlieren. Ihre Hoffnung ist natürlich, dass er mit der Sechs oder der Vier ein Paar bekommen hat und denkt, dass er damit vorne liegt.

**Action:** Sie checken. Er checkt. Im Pot sind weiterhin 12.900 $.

**Turn:** J♣

**Frage:** *Was machen Sie?*
**Antwort:** Das ist eine exzellente Karte für Sie, da sie niedriger ist als Ihre Damen. Jetzt ist es an der Zeit, einen Einsatz zu bringen. Wenn Sie nicht gecallt werden, war sowieso nichts zu gewinnen. Ein Einsatz in Höhe einer Continuation Bet gibt Ihrem Gegner gute Odds, um im Spiel zu bleiben.

**Action:** Sie betten 6.000 $. Er callt. Im Pot sind jetzt 24.900 $.

**River:** 2♠

**Frage:** *Was werden Sie tun?*
**Antwort:** Mit der Zwei sind 3 Pikkarten auf dem Board, aber Sie müssen diese Möglichkeit vernachlässigen. Es gibt viele andere Hände, die er außer zwei Pikkarten halten könnte, und in diesen Konfrontationen mit niedrigem M-Wert müssen Sie Spekulationen ignorieren und sich allein auf das Anhäufen von Chips konzentrieren. Es sind jetzt vier Karten auf dem Board, die niedriger sind als Ihre Damen und nur eine höhere Karte, daher sollten Sie eine weitere Bet in halber Potgröße setzen und schauen, was passiert.

**Action:** Sie setzen 9.000 $. Er raist All-In und schiebt seine letzten 28.000 $ in den Pot. Der Raise beträgt für Sie 19.000 $ und im Pot sind jetzt 61.900 $. *Was machen Sie?*

**Antwort:** Sie callen, er zeigt K♦4♥ und gewinnt damit den Pot.

Er hat auf dem Flop Top- und Bottom Pair getroffen und die ganze Zeit, während Sie slow spielten, ebenfalls slow gespielt. Nebenbei bemerkt hat er diese Hand perfekt gespielt.

**Hand 11-18**

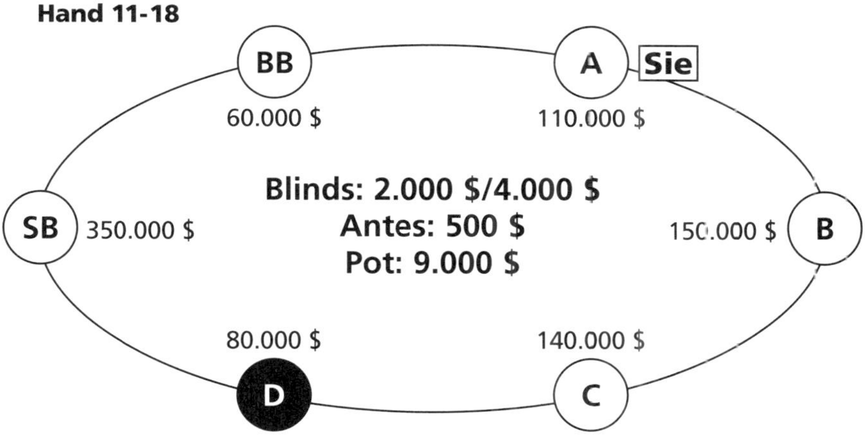


**Situation:** Kurz vor dem Final Table eines großes Turniers. Der Big Blind ist ein konservativer Spieler, der den Tag mit einem großen Stack begann, der dann aber stetig zusammengestutzt wurde. Sie haben das Image eines soliden Spielers.

**Ihr Blatt:** 6♣6♦

**Action bis zu Ihnen:** Sie sind als Erster am Zug.

**Frage:** *Folden, callen oder raisen Sie?*
**Antwort:** Sie sollten raisen und versuchen, sofort den Pot zu gewinnen. An einem Tisch mit sechs Spielern ist Ihr Paar Sechsen momentan wahrscheinlich das beste Blatt, Sie könnten aber nach beinahe jedem Flop in Schwierigkeiten geraten. (Die Situation ähnelt der, wenn man an einem voll besetzten Tisch in First Position ein Medium Pair hält.) Ihre Aufgabe ist es, einige der Spieler mit High-Card-Blättern zu vertreiben. Ein Raise von 15.000 bis 20.000 $ dürfte gut geeignet sein.

**Action:** Sie raisen auf 15.000 $. Die Spieler B, C und D folden, ebenso der Small Blind. Der Big Blind geht All-In und setzt seine letzen 56.000 $. Im Pot sind jetzt 80.000 $ und ein Call kostet Sie 41.000 $.

**Frage:** *Werden Sie folden oder callen?*
Antwort: Lassen Sie uns diese Aufgabe genau analysieren, denn sie ist sehr typisch für eine ganze Kategorie von Fragestellungen, die gegen Ende eines Turniers auftreten. Der Pot bietet Ihnen Odds von fast genau 2 zu 1, das ist sehr günstig für Sie. Sie wissen nicht nur, dass Ihr Gegner ein konservativer Spieler ist, sondern auch, dass sein Stack – obwohl er zusammengestutzt wurde – dennoch nicht so klein ist, dass er mit einer schwachen Hand eine Verzweiflungstat begehen muss. (Sein M beträgt 6,5 und sein effektives M beträgt 4.) Das heißt nicht, dass er nicht bluffen könnte, sondern nur, dass wir eine etwas niedrigere Bluff-Wahrscheinlichkeit annehmen sollten als gewöhnlich.
Seine möglichen Blätter lassen sich in drei Kategorien unterteilen:

1. **Ein höheres Paar als Ihres.** Es gibt sechs mögliche Arten, jedes Paar zu halten, und es gibt acht Paare, die höher sind als Ihres – also gibt es 48 mögliche Kartenkombinationen, die Sie Außenseiter von 4,5 zu 1 sein lassen.

2. **Zwei hohe Karten, mit denen eine Value Bet gebracht wird.** Mit welchen Blättern würde ein konservativer Spieler in dieser

Situation eine Value Bet bringen? Sicherlich mit AK und AQ, wahrscheinlich auch mit AJ und KQ. KJ und QJ sind ebenfalls möglich. Es gibt insgesamt 16 mögliche Kombinationen für jede ungepaarte Hand (4 suited und 12 offsuit) und die sechs genannten Kombinationen ergeben eine Gesamtzahl von 96 möglichen Händen. Gegen die Hände aus dieser Kategorie sind Sie 55 zu 45 Favorit.

3. **Andere Blätter, die entweder Semi-Bluffs sind oder legitime Versuche, seinen Big Blind gegen einen Bluff zu verteidigen.** Es ist möglich, dass er Ihre Bet als Bluff wahrnimmt. In diesem Fall könnte er bereit sein, mit Blättern wie A9, JT oder sogar einem Dreier-Paar zu setzen. Die meisten Hände dieser Kategorie bestehen aus zwei Overcards zu Ihren Sechsen – Sie sind also in den meisten Fällen 55 zu 45 Favorit. Aber die Möglichkeit, dass Sie gegen ein niedrigeres Paar oder sogar gegen ein Blatt wie A4s – also mit einer Undercard zu Ihrem Paar – spielen, ermöglicht Ihnen, Ihre Chancen etwas höher anzusetzen, ungefähr bei 60 zu 40.

Sobald Sie wissen, mit welchen Händen Sie konfrontiert sein könnten, ist der nächste Schritt, jeder dieser drei Kategorien eine Wahrscheinlichkeit zuzuordnen. Versuchen Sie dabei nicht, allzu präzise zu sein. Es reicht eine grobe Einschätzung!

Zum Beispiel glaube ich nicht, dass die Wahrscheinlichkeit, dass Sie gegen eine Hand aus der dritten Kategorie spielen, sehr hoch ist. Nicht nur Ihr Gegner, sondern auch Sie besitzen ein konservatives Image. Ich würde dieser Kategorie eine Wahrscheinlichkeit von 10 % zuordnen.

Die Kategorien 1 und 2 sind sehr wichtig und enthalten die wahrscheinlichsten Hände. In Kategorie 2 gibt es sehr viel mehr mögliche Hände, aber man würde nicht unbedingt mit allen diesen Händen betten. Würde ein konservativer Spieler wirklich All-In gehen, wenn er beispielsweise QJ hält? Je nach Laune wäre das vielleicht mal möglich, aber nicht grundsätzlich. Lassen Sie uns davon ausgehen, dass Sie in 40 % der Fälle gegen eine Hand aus Kategorie 1 spielen und in 50 % der Fälle gegen eine Hand aus Kategorie 2. Jetzt sind Sie in der Lage, die letzte schnelle Kalkulation anzugehen.

1. In 40 % der Fälle spielen Sie gegen eine Hand aus Kategorie 1, einem höheren Paar, und gewinnen etwas weniger als 20 % davon. Sagen wir, Sie gewinnen damit ungefähr 8 %.

2. In 50 % der Fälle spielen Sie gegen ein Blatt der Kategorie 2, zwei hohe Overcards, und sind 55 zu 45 Favorit. Sie gewinnen damit ungefähr 27 %.

3. In 10 % der Fälle spielen Sie gegen einen Bluff oder Semi-Bluff, Ihre Gewinnchancen liegen bei 60 %. Sie gewinnen hier in 6 % der Fälle.

Ihre Gesamtgewinnchance liegt bei 41 %.

41 = 8 + 27 + 6

Sie sind in dieser Hand 3 zu 2 Außenseiter, aber Sie erhalten Pot Odds von 2 zu 1. Klarer Call.

**Action:** Sie callen und Ihr Gegner zeigt zwei Könige. Sie treffen 6♠ auf dem Flop und gewinnen die Hand.

Noch einige letzte Bemerkungen zu dieser Hand.

Eine solche Analyse sieht anfangs sehr kompliziert aus, aber mit Übung wird sie Ihnen leichter fallen. Die Mathematik ist nicht der schwierige Teil, sondern sich selbst zu organisieren und die Möglichkeiten im Kopf nachzuverfolgen.

Der entscheidende Faktor dieser Hand sind die Pot Odds von 2 zu 1, die Ihnen angeboten wurden. Wenn mir der Sinn nicht nach dieser Art von Berechnung steht, verlasse ich mich auf zwei Faustregeln:

1. *Wenn ich ein in irgendeiner Form spielbares Blatt habe und der Pot mir Odds von 2 zu 1 bietet, sollte ich wahrscheinlich callen.*

2. *Wenn ich ein in irgendeiner Form spielbares Blatt habe und der Pot mir Odds von 3 zu 1 bietet, sollte ich mit Sicherheit callen.*

**Hand 11-19**

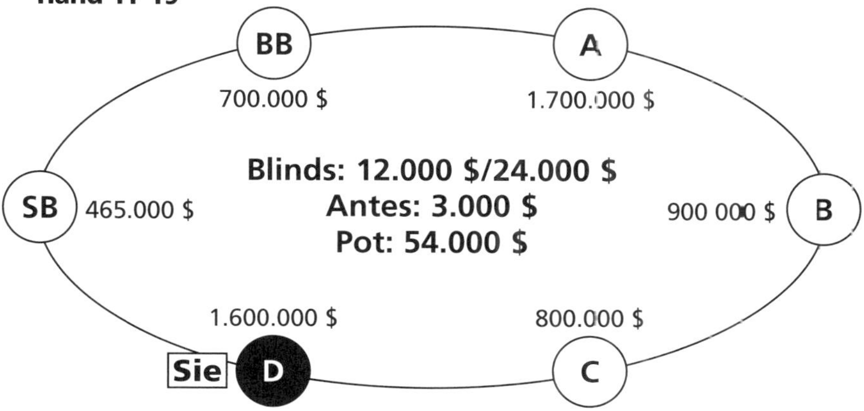


**Situation:** Final Table eines großes Turniers. Der Small Blind ist ein eher tighter, konservativer Spieler.

**Ihr Blatt:** 4♦4♣

**Action bis zu Ihnen:** Die Spieler A, B und C folden.

**Frage:** *Werden Sie folden, callen oder raisen?*
**Antwort:** Ein niedriges Paar und Sie haben auf zwei Spieler, die noch am Zug sind, Position – das ist eine starke Hand. Sie sollten kräftig raisen, ungefähr das Dreifache des Big Blinds.

**Action:** Sie raisen auf 100.000 $. Der Small Blind geht mit seinen letzten 450.000 $ All-In. Der Big Blind foldet. Im Pot sind jetzt 604.000 $ und ein Call kostet Sie 350.000 $.

**Frage:** *Folden oder callen Sie?*
**Antwort:** Diese Aufgabe ähnelt der letzten Hand, daher sollten Sie auf dieselbe Art und Weise an Sie herangehen. Zunächst sollten Sie die Pot Odds berechnen. Sie müssen 350.000 $ setzen, um 604.000 $ zu gewinnen. Versuchen Sie die Berechnung so einfach wie möglich zu gestalten. Runden Sie auf 600.000 ab, streichen Sie die Tausender weg und teilen Sie 600 und 350 durch 50, um leichter zu rechnende

Zahlen zu erhalten. Sie müssen 7 setzen, um 12 zu gewinnen – also bietet der Pot Ihnen Odds von 12 zu 7, das entspricht 1,7 zu 1.

Als Nächstes müssen Sie überlegen, mit welchen Händen Sie konfrontiert sein könnten. Hier sind die Dinge etwas anders gelagert. Ihr Paar ist niedriger als das in der vorigen Hand, daher sind die Chancen geringer, dass Sie gegen einen Bluff mit einem niedrigeren Paar oder etwas wie A3 spielen und zwar aus dem einfachen Grund, dass es weniger Hände gibt, die eine niedrigere Karte als Ihre Vieren enthalten. Dazu kommt, dass Ihr Gegner bekanntermaßen tight ist und ausreichend Chips zur Verfügung hat, so dass er nicht unbedingt ein Täuschungsmanöver machen muss – die Chance, dass Sie mit einem Bluff konfrontiert sind, reduziert sich damit. Unter diesen Umständen würde ich diese Wahrscheinlichkeit mit Null ansetzen – um der leichteren Mathematik willen.

Jetzt aber zur wesentlichen Frage: Wie oft treffen Sie auf ein höheres Paar im Vergleich zu der Häufigkeit, gegen zwei Overcards zu spielen? In der letzten Übungsaufgabe war Ihr Gegner ein aggressiver Spieler und wir haben die Chancen, dass Sie gegen ein Paar spielen, auf 40 % geschätzt. Die Chancen, dass Sie gegen Overcards spielen lagen bei 50 %. Bei einem konservativen Gegner sollten Sie die Verteilung anders herum ansetzen. Konservative Spieler sind einfach nicht so sehr darauf erpicht, alle ihre Chips in den Pot zu schieben, wenn sie KQ oder AJ halten, es sei denn, Ihre Zeit läuft ab. Ich würde vermuten, die Verteilung bei dieser Hand liegt bei 60 % Paare und 40 % Overcards. (Sie erinnern sich: Wir nehmen an, dass keine Bluffs vorkommen.)

Mit dieser 60-zu-40-Aufteilung sind Ihre Gewinnchancen schnell berechnet. Gegen die Paare sind Sie 4,5 zu 1 Außenseiter, Sie gewinnen also in etwas weniger als 20 % der Fälle. 20 % von 60 % sind 12 % – also sagen wir, Sie gewinnen in 11 % der Fälle. Gegen die Overcards gewinnen Sie in etwas mehr als der Hälfte der Fälle. Die Hälfte von 40 % sind 20 %, also sagen wir, Sie gewinnen in 22 % der Fälle. Ihre Gesamtsumme sind 33 % Gewinne.

33 = 11 + 22

Sie sind in dieser Hand 2 zu 1 Außenseiter. Der Pot bietet Ihnen Money Odds von lediglich 12 zu 7, daher sollten Sie folden.

**Action:** Sie folden und der Small Blind gewinnt den Pot.

Vergleichen Sie diese Übungsaufgabe mit der vorherigen und beachten Sie den Unterschied, den zwei kleine Veränderungen mit sich brachten. Die Pot Odds waren etwas, aber nicht dramatisch schlechter. Da wir es hier mit einem konservativen und keinem aggressiven Gegner zu tun hatten, haben wir die möglichen Hände etwas anders austariert. Das Resultat dieser beiden Veränderungen war allerdings, dass sich ein klarer Call in klares Folden verwandelt hat. Unterschätzen Sie also nicht die Bedeutung der Berechnung der Pot Odds!

**Hand 11-20**

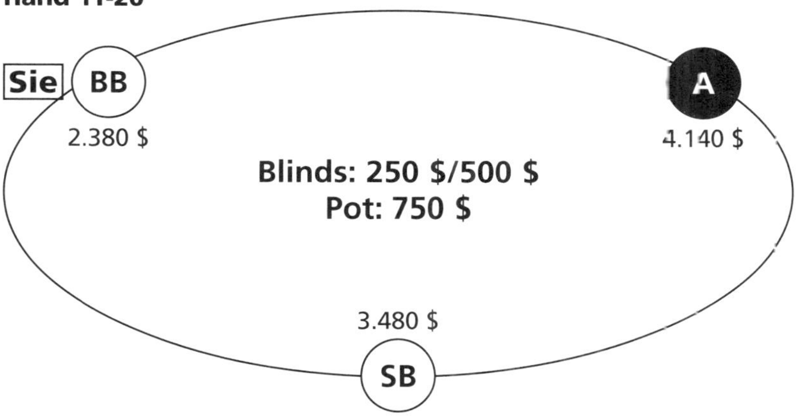


**Situation:** Die letzten drei Spieler in einem Single-Table Online-Turnier.

**Ihr Blatt:** Q♥6♠

**Action bis zu Ihnen:** Spieler A raist auf 1.000 $ und der Small Blind foldet.

**Frage:** *Werden Sie folden, callen oder raisen?*
**Antwort:** Nach dem Einsatz von Spieler A sind 1.750 $ im Pot und es kostet Sie nur weitere 500 $ zu callen. Das sind Pot Odds von 3,5 zu 1. Ihre Q6-Hand scheint mittelmäßig zu sein – also gut, sie ist tatsächlich mittelmäßig –, aber die Odds sind beachtlich, daher müssen Sie sich fragen, wie schlecht Ihre Hand wirklich ist.

Gegen zwei beliebige Karten aus dem Deck ist Q6o tatsächlich 51 zu 49 Favorit. Überraschend, aber wahr. Die meisten Hände sind sogar schlechter. Die wesentliche Frage lautet: Wie sicher können wir uns sein, dass wir gegen eine Hand spielen, die deutlich besser ist als ein Zufallsblatt?

Zu dem Zeitpunkt, an dem nur noch drei Spieler am Tisch sind, können wir uns da überhaupt nicht sicher sein. Egal wie schlecht die Blätter sind, einer der drei Spieler muss den Pot gewinnen und die Bet unseres Gegners kann ebenso gut ein Steal-Versuch sein. In dieser Turnierphase haben die Pot Odds absoluten Vorrang. 3,5 zu 1 sind fantastische Odds, wenn sie ein Blatt halten, das ungefähr im mittleren Bereich liegt. Callen Sie!

**Action:** Sie callen. Im Pot sind jetzt 2.250 $.

**Flop:** J♥T♣5♥

**Frage:** *Betten oder checken Sie?*
**Antwort:** Wir haben den Flop total verfehlt, somit hat sich der Wert unseres Blattes gerade verabschiedet. Die Flop-Textur ist besonders schlecht. Die beiden mittleren Karten passen zu vielen Blättern und viele der Blätter, zu denen sie nicht passen (die mit Assen und Königen) schlagen uns. Sie sollten sehr vorsichtig sein und eher keinen Steal versuchen. Es bleibt nichts anderes übrig, als zu checken und darauf zu hoffen, dass Sie eine Free Card erhalten.

**Action:** Sie checken und Spieler A checkt ebenfalls.

**Turn:** 5♣

**Frage:** *Was nun?*
**Antwort:** Es hat sich nichts verändert, Sie sollten also nach wie vor checken.

**Action:** Sie checken und Spieler A setzt 1.000 $. Was machen Sie nun?

**Antwort:** Sie folden. Möglicherweise haben Sie noch immer die bessere Hand, aber es gibt keinen Grund, auf sie Geld zu setzen.

**Hand 11-21**

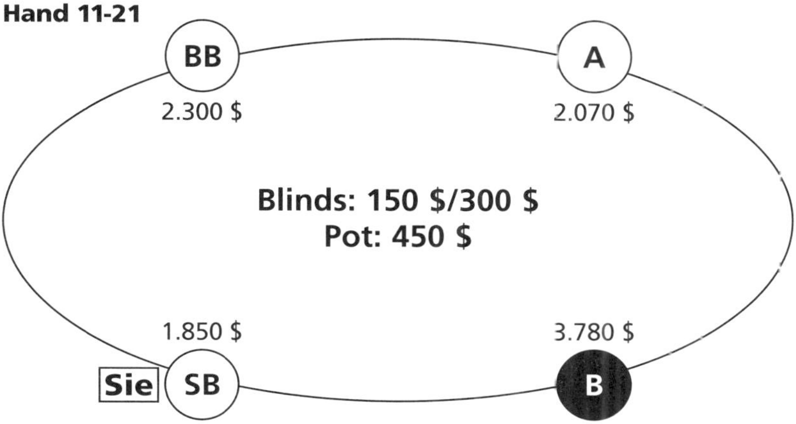


**Situation:** Am Ende eines Single-Table Online-Turniers.

**Ihr Blatt:** K♥K♦

**Action bis zu Ihnen:** Spieler A foldet. Spieler B, der Button, callt. Im Pot sind jetzt 750 $.

**Frage:** *Werden Sie callen, raisen oder All-In raisen?*
**Antwort:** Dies ist ein Fall, wie dafür gemacht, All-In zu gehen. Momentan ist ein hoher Betrag im Pot, der sofort gewonnen werden kann. Sie sind der Short Stack am Tisch, daher ist die Wahrscheinlichkeit höher, dass ein All-In Ihrerseits als Verzweiflungstat aufgefasst wird.

Aber ich würde trotzdem nicht All-In gehen. Das Risiko ist einfach zu hoch, dass Sie die anderen verjagen und Ihr Blatt eignet sich hervorragend dafür, Ihren Stack zu verdoppeln. Ich würde ca. 900 $ setzen. Dadurch sind 1.650 $ im Pot und entweder der Big Blind oder Spieler B können mit weiteren 600 $ callen, was ziemlich gute Pot Odds wären. Auch sähe es so aus, als würden Sie sich einen Ausweg offen halten, um die Hand später noch zu verlassen – auf subtile Art und Weise suggerieren Sie damit Schwäche. Wenn einer der Spieler ein spielbares Blatt hält, wird er sicherlich gegen Sie antreten – und genau das wollen Sie ja.

**Action:** Sie gehen All-In und sowohl der Big Blind als auch Spieler B folden.

**Hand 11-22**

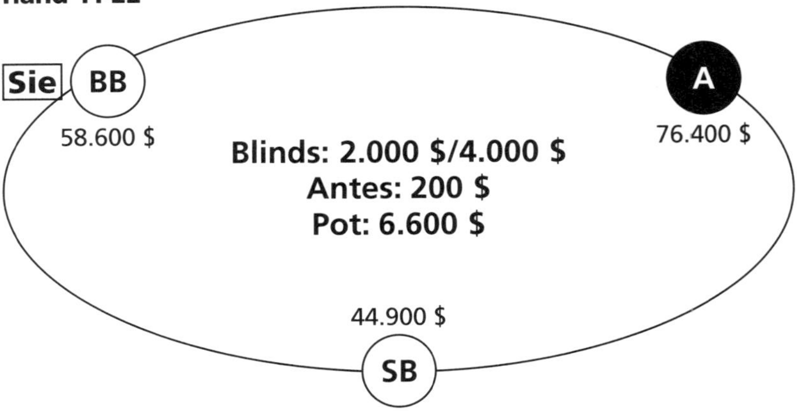


**Situation:** Final Table eines Multi-Table Live-Turniers. Sowohl der Big Blind als auch Spieler A haben bisher konservativ gespielt. Sie waren zuletzt loose und aktiv.

**Ihr Blatt:** A♣8♥

**Action bis zu Ihnen:** Spieler A callt. Im Pot sind jetzt 10.600 $.

**Frage:** *Folden, callen oder raisen Sie?*
**Antwort:** Ihr Blatt ist stark genug für einen Raise an einem Tisch mit drei Spielern, aber der Call kam vom Big Stack, daher ist Vorsicht angesagt. Es ist nicht verkehrt, 2.000 $ zu bezahlen, um billig den Flop zu sehen und dann zu entscheiden, ob Sie weiter mitspielen wollen.

**Action:** Sie callen, indem Sie weitere 2.000 $ in den Pot geben. Der Big Blind geht All-In und schiebt seine letzten 56.200 $ in den Pot. Spieler A foldet. *Was machen Sie?*

**Antwort:** Als Erstes müssen Sie dem Impuls widerstehen, alle Ihre Chips in den Pot zu schieben, weil Sie ein Ass auf der Hand haben, und die Situation überdenken.

Steigt ein Spieler als Erster mit einem All-In in den Pot ein, dann können Sie davon ausgehen, dass er mit einiger Wahrscheinlichkeit blufft oder zumindest eine Hand spielt, die nicht so gut ist wie Ihre A8.

Wenn ein Spieler in einem Pot All-In geht, bei dem schon zwei Spieler mitspielen, können Sie diese Annahme vergessen. In dieser Situation blufft der Big Blind sicherlich nicht; er erwartet, von einem anderen Spieler gecallt zu werden, und geht davon aus, auf jeden Fall zu gewinnen. Konservative Spieler versuchen einen Steal, wenn der Pot leicht – und nicht schwer – zu gewinnen ist.

Die wahrscheinlichste Hand, die der Big Blind halten könnte, ist ein Paar und wahrscheinlich keines der niedrigsten Paare (Dreien oder Zweien). Die meisten ungepaarten Hände, die Sie so spielen könnten, würden Sie dominieren, das sind ebenfalls schlechte Nachrichten.

Der Big Blind hat nur auf die Höhe Ihres Stacks geraist, im Pot sind jetzt also 53.300 $ und ein Call würde Sie Ihren restlichen Stack von 40.700 $ kosten. Das sind ordentliche Odds von 1,3 zu 1. Dennoch: Betrachten Sie Ihre Gewinnchancen angesichts der möglichen gegnerischen Blätter:

1. Gegen die fünf Paare, die zwischen Ihrem Ass und Ihrer 8 liegen (KK, QQ, JJ, TT, 99) sind Sie 2,5 zu 1 Außenseiter.

2. Gegen die Paare unterhalb Ihrer 8 (77, 66, 55, 44: Hände wie 33 und 22 wurden von uns als unwahrscheinlich ausgeschlossen) sind Sie ungefähr 12 zu 10 Außenseiter.

3. Gegen die Asse, von denen Sie dominiert werden (AK bis A9), sind Sie beinahe 3 zu 1 Außenseiter.

4. Gegen 88 sind Sie 2,5 zu 1 Außenseiter und gegen AA 13 zu 1 Außenseiter. (Diese Paare sind nur halb so wahrscheinlich wie die anderen, da Sie jeweils eine der Karten halten.)

Die einzigen Hände, bei denen Sie den richtigen Preis bekommen, sind die niedrigeren Paare und selbst bei diesen erhalten Sie gerade so eben den richtigen Preis. Folden Sie.

**Action:** Sie folden.

**Hand 11-23**

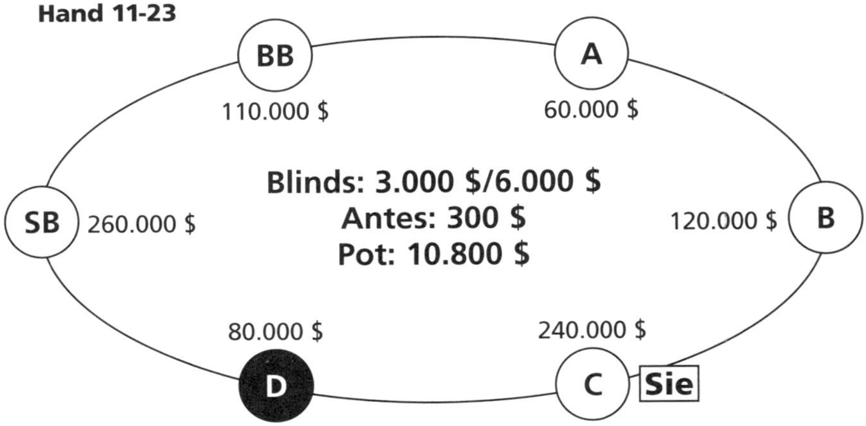


**Situation:** Final Table eines größeren Turniers. Die verbliebenen Spieler sind starke, erfahrene Veteranen.

**Ihr Blatt:** A♠K♣

**Action bis zu Ihnen:** Die Spieler A und B folden.

**Frage:** *Werden Sie callen, auf 30.000 $ raisen oder All-In gehen?*
**Antwort:** Diese Hand entstammt dem Final Table eines großen Turniers, bei dem der Spieler mit AK sich dazu entschloss, All-In zu gehen. Daran ist nichts fürchterlich Verkehrtes, aber mir gefällt dieser Spielzug nicht. Und zwar aus folgendem Grund.

Es stimmt, dass diese All-In-Bet in den meisten Fällen den Pot gewinnt. Die einzigen Hände, mit denen diese Bet gecallt würde, sind mittlere bis hohe Paare, wahrscheinlich AQ und weitere AK. Sagen wir, dass Ihre Gegner mit einem Achter-Paar oder einem höheren Paar und mit AQ und AK callen würden. In diesem Fall wären nahezu alle möglichen Call-Blätter entweder ausgeglichen (AK), leichter Favorit (Achten bis Damen) oder klarer Favorit (Asse oder Könige). Die einzige Hand, über die Sie begeistert sind, wenn Ihr Gegner callt, ist AQ. Es stimmt, dass solche Hände nicht so häufig vorkommen werden, dass sie Ihre Spielweise zu einem Verlustgeschäft werden lassen. Aufgrund der Tatsache, dass Sie in den meisten Fällen die Blinds mitnehmen werden, wird sich Ihr Spiel im Durchschnitt rentieren.

Aber was passiert, wenn Sie den normalen Spielzug machen und auf einen Betrag zwischen 25.000 und 30.000 $ raisen? Das ist noch immer ausreichend hoch, um die Blinds zu schnappen, wenn kein anderer ein spielbares Blatt hat.

Wenn jemand Sie callt, hält er wahrscheinlich eines der mittleren Paare. Sie können also versuchen, ihn nach dem Flop auszumanövrieren. Falls Sie geraist werden, geschieht das wahrscheinlich auf der Grundlage eines Blatts, das deutlicher Favorit ist. Mir gefällt in dieser Situation die normale Spielweise und ich denke, dass sie auf lange Sicht profitabler sein wird – mit weniger Risiko als ein All-In. Sie werden ein solches All-In-Manöver relativ häufig sehen, meist von Spielern, die (möglicherweise unbewusst) Angst davor haben, Hände nach dem Flop zu spielen, und die versuchen, Ihre Entscheidungsfindung zu vereinfachen.

In der aktuellen Hand hatte der Small Blind ein Damen-Paar. Er callte und seine Hand gewann den Pot. Wenn Sie in dieser Position mit Damen callen, können Sie sich so gut wie sicher sein, das beste Blatt zu haben. Die einzigen Blätter, die gegen Sie Favorit sind, sind welche mit Assen oder Königen – und Spieler mit solchen Blättern versuchen nicht, alle anderen mit einem All-In-Raise aus dem Pot zu jagen.

**Hand 11-24**

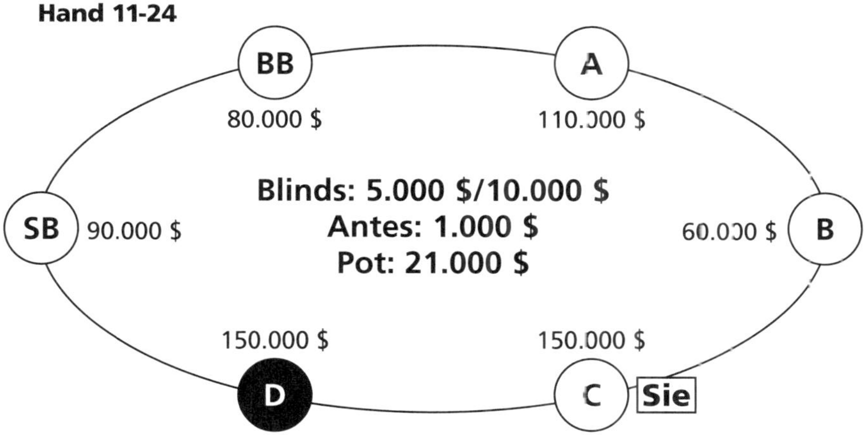


**Situation:** Final Table eines großen Turniers.

**Ihr Blatt:** A♥K♦

**Action bis zu Ihnen:** Die Spieler A und B folden.

**Frage:** *Werden Sie callen, den Pot raisen oder All-In gehen?*
**Antwort:** Im Gegensatz zur vorherigen Hand ist Ihr M in diesem Fall wesentlich niedriger (ungefähr 7,5 verglichen mit 24 in Hand 11-23.) Ein niedrigeres M schafft ein besseres Argument für ein All-In-Manöver und es wäre auch kein unvernünftiger Spielzug. Dennoch bevorzuge ich in diesem Fall einen Raise in normaler Höhe, da ich mit einer derart guten Hand zu Action ermutigen will.

**Action:** Sie raisen auf 40.000 $. Spieler D, auf dem Button, raist auf 70.000 $. Der Small Blind und der Big Blind folden. Im Pot sind jetzt 131.000 $.

**Frage:** *Werden Sie folden, callen oder All-In gehen?*
**Antwort:** Jetzt gehen Sie mit Ihren letzten 110.000 $ All-In. Dadurch wird der positionelle Vorteil des Buttons eliminiert und Sie erhalten den vollen Wert für Ihre Hand. Dazu kommt, dass Sie möglicherweise das beste Blatt haben. Da Sie mit Ihrem Anfangseinsatz keine sonderliche Stärke demonstriert haben, kann der Raise mit Blättern wie AQ, AJ oder AT erfolgt sein gegen die Sie klarer Favorit sind. Natürlich kann Ihr Gegner seine Hand auch einfach wegwerfen, das wäre ein gutes Ergebnis für Sie.

Der andere Vorteil, diese Hand so zu spielen, ist, dass Sie es Ihren Gegnern sehr schwer gemacht haben, eine Entscheidung zu treffen, sowohl jetzt als auch nach Ihrem ersten Einsatz. Das ist gut. Viele Spieler machen Ihren Gegnern diese Entscheidung unbeabsichtigt sehr leicht.

**Action:** Sie gehen All-In und Spieler D callt. Er zeigt J♣J♠. Sie treffen auf dem Flop einen König und gewinnen die Hand.

**Hand 11-25**

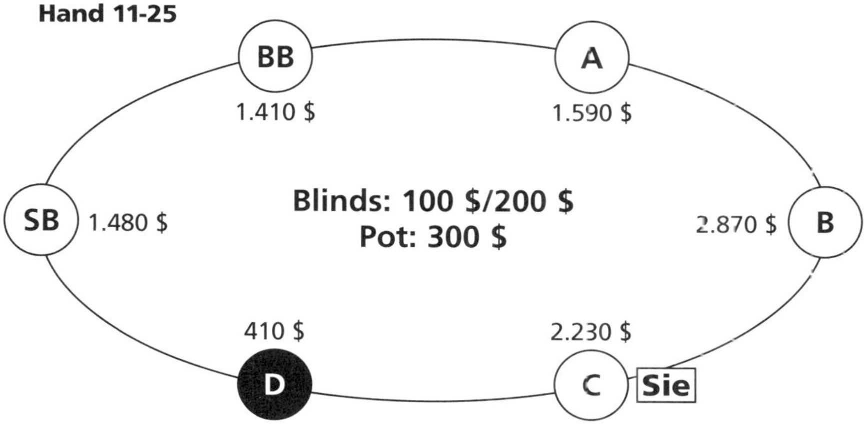


**Situation:** In der Mitte eines One-Table-Qualifikationsturniers. Spieler B ist ein aggressiver Spieler, der viele Chips angehäuft hat.

**Ihr Blatt:** 7♠7♦

**Action bis zu Ihnen:** Spieler A foldet. Spieler B raist auf 700 $. Im Pot sind jetzt 1.000 $.

**Frage:** *Folden, callen oder raisen Sie?*
**Antwort:** Da Sie wissen, dass Spieler B aggressiv spielt, müssen Sie All-In gehen. Ihr Siebener-Paar ist derzeit wahrscheinlich das beste Blatt Spieler B hat vermutlich zwei hohe Karten. Wenn er Sie damit callt, sind Sie 13 zu 10 Favorit, außerdem könnte er sich dazu entscheiden, seine Hand wegzuwerfen. Natürlich ist auch möglich, dass er ein höheres Paar hält, aber wenn Sie zulassen, dass diese Angst Sie aus dem Pot treibt, war es reine Zeitverschwendung, Ihren Gegner zu beobachten. Er ist ein aggressiver Spieler, Sie spielen an einem reduzierten Tisch, er hat einen Angriff auf den Pot unternommen und Sie haben ein starkes Blatt. Nehmen Sie die Verfolgung auf.

Viele Spieler schrecken davor zurück, mit einem Siebener-Paar All-In zu gehen, aber um in Turnieren Erfolg zu haben, müssen Sie zu derartigen Zügen in der Lage sein.

**Auflösung:** Sie folden, genau wie alle anderen, und Spieler B nimmt den Pot mit.

**Hand 11-26**

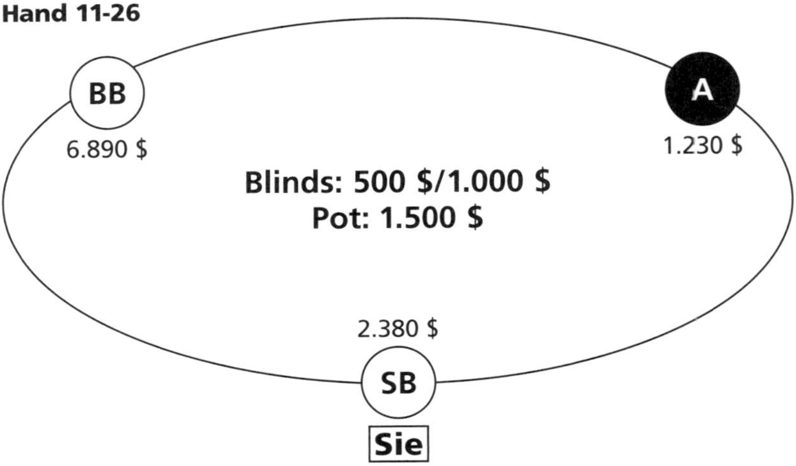


**Situation:** Die letzten drei Spieler eines Single-Table Online-Turniers.

**Ihr Blatt:** A ♦8 ♥

**Action bis zu Ihnen:** Spieler A geht mit seinen letzten 1.230 $ All-In.

**Frage:** *Folden, callen oder raisen Sie?*
**Antwort:** A8 ist an einem Tisch mit drei Spielern ein gutes Blatt und Sie sollten auf jeden Fall spielen. Vergessen Sie nicht, selbst All-In zu gehen, um den Big Blind davon abzuhalten, seinen Stack mit einem marginalen Blatt ins Spiel zu bringen. Die besten Gewinnchancen haben Sie, wenn Sie gegen Spieler A Heads-Up spielen.

Eine zweite Möglichkeit ist das so genannte Cooperation Play. Es wird angewandt, wenn zwei Spieler eine Möglichkeit sehen, in den Geldrängen aufzusteigen, indem sie miteinander kooperieren, um einen dritten Spieler zu eliminieren. Um so zu spielen, callen Sie einfach und hoffen darauf, dass der Big Blind ebenfalls callt. Dann checken Sie die Hand durch, ohne einen Einsatz zu bringen. Falls der Big Blind das Gleiche macht, haben Sie die maximalen Chancen, Spieler A zu eliminieren.

Das Cooperation Play ist nicht unerlaubt, solange die Spieler sich nicht offen miteinander beraten. Es erfordert einfach von jedem beteiligten Spielern, zu erkennen, dass die eigenen Chancen sich verbessern, wenn ein dritter Spieler eliminiert wird, und die logische Entscheidung zu treffen, um dies herbeizuführen.

**Action:** Sie gehen All-In und der Big Blind foldet. Ihre A♦8♥ gewinnen gegen A♠6♥.

**Hand 11-27**

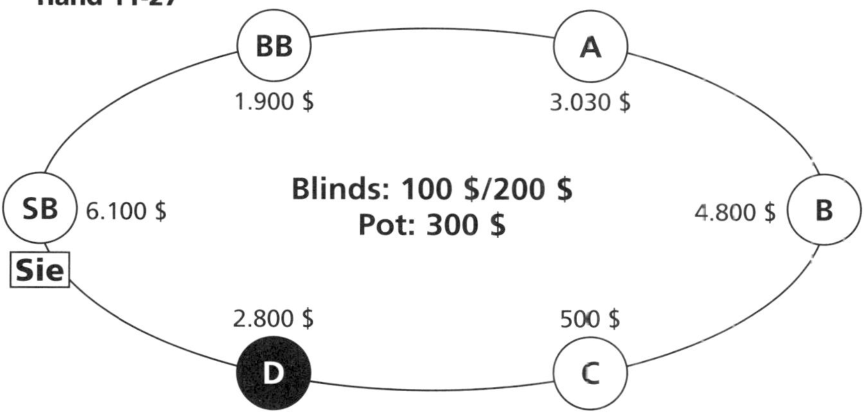


**Situation:** Einige Stunden nach Beginn eines Online-Turniers. Noch zwölf Spieler an zwei Tischen. Spieler C ist ein konservativer Spieler, hat aber einige Bad Beats erlitten. Der Big Blind spielt loose und hatte ähnlich viel Pech.

**Ihr Blatt:** A♣T♠

**Action bis zu Ihnen:** Die Spieler A und B folden. Spieler C geht mit seinen letzten 1.500 $ All-In. Im Pot sind jetzt 800 $. Der Button foldet.

**Frage:** *Was tun Sie?*
**Antwort:** Gemäß der 10-zu-1-Regel können Sie diese Bet mit jedem beliebigen Blatt callen, wenn Sie als Letzter am Zug sind. Aber es folgt ein Spieler nach Ihnen. Es gibt keinen Anlass zu glauben, dass er ein gutes Blatt hat, aber Sie sollten – nur zur Sicherheit – auf einen ordentlichen Betrag raisen, sagen wir 750 $. Das zeigt Ihrem Gegner, dass Sie es ernst meinen und wird ihn vermutlich dazu bringen, einige schwächere Hände wegzuwerfen, mit denen er Sie überholen könnte.

**Auflösung:** Sie raisen auf 750 $. Der Big Blind foldet. Spieler C zeigt J♠J♥ und gewinnt damit die Hand.

Das war Pech. Spieler C war verzweifelt und hätte mit vielen schwächeren Blättern raisen können.

Kapitel 12 Seite 349

# Heads-Up

# Heads-Up

## Einführung

Der englische Philosoph Thomas Hobbes charakterisierte einmal das Leben in einem mythischen Naturzustand (Vorzivilisation) als „hässlich, bestialisch und kurz". Damit könnte er auch die abschließende Heads-Up-Phase eines No-Limit-Hold'em-Turniers gemeint haben. Die Chips sind auf zwei Spieler verteilt, die Blinds sind normalerweise sehr hoch und die Eröffnungsanforderungen niedrig. Gewöhnlich dauert es nur einige Hände, bis die Spieler mit halbwegs überdurchschnittlichen Blättern All-In gehen.

Viele Spieler befinden sich bei Heads-Up-Konfrontationen in einem Dilemma. In all den Jahren habe ich mit einer Vielzahl von Spielern gesprochen, die das Finale Ihres ersten großen Turniers entweder in Führung liegend oder zumindest gleichauf erreicht und dann im Heads-Up verloren haben. Ausnahmslos gehen Sie weg und denken: „Ich hab's versaut. Ich hätte irgendetwas anders machen müssen, aber ich kann einfach nicht sagen, was." Normalerweise beende ich das Gespräch mit den Worten: „Du hast vollkommen richtig gespielt, aber es gibt kaum etwas, das man tun kann. In diesen kurzen Sessions entscheiden allein die Karten."

Auch wenn die Karten entscheiden, gibt es einige einfache Faustregeln, die Ihr Spiel effektiver machen, sowie einige typische Fehler, die Sie vermeiden sollten. In diesem Kapitel werden wir die Bestandteile der Heads-Up-Strategie beleuchten und einige reale Heads-Up-Sessions von Anfang bis zum Ende untersuchen.

Wenn Sie dieses Kapitel lesen, denken Sie daran, dass es zu anderen, früheren Zeitpunkten in einem Turnier bereits zu Situationen kommt, in denen gewissermaßen ein Heads-Up stattfindet. Im offensichtlichsten Fall sitzen Sie im Small Blind und alle haben bis zu Ihnen gefoldet. Jetzt gibt es schlicht eine Konfrontation zwischen Ihnen und dem Big Blind. Viele der Ratschläge in diesem Kapitel sind sehr gut auf diese Situation anwendbar.

# Rangfolge der Blätter beim Heads-Up

Bevor ich die Strategie beim Heads-Up beschreibe, muss noch einige Vorarbeit geleistet werden. Lassen Sie uns zu Beginn eine Tabelle mit der Rangfolge der Hole Cards aufstellen. Wir wollen wissen, welche Blätter die besten 10 % aller möglichen Hände, die besten 20 % aller möglichen Hände usw. darstellen. In dieser Tabelle werden die Blätter anhand ihrer Fähigkeit, eine All-In-Konfrontation gegen eine x-beliebige Hand zu gewinnen, klassifiziert. In ihr sind sehr viele entscheidende Informationen enthalten und wir werden durch das gesamte Kapitel hindurch immer wieder darauf zurückkommen.

**Die besten 10 % (Gewinnwahrscheinlichkeit ≥ 62 %)**
Paare: AA–66
Ungepaarte Karten (suited): AK–A8, KQ–KJ
Ungepaarte Karten (offsuit): AK–AT

**Die besten 20 % (Gewinnwahrscheinlichkeit ≥ 58 %)**
Alle zuvor genannten und zusätzlich
Paare: 55
Ungepaarte Karten (suited): A7–A3, KT–K8, QJ, QT
Ungepaarte Karten (offsuit): A9–A7, KQ–KT, QJ

**Die besten 30 % (Gewinnwahrscheinlichkeit ≥ 55 %)**
Alle zuvor genannten und zusätzlich
Paare: 44
Ungepaarte Karten (suited): A2, K7–K5, Q9, Q8, JT, J9
Ungepaarte Karten (offsuit): A6–A3, K9–K7, QT

**Die besten 40 % (Gewinnwahrscheinlichkeit ≥ 52 %)**
Alle zuvor genannten und zusätzlich
Paare: 33
Ungepaarte Karten (suited): K4–K2, Q7–Q5, J8, T9
Ungepaarte Karten (offsuit): A2, K6–K4, Q9, Q8, JT, J9

**Die besten 50 % (Gewinnwahrscheinlichkeit ≥ 50 %)**
Alle zuvor genannten und zusätzlich
Paare: 22
Ungepaarte Karten (suited): Q4–Q2, J7–J5, T8, T7, 98
Ungepaarte Karten (offsuit): K3, K2, Q7–Q5, J8, T9

**Die besten 60 % (Gewinnwahrscheinlichkeit ≥ 47 %)**
Alle zuvor genannten und zusätzlich
Ungepaarte Karten (suited): J4–J2, T8, T6, T5, 97, 96, 87
Ungepaarte Karten (offsuit): Q4–Q2, J7–J5, T8, T7, 98

**Die besten 70 % (Gewinnwahrscheinlichkeit ≥ 44 %)**
Alle zuvor genannten und zusätzlich
Ungepaarte Karten (suited): T4–T2, 95, 94, 86, 85, 76, 75
Ungepaarte Karten (offsuit): J4–J2, T6, T5, 97, 96, 87

**Die besten 80 % (Gewinnwahrscheinlichkeit ≥ 41 %)**
Alle zuvor genannten und zusätzlich
Ungepaarte Karten (suited): 93, 92, 84, 83, 74, 65, 64, 54
Ungepaarte Karten (offsuit): T4–T2, 95, 94, 86, 85, 76

**Die besten 90 % (Gewinnwahrscheinlichkeit ≥ 38 %)**
Alle zuvor genannten und zusätzlich
Ungepaarte Karten (suited): 82, 73, 72, 63, 62, 53, 52, 43
Ungepaarte Karten (offsuit): 94–92, 84, 83, 75, 74, 65, 64, 54

**Die schlechtesten 10 % (Gewinnwahrscheinlichkeit 32–37 %)**
Alle zuvor genannten und zusätzlich
Ungepaarte Karten (suited): 42, 32
Ungepaarte Karten (offsuit): 73, 63, 53, 43, 82, 72, 62, 52, 42, 32

Ich würde nicht versuchen, diese Tabelle auswendig zu lernen, aber ich würde von Zeit zu Zeit darauf schauen, um ein grundsätzliches Gespür dafür zu bekommen, wo verschiedene Hände liegen und welche annähernd gleichwertig sind. Die Tabelle sollte ziemlich leicht zu lesen sein. Die erste Gruppe umfasst die Blätter, die mit ihrer Gewinnchance innerhalb der besten 10 % aller möglichen Hände liegen: alle Paare bis hinunter zu den Sechsen, die oberen Ass- und König-Kombinationen gleicher Farbe und sogar ungleichfarbige Asse bis hinunter zu AT. Alle diese Blätter haben eine Gewinnwahrscheinlichkeit von mindestens 62 % gegen ein zufälliges anderes Blatt. (Die beste Hand, ein Paar Asse, gewinnt mit 85-prozentiger Wahrscheinlichkeit gegen ein x-beliebiges Blatt. Ich sollte *nur* 85 % sagen, da viele Spieler reagieren, als seien sie unbezwingbar, wenn sie beim Heads-Up Asse aufnehmen. Tatsächlich sind sie zwischen 5 zu 1 und 6 zu 1 Favorit.)

Im nächsten Block befinden sich die Hände, die vor dem Flop eine Gewinnwahrscheinlichkeit zwischen 59 und 61 % haben und gehören damit zu den besten 20 % aller möglichen Hände. In diesem Pulk tauchen erstmals auch die hohen ungleichfarbigen Könige auf.

Der Hauptgedanke, den Sie aus dieser Tabelle herauslesen sollten, ist, dass Gleichfarbigkeit wenig und die Höhe der Karten viel bedeutet. Hände mit Assen und Königen beherrschen die Rangfolge, während zwei Karten derselben Farbe eine lediglich um 2 % höhere Gewinnwahrscheinlichkeit besitzen als die gleichen Karten in unterschiedlichen Farben.

Übrigens ist das schlechteste Blatt beim Heads-Up, wenn die Hand bis zum Ende gespielt wird, 32o. Das ist ein Unterschied zur schlechtesten Hand an einem vollen Tisch unter den gleichen Bedingungen – dort sind es 72o. Erkennen Sie den Grund für diesen Unterschied?

Wird eine Hand an einem vollen Tisch bis zum Ende gespielt, gewinnen Hände mit zwei niedrigen Karten häufig, weil sie eine Straight vervollständigen. (Beim Heads-Up könnte es bereits ausreichen, lediglich eine der beiden niedrigen Karten zu paaren.) Bei Blättern, deren Karten um fünf oder mehr Augen auseinanderliegen, kann nur eine der beiden Karten für eine Straight verwendet werden. Die schlechteste Hand, für die das zutrifft, ist 72.

Lassen Sie mich noch einmal hervorheben, dass diese Tabelle die Hände bezüglich ihrer Stärke in einer All-In-Konfrontation klassifiziert. In vielen Heads-Up-Situationen ist dies wirklich das einzige, was Sie wissen müssen. Wenn beide Seiten zu Beginn des Heads-Up ein sehr niedriges M haben, endet wahrscheinlich jede umkämpfte Hand in einem All-In.

Wenn aber beide Seiten große Ms haben, müssen wir einen weiteren Faktor berücksichtigen: die so genannte Spielbarkeit. Spitzenspieler halten einige Kartenkombinationen für spielbarer als andere. Beispielsweise befinden sich sowohl K5o und JTo in der vierten Gruppe (obere 40 % aller Hände), aber in einer Hand, mit der man verpflichtet ist, vor und nach dem Flop zu betten und zu manövrieren, halten die meisten Spieler JT für besser spielbar als K5. Ein Grund sind die offensichtlichen Straight-Möglichkeiten. Ein weiterer und schlagkräftigerer Grund ist, dass die Fünf eher Bottom Pair macht, wenn man den Flop trifft, wohingegen sowohl der Bube als auch die Zehn die Chance auf Top- oder Middle Pair haben. Wenn man die Fünf trifft und Bottom Pair hat, könnte das in einem Showdown zum Sieg reichen, aber eigentlich will man mit Bottom Pair gar keinen Showdown sehen. Aufgrund dieser inhärenten Schwäche der Kombinationen aus hoher und niedriger Karte lassen sich viele Spieler damit nur sehr widerwillig auf einen Kampf ein – wenn beide einen hohen M haben.

# Das Spiel vor dem Flop beim Heads-Up

Im Heads-Up-Spiel ist nichts sauber oder ordentlich. Es gibt keine Anleitung für einen antiseptischen modernen Distanzkrieg, bei dem Computer und fliegende Drohnen als Waffen zur Verfügung stehen. Stellen Sie sich stattdessen ein paar Westgoten vor, die mit Keulen und Streitäxten aufeinander einprügeln. Es ist ein schmutziger Nahkampf und um zu überleben, werden Sie um jede einzelne Hand kämpfen müssen.

Da dies geklärt ist, lassen Sie uns die vier Hauptprinzipien des Spiels vor dem Flop beim Heads-Up betrachten:

1. Jedes Paar ist eine starke Hand.
2. Nahezu alle Hände werden mit ungepaarten Karten ausgefochten.
3. Domination ist nicht so schlimm, wie Sie denken.
4. Sie werden meistens die notwendigen Pot Odds erhalten, um zu spielen.

### 1. Jedes Paar ist eine starke Hand

Es gibt bei Hold'em 1.326 mögliche Starthände. (Das ist nicht schwer zu berechnen. Stellen Sie sich vor, Sie teilen 2 Karten aus einem Deck mit 52 Karten aus. Es gibt 52 Möglichkeiten für die erste Karte und – wenn die erste Karte ausgeteilt ist – 51 für die zweite. 52 x 51 = 2.652. Aber bei dieser Berechnung wird jede Karte zweimal gezählt. Die Hand

wird einmal gezählt, wenn der König als erste Karte ausgeteilt wird und einmal, wenn die Sieben als erste Karte auftaucht. Also dividieren Sie 2.652 durch 2 und Sie erhalten 1.326 mögliche Hände.)

Von diesen möglichen Starthänden sind lediglich 78 Paare – also ungefähr 6 %. (Es gibt für jedes Paar sechs Möglichkeiten und 13 verschiedene Paare.) Diese Zahl führt zu einigen interessanten Schlussfolgerungen bezüglich des Heads-Up-Spiels:

1. Sie bekommen durchschnittlich alle 17 Hände ein Paar ausgeteilt.
2. Beide Seiten erhalten in etwas mehr als alle 300 Hände jeweils ein Paar.
3. In 7 von 8 Händen hat keiner von beiden ein Paar.
4. Ungefähr einmal in 8 Händen hat einer ein Paar und der andere nicht.

Kurz gesagt ist jedes Paar ein großer Coup und verdient es, stark vorangetrieben zu werden. Das schlechteste Paar sind die Zweien und im Folgenden sind die Gewinnwahrscheinlichkeiten aufgelistet, die dieses Paar gegen einige ungepaarte Hände aufweist, wenn die Hand bis zum Ende gespielt wird:

- gegen AKo: 53,0 %
- gegen AKs: 49,9 %
- gegen JTo: 48,7 %
- gegen 76o: 49,4 %
- gegen ATo: 52,0 %
- gegen K7o: 52,6 %
- gegen Q3o: 53,8 %

Die ungünstigste ungepaarte Gegnerhand für das Paar Zweien sind die Suited Connectors zwischen JT und 76, da sie Straight-Möglichkeiten in beide Richtungen aufweisen. Amüsanterweise sind AK die ungefährlichsten Suited Connectors als Gegner, da sie nur in eine Richtung Straights bilden können.

Wenn Sie ein Paar haben, sollten Sie davon ausgehen, dass Ihr Gegner keines hat und dementsprechend spielen. Sie werden mit ziemlicher Sicherheit Ihren Gegner nicht gut genug lesen können, um zu unterscheiden, ob er ein Paar oder zwei hohe Karten hält – und er wird so selten ein Paar haben, dass es Sie Geld kosten wird, wenn Sie es trotzdem versuchen.

Die einzigen Fälle, bei denen Sie im Heads-Up vor dem Flop hoher Favorit sind, sind dann gegeben, wenn Ihr höheres Paar auf ein niedrigeres oder zwei niedrige Karten trifft. Im Folgenden ein paar Beispiele:

- AA gegen 77: 79,7 %
- AA gegen JTs: 78,3 %

Wenn Ihr Paar zwischen den Karten Ihres Gegners liegt, spielt die Anwesenheit der Overcard eine bedeutende Rolle. Zum Beispiel sind

- 88 gegen A2o nur noch 70,1 % Favorit.

**2. Nahezu alle Hände werden mit ungepaarten Karten ausgefochten**

In sieben von acht Händen haben beide Gegner ungepaarte Karten. Wenn beide keine gemeinsame Karte haben (eine Situation, die wir *Domination* nennen), dann gibt es keine ungepaarten Karten, die klarer Favorit gegen x-beliebige andere ungepaarte Karten sind.

Im Folgenden eine Auswahl von Gewinnwahrscheinlichkeiten beim Aufeinandertreffen ungepaarter Hände.

**Zwei höhere Karten gegen zwei niedrigere:**

- AKo gegen JTo: 62,6 %
- AJo gegen 86o: 63,1 %
- A9o gegen 76s: 58,0 %
- T9s gegen 87s: 63,5 %
- QJs gegen T2o: 71,8 %

**Höchste und niedrigste Karte gegen zwei mittlere:**

- A2o gegen JTo: 54,5 %
- K4o gegen Q5o: 59,9 %
- T7s gegen 98s: 56,4 %

**Verschachtelt (Höchste und dritthöchste gegen zweit- und vierthöchste Karte):**

- AQo gegen KJo: 62,6 %
- KTo gegen Q4s: 61,2 %

Wie Sie sehen, liegt der Schwankungsbereich zwischen etwas mehr als 70 % (beim größten anzunehmenden Unfall mit zwei mittelhohen Suited Connectors gegen weit auseinander liegende ungleichfarbige Karten) und ungefähr 55–57 %. Meistens ballt es sich in den niedrigen 60ern.

### 3. Domination ist nicht so schlimm, wie Sie denken

Domination entsteht, wenn beide Hände eine gemeinsame Karte haben. Wenn Sie die niedrigere andere Karte halten, sind Sie zwar klarer Außenseiter, aber nicht so deutlich, wie die meisten Spieler denken. Im Folgenden ein paar konkrete Beispiele:

- QJs gegen QTo: 73,8 %
- KTo gegen K8s: 67,6 %
- ATo gegen A8o: 71,2 %
- AKs gegen AQs: 71,3 %

Auch wenn diese Zahlen für den Außenseiter schlechter sind als in den vorhergehenden Beispielen, sind sie nur geringfügig schlechter; sie liegen im Bereich zwischen den hohen 60ern und niedrigen 70ern anstatt zwischen den hohen 50ern und niedrigen 60ern.

### 4. Sie werden meistens die notwendigen Pot Odds erhalten, um zu spielen

In einer Heads-Up-Konfrontation ist der Spieler auf dem Button zugleich der Small Blind. (Sein Gegner ist der Big Blind.) Der Small Blind/Button agiert vor dem Flop als Erster, aber in allen weiteren Setzrunden als Letzter.

Egal ob Antes im Spiel sind oder nicht, hat der Small Blind/Button mindestens die für einen Call vor dem Flop notwendigen Pot Odds. Nehmen wir zum Beispiel an, die Blinds liegen bei 5.000/10.000 $, die Antes bei 1.000 $ und beide Spieler haben große Stacks. Im Pot sind jetzt 17.000 $ und es kostet den Small Blind/Button 5.000 $ zu callen, demnach werden ihm Pot Odds von 17 zu 5 geboten – mehr als 3 zu 1. Die schlechteste Hand, die er haben kann – 32o –, ist nur etwas mehr als 2,1 zu 1 Außenseiter gegen eine durchschnittliche Hand, also können Sie mit jedem Blatt callen. (Sie sind mit 32o allerdings nicht stark genug, um einem Raise des Big Blinds standzuhalten, aber das ist ein anderes Thema.)

# Die Position und Höhe der Einsätze im Heads-Up

Die Position ist im Heads-Up noch wichtiger als an einem vollen Tisch, da es nur zwei Möglichkeiten gibt. Entweder Sie sind für den Rest der Hand In Position oder Out Of Position. Vergleichen Sie das mit der Setzrunde vor dem Flop an einem vollen Tisch, bei der die Position eine viel undurchsichtigere Angelegenheit ist. Die meisten Einsätze werden ohne irgendeine Gewissheit getätigt, in welcher Position man sich nach dem Flop befindet. Nehmen Sie zum Beispiel an, es sitzen neun Spieler am Tisch, Sie sind als Fünfter an der Reihe und die ersten vier Spieler folden. Wenn Sie jetzt betten, in welcher Position sitzen Sie nach dem Flop? Wenn Sie von den folgenden beiden Spielern gecallt werden und die Blinds folden, sitzen Sie in schlechter Position und sind als erster von drei Spielern an der Reihe. Aber wenn der Cut-Off und Button folden und die Blinds callen, sitzen Sie hervorragend und können als letzter von drei Spielern agieren.

Die Position ist besonders wichtig, wenn die beiden konkurrierenden Blätter nahezu gleichwertig sind. In diesem Fall besitzt der Spieler, der als Letzter agiert, einen beträchtlichen Vorteil. Aber wie wir im vorherigen Abschnitt gesehen haben, sind im Heads-Up die meisten Hände nahezu gleichwertig! Infolgedessen hat die Position im Heads-Up mehr Bedeutung als in jeder anderen Hold'em-Situation.

Wenn Sie einen Raise machen, auf wie viel sollten Sie raisen? In Band I wurde ein Raise auf das durchschnittlich Dreifache des Big Blinds als Standard-Raise empfohlen. Außerdem sollten Sie innerhalb eines Schwankungsbereichs zwischen dem Zwei- und Fünffachen des Big Blinds variieren, um die Gegner zu verwirren. Im Heads-Up ist es nicht notwendig, auf so viel zu raisen. Ein Grund für die Höhe des Einsatzes an einem vollen Tisch ist, einige marginale Hände zu verjagen und diese davon abzuhalten, Sie mit irgendwelchen Draws zu schlagen. Bei lediglich einem Gegner gibt es keine anderen Spieler, die verjagt werden müssen. Jetzt empfehle ich eine Bet im Bereich des Zwei- bis Dreifachen des Big Blinds. Mit zwei hohen Karten gebe ich eindeutig einem Einsatz in Höhe des Zweifachen des Big Blinds den Vorzug. Ich investiere nicht so viele Chips und versuche, einen Spieler zu Action zu ermutigen, der A-x, K-x oder Q-x hält und den ich eventuell dominiere. Ich bette das Dreifache des Big Blinds, wenn ich Action vermeiden und meinen Gegner zum Folden bringen möchte.

Wenn der Small Blind/Button mit einem Call eröffnet und der Big Blind raisen will, ist er gut beraten, einen überdurchschnittlich hohen Raise zu machen – sagen wir das Vier- bis Fünffache des Big Blinds. Der Gedanke, der dahinter steckt, ist, die Hand schnell zu beenden und den Positionsnachteil zu eliminieren. Eine gute Heads-Up-Strategie bedeutet, In Position so viele Hände wie möglich zu spielen und mit marginalen Blättern so viel Druck wie möglich auszuüben, wenn man Out Of Position sitzt.

# Konfrontationen mit hohen Ms im Vergleich zu Konfrontationen mit niedrigen Ms

Viel von Ihrer Strategie hängt davon ab, ob die Blinds in Relation zu Ihrem Stack hoch oder niedrig sind. Bei Online-Turnieren, insbesondere Sit-and-Go's, befinden sich die Ms oft im Bereich zwischen 5 und 10, wenn die Heads-Up-Phase beginnt. Diese Kämpfe zeichnen sich meistens durch große All-In-Züge aus und werden ziemlich schnell beendet. Bei Live-Turnieren können die Blinds jedoch lediglich einen winzigen Bruchteil der Stacks betragen und die Ms können von 20 bis über 100 reichen. Diese Situation gleicht viel eher normalem Poker und erfordert Umsicht, Geduld und Vorausplanung.

Der Begriff „Effektives M" bekommt im Heads-Up eine geringfügig andere Bedeutung. Da die Spieler nunmehr in jede Hand involviert sind und es keine vernünftige Option darstellt, einige Hände auszusetzen, gibt es weniger Grund, das tatsächliche M zu modifizieren, um über einen Strategiewechsel aufgrund der geschrumpften Spieleranzahl nachzudenken. Bei meinen Gedanken über das Spiel im Heads-Up verwende ich einfach das tatsächliche M.

### Grundsätzliche Strategie für das Setzverhalten vor dem Flop

Lassen Sie uns jetzt die bereits vorhandenen Informationen verwenden, um eine grundsätzliche Strategie für das Setzverhalten vor dem Flop zu erstellen. Wenn Sie – wie es viele Spieler sind – im Heads-Up-Spiel ungeübt sind, wird diese Strategie sicherstellen, dass Sie zumindest vor dem Flop vernünftige Spielzüge machen und sich aus vielen Gefahren heraushalten. Wenn Sie möchten, können Sie diese Strategie mechanisch anwenden, da es in einer kurzen Heads-Up-Session, in der nur sehr wenig Hände zu Ende gespielt werden, unwahrscheinlich ist, dass ihr Gegner genügend Informationen darüber erhält, was Sie tun.

### Sie sind der Small Blind/Button

Als Small Blind/Button agieren Sie als Erster vor dem Flop und als Letzter nach dem Flop. Ihnen werden Pot Odds von mehr als 3 zu 1 geboten und Sie werden während der ganzen Hand einen Positionsvorteil besitzen. Mit diesen Vorteilen im Rücken sollten Sie aggressiv auftreten! Im Folgenden die Maßstäbe, nach denen Sie sich richten sollten:

1. Egal welche Karten halten, Sie sollten zumindest callen. (Wenn Ihr Gegner aus dem Big Blind heraus auf Ihre Calls regelmäßig mit einem Raise antwortet, dann sollten Sie Ihre Müllblätter wegwerfen – diejenigen im unteren 20-%-Bereich der möglichen Hände.)

2. Sie haben ein potenzielles Raise-Blatt, wenn Sie irgendein Blatt aus dem Bereich der besten 40 % der möglichen Hände halten und die Ms niedrig sind (bei jedem Spieler unter 10). Wenn die Ms der beiden Spieler hoch sind (bei jedem 10 oder mehr), sollten Ihre Anforderungen straffer angelegt sein. In diesem Fall ist jede Hand aus dem Bereich der besten 30 % ein potenzielles Raise-Blatt. Wenn Sie ein solches Blatt haben, raisen Sie in zwei Drittel aller Fälle und callen den Rest. Wenn Sie eines der drei Premium-Paare (Asse, Könige oder Damen) halten, drehen Sie dieses Verhältnis um – zwei Drittel callen und den Rest raisen.

3. Wenn Sie callen und geraist werden, callen Sie mit jedem Ass, jedem Paar oder jeder anderen Hand aus dem Bereich der besten 30 %.

4. Wenn Sie callen und All-In geraist werden, callen Sie mit allen Händen aus dem Bereich der besten 20 %.

5. Wenn Sie raisen und gereraist werden (egal ob All-In oder nicht), können Sie auf jeden Fall mit jedem Paar oder jeder anderen Hand aus dem Bereich der besten 10 % callen. (Beachten Sie, dass 80 % aller Reraises mit zwei hohen Karten gemacht werden – daher rührt die Regel für das Callen mit Paaren.) Sie können auch – je nach Sachlage – mit Händen aus dem Bereich der besten 20 % callen. Ich würde mit solchen Blättern beispielsweise callen, wenn ich Money Odds von 4 zu 1 oder 3 zu 1 erhalte. Mit Odds von 2 zu 1 würde ich callen, wenn ich irgendeine Schlussfolgerung aus dem Verhalten meines Gegners ziehe, die einen Call rechtfertigt. Wenn die Ms sehr groß sind, würde ich meine Anforderungen etwas einschränken. Jetzt würde ich nur noch mit Paaren bis hinunter zu 66 oder mit AK, AQ oder AJ callen.

Die hinter diesen Regeln steckende Logik ist ziemlich einfach. Ein Raise auf Ihren Call muss nicht unbedingt große Stärke bedeuten, also brauchen Sie nur ein gutes Blatt zur Fortsetzung. Ein Reraise als Antwort auf Ihren Raise, indiziert eine sehr gute Hand; die Beschränkung Ihrer Call-Anforderungen auf den Bereich der besten 10 % gibt Ihnen ausreichend Chancen auf das beste Blatt beim Showdown. Natürlich spielen die Pot Odds auch hier eine Rolle und wenn diese es rechtfertigen, können Sie auch mit schwächeren Blättern in der Hand bleiben.

Eine letzte wichtige Regel: Wenn die Ms niedrig sind (sagen wir 3 bis 5) und Ihr Gegner sich darauf einzurichten scheint, mit jeder Hand All-In zu gehen, dehnen Sie Ihre Call-Anforderungen auf den Bereich der besten 30 % aus.

**Sie sind der Big Blind**

Als Big Blind haben Sie während der ganzen Hand einen positionellen Nachteil – deshalb besitzt das schnelle Beenden der Hand hohe Priorität.

1. Wenn Ihr Gegner lediglich callt und die Ms niedriger als 5 sind, raisen Sie mit allen Blättern aus dem Bereich der besten 30 % All-In. Wenn die Ms zwischen 5 und 10 sind, raisen Sie, aber nicht unbedingt All-In. Bei großen Ms (über 10) steigen Ihre Anforderungen auf den Bereich der besten 20 %.

2. Wenn Ihr Gegner raist, callen Sie mit jeder Hand aus dem Bereich der besten 30 % und reraisen mit allen Blättern aus dem Bereich der besten 20 %. Sie sollten jedoch hierbei dem Verhalten Ihres Gegners Aufmerksamkeit schenken. Wenn er nicht sehr oft raist und dann einen großen Raise bringt, schränken Sie Ihre Call-Anforderungen auf den Bereich der besten 20 % und die entsprechenden Reraise-Anforderungen auf den Bereich der besten 10 % ein.

3. Wenn Ihr Gegner All-In raist, callen Sie mit allen Blättern aus dem Bereich der besten 20 %.

Ihre Raise-Strategie aus dem Big Blind heraus ist aggressiv – sie gibt Ihren Wunsch wieder, so viel Spiel nach dem Flop wie möglich zu vermeiden.

# Einige beispielhafte Heads-Up-Sessions

Wir haben unser Augenmerk in Band I – und meistens auch in Band II – auf individuelle Hände und Aufgaben gerichtet. Diese Herangehensweise ist für das Studium des Spiels im Heads-Up nicht geeignet, da die Spielweise jeder Hand typischerweise sehr eng mit den vorhergehenden Ereignissen zusammenhängt. Beide Spieler versuchen, in die Gedankenwelt ihres Gegners einzudringen und die Strategie des anderen zu ergründen. Sie versuchen, so schnell wie möglich Antworten auf die folgenden Fragen zu bekommen:

1. Ist er verzweifelt oder souverän? Müde oder energiegeladen?

2. Ist er begierig auf eine lange Session oder legt er es darauf an, die Sache schnell zu Ende zu bringen?

3. Limpt er mit schlechten Blättern, oder mit einer Mischung aus schlechten und guten?

4. Welche Hände spielt er slow?

5. Mit welchem Blatt callt er ein All-In?

6. Spielt er genauso wie zu der Zeit, als noch drei oder vier Spieler am Tisch saßen, oder hat er seine Strategie für das Spiel im Heads-Up geändert?

Anstatt Hände isoliert zu betrachten, gehen wir daran, zwei Heads-Up-Sessions in ihrer Gesamtheit zu analysieren, und versuchen, ein Gefühl für die Taktiken und Strategien dieser Begegnungen zu entwickeln. Wir beginnen mit einem Kampf zwischen Phil Ivey und John D'Agostino.

## Heads-Up-Session Nr. 1: Ivey gegen D'Agostino

Das „Turning Stone"-Turnier im Jahr 2004 war insofern bemerkenswert, als zum ersten Mal in der Geschichte des Pokers ein ganzes Turnier live ausgestrahlt wurde. Anstatt eine sorgfältige Auswahl von Händen gezeigt zu bekommen (typischerweise hohe Paare oder All-In-Aktionen), sahen die Zuschauer Hände, die eher charakteristisch für das A und O beim Poker sind, bei dem bescheidene Blätter vorherrschen und raffinierte Manöver den Sieg ausmachen.

Das Heads-Up wurde zwischen Phil Ivey (mit 27 Jahren bereits ein Veteran) und John D'Agostino (mit 21 Jahren ein relativer Neuling) ausgetragen. Ivey gilt als einer der besten Spieler der Welt beim No-Limit Hold'em und saß bei etlichen Turnieren der World Poker Tour am Final Table. Im Jahr 2003 hatte er bei der WSOP einen grandiosen Lauf, bevor er, auf dem zehnten Platz liegend, eine brutale Niederlage – zugefügt von Chris Moneymaker – hinnehmen musste. D'Agostino war allein wegen seiner Jugend eine Überraschung beim „Turning Stone"-Turnier. Noch vor ein paar Jahren hätte ein 21-jähriger bei einem großen No-Limit-Hold'em-Turnier als leichtes Kanonenfutter gegolten. Heutzutage führt die gewaltige Entwicklung des Online-Pokers zu einem stetigen Zufluss von Spielern um die 21, die die Erfahrung von Hunderten, wenn nicht sogar Tausenden No-Limit-Turnieren mitbringen. D'Agostino verschaffte sich viel Respekt bei diesem „Turning Stone"-Turnier und wird als einer der Besten dieser neuen Generation angesehen.

Als der Kampf begann, besaß D'Agostino mit ungefähr 63 % der im Spiel befindlichen Chips eine deutliche Führung. Die Blinds lagen bei 6.000/12.000 $ mit Antes von 2.000 $.

### Hand Nr.1: Blinds 6.000/12.000 $, Antes 2.000 $

| | Stack | Position | Hand |
|---|---|---|---|
| John D'Agostino | 705.000 $ | SB/B | A♥2♥ |
| Phil Ivey | 417.000 $ | BB | 7♣3♦ |

**Action:** D'Agostino setzt 25.000 $, raist damit um 19.000 $. Ivey foldet.

**Ergebnis:** Ivey verliert 14.000 $.

Ein Ass ist im Heads-Up eine sehr starke Karte. Wenn Sie ein Ass haben, beträgt die Wahrscheinlichkeit ungefähr 90 %, dass Ihr Gegner keines hat – demnach ist das Ass in der Lage, die Hand ganz allein zu gewinnen. D'Agostinos Raise ist völlig verständlich. Ivey hat eines der schlechtesten Blätter überhaupt und wirft es korrekterweise weg.

Ivey erläuterte nach dem Match, dass sein übergeordneter Plan vorsah, das Duell langsam anzugehen und darauf zu hoffen, seinen Gegner in vielen kleinen Pots ausmanövrieren zu können. Auch wenn er in der Chipzahl zurückliegt, sind die Ms ziemlich groß: Ivey hat ein M von 19 und D'Agostino von 32. Diese sind groß genug für viele Bluffs und Manöver.

**Hand Nr. 2: Blinds 6.000/12.000 $, Antes 2.000 $**

| | Stack | Position | Hand |
|---|---|---|---|
| John D'Agostino | 719.000 $ | BB | 7♣5♦ |
| Phil Ivey | 403.000 $ | SB/B | 9♣8♣ |

**Action:** Ivey setzt 30.000 $, raist damit um 24.000 $. D'Agostino foldet.

**Ergebnis:** D'Agostino verliert 14.000 $.

Ivey dachte nicht nur vor diesem Raise lange nach, sondern ging bei seinen Entscheidungen – Fold, Call oder Raise – grundsätzlich sehr bedächtig vor. Durch Einhalten eines gleichmäßigen Tempos verhinderte er, dass sein Gegner aufgrund der Geschwindigkeit seiner Einsätze irgendwelche Rückschlüsse ziehen konnte. (Iveys Mimik ist geradezu legendär unergründlich.)

Iveys Hand – 98s – befindet sich in der Mitte der Rangfolge. Sie ist sicherlich einen Call wert, aber Ivey musste auch mit einigen mittelstarken Blättern raisen, um die Raises mit den wirklich starken Händen zu verschleiern. Er wählte dieses Blatt für einen solchen Raise aus.

D'Agostino hätte den Pot mit einem Reraise gewinnen können, aber es gab für ihn keine Chance, das zu wissen. Sein Blatt ist schwach und er kann für seinen Fold nicht kritisiert werden.

**Hand Nr.3: Blinds 6.000/12.000 $, Antes 2.000 $**

| | **Stack** | **Position** | **Hand** |
|---|---|---|---|
| John D'Agostino | 705.000 $ | SB/B | J♦9♣ |
| Phil Ivey | 417.000 $ | BB | K♣3♥ |

**Action:** D'Agostino setzt 30.000 $, raist damit um 24.000 $. Ivey foldet.

**Ergebnis:** Ivey verliert 14.000 $.

Dieses Mal hat D'Agostino eine Hand aus dem mittleren Bereich und entscheidet sich zu raisen.

Iveys Entscheidung, mit K3 zu folden, mag einige Spieler überraschen, da der König eine gute Karte ist. Jedoch rangiert K3 lediglich im Bereich der besten 50 %, und ist deshalb – gemäß unserer grundlegenden Strategie – ein Wackelkandidat für das Callen eines Raise. Außerdem sind gute Spieler beim Heads-Up gewöhnlich weitaus eher bereit, mit Händen wie J9 oder T8 als mit den weit auseinander liegenden Karten wie König, Dame oder Bube mit kleiner Beikarte zu spielen.

Während König + kleine Beikarte sowie vergleichbare Blätter in Computer-Simulationen, bei denen die Hände bis zum River gespielt werden, guten Erfolg haben, sind sie in puncto Spielbarkeit weniger effektiv, weil man seine Karten auf eine Bet oft folden muss, wenn die hohe Karte nicht getroffen wurde. Eine Hand mit zwei beieinander liegenden mittleren Karten gibt einem größere Chancen, ein spielbares Paar zu treffen; abgesehen von den spekulativen Straight-Möglichkeiten, die das Turnier sofort beenden können.

Ein weiterer Punkt, den es zu berücksichtigen gilt, ist, dass Ivey in dieser Hand Out Of Position ist und König + kleine Beikarte eine Hand ist, deren Wert stark von der Position abhängt. Ist man damit In Position, wird es Situationen geben, in denen die Hand bis zum River durchgecheckt wird und der König ohne Hilfe gewinnt. Out Of Position ist dieses Szenario weitaus unwahrscheinlicher, da Checks des zuerst agierenden Spielers eventuell als Schwäche interpretiert und angegriffen werden.

**Hand Nr. 4: Blinds 6.000/12.000 $, Antes 2.000 $**

| | Stack | Position | Hand |
|---|---|---|---|
| John D'Agostino | 719.000 $ | BB | A♦8♠ |
| Phil Ivey | 403.000 $ | SB/B | A♥T♦ |

**Action:** Ivey setzt 36.000 $, raist damit um 30.000 $. D'Agostino callt 30.000 $.

Ein interessanter Zusammenprall zweier guter Asse.

Iveys Raise vor dem Flop wird durch die Stärke seiner Hand und sein vorhergehendes Spiel gerechtfertigt. Als er das letzte Mal im Small Blind/Button saß, raiste er mit einer mittelstarken Hand. Jetzt macht er dies mit einem guten Blatt. Sein Gegner könnte denken, er sei in einem Dauer-Raise-Modus, und sich entscheiden, jetzt gegen ihn anzukämpfen, was (aus Iveys Sicht) großartig wäre.

Mit einem Ass konnte D'Agostino vor dem Flop sicher einen Reraise in Betracht ziehen. Aber A8 ist das Blatt, das Profis (bei den Händen mit einem Ass) als Übergangshand bezeichnen. Wenn man davon ausgeht, dass der Gegner auch ein Ass auf der Hand hat, dann ist A8 besser als die Hälfte der Asse, die er haben könnte. Natürlich ist A8 bei einem niedrigen M eine Monsterhand und man ist bereit, mit diesem Blatt alle seine Chips zu riskieren. Aber mit einem hohen M (D'Agostinos M ist 32) und einer deutlichen Chip-Führung kann man sich zweifellos dazu entscheiden, die Hand defensiv zu spielen und die Führung zu verteidigen. Eine vernünftige Entscheidung von D'Agostino.

**Flop:** 5♣4♦3♥

**Action:** D'Agostino checkt. Ivey setzt 60.000 $. D'Agostino foldet.

**Ergebnis:** D'Agostino verliert 44.000 $.

D'Agostinos Check nach dem Flop ist ein sehr konservativer Zug. Die meisten Spieler hätten in diesem Moment die Initiative ergriffen, um die Situation zu klären. Iveys Entscheidung, mit einer Bet die Lücke zu füllen, ist äußerst vernünftig. Jetzt hat D'Agostino ein echtes Problem. Die einzigen Asse, die er noch schlagen kann, sind A7 und A6. Von den anderen wird er entweder dominiert oder sie haben bereits ein Paar oder eine Straight vervollständigt. Da eine sehr undurchsichtige Situation entstanden ist, entscheidet er sich dazu, seine Chip-Führung zu sichern und zu folden. Tight, aber nicht unvernünftig.

**Hand Nr. 5: Blinds 6.000/12.000 $, Antes 2.000 $**

| | **Stack** | **Position** | **Hand** |
|---|---|---|---|
| John D'Agostino | 675.000 $ | SB/B | J♦4♥ |
| Phil Ivey | 447.000 $ | BB | 9♣8♥ |

**Action:** D'Agostino foldet.

**Ergebnis:** D'Agostino verliert 8.000 $.

Ein Fehler. Wie ich zuvor ausgeführt habe, erhält D'Agostino im Small Blind/Button nicht nur fast immer die für einen Call notwendigen Pot Odds, er wird auch nach dem Flop In Position sein. J4 ist nur eine knapp unterdurchschnittliche Hand (tatsächlich ist sie in diesem Fall sogar die bessere). Ein eindeutiger Call.

**Hand Nr. 6: Blinds 6.000/12.000 $, Antes 2.000 $**

| | **Stack** | **Position** | **Hand** |
|---|---|---|---|
| John D'Agostino | 667.000 $ | BB | T♣7♠ |
| Phil Ivey | 455.000 $ | SB/B | A♦J♠ |

**Action:** Ivey setzt 30.000 $, raist damit um 24.000 $. D'Agostino callt 24.000 $.

Beide Aktionen sind leicht zu verstehen. Ivey raist weiterhin mit starken Händen – einerseits um Geld zu gewinnen, andererseits um spätere Bluffs zu präparieren. D'Agostino hat eine mittelstarke Hand und entscheidet sich zu callen. Er könnte folden, aber vielleicht erinnert er sich auch an die letzte Hand und fragt sich, ob er herumgeschubst wurde. Wie auch immer, er stellt sich Ivey jetzt entgegen

**Flop:** T♦9♦4♥

**Action:** D'Agostino checkt.

Ein guter Zug von D'Agostino. Er hat jetzt Top Pair, was im Heads-Up genauso viel wert ist, wie an einem vollen Tisch ein Set zu floppen. Im Wissen, dass Ivey gerne Continuation Bets macht, entscheidet er sich korrekterweise dazu, eine Falle aufzubauen.

**Action:** Ivey setzt 60.000 $. D'Agostino raist auf 190.000 $.

D'Agostino macht sein Manöver lieber jetzt, als damit bis auf den Turn zu warten. Das ist eine sehr vernünftige Entscheidung, besonders bei einer deutlichen Chip-Führung. Er geht davon aus, dass er im Moment die beste Hand hat, aber er hat keinerlei Ahnung, wie viele Outs Ivey hat – also versucht er, die Hand jetzt zu beenden.

**Action:** Ivey foldet.

**Ergebnis:** Ivey verliert 98.000 $.

Ein wichtiger Sieg für D'Agostino, der jetzt mehr als zwei Drittel der Chips hat.

**Hand Nr. 7: Blinds 6.000/12.000 $, Antes 2.000 $**

| | **Stack** | **Position** | **Hand** |
|---|---|---|---|
| John D'Agostino | 771.000 $ | SB/B | A♠T♥ |
| Phil Ivey | 351.000 $ | BB | J♥6♣ |

**Action:** D'Agostino setzt 30.000 $, raist damit um 24.000 $. Ivey foldet.

**Ergebnis:** Ivey verliert 14.000 $.

D'Agostino hat ein starkes Blatt, also raist er. Wie wir gesehen haben, misstraut Ivey Händen mit einer Face Card und einer niedrigen Karte. Außerdem ist er Out Of Position und D'Agostino hat eine gute Hand repräsentiert – also foldet er.

Beachten Sie, dass D'Agostino sich für einen Raise auf 30.000 $ entscheidet, dem 2,5-fachen des Big Blinds. Das ist ein ziemlich normaler

Raise im Heads-Up für einen Spieler, der für den Rest der Hand In Position sein wird. Würde D'Agostino checken und Ivey dann raisen wollen, sollte dieser einen höheren Betrag setzen – vielleicht das Drei- bis Fünffache des Big Blinds. Der Blind Blind will so oft wie möglich die Hand vor dem Flop beenden, um den Positionsnachteil auszuschalten.

**Hand Nr. 8: Blinds 6.000/12.000 $, Antes 2.000 $**

| | Stack | Position | Hand |
|---|---|---|---|
| John D'Agostino | 785.000 $ | BB | 7♠7♣ |
| Phil Ivey | 337.000 $ | SB/B | A♠8♣ |

**Action:** Ivey callt 6.000 $. D'Agostino raist auf 36.000 $. Ivey geht mit seinen letzten 323.000 $ All-In. D'Agostino callt. Im Pot sind jetzt 674.000 $.

**Flop:** K♠8♠4♦

**Turn:** 6♣

**River:** 8♥

**Ergebnis:** D'Agostino verliert 337.000 $.

Eine entscheidende Hand, die ein schnelles Ende findet, als Ivey vor dem Flop All-In geht.

Ivey nimmt ein gutes Blatt auf – A8 – und entscheidet sich, nur zu callen. Das ist ein guter Zug von ihm. Wir haben bereits festgestellt, dass es Iveys Strategie ist, viele kleine Pots zu spielen und seinen Gegner nach dem Flop auszumanövrieren. Eine Möglichkeit für D'Agostino, gegen diese Strategie anzugehen, ist, hohe Raises abzufeuern, wenn Ivey lediglich callt. Um dem entgegenzuwirken, muss Ivey deutlich machen, dass er in der Lage ist, auch mit starken Händen vor dem Flop nur zu callen – daher der Call mit einem guten Blatt wie A8.

D'Agostino hat tatsächlich ein sehr starkes Blatt aufgenommen – ein Paar Siebenen –, sein Raise ist demnach nicht bloß ein Versuch, Ivey aus der Hand zu verjagen. Aber Ivey kann sich dessen nicht sicher sein, also muss er sich zwischen mehreren Möglichkeiten entscheiden.

Er kann in diesem Moment einfach callen und für den Rest der Hand auf seinen Positionsvorteil vertrauen. Stattdessen entscheidet er sich, All-In zu gehen. Möglicherweise hofft er, dass D'Agostino foldet, wonach er den Pot gewinnen würde, ohne sein Blatt zeigen zu müssen. D'Agostino freut sich jedoch, callen zu können. Gutes Spiel von beiden Seiten, aber Ivey gewinnt den Showdown und überlebt.

Am Rande bemerkt: Profis erachten A8 wegen seines Status als Übergangshand unter den Assen als das kleinste Ass für ein möglichen All-In-Zug. (Weniger als die Hälfte aller Asse ist besser als A8 und mehr als die Hälfte ist schlechter.)

**Hand Nr. 9: Blinds 6.000/12.000 $, Antes 2.000 $**

| | Stack | Position | Hand |
|---|---|---|---|
| John D'Agostino | 448.000 $ | SB/B | J♠5♠ |
| Phil Ivey | 674.000 $ | BB | K♠7♣ |

**Action:** D'Agostino callt 6.000 $. Ivey checkt.

Beachten Sie, dass D'Agostino sich entscheidet, mit J5s zu callen, aber bei einer früheren Gelegenheit J4o gefoldet hat. Gleichfarbige Karten haben eine um 2 % höhere Gewinnwahrscheinlichkeit, als die gleichen verschieden farbigen.

Ivey entscheidet sich, mit K7 zu checken. Es ist ein überdurchschnittliches Blatt, aber keine Granate. Außerdem ist er Out Of Position und wählt deshalb den bescheideneren Weg.

**Flop:** Q♠Q♥9♣

**Action:** Ivey checkt. D'Agostino checkt.

Der Flop hat beide Spieler verfehlt. Ivey checkt und hält den Pot klein. D'Agostino weiß jetzt, dass Ivey gute Hände gelegentlich checkt, und nimmt von einem Steal-Versuch Abstand.

**Turn:** K♥

**Action:** Ivey checkt. D'Agostino setzt 15.000 $. Ivey callt.

Ivey hat Top Pair getroffen. Es ist wahrscheinlich gut, aber er eröffnet D'Agostino die Chance, einen großen Angriff auf den Pot zu starten. Tatsächlich macht D'Agostino einen minimalen Zug und Ivey callt lediglich.

**River:** 7♠

**Action:** Ivey checkt. D'Agostino checkt.

In seinem Live-Kommentar bezeichnete Howard Lederer Iveys Check auf dem River als einen „offensiven Check". Er meint damit, dass Ivey denkt, wahrscheinlich die beste Hand zu haben, und diese so spielt, dass er dabei nicht viel verlieren kann. Mit der Chip-Führung im Rücken möchte Ivey nicht die Initiative übernehmen und sich dann einem Reraise in einer potenziell gefährlichen Hand gegenübersehen. Das ist eine gute Beobachtung und stimmt mit Iveys übergeordnetem Plan überein. Indessen hat D'Agostino gar nichts und Iveys Call auf dem Turn zeigt an, dass er die Hand wahrscheinlich nicht aufgeben wird – also gibt sich D'Agostino damit zufrieden, die Hand zum Showdown zu bringen.

**Ergebnis:** D'Agostino verliert 29.000 $.

**Hand Nr. 10: Blinds 6.000/12.000 $, Antes 2.000 $**

| | Stack | Position | Hand |
|---|---|---|---|
| John D'Agostino | 419.000 $ | BB | T♥8♣ |
| Phil Ivey | 703.000 $ | SB/B | T♣2♠ |

**Action:** Ivey callt 6.000 $. D'Agostino checkt.

Beachten Sie, dass Ivey vor dem Flop grundsätzlich nicht foldet. In diesem Fall würde er sogar callen, wenn er D'Agostinos Hand kennen würde, da er lediglich 2,5 zu 1 Außenseiter ist und Odds von mehr als 3 zu 1 bekommt. Es ist schwer, sein Geld dauerhaft mit einer Hand wie T2 in die Mitte zu schieben, aber im Heads-Up ist es die richtige Spielweise, besonders für einen Spieler von Iveys Kaliber.

**Flop:** K♥6♥3♦

Das ist ein ausgezeichneter Flop für einen billigen Steal – drei weit auseinander liegende Karten und nur eine hohe. In Position hat Ivey die besten Steal-Chancen.

**Action:** D'Agostino checkt. Ivey setzt 16.000 $. Ivey macht sein Manöver und es funktioniert – D'Agostino foldet.

**Ergebnis:** D'Agostino verliert 14.000 $.

Iveys Zug ist für einen guten Spieler Routine. Es sind Manöver wie diese, die Spitzenspielern bei Heads-Up-Konfrontationen mit hohen Ms einen Vorteil geben. Die Gegenattacke ist, bei diesem Flop mit einer Bet die Initiative zu übernehmen, was dann zu einer Denkschlacht zwischen den beiden Spielern führt, bei dem jeder mit dem anderen Katz-und-Maus zu spielen versucht. Schlechte Spieler neigen dazu, im Heads-Up zu verlieren, weil sie nicht häufig genug betten. Man muss bereit sein, in regelmäßigen Abständen sowohl mit nichts auf der Hand die Initiative zu übernehmen als auch zu reraisen, um den Gegner im Unklaren zu lassen.

**Hand Nr. 11: Blinds 6.000/12.000 $, Antes 2.000 $**

| | **Stack** | **Position** | **Hand** |
|---|---|---|---|
| John D'Agostino | 405.000 $ | SB/B | A♦5♦ |
| Phil Ivey | 717.000 $ | BB | A♣6♠ |

**Action:** D'Agostino setzt 30.000 $, raist damit um 24.000 $. Ivey setzt 80.000 $, reraist damit um 56.000 $.

Ivey weicht von seinem konservativen Spiel ab, indem er einen großen Reraise bringt – ein wenig mehr als das Zweifache von D'Agostinos Raise. Wenn D'Agostino noch einen draufsetzt, würde Ivey seine Karten wegwerfen. Das Manöver ist auch dazu ausgelegt, die Hand schnell zu beenden, da Ivey Out Of Position ist.

D'Agostinos Fold ist nicht nur aus praktischen Gesichtspunkten (da wir wissen, dass er geschlagen ist) richtig, sondern auch aus theoretischen. Wie ich zuvor dargelegt habe, ist normalerweise A8 das Minimum-Ass für ein All-In vor dem Flop.

**Action:** D'Agostino foldet.

**Ergebnis:** D'Agostino verliert 38.000 $.

**Hand Nr. 12: Blinds 6.000/12.000 $, Antes 2.000 $**

| | Stack | Position | Hand |
|---|---|---|---|
| John D'Agostino | 367.000 $ | BB | T♠6♥ |
| Phil Ivey | 755.000 $ | SB/B | 9♦6♣ |

**Action:** Ivey callt 6.000 $. D'Agostino checkt.

**Flop:** 5♦4♣2♠

**Action:** D'Agostino checkt. Ivey setzt 20.000 $. D'Agostino setzt 70.000 $, raist damit um 50.000 $.

Ein gutes Manöver von D'Agostino. Ivey hat in den letzten Runden das Heft in die Hand genommen und es ist notwendig, dass D'Agostino sich irgendwann dagegen stellt. Dieser Flop hat Ivey wahrscheinlich nicht geholfen, also warum nicht jetzt? Außerdem ist der Raise ein typischer Semi-Bluff beim No-Limit. Er ist darauf ausgerichtet, die Hand unverzüglich zu gewinnen und wenn das nicht gelingt, sind alle Zehnen, Sechsen und Dreien möglicherweise Outs.

**Action:** Ivey foldet.

**Ergebnis:** Ivey verliert 34.000 $.

**Hand Nr. 13: Blinds 6.000/12.000 $, Antes 2.000 $**

| | Stack | Position | Hand |
|---|---|---|---|
| John D'Agostino | 401.000 $ | SB/B | ?? |
| Phil Ivey | 721.000 $ | BB | ?? |

Diese Hand wurde nicht übertragen; D'Agostino hat vor dem Flop gefoldet und 8.000 $ verloren. Wie wir bereits wissen, ist es ein Fehler, auf dem Button vor dem Flop zu folden.

**Hand Nr. 14: Blinds 6.000/12.000 $, Antes 2.000 $**

| | **Stack** | **Position** | **Hand** |
|---|---|---|---|
| John D'Agostino | 393.000 $ | BB | T♥6♣ |
| Phil Ivey | 729.000 $ | SB/B | A♠3♠ |

**Action:** Ivey callt 6.000 $.

Mit einem Ass + kleiner Beikarte könnte Ivey auch raisen. Aber es gibt für ihn zwei gute Gründe zu callen:

1. Um damit als Teil einer ausgewogenen Strategie den Gegner im Unklaren zu lassen und
2. mit guten Händen limpen, um direkte Reraises zu vermeiden und damit die meisten Pots klein zu halten.

Wenn D'Agostino jetzt raist, würde Ivey sehr wahrscheinlich callen.

**Action:** D'Agostino checkt.

**Flop:** J♣7♥3♥

**Action:** D'Agostino checkt. Ivey checkt.

**Turn:** A♥

**Action:** D'Agostino setzt 20.000 $.

Das Ass ist in zweierlei Hinsicht eine gefährliche Karte; es kommt ein Ass und eine Flush-Möglichkeit auf das Board. D'Agostinos Bet repräsentiert eine oder beide Möglichkeiten. Aufgrund Iveys bisherigem Spiel gibt es für ihn keinen Grund anzunehmen, dass das Ass Iveys Hand geholfen hat.

**Action:** Ivey setzt 65.000 $, raist damit um 45.000 $.

Ivey hat Top- und Bottom Pair, aber die drei gleichfarbigen Karten auf dem Board sind gefährlich – also spielt Ivey so, dass die Hand beendet wird.

**Action:** D'Agostino foldet.

D'Agostino nahm sich ein paar Sekunden Zeit, bevor er foldete – das ist eine gute Maßnahme. Er zeigt Ivey, dass er nicht mit nichts auf der Hand geblufft hat (wir wissen natürlich, dass das der Fall war). Es ist nicht nötig, in so einer Situation den Hamlet zu spielen – denken Sie einfach ein wenig nach und werfen dann die Karten weg.

**Ergebnis:** D'Agostino verliert 34.000 $.

**Hand Nr. 15: Blinds 6.000/12.000 $, Antes 2.000 $**

| | Stack | Position | Hand |
|---|---|---|---|
| John D'Agostino | 359.000 $ | SB/B | 9♠8♠ |
| Phil Ivey | 763.000 $ | BB | K♣J♦ |

**Action:** D'Agostino callt 6.000 $. Ivey checkt.

Ivey hat ein gutes Blatt und könnte hier raisen, vielleicht das Zweifache des Big Blinds. Wenn der Gegner entweder einen König oder Buben hat, werden Sie vermutlich in eine Hand verwickelt, in der Ihr Kicker seinen schlägt. Ivey bleibt konsequent bei seiner Smallball-Strategie und checkt lediglich.

**Flop:** T♦7♠5♦

**Action:** Ivey checkt.

Ein guter Spieler in aggressiver Stimmung könnte einen Einsatz in halber Potgröße machen, um zu sehen was passiert. Ivey ist jedoch Out Of Position und möchte keinen großen Pot aufbauen, ohne Position zu haben, also checkt er. Er hätte möglicherweise nichts dagegen, die Hand – in der Hoffnung, dass der König als High Card das Rennen macht – bis zum Ende durchzuchecken. Big Stack und schlechte Position mahnen zur Vorsicht.

In diesem Fall macht der König den Unterschied. Wenn Ivey als höchste Karte nur eine Dame oder einen Buben hätte, bin ich ziemlich sicher, dass er einen Einsatz gebracht hätte, weil er darin seine einzige Chance gesehen hätte, den Pot zu gewinnen. Aber man muss nicht betten, um einen Pot zu gewinnen, wenn es eine gute Chance gibt, dass man ihn durch Durchchecken ohnehin gewinnen wird.

**Action:** D'Agostino setzt 25.000 $.

Ivey weigert sich, einen Einsatz zu machen, also startet D'Agostino einen klassischen Semi-Bluff, der den Pot tatsächlich gewinnt.

**Action:** Ivey foldet.

**Ergebnis:** Ivey verliert 14.000 $.

**Hand Nr. 16: Blinds 6.000/12.000 $, Antes 2.000 $**

| | Stack | Position | Hand |
|---|---|---|---|
| John D'Agostino | 373.000 $ | BB | Q♥9♥ |
| Phil Ivey | 749.000 $ | SB/B | 9♦4♦ |

**Action:** Ivey setzt 35.000 $, raist damit um 29.000 $.

Weiterhin variiert Ivey sein Spiel. Zuvor hat er mit starken Händen geraist, jetzt raist er mit einer schwachen. Er wird jedoch im weiteren Verlauf der Hand In Position sein. Ich selbst würde diesen Zug jedoch nicht machen. Ich erachte 94s einfach als zu schwach für die Art und Weise, wie ich Heads-Up spiele.

**Action:** D'Agostino callt 29.000 $.

D'Agostino hat tatsächlich ein ziemlich gutes Blatt für Heads-Up, also callt er frohen Mutes.

**Flop:** J♣9♣4♣

Ein guter Flop für beide Spieler. D'Agostino trifft Middle Pair und Ivey Bottom Two Pair. Es befinden sich jedoch drei Kreuz auf dem Board und keiner der Spieler hat eines. Jeder muss es für möglich halten, dass der andere eventuell einen Flush oder zumindest einen Flush Draw hat, was zu einem vorsichtigen Setzverhalten führen sollte.

**Action:** D'Agostino checkt. Ivey setzt 60.000 $.

Ivey denkt, dass er mit den drei Kreuz auf dem Board auf keinen Fall slow spielen darf, aber er hat zwei Paare und die drei Kreuzkarten könnten für seinen Gegner ebenfalls Besorgnis erregend sein, also bemüht er sich, den Pot zu gewinnen. Wenn D'Agostinos Check tatsächlich Schwäche bedeutet hat, sollte Ivey den Pot unverzüglich gewinnen.

**Action:** D'Agostino callt 60.000 $.

Ein guter Call von D'Agostino. Middle Pair ist beim Heads-Up eine starke Hand, er hat eine Overcard und Ivey wahrscheinlich keinen Flush. Er ist nicht zu einem Raise bereit, aber callen muss er.

Aus Iveys Sicht müssen D'Agostinos Check und Call bei drei Kreuz auf dem Board wahre Stärke bedeuten. Es ist unwahrscheinlich, dass er trotz seiner zwei Paare noch weiteres Geld in den Pot bringen wird.

**Turn:** Q♣

Eine gewaltige Karte, die sämtliche Action zunichte macht. D'Agostino hat zwei Paare, aber es befinden sich jetzt vier Kreuz auf dem Board und er hat keines. Da Ivey in der letzten Runde bei drei Kreuz auf dem Board die Initiative übernommen hat, besteht die überdurchschnittliche Wahrscheinlichkeit, dass er jetzt einen Flush vervollständigt hat. Die gleiche Logik hält Ivey davon ab zu betten.

**Action:** D'Agostino checkt. Ivey checkt.

**River:** 6♠

**Action:** D'Agostino setzt 50.000 $.

Ein ausgezeichneter Einsatz von D'Agostino. Aufgrund Iveys Check auf dem Turn gelangte er zu der Erkenntnis, dass seine zwei Paare wahrscheinlich gut sind. Im Pot sind jetzt 206.000 $, also gibt D'Agostinos Bet Ivey für einen Call Odds von 5 zu 1. Solchen Odds ist nur schwer zu widerstehen. Erstklassiges Spiel von D'Agostino.

**Action:** Ivey foldet.

Und von Ivey ebenfalls ausgezeichnet gespielt. Aufgrund der Art und Weise, wie die Hand gespielt wurde, ist es höchst unwahrscheinlich, dass D'Agostino blufft. Wenn Sie davon ausgehen, dass Ihre Gewinnchancen lediglich 10 % betragen, sind Odds von 5 zu 1 nicht gut genug.

**Ergebnis:** Ivey verliert 103.000 $.

**Hand Nr. 17: Blinds 6.000/12.000 $, Antes 2.000 $**

| | Stack | Position | Hand |
|---|---|---|---|
| John D'Agostino | 476.000 $ | SB/B | 7♠2♠ |
| Phil Ivey | 646.000 $ | BB | A♠K♥ |

**Action:** D'Agostino callt 6.000 $. Ivey raist auf 35.000 $.

Angesichts der Pot Odds ein korrekter Call von D'Agostino. Ivey fährt fort, sein Spiel zu variieren. Bei der letzten Hand hat er vor dem Flop mit einem schlechten Blatt geraist, dieses Mal raist er mit einem guten.

**Action:** D'Agostino foldet.

**Ergebnis:** D'Agostino verliert 14.000 $.

Die Blinds steigen jetzt auf 8.000/16.000 $ an. Die Antes bleiben bei 2.000 $. Infolgedessen nehmen die Ms ein wenig ab: D'Agostinos M sinkt auf 17 und Iveys auf 23.

**Hand Nr. 18: Blinds 8.000/16.000 $, Antes 2.000 $**

| | Stack | Position | Hand |
|---|---|---|---|
| John D'Agostino | 462.000 $ | BB | 7♠5♥ |
| Phil Ivey | 660.000 $ | SB/B | 9♦8♠ |

**Action:** Ivey callt 8.000 $. D'Agostino checkt.

**Flop:** 8♦3♠2♥

**Action:** D'Agostino checkt. Ivey setzt 25.000 $. D'Agostino foldet.

**Ergebnis:** D'Agostino verliert 18.000 $.

Ivey callt mit einer leicht unterdurchschnittlichen Hand und D'Agostino checkt mit einem schlechten Blatt. D'Agostino verfehlt den Flop, checkt mit nichts und Ivey schnappt sich den Pot.

**Hand Nr. 19: Blinds 8.000/16.000 $, Antes 2.000 $**

| | Stack | Position | Hand |
|---|---|---|---|
| John D'Agostino | 444.000 $ | SB/B | Q♣9♦ |
| Phil Ivey | 678.000 $ | BB | 9♣6♦ |

**Action:** D'Agostino setzt 48.000 $, raist damit um 40.000 $. Ivey callt.

Das sieht wie ein schlechter Call aus. Ivey wird mit einer schlechten Hand Out Of Position sein. Als Big Stack sollte er sich von dieser Hand einfach verabschieden. D'Agostino hat nicht so viele Hände geraist, also sollte Ivey ihm zumindest eine halbwegs ordentliche Hand zutrauen. Jetzt ist nicht die Zeit, sich entgegenzustellen.

**Flop:** A♣Q♦5♣

**Action:** Ivey checkt. D'Agostino checkt.

D'Agostinos Hand ist sicherlich gut genug für eine Bet, aber möglicherweise plant er eine Falle auf dem Turn. Beachten Sie, dass es ihm nicht allzu viel Sorgen bereitet, eine Free Card zuzulassen. Wenn Ivey ein Ass auf der Hand hat, ist D'Agostino bereits geschlagen und braucht sich nicht zu beunruhigen. Die einzige Situation, in der ihn eine Free Card schlagen wird, ist, wenn Ivey einen König hält und ein solcher auf dem Turn auftaucht.

**Turn:** T♣

**Action:** Ivey checkt. D'Agostino setzt 40.000 $. Ivey setzt 148.000 $, raist damit um 108.000 $.

Es ist schwer vorstellbar, dass dieses Manöver Früchte trägt. D'Agostino zeigte vor dem Flop Stärke und seitdem sind drei Overcards zu Iveys Neun aufgedeckt worden. Ein Fold scheint ziemlich eindeutig zu sein.

**Action:** D'Agostino geht All-In.

D'Agostino reagiert sehr schnell, was für Ivey möglicherweise darauf hingedeutet hat, dass er sich einer wahrhaft starken Hand gegenübersieht (was gar nicht stimmt). Das war von Anfang bis Ende eine schlechte Hand für Ivey und jetzt haben die Spieler ihre Stacks getauscht.

**Action:** Ivey foldet.

**Ergebnis:** Ivey verliert 206.000 $.

**Hand Nr. 20: Blinds 8.000/16.000 $, Antes 2.000 $**

| | **Stack** | **Position** | **Hand** |
|---|---|---|---|
| John D'Agostino | 650.000 $ | BB | 9♠8♥ |
| Phil Ivey | 472.000 $ | SB/B | 9♣8♦ |

**Action:** Ivey callt 8.000 $. D'Agostino checkt.

Amüsant! Beide Spieler haben die gleiche Hand. Howard Lederer vertrat in seinem Kommentar die Auffassung, dass der Spieler, der In Position ist, in dieser Situation ungefähr 2 zu 1 Favorit ist, was der Wahrheit ziemlich nahe zu kommen scheint. Diese Hand illustriert mit brutaler Deutlichkeit, wie wichtig der Faktor Position wirklich ist.

**Flop:** T♣6♣4♣

**Action:** D'Agostino checkt. Ivey setzt 25.000 $. D'Agostino foldet.

**Ergebnis:** D'Agostino verliert 18.000 $.

**Hand Nr. 21: Blinds 8.000/16.000 $, Antes 2.000 $**

| | Stack | Position | Hand |
|---|---|---|---|
| John D'Agostino | 632.000 $ | SB/B | T♠8♣ |
| Phil Ivey | 490.000 $ | BB | 9♥8♦ |

**Action:** D'Agostino setzt 50.000 $, raist damit um 42.000 $. Ivey callt.

Zwei Hände zuvor callte Ivey Out Of Position einen hohen Einsatz mit 96. 98 ist ein etwas stärkeres Blatt, also ist dies ein etwas besserer Zug.

**Flop:** A♣9♣2♥

**Action:** Ivey checkt.

Ivey hat Middle Pair gefloppt, was, wie ich bereits gesagt habe, im Heads-Up eine sehr starke Hand darstellt. Er checkt, um D'Agostino dazu zu verleiten, einen Bluff anzusetzen.

**Action:** D'Agostino setzt 50.000 $. Ivey callt.

Ivey callt in diesem Fall sehr gern.

**Turn:** J♣

**Action:** Ivey checkt.

Der Check soll einen Bluff provozieren, aber D'Agostino hat Ivey bislang viele gute Hände checken sehen und beißt nicht an.

**Action:** D'Agostino checkt.

River: A♥

Das Ass auf dem River ist für D'Agostino eine schlechte Karte. Es ist schwer, ein Ass zu repräsentieren, wenn bereits zwei auf dem Board liegen. Ivey ist ziemlich sicher, dass er jetzt die beste Hand hat, aber wie bei diversen früheren Gelegenheiten checkt er die Hand lieber durch, als in einen Monsterpot hineingezogen zu werden.

**Action:** Ivey checkt. D'Agostino checkt.

Ivey gewinnt mit einem Paar Neunen.

**Ergebnis:** D'Agostino verliert 110.000 $.

**Hand Nr. 22: Blinds 8.000/16.000 $, Antes 2.000 $**

| | **Stack** | **Position** | **Hand** |
|---|---|---|---|
| John D'Agostino | 522.000 $ | BB | K♣Q♣ |
| Phil Ivey | 600.000 $ | SB/B | 9♥8♠ |

Ivey hat das sechste Mal in 22 Händen 98!

**Action:** Ivey callt 8.000 $. D'Agostino raist auf 40.000 $.

D'Agostinos Hand ist im Heads-Up sehr stark und er sollte sich an diesem Punkt überlegen, Ivey für das Spielen dieser Hand mehr bezahlen zu lassen. Bisher hat Ivey deutlich gezeigt, dass er daran interessiert ist, viele Einsätze zu callen und viele Hände zu spielen. Eine Bet von 60.000 bis 70.000 $, in der Gegend des Vierfachen des Big Blinds, wäre angemessen angesichts dessen, was D'Agostino über Iveys Absichten weiß. Darüber hinaus ist es der richtige Zug, wenn man berücksichtigt, dass D'Agostino Out Of Position ist. Deshalb ist er an einer raschen Beendigung der Hand interessiert oder will Ivey für das Aufrechterhalten des positionellen Vorteils mehr zahlen lassen.

**Action:** Ivey callt.

Ivey ist mit einer mittelstarken Hand In Position. Er kann sich im Augenblick nicht sicher sein, was D'Agostinos Einsatz bedeutet. Ich würde mit dieser Hand In Position callen, aber nicht Out Of Position.

**Flop:** 9♦4♠2♣

**Action:** D'Agostino setzt 80.000 $.

Das ist eine Continuation Bet – allerdings ein wenig hoch. Es gibt eine sehr gute Chance, dass er den Pot unverzüglich gewinnt, er hat zwei Overcards zum Board und somit 6 mögliche Outs. Es besteht jedoch auch eine Gefahr. Eine Bet von 80.000 $ sieht nicht so aus, als wäre man auf einen Call aus. Das wird Iveys Aufmerksamkeit nicht entgehen.

**Action:** Ivey geht All-In.

Ivey lässt mit Top Pair die Bombe platzen. Dies ist im Heads-Up eine sehr starke Hand und D'Agostinos Overbet riecht nicht nach dem Setzverhalten, dass jemand mit einem starken Overpair an den Tag legt. Ein solch starkes Blatt möchte gecallt werden und D'Agostino schien Ivey verjagen zu wollen.

Natürlich muss ein starker Spieler mit einem Overpair in der Lage sein, von Zeit zu Zeit mehr als den Pot zu setzen. Aber Heads-Up-Sessions dauern nicht unendlich lange und bei einer kurzen Auseinandersetzung muss man mehr Gewicht auf wahrscheinlichere Erklärungen legen, als sich in einem Labyrinth von Gedankengängen wie „Er denkt, dass ich denke, dass er denkt, dass ich denke …" zu verstricken. Ivey weiß, dass die wahrscheinlichste Deutung für D'Agostinos Bet ist, dass dieser ihn aus dem Pot drängen will, also verhält er sich gemäß dieser Einschätzung.

**Action:** D'Agostino foldet.

**Ergebnis:** D'Agostino verliert 138.000 $.

**Hand Nr. 23: Blinds 8.000/16.000 $, Antes 2.000 $**

| | Stack | Position | Hand |
|---|---|---|---|
| John D'Agostino | 384.000 $ | SB/B | J♠6♥ |
| Phil Ivey | 738.000 $ | BB | K♣4♠ |

**Action:** D'Agostino foldet.

**Ergebnis:** D'Agostino verliert 10.000 $.

Howard Lederer äußert sich in seinem Kommentar so: „D'Agostino versucht, nach zwei hohen Verlusten seine Orientierung wiederzufinden." Das ist möglicherweise das, was geschah. J6 In Position und Odds von mehr als 3 zu 1 sind für einen Call sicher gut genug.

**Hand Nr. 24: Blinds 8.000/16.000 $, Antes 2.000 $**

| | Stack | Position | Hand |
|---|---|---|---|
| John D'Agostino | 374.000 $ | BB | 9♣2♣ |
| Phil Ivey | 748.000 $ | SB/B | 9♦7♣ |

**Action:** Ivey callt 8.000 $. D'Agostino checkt.

**Flop:** 3♣2♥2♦

**Action:** D'Agostino setzt 40.000 $.

Ich kann mich mit diesem Einsatz aus verschiedenen Gründen nicht anfreunden:

1. D'Agostino möchte natürlich schnell mehr Geld in den Pot bekommen, aber angesichts dessen, wie die letzten Hände gelaufen sind, denke ich, dass das die falsche Herangehensweise ist. Ivey brauchte lediglich zwei hohe Gewinne, um die Führung zurückzuerlangen, und in der letzten Hand hat D'Agostino noch nicht einmal gecallt. Ivey muss denken, dass er jetzt Herr der Lage ist, und wird versuchen, D'Agostino herumzuschubsen und nach Anzeichen von Schwäche Ausschau halten. D'Agostino hat eine vollkommen versteckte Monsterhand gefloppt, also muss er geduldig bleiben und aus der Situation

so viel wie möglich herausschlagen. D'Agostino sollte checken und, wenn Ivey den Pot angreift, ein wenig nachdenken und callen. Wenn auf dem Turn eine Karte auftaucht, die Ivey hilft, könnte D'Agostino einen großen Pot gewinnen – aber er muss geduldig sein.

2. In einer kurz vor Nr. 1 gespielten Hand im Heads-Up hielt D'Agostino eine Neun und auf dem Flop kamen 9-9-5. Er bettete seine Trips während der gesamten Hand aggressiv und Ivey callte herunter, um zu sehen, was D'Agostino macht. (Diese Hand war es, die D'Agostino seine frühe Führung brachte.) Sicherlich erinnerte sich Ivey an diese Hand und da jetzt eine identische Situation entstanden ist, sollte D'Agostino einen anderen Kurs einschlagen und nicht einfach seine vorige Strategie wiederholen.

3. Ivey ist zuletzt immer aggressiver aufgetreten. D'Agostino sollte Ivey die Gelegenheit geben, seine Aggression fortzusetzen. Er sollte einfach passiv spielen und Ivey die Initiative übernehmen lassen.

Sie sollten sich beim Heads-Up niemals entmutigen lassen, weil jeder zufällige Glücksfall Sie verdoppeln lassen kann – egal wie schlecht die vorhergehenden Hände gelaufen sind. Geduld ist beim Poker ein großes Plus.

**Action:** Ivey foldet.

**Ergebnis:** Ivey verliert 18.000 $.

Ivey hatte natürlich kein starkes Blatt, aber er wird sich auch daran erinnert haben, wie teuer die frühere Hand für ihn war, bei der ein Paar auf dem Board auftauchte. Wegen einer Vielzahl von Gründen konnte er die Hand leichten Herzens aufgeben.

**Hand Nr. 25: Blinds 8.000/16.000 $, Antes 2.000 $**

| | **Stack** | **Position** | **Hand** |
|---|---|---|---|
| John D'Agostino | 392.000 $ | SB/B | Q♦6♠ |
| Phil Ivey | 730.000 $ | BB | A♣K♦ |

**Action:** D'Agostino callt 8.000 $. Ivey raist auf 45.000 $.

Ivey möchte seine Blätter mit Ass als höchster Karte Out Of Position nicht slow spielen und zieht es vor, sie zu forcieren und den Pot unverzüglich zu gewinnen.

**Action:** D'Agostino foldet.

**Ergebnis:** D'Agostino verliert 18.000 $.

**Hand Nr. 26: Blinds 8.000/16.000 $, Antes 2.000 $**

| | Stack | Position | Hand |
|---|---|---|---|
| John D'Agostino | 374.000 $ | BB | 5♠5♣ |
| Phil Ivey | 748.000 $ | SB/B | J♦J♣ |

Nach einer Zeit des Herumlavierens entsteht jetzt eine Situation, deren Ausgang nahezu vorherbestimmt ist. Es ist so gut wie sicher, dass D'Agostino – mit nur halb so viel Chips wie Ivey – mit einem Paar alle seine Chips in den Pot bringt und dass Ivey froh ist, mit einem hohen Paar dagegen zu halten. Es bleibt lediglich die Frage, ob D'Agostino eine Fünf oder irgendeinen glücklichen Straight- oder Flush Draw trifft.

**Action:** Ivey setzt 48.000 $, raist damit um 40.000 $.

Wir sollten anmerken, dass Iveys Blatt aus technischer Sicht stark genug ist, um damit nur zu limpen. Er könnte gespürt haben, dass D'Agostino ungeduldig wurde und gewillt war zu spielen. Er wollte vielleicht auch die Möglichkeit ausschalten, auf dem Flop geschlagen zu werden, falls D'Agostino einen König oder eine Dame hält. (Wenn D'Agostino ein Ass hat, wird er mitspielen, egal ob Ivey bettet oder nicht.)

**Action:** D'Agostino geht All-In. Ivey callt.

**Flop:** 8♥7♠2♦

**Turn:** Q♣

**River:** 3♥

**Ergebnis:** Ivey gewinnt.

Alles in allem eine sehr lange, interessante und gut gespielte Heads-Up-Session. Trotz meiner gelegentlichen Kritik kann man beiden Spielern für diesen Kampf ein gutes Zeugnis ausstellen. Ein Heads-Up kann für einen Neuling verwirrend sein, mit all den scheinbar willkürlichen Attacken und Gegenattacken. Aber hinter den Kulissen wird eine verborgene Geschichte erzählt – beherrscht von Hand-Rangfolgen, Position und den Geschehnissen der unmittelbaren Vergangenheit.

**Vergleich der Strategie im Small Blind vor dem Flop: Ivey gegen D'Agostino**

Lassen Sie uns kurz einen Blick auf das Setzverhalten der Spieler werfen, wenn sie als Erster agieren mussten.

**Ivey agiert als Erster:**

| Hand | Action |
|---|---|
| JJ | Raise 2,5 x BB |
| AJo | Raise 2 x BB |
| ATo | Raise 2,5 x BB |
| A8o | Call |
| A3s | Call |
| T2o | Call |
| 98s | Raise 2 x BB |
| 98o | Call |
| 98o | Call |
| 98o | Call |
| 97o | Call |
| 96o | Call |
| 94s | Raise 2,5 x BB |

Einige Merkmale stechen hervor, wenn wir uns Iveys Blätter betrachten:

1. Er hat aufgrund der Pot Odds niemals gefoldet.
2. Mit seinen starken Händen hat er meistens geraist, aber auch ein paar Calls eingestreut.
3. Mit seinen schwächeren Händen hat er meistens gecallt, aber auch ein paar Raises eingestreut.
4. Seine Raises lagen in einem eng begrenzten Bereich vom 2- bis 2,5-fachen des Big Blinds.

Seine Strategie war darauf ausgerichtet, das Spiel zu variieren und den Pot klein zu halten – und sie wurde während der ganzen Session ständig beibehalten.

**D'Agostino agiert als Erster:**

| **Hand** | **Action** |
|---|---|
| ATo | Raise 2 x BB |
| A5s | Raise 2,5 x BB |
| A2s | Raise 1,7 x BB |
| Q9s | Raise 2,5 x BB |
| Q6o | Call |
| J9o | Raise 2 x BB |
| J6o | Fold |
| J5s | Call |
| J4o | Fold |
| T8o | Raise 2,7 x BB |
| 98s | Call |
| 72s | Call |
| (nicht aufgezeichnet) | Fold |

Mit seinen besseren Händen raiste D'Agostino grundsätzlich und der Schwankungsbereich seiner Einsätze war etwas größer als bei Ivey, aber nicht viel. Beides ist eine gute Strategie, wenn man glaubt, man sei Außenseiter. Während der Session hat er dreimal gefoldet; das ist – unter Berücksichtigung von Pot Odds und Position – ein Fehler.

Beachten Sie, dass die Raises beider Spieler niedriger waren als die, die Sie an einem vollen Tisch sehen würden.

## Heads-Up-Session Nr. 2: Sie, der Leser, spielen mit

In dieser Begegnung sind die Ms sehr viel niedriger, wie es für viele Online-Turniere typisch ist. Wir haben das Layout ein wenig geändert, um Sie, den Leser, in die Hände mit einzubeziehen. Sie beginnen mit einer Chipführung im Verhältnis von 3 zu 1, aber mit einem M von lediglich 14 und Ihr Gegner mit einem von nur 3,5. Sie können Ihre eigenen Karten sehen, aber nicht die Ihres Gegners.

**Hand Nr. 1: Blinds 3.000/6.000 $, Antes 300 $**

| | Stack | Position | Hand |
|---|---|---|---|
| Gegner | 41.700 $ | BB | ?? |
| Sie | 138.300 $ | SB/B | Q♥8♥ |

**Action:** Sie raisen auf 15.000 $. Ihr Gegner foldet.

**Ergebnis:** Ihr Gegner verliert 6.300 $.

Q8s ist im Heads-Up eine ziemlich gute Hand; sie befindet sich im Bereich der besten 30 %. In Verbindung mit Position ist sie auf jeden Fall einen Raise Wert. Ihr Gegner entscheidet sich zu folden.

**Hand Nr. 2: Blinds 3.000/6.000 $, Antes 300 $**

| | Stack | Position | Hand |
|---|---|---|---|
| Gegner | 35.400 $ | SB/B | ?? |
| Sie | 144.600 $ | BB | Q♦7♠ |

**Action:** Ihr Gegner geht All-In. Sie folden.

**Ergebnis:** Sie verlieren 6.300 $.

Das ist ein Spiegelbild der vorherigen Hand. Dieses Mal haben Sie ein nur geringfügig schlechteres Blatt, aber Ihr Gegner entscheidet sich, All-In zu gehen. Sollten Sie callen?

Meine eigenen Vorgaben sind ziemlich streng. Ich befinde mich mit meiner Chipführung von 3 zu 1 gewiss nicht in einer verzweifelten Situation. In diesem Fall brauche ich einerseits eine Hand, die ausreichend stark ist, und andererseits die für einen Call notwendigen

Pot Odds. Im Moment befinden sich 9.600 $ im Pot und Ihr Gegner hat gerade seine letzten 32.100 $ hineingeschoben, wodurch der Pot auf 41.700 $ anwächst. Da von diesem Einsatz 3.000 $ für den Call Ihres Blinds abzuziehen sind, müssen Sie für einen Call 29.100 $ zahlen. Sie haben dafür Pot Odds von etwas mehr als 1,5 zu 1.
Im Folgenden die Fakten, die ich abwägen würde:

1. Die Ms sind relativ niedrig und erzwingen von beiden Seiten aggressives Spiel.

2. Ich weiß bisher noch nicht viel über meinen Gegner. Obwohl es erst die zweite Hand unserer Auseinandersetzung ist, geht er bereits All-In. Ich werde ihm eine überdurchschnittliche Hand – aber nicht viel mehr – zutrauen.

3. Ich habe Pot Odds von mehr als 1,5 zu 1.

4. Meine Hand ist im Bereich der besten 50 % – nur geringfügig über dem Durchschnitt.

Unter diesen Umständen benötige ich keine Premium-Hand, um diese Bet zu callen. Die einzige Frage ist, wie schwach die Hand sein darf, damit ich bereit bin, diese zu spielen? Hierbei schaue ich sorgfältig auf die Stärke der Hand und die Pot Odds. Mit einer etwas überdurchschnittlichen Hand wie Q7 habe ich gerne Pot Odds im Bereich von 1,6 zu 1 oder 1,7 zu 1. Wenn meine Hand im Bereich der besten 40 % läge, wäre ich mit Odds von 1,5 zu 1 zufrieden. Bei einer Hand im Bereich der besten 30 % benötige ich sogar weniger, vielleicht 1,4 zu 1 oder sogar nur 1,3 zu 1. (Vergessen Sie nicht, dass das keine absoluten Angaben sind. Sie werden von den ersten beiden Punkten sehr stark beeinflusst – die Ms sind bereits ziemlich niedrig und mein Gegner geht in der zweiten Hand All-In. Wenn das All-In-Manöver bei hohen Ms erfolgt wäre oder von einem Gegner, der eine Zeit lang konservativ gespielt hat, bräuchte ich sicherlich eine stärkere Hand oder bessere Odds.)

Wir sollten anmerken, dass einige Spieler eine permanente Raise-Strategie beim Heads-Up anwenden und grundsätzlich in jeder Hand All-In gehen. (Für sehr schwache Spieler ist das keine schlechte

Strategie.) Wenn Ihr Gegner so spielt, müssen Sie einfach auf ein vernünftiges Blatt warten und dann callen. Zu diesem Zweck ist für mich eine Hand aus dem Bereich der besten 40 % ausreichend. In diesem Fall besitzen wir noch nicht genügend Informationen, um das beurteilen zu können, aber wir werden diese Möglichkeit sehr genau im Auge behalten.

**Hand Nr. 3: Blinds 3.000/6.000 $, Antes 300 $**

| | Stack | Position | Hand |
|---|---|---|---|
| Gegner | 41.700 $ | BB | ?? |
| Sie | 138.300 $ | SB/B | 8♦6♦ |

**Action:** Sie callen 3.000 $. Ihr Gegner geht All-In. Sie folden.

**Ergebnis:** Sie verlieren 6.300 $.

Sowohl der Call und der Fold sind richtig – aus den eben genannten Gründen. 86s befindet sich lediglich im Bereich der besten 70 % und ist einfach nicht stark genug, um mit den angebotenen Odds ein All-In zu callen.

Wir gelangen allerdings immer mehr zu der Erkenntnis, dass sich unser Gegner in einem permanenten Raise-Modus befindet. Die Q7s, die wir in der letzten Hand weggeworfen haben, würde uns jetzt besser passen. Hätten die beiden letzten Hände in umgekehrter Reihenfolge stattgefunden (Folden der 86 auf ein All-In und *dann* mit Q7 auf der Hand All-In geraist werden), hätte ich einen Call ernsthaft in Erwägung gezogen.

Der schlaue Leser könnte jetzt fragen: „Sind das nicht sehr dürftige Hinweise, um ein All-In zu callen?" Die Antwort ist: „Ja, es ist tatsächlich sehr, sehr dürftig." Aber es sind alle Hinweise, die Sie haben! Sie befinden sich nicht in der beneidenswerten Lage eines Richters, der massenweise Beweismittel abwägen kann, bevor er darüber entscheidet, ob er einen Durchsuchungsbefehl ausstellt. Sie sind vielmehr ein Soldat auf dem Schlachtfeld, der innerhalb von ein, zwei Sekunden entscheiden muss, ob dieser vorbeihuschende Schatten Freund oder Feind ist. Ich würde Amir Vahedis Lieblingsspruch ein wenig abwandeln: „Um zu leben, muss man bereit sein, abzudrücken."

Die Blinds steigen jetzt auf 4.000/8.000 $ und die Antes auf 400 $ an. Die Ms sinken erneut. Ihr M nimmt auf nur noch etwas über 10 und das Ihres Gegners auf knapp unter 4 ab.

**Hand Nr. 4: Blinds 4.000/8.000 $, Antes 400 $**

| | Stack | Position | Hand |
|---|---|---|---|
| Gegner | 48.700 $ | SB/B | ?? |
| Sie | 132.000 $ | BB | K♣7♥ |

**Action:** Ihr Gegner foldet.

**Ergebnis:** Ihr Gegner verliert 4.400 $.

Wie bereits gesagt, sollte er callen. Hätte er gecallt, sollten Sie raisen. Sogar ein All-In wäre kein schlechter Zug. Wenn ein Gegner, der ununterbrochen geraist hat, das Tempo verlangsamt, ist das ein Hinweis darauf, dass seine Hand wahrscheinlich eher schwach als stark ist. (Ein Spieler, der mehrmals raist, nicht gecallt wird und dann ein starkes Blatt aufnimmt, wird damit wahrscheinlich weiterhin raisen, weil ihm seine vorherigen Raises Deckung geben und darauf hindeuten, dass er voraussichtlich immer noch blufft.)

Da unser Gegner mit guten Pot Odds eine Hand gefoldet hat, müssen wir unsere Meinung über ihn jetzt ändern. Er muss gewisse Standards befolgen, obwohl wir noch nicht wissen, welche das sind, und unser Fold mit Q7 sieht wieder vernünftig aus.

**Hand Nr. 5: Blinds 4.000/8.000 $, Antes 400 $**

| | Stack | Position | Hand |
|---|---|---|---|
| Gegne | 43.600 $ | BB | ?? |
| Sie | 136.400 $ | SB/B | Q♠8♦ |

**Action:** Sie raisen auf 12.000 $. Ihr Gegner geht mit 35.200 $ All-In. Sie callen 23.200 $.

**Ihr Gegner zeigt:** 3♦3♠

**Board:** A♠T♣5♣T♥9♥

**Ergebnis:** Sie verlieren 43.600 $.

Q8o befindet sich im Bereich der besten 40 % von allen Händen, also ist ein Raise vernünftig. Nach dem All-In Ihres Gegners befinden sich exakt 60.000 $ im Pot und es kostet Sie 23.200 $ zu callen – demnach haben Sie Pot Odds von etwas mehr als 2,5 zu 1. Das sind für einen Call im Heads-Up gewaltige Odds. Sie bekommen nur dann einen schlechten Preis für Ihren Call, wenn er genau eines dieser drei Paare hat: Asse, Könige oder Damen.

An dieser Stelle eine wichtige Anmerkung: Sogar wenn er Sie mit AQ oder KQ dominiert, ist der Preis gerechtfertigt. (Wie wir an früherer Stelle in diesem Kapitel gesehen haben, schwanken Situationen, in denen man vor dem Flop dominiert wird, um die 70 %. Das ist akzeptabel, wenn Sie Pot Odds von 2,5 zu 1 bekommen.) Die meisten Pokerspieler, die in Mathematik nicht so bewandert sind, scheinen zu denken, dass Domination einer Katastrophe gleichkommt, die sie zu einem 3 zu 1 Außenseiter abstempelt, aber in Wahrheit ist es gar nicht so schlimm.

Nach diesem Verlust gleicht Ihr Gegner jedoch annähernd aus.

**Hand Nr. 6: Blinds 4.000/8.000 $, Antes 400 $**

| | Stack | Position | Hand |
|---|---|---|---|
| Gegner | 87.200 $ | SB/B | ?? |
| Sie | 92.800 $ | BB | 5♣3♥ |

**Action:** Ihr Gegner geht All-In. Sie folden.

**Ergebnis:** Sie verlieren 8.400 $.

Diesmal eine eindeutige Entscheidung, da Sie mit einem Blatt aus dem Bereich der schlechtesten 10 % ausreichend bedient sind.

**Hand Nr. 7: Blinds 4.000/8.000 $, Antes 400 $**

| | Stack | Position | Hand |
|---|---|---|---|
| Gegner | 95.600 $ | BB | ?? |
| Sie | 84.400 $ | SB/B | 8♣4♣ |

**Action:** Sie callen 4.000 $. Ihr Gegner checkt.

**Flop:** Q♠7♣3♦

**Action:** Ihr Gegner checkt. Sie setzen 8.000 $. Ihr Gegner foldet.

**Ergebnis:** Ihr Gegner verliert 8.400 $.

Ihr Call vor dem vor dem Flop war trotz Ihrer schlechten Hand eindeutig. Nach dem Flop haben Sie nichts, aber Ihr Gegner checkt und lässt Schwäche erkennen. Auch wenn Sie vor dem Flop keine Stärke gezeigt haben, machen Sie mit 8.000 $ eine hohe Probe Bet in halber Potgröße. Das ist aus Sicht des Chance-Risiko-Verhältnisses ein höchst attraktiver Einsatz. Wenn Ihr Gegner diese Bet in der Hälfte der Fälle foldet, machen Sie dauerhaft Gewinn. Sogar wenn er nur in einem Drittel aller Fälle foldet, schließen Sie Null auf Null ab. Tatsächlich foldet Ihr Gegner und Sie schnappen sich den Pot.

Was hätten Sie in diesem Beispiel anstelle Ihres Gegners getan? Das heißt, wenn Sie den Flop verfehlt hätten, daraufhin checken und er Sie dann mit einer Bet in halber Potgröße konfrontiert? Sie haben sogar ein paar Optionen.

1. Gegen einen Gegner, der das regelmäßig macht, müssen Sie auch einmal die Gelegenheit ergreifen und einfach einen großen Raise einstreuen. (In einem Spiel mit niedrigen Ms kann das auch ein All-In-Manöver bedeuten.)

2. Alternativ können Sie auch mit jedem Ass oder König callen und die Hand bis zum Ende runtercallen. In einer beträchtlichen Anzahl der Fälle ist sogar eine einzelne hohe Karte gut genug, um den Pot im Heads-Up zu gewinnen.

3. Sie können auch auf dem Flop callen und dann betten, falls er auf dem Turn checkt.

Diese Manöver erfordern in Ermangelung einer wirklich starken Hand Mut, aber Sie dürfen Ihrem Gegner nicht erlauben, Sie kostenlos zu drangsalieren. Denken Sie daran, dass die Continuation Bet derart günstige Odds bringt, dass Spieler sie sehr oft mit nichts auf der Hand ausführen.

**Hand Nr. 8: Blinds 4.000/8.000 $, Antes 400 $**

| | Stack | Position | Hand |
|---|---|---|---|
| Gegner | 87.200 $ | SB/B | ?? |
| Sie | 92.800 $ | BB | J♠5♠ |

**Action:** Ihr Gegner foldet und verliert 4.400 $.

Wie wir bereits wissen, ist es als Small Blind falsch, vor dem Flop zu folden. Er macht diesen Fehler zum zweiten Mal in acht Händen, was eine ziemlich regelmäßige Verschwendung von Equity ist. Ihre Aussichten in dieser Session sollten auf lange Sicht gesehen gut sein, wenn währenddessen kein Unglück geschieht.

Beachten Sie: Auf dem Button ist es in der Tat richtig zu folden, wenn Ihr Gegner gezeigt hat, dass er Sie meistens raisen wird, wenn Sie lediglich callen. Dann ändern Sie Ihre Strategie: Sie folden Ihre schwächsten Blätter (diejenigen aus dem Bereich der schlechtesten 30 %) und spielen mit dem Rest aktiv.

**Hand Nr. 9: Blinds 4.000/8.000 $, Antes 400 $**

| | Stack | Position | Hand |
|---|---|---|---|
| Gegner | 82.800 $ | BB | ?? |
| Sie | 97.200 $ | SB/B | K♣J♦ |

**Action:** Sie raisen auf 12.000 $. Ihr Gegner callt 8.000 $.

**Flop:** Q♠8♠2♥

**Action:** Ihr Gegner checkt. Sie setzen 12.000 $. Ihr Gegner callt 12.000 $.

**Turn:** K♦

**Action:** Ihr Gegner checkt. Sie setzen 12.000 $. Ihr Gegner geht mit 54.400 $ All-In. Sie callen 36.400 $.

**Ihr Gegner zeigt:** Q♥8♠

**River:** 4♠

**Ergebnis:** Sie verlieren 82.800 $.

KJo ist eine ausgezeichnete Hand (im Bereich der besten 20 %), also ist Ihr Raise vor dem Flop korrekt. Er callt und zeigt damit eine gewisse Stärke.

Der Flop ist nichtssagend und er checkt, also ist Ihre Bet nach dem Flop auch vernünftig. Es ist eine weitere Continuation Bet – dieses Mal etwas weniger als die Hälfte des Pots. Aber Ihr Gegner callt erneut, was sicherlich verdächtig ist. Sie sollten in diesem Moment ahnen, dass er etwas auf der Hand hat. Ein Paar oder auch ein Flush Draw ist möglich, angesichts der Implied Odds, die er sich erhoffen könnte.

Als der König auftaucht, haben Sie Top Pair und kommen von der Hand nicht mehr weg. Im Heads-Up ist Top Pair eine Monsterhand und es sind bereits 56.000 $ im Pot. Obwohl Sie natürlich immer noch verlieren können, ist das eine großartige Situation beim Heads-Up. In Wirklichkeit hat Ihr Gegner Top Two Pair slow gespielt – ein feines Manöver von ihm. Das Turnier ist praktisch gelaufen, da diese Hand die meisten Ihrer Chips gekostet hat.

**Hand Nr. 10: Blinds 4.000/8.000 $, Antes 400 $**

| | **Stack** | **Position** | **Hand** |
|---|---|---|---|
| Gegner | 165.600 $ | SB/B | ?? |
| Sie | 14.400 $ | BB | 8♠3♦ |

**Action:** Ihr Gegner bettet 10.000 $ und setzt Sie All-In. Sie callen mit Ihren letzten 6.000 $.

**Ihr Gegner zeigt:** A♣Q♠

**Board:** 8♦4♥4♠3♣Q♦

**Ergebnis:** Sie verlieren 14.400 $.

Als Ihr Gegner Sie All-In gesetzt hat, hatten Sie ein schreckliches Blatt, aber fantastische Pot Odds. Sie mussten 6.000 $ bringen, um einen Pot mit 22.800 $ zu sehen – nahezu Odds von 4 zu 1. Als das Board aufgedeckt wurde, haben Sie Ihre beiden Hole Cards getroffen, aber die Dreien wurden entwertet und Ihr Gegner gewann auf dem River. *C'est la vie.*

# Abschließende Gedanken

## Einführung

In diesem letzten Kapitel möchte ich einige Themen behandeln, die nicht gut in die anderen Kapitel passen. Auch möchte ich Ihr Augenmerk auf eine großartige Hand lenken, die viele meiner in Band I und II entwickelten Ideen illustriert.

Zusätzlich zu den herkömmlichen Turnieren mit ihrer abgestuften Preisgeldstruktur gibt es mittlerweile viele Turniere – sowohl online als auch live –, die dazu dienen, dass sich Spieler für andere Turniere qualifizieren. Das Endspiel in diesen Turnieren birgt einige einzigartige Schwierigkeiten und die Bewertung einer Hand kann sich drastisch ändern. Arbeiten Sie die Beispiele im ersten Teil dieses Kapitels sorgfältig durch, um ein tieferes Verständnis zu erlangen.

Wenn Sie bei größeren Turnieren in die Nähe der Geldränge kommen, finden sehr häufig Deals statt und das kann für einen Neuling sehr tückisch sein. Im zweiten Teil dieses Kapitels habe ich einige Faustregeln aufgestellt, die Ihnen dabei helfen sollen, sich aus Schwierigkeiten herauszuhalten.

Der letzte Teil deckt eine der interessantesten Handsequenzen der letzten Jahre ab. Schauen Sie zu, lernen Sie – und amüsieren Sie sich!

# Multi-Qualifikationsturniere

Mit Startgeldern von 5.000 bis 25.000 $, die heutzutage für größere Turniere zu zahlen sind, ist eine Mini-Industrie von Qualifikationsturnieren entstanden, um den Spielern eine Chance zu geben, mit mäßigem Einsatz das große Geld zu gewinnen. Als Gegenleistung für ein relativ niedriges Startgeld erhalten Sie die Chance auf eine kostenlose Teilnahme an einem großen Turnier sowie etwas Geld für Spesen. In vielen Fällen sind die Qualifikationsturniere offen. Alle Interessenten können mitspielen und die Organisatoren vergeben so viele Freiplätze, wie dies aufgrund der Teilnehmerzahl möglich ist. Qualifikationsturniere sind eine gute Gelegenheit für die Spieler und in der Tat nehmen viele Top-Stars routinemäßig an Qualifikationsturnieren teil, um ihre Gesamtausgaben im Poker Circuit zu reduzieren. (Als ich die World Series im Jahr 1995 gewonnen habe, hatte ich mich in einem Live-Super-Qualifikationsturnier mit einem Startgeld von 100 $ qualifiziert. In den letzten beiden Jahren haben sich sowohl Chris Moneymaker als auch Greg Raymer über Online-Qualifikationsturniere qualifiziert.)

Die Anfangsphase eines Qualifikationsturniers funktioniert genau wie die eines anderen Turniers. Sie spielen Ihre Hände, starten Angriffe und häufen Chips an. Das Endspiel läuft dagegen ganz anders. Ein paar der Bestplatzierten erhalten denselben Preis und die anderen erhalten gar nichts. An der Bubble auszuscheiden, bedeutet nicht mehr den Unterschied zwischen Null und einem niedrigen Preisgeld, sondern zwischen allem oder nichts.

Endspielentscheidungen in diesen Multi-Qualifikationsturnieren können ziemlich ungewöhnlich und widersinnig ablaufen. Schauen Sie sich die folgende einfache Situation an.

**Beispiel Nr. 1:** Sechs Spieler sind bei diesem Qualifikationsturnier noch am Tisch. Die ersten vier Plätze erhalten eine kostenlose Teilnahme an einem großen Turnier. Für den fünften und sechsten Platz gibt es nichts. Von den letzten sechs Spielern haben die Spieler A, B, C und D alle 4.500 Chips. Die Spieler E und F haben jeweils 1.000 Chips.

**Frage:** *Wie hoch ist zu diesem Zeitpunkt die Wahrscheinlichkeit für die einzelnen Spieler, sich zu qualifizieren?*

**Antwort:** Das ist relativ leicht zu berechnen, wenn wir einige Überlegungen anstellen.

Als Erstes sollten Sie beachten, dass jeder der Spieler eine 100-prozentige Chance auf die Qualifikation hat, wenn sich die Anzahl der Spieler auf vier reduziert. Darum muss – zu jedem beliebigen früheren Zeitpunkt – die Summe aller Wahrscheinlichkeiten für die Qualifikation 400 % betragen (nicht 100 %).

Zweitens müssen die Spieler A, B, C und D, egal wie groß die Chance auf eine Qualifikation ist, dieselbe Chance haben, und die Spieler E und F ebenfalls. (Um die Aufgabe einfacher zu machen, werden wir für den Moment ignorieren, dass derjenige, der in der nächsten Hand auf dem Button sitzt, eine etwas höhere Chance haben wird als die anderen usw.)

Drittens verhält sich die Chance, sich zu einer bestimmten Zeit zu qualifizieren, annähernd proportional zum Chipstand der Spieler.

Lassen Sie uns nun diese Überlegungen mithilfe einfacher Algebra zusammentragen. Sagen wir einmal, dass die Chance von Spieler E auf eine Qualifikation mit „x" gleichzusetzen ist. Dann hat F ebenfalls „x" Chancen auf Qualifikation, wohingegen A, B, C und D alle „x" Chancen mit 4,5 multipliziert haben. Wir können also folgende kleine Gleichung aufstellen:

$$x + x + 4{,}5x + 4{,}5x + 4{,}5x + 4{,}5x = 400$$

Also sind $20x = 400$ und $x = 20$. Die Spieler E und F haben jeder eine 20-prozentige Chance auf die Qualifikation und die Spieler A, B, C und D haben alle eine 4,5-mal so große Chance – oder auch 90 %. Die Wahrscheinlichkeiten addieren sich zusammen auf 400 Prozent, so wie es sein soll bei vier Qualifikanten.

Alle diese Zahlen ergeben Sinn. Die Spieler E und F sind klare Außenseiter auf eine Qualifikation, aber sie sind noch nicht aus dem Rennen. Die Spieler A, B, C und D sind klare Favoriten, können aber nicht sicher sein, dass sie dabei sein werden.

Da wir nun die Chance auf Qualifikation für jeden Spieler a priori festgelegt haben, wollen wir nun sehen, wie sie gespielt haben.

In der nächsten Hand sitzen die Spieler in folgender Reihenfolge:

| | | |
|---|---|---|
| Sm Blind | Spieler C | 4.500 $ |
| Big Blind | Spieler D | 4.500 $ |
| 1 | Spieler E | 1.000 $ |
| 2 | Spieler F | 1.000 $ |
| 3 | Spieler A | 4.500 $ |
| 4 (Sie) | Spieler B | 4.500 $ |

Die Blinds liegen bei 100/200 $. Die Spieler E und F folden. Spieler A geht All-In. Sie sind Spieler B. Sie nehmen

auf. *Ist Ihre Hand gut genug für einen Call?*

**Diskussion:** Zunächst sollten Sie verärgert sein, da Spieler A eindeutig nicht verstanden hat, dass sich die Führenden gegen Spieler E und F verbünden müssen und nicht gegeneinander spielen sollten. Nun, es ist sein Pech, dass er die falsche Hand für ein All-In ausgewählt hat – oder nicht?

Ehe Sie reflexartig alle Ihre Chips in den Pot schieben, sollten Sie Ihre Gewinnchancen gegen einige Blätter, die er halten könnte, betrachten, und daran denken, dass Sie, wenn Sie folden, noch immer eine 90-prozentige Chance auf die Qualifikation haben.

1. Gegen KK: 81,1 %
2. Gegen 99: 80,1 %
3. Gegen 22: 81,2 %
4. Gegen AK: 92,0 %
5. Gegen AKs: 87,2 %
6. Gegen A2: 92,0 %
7. Gegen A2s: 87,3 %
8. Gegen JTs: 78,1 %
9. Gegen Q3: 87,4 %
10. Gegen 72: 87,3 %

(In allen diesen Beispielen haben die Blätter nicht die gleiche Farbe wie eines Ihrer Asse.)

Natürlich liegt Ihre Chance auf eine Qualifikation bei 0 %, wenn Sie callen und verlieren. Selbst wenn wir annehmen, dass Sie eine 100-prozentige Chance auf Qualifikation haben, wenn Sie callen und gewinnen (nicht ganz, aber beinahe), sind die einzigen Hände, die Sie gerne sehen, wenn Sie callen, Ass-x offsuit, wodurch Sie eine 92-prozentige Chance auf Gewinn erhalten. Bei allen anderen Blättern schneiden Sie besser ab, wenn Sie folden.

Wenn Sie also der klare Favorit darauf sind, sich trotzdem zu qualifizieren, müssen Sie Ihre Asse auf ein All-In folden, das Sie aus dem Turnier werfen könnte. Dieses krasse Beispiel führt zu einem generellen Verständnis darüber, wie das Endspiel in allen diesen Turnieren behandelt werden muss.

*Die korrekte Strategie für die Führenden ist es, Konfrontationen untereinander zu vermeiden und zu kooperieren, um den Small Stack zu eliminieren.*

Können die Führenden gegen diese Strategie zu ihrem eigenen Vorteil verstoßen? In diesem Beispiel ging Spieler A, wahrscheinlich mit einer ziemlich guten Hand, gegen Spieler B All-In, der dadurch gezwungen war, egal was er auf der Hand hat, zu folden – selbst Asse. Hat Spieler A unter diesen Umständen den richtigen Zug gemacht?

In einer theoretischen Welt, in der Spieler A sich sicher sein könnte, dass B, C und D alle die Logik der Situation verstehen, wäre der Zug von A korrekt. (Tatsache ist, dass er diesen Spielzug mit jedem Blatt hätte machen können, wenn E und F schon gefoldet haben.) In der realen Spielsituation war der Zug von Spieler A ein Riesenfehler, da es sehr unwahrscheinlich ist, dass B, C und D alle wissen, dass Sie auch mit einem extrem starken Blatt von einem Call Abstand nehmen müssen. In der Realität callen die Asse.

Sie müssen nicht viele solcher Turniere spielen, ehe Sie sehen, was für unglaubliche Fehler im Endspiel begangen werden. Lassen Sie uns einige reale Spielsituationen betrachten und überlegen, wie man sie hätte behandeln müssen.

**Beispiel Nr. 2:** Gegen Ende eines Qualifikationsturniers. Es sind noch fünf Spieler im Kampf um die vier Qualifikationsplätze. Die Blinds liegen bei 150/300 $. Die Spieler und ihre Chipstände sehen folgendermaßen aus:

| | |
|---|---|
| Sm Blind (Sie) | 6.000 $ |
| Big Blind | 1.100 $ |
| Spieler 1 | 4.800 $ |
| Spieler 2 | 4.400 $ |
| Spieler 3 | 3.700 $ |

Sie sind der Small Blind. Die Spieler 1, 2 und 3 folden. Sie halten 9♦6♣. *Was sollten Sie tun?*

**Antwort:** Der Plan für das Spiel lautet, den Small Stack immer wieder zu attackieren, insbesondere da dieser gerade die Blinds durchläuft Mit einer stärkeren Hand könnten Sie einfach All-In gehen. Mit einer schwachen Hand wie 9♦6♣ sollten Sie etwas vorsichtiger und trickreicher spielen. Ich empfehle Ihnen zu callen. Wenn der Big Blind bereit ist, Sie All-In zu setzen, haben Sie dennoch die Pot Odds für einen Call. Falls er das nicht macht, werden Sie nach dem Flop All-In gehen, komme was wolle. Da die meisten Flops die meisten Hände verfehlen, hat der Big Blind oftmals nach dem Flop einen schwierigeren Call als vorher. Denken Sie daran, dass es Ihnen – wenn Sie sich zu einer All-In-Konfrontation entscheiden, die das Turnier unverzüglich beenden könnte – noch lieber ist, ihm einfach weitere 300 $ zu klauen und ihn klinisch tot zu machen.

**Beispiel Nr. 3:** Die gleiche Situation. Die Blinds liegen noch immer bei 150/300 $. Jetzt sind Spieler und Chipstände folgendermaßen verteilt (ehe die Blinds bezahlt werden):

| | |
|---|---|
| Sm Blind | 650 $ |
| Big Blind | 3.500 $ |
| Spieler 1 | 4.550 $ |
| Spieler 2 | 5.000 $ |
| Spieler 3 (Sie) | 6.300 $ |

Die Spieler 1 und 2 folden. Sie haben

und callen. Der Small Blind geht All-In und schiebt seine letzten 500 $ in den Pot. Der Big Blind callt. *Was machen Sie?*

**Antwort:** Sie sollten callen, danach sollten Sie und der Big Blind die Hand bis zum Schluss durchchecken. Die beste Chance, den Small Blind zu eliminieren und das Turnier zu beenden, entsteht, wenn so viele Hände wie möglich gegen ihn in Aktion sind. Sie würden dieselbe Spielweise mit beliebigen zwei Karten wählen; die Idee ist einfach, die Wahrscheinlichkeit zu reduzieren, dass der Small Blind die Hand überlebt. Je länger der Small Stack überlebt, desto größer ist die Chance, dass er ein oder zwei spielbare Blätter aufnimmt und den Anschluss an das Feld findet. Treiben Sie ihm einen Pfahl ins Fleisch, solange Sie die Gelegenheit dazu haben.

Diese Strategie scheint offensichtlich, aber Sie werden in vielen Turniere sehen, dass in ähnlichen Situationen einer der Spieler auf dem Flop seine Hand trifft, den anderen aktiven Spieler mit einer Bet aus dem Spiel wirft und dann gegen den Small Stack verliert.

# Deals abschließen

Ein Deal (manchmal auch „hedge" genannt) ist eine Absprache zwischen zwei oder mehr Spielern, sich das Preisgeld in einer Form, die von der vorgesehenen Auszahlung abweicht, zu teilen. Ein Beispiel: Es sind drei Spieler im Turnier, alle haben ungefähr den gleichen Chipstand. Die Preisgelder für die letzten drei Plätze lauten: 1.000.000 $ für den Sieger, 400.000 $ für den zweiten Platz und 200.000 $ für den dritten Platz. Einer der Spieler sagt zu den anderen: „800.000 $ sind ein zu großer Batzen für eine Münzwurfentscheidung. Nehmen wir jeder 500.000 $, beenden das Turnier und der Sieger erhält dann noch die restlichen 100.000 $." Wenn die anderen beiden Spieler dem zustimmen, entspricht die Preisverteilung nicht mehr einer 10-4-2-Verteilung, sondern ist auf 6-5-5 geändert.

Eine etwas kompliziertere Absprache könnte berücksichtigen, dass die Spieler unterschiedliche spielerische Fähigkeiten besitzen. Nehmen wir beispielsweise an, dass einer der Spieler in unserem ersten Beispiel ein bekannter Weltklassespieler ist, der schon einige große Turniere gewonnen hat, und die anderen beiden sind nervöse Anfänger. Der Profi macht dann möglicherweise folgendes Angebot: „Ich nehme 600.000 $, ihr erhaltet jeder 400.000 $ und dann spielen wir um die restlichen 200.000 $." Je nach Verfassung könnten die Amateure dieses Angebot gut finden. Vielleicht aber auch nicht. Die Verhandlungen können sich eine Weile hinziehen, während die Spieler einen ihrer Meinung nach ausgewogenen Deal ausarbeiten.

Gehen wir also einmal davon aus, dass Sie an Ihrem ersten großen Turnier teilnehmen und mit viel Glück und günstigem Rückenwind segeln Sie an den Final Table. Was müssen Sie über das Abschließen eines guten Deals wissen?

Ihre erste Aufgabe lautet: Finden Sie heraus, ob Deals offiziell genehmigt sind und von den Turnierorganisatoren verwaltet werden oder ob es sich um rein private Absprachen zwischen den Spielern handelt. Manche Organisatoren akzeptieren die von den verbliebenen Spielern verabredeten Deals und verteilen das Preisgeld entsprechend. Einige Onlineseiten gewähren sogar eine Spielunterbrechung für eine gewisse Zeit, während derer die Spieler im Chatroom Verabredungen treffen. Sie können sehr gut ein Gefühl für solch einen Abspracheprozess entwickeln, wenn Sie den Final Table einiger großer Turniere verfolgen und dabei die Verhandlungen beobachten. (Ich rede hier von Turnieren mit Preisgeldern in Höhe von mehreren Hunderttausend Dollar und mehr, nicht von Sit-and-Go-Turnieren oder Small-Stakes Multi-Table-Turnieren.)

Bis vor kurzem sahen die Organisatoren größerer Turniere das Unterstützen von Deals als normale Routineangelegenheit, und eine von vielen Serviceleistungen, die sie den Spielern anboten, die viel Geld bezahlt hatten, um an ihrem Turnier teilzunehmen. Das Fernsehzeitalter hat diese Praxis zu einem gewissen Grad verändert. Fernsehproduzenten betonen gern die enorme Höhe der Siegprämie und akzentuieren die dem Wettbewerb innewohnende Dramatik bei der Jagd auf das große Geld. Bei für das Fernsehen aufgezeichneten Turnieren sind Deals unter den Spielern nicht gern gesehen und die Organisatoren von derartigen Turnieren werden einen Absprацheprozess nicht unbedingt unterstützen. Natürlich können die Spieler auch dort Absprachen treffen, aber diese sind eine Privatangelegenheit und können nicht eingeklagt werden. Für die Spieler stellt dies ein Risiko dar. Wenn Sie die Wahl haben, sollten Sie Ihren Deal unbedingt mithilfe der Organisatoren abschließen.

Wenn Sie an den Final Table eines Turniers gelangen und in eine Situation kommen, in der Sie die Wahl zwischen einem privaten Deal oder gar keinem haben, sollten Sie vorsichtig sein. Ich nenne Ihnen einige Grundregeln:

1. **Sie sind kein so großer Außenseiter, wie Sie vielleicht glauben.** Wie bei den meisten Verhandlungen wird der zuerst angebotene Deal nicht unbedingt sehr gut sein. Haben Sie keine Angst davor, mehr zu fordern. Denken Sie daran, dass das Turnier, je höher die Blinds werden und je weiter die M-Werte sinken, immer mehr zu einer Glücksache wird. Die erfahreneren Spieler unter Ihren Gegnern wissen dies, deshalb verabreden sie Deals. Lassen Sie sich von diesen keinen schlechten Deal aufzwingen, nur weil sie ein beeindruckendes Renommee haben.

2. **Auf lange Sicht betrachtet sind die Karten gerecht.** Wenn Sie keinen Deal abschließen können, der Ihnen gerecht erscheint, dann lassen Sie es sein und spielen. Im Lauf der Zeit wird Sie dies kein Geld

kosten. Im Jahr 1995, als ich die WSOP gewann, habe ich allen meinen Gegnern am Final Table Deals angeboten und alle haben abgelehnt. (Ich hielt die Deals für fair, aber die anderen wollten die 1.000.000 $ Siegprämie.)

3. **Eine Fernsehaufzeichnung macht einen nicht zu einem Ehrenmann**. Nur weil Sie jemanden im Fernsehen gesehen haben, sollten Sie nicht annehmen, dass Sie mit ihm einen Deal machen sollten. Versuchen Sie sich ein Bild von Ihren Gegnern zu machen, ehe der Final Table beginnt. Hält Soundso sich an sein Wort? Versucht er den Unterhalt für ein paar Exfrauen zu erspielen? Hat er letzte Woche sein ganzes Geld beim großen Turnier im Bellagio verloren? Es lohnt sich immer, solche Dinge zu wissen.

Falls die Organisatoren Deals akzeptieren und durchführen, sind Sie in sicherem Gewässer. Falls nicht und falls der Deal reine Privatsache zwischen zwei Spielern ist, dann gilt: *Der Käufer trägt das Risiko.*

In der Pokerwelt können selbst die scheinbar harmlosesten Angebote vollkommen schief gehen. Lassen Sie sich die folgende Begebenheit eine Warnung sein.

Ich kannte einmal einen sehr guten Spieler, der eine Weile vom Pech verfolgt war. Er wollte an einem großen Turnier teilnehmen, hatte aber das Startgeld nicht. Er entschied, sich selbst zu franchisen und ging zu seinen Freunden, um diesen stückchenweise seine Anteile am Turnier zum Nominalwert anzubieten. (Das war vor langer Zeit, als man nur Leute, die man kannte, um Geld bitten konnte; heutzutage bieten sich die Spieler auf eBay an.) Seine Freunde waren begeistert und der Verkauf lief gut. Leider war Buchführung nicht die Stärke meines Freundes. Als das Turnier begann, hatte er es geschafft, 150 % von sich selbst zu verkaufen!

Zu diesem Zeitpunkt hätte ein gewissenhafter Spieler einigen Käufern ihr Geld zurückgezahlt und den Fehler zugegeben – peinlich, aber klug. Ein skrupelloser Spieler hätte sich aus dem Staub gemacht und seinen Profit eingesteckt – schäbig, aber zahlungsfähig. Mein Freund nahm einen anderen Weg: Er gewann das Turnier! (Es hat Jahre gedauert, bis er all seine Investoren ausbezahlt hatte.)

# Alles in einer Hand

Um zu verstehen, wie wunderbar komplex und scharfsinnig No-Limit Hold'em sein kann, werden wir das Buch mit einem Blick auf eine Auswahl von drei Händen abschließen. Diese Hände wurden beim Plaza-Turnier im Juni 2004 gespielt, kurz nach der WSOP dieses Jahres.

Das Teilnehmerfeld war klein (lediglich 68 Spieler) und das Format insofern ungewöhnlich, als dass die Blinds und Antes im Verlauf des Turniers sehr langsam anstiegen. Die Ms der meisten Spieler lagen sogar am Final Table im Bereich zwischen 40 und 200, was bedeutete, dass die Spieler nicht dem Druck unterlagen, ihre Chips schnell in die Mitte zu schieben. Es gab eine Menge schwieriges und interessantes Poker, viel Slow Play, vorsichtiges Lavieren und Aktionen nach dem Flop zu beobachten. Die folgenden drei Hände illustrieren auf jeden Fall die Kunstfertigkeit, die auf höchstem Poker-Niveau möglich ist.

**Hand Nr. 1:** Diese Hand fand am ersten Tag des Turniers statt und kaum jemand nahm zu diesem Zeitpunkt Notiz davon. Erst im Rückblick wurde sie als wichtig erachtet. Layne Flack, Freddy Deeb und Daniel Negreanu saßen alle am selben Tisch. Zwischen Layne Flack und Freddy Deeb entwickelte sich ein relativ großer Pot. Auf dem River war er auf ungefähr 5.000 $ angewachsen und Layne Flack machte einen kleinen Einsatz von 1.000 $. Deeb foldete im Glauben, dass ihm eine Falle gestellt worden ist, und sagte dazu: „Ich wünschte, Du hättest mehr gesetzt." (Er möchte damit ausdrücken, dass er eine höhere Bet, die leicht ein Bluff hätte sein können, gecallt hätte.)

**Hand Nr. 2:** Diese Hand wurde gespielt, als die Teilnehmerzahl am Final Table auf sechs Spieler gesunken war. Zu diesem Zeitpunkt lagen die Blinds bei 600/1.200 $ und die Antes bei 200 $. Der Anfangspot betrug 3.000 $. Im Folgenden die Spieler, deren ungefähre Chipanzahl und – soweit relevant – Hände:

| | | | |
|---|---|---|---|
| Small Blind | Daniel Negreanu | 65.000 $ | K♣T♠ |
| Big Blind | Dan Alspach | 60.500 $ | A♠J♥ |
| Spieler 1 | Gavin Smith | 161.400 $ | |
| Spieler 2 | Layne Flack | 153.900 $ | 8♣5♣ |
| Spieler 3 | Ted Forrest | 185.800 $ | A♦4♦ |
| Spieler 4 | Freddy Deeb | 82.900 $ | J♦8♠ |

**Gavin Smith:** Foldet in erster Position.

**Layne Flack:** Callt in zweiter Position mit seinen 8♣5♣. Auch an einem Tisch mit wenigen Spielern ist 85s keine besonders starke Hand bei noch vier ausstehenden Spielern. Flack ist jedoch einer der talentiertesten und aggressivsten jungen Spieler in der Pokerszene und hat keine Bedenken, mit derartigen Blättern um den Pot zu kämpfen. Beachten Sie, dass lediglich einer der folgenden vier Spieler einen Stack besitzt, der mit Flacks vergleichbar ist. Das ist eine vorteilhafte Situation, da Flack letzten Endes die Macht besitzt, jeden der Short Stacks vor eine Entscheidung stellen zu können, die alle seine Chips betrifft.

**Ted Forrest:** Callt mit seinen A♦4♦. Eine vernünftige Entscheidung. Forrest ist als aggressiver Spieler bekannt (wie die meisten Spieler am Tisch), aber in diesem Fall mit Ass-x suited zu callen, wäre sogar für einen konservativen Spieler absolut vertretbar.

**Freddy Deeb:** Deeb ist ein sehr starker, aggressiver und trickreicher Spieler mit großartigen Turnierresultaten. Mit J♦8♠ zu callen ist ein looser Zug, aber bis jetzt hat noch niemand besondere Stärke erkennen lassen und er wird nach dem Flop auf die anderen Spieler Position haben.

**Daniel Negreanu:** Daniel konnte im Jahr 2004 von allen Profis die besten Ergebnisse aufweisen – bei der WSOP 2004 gewann er den Titel des besten Spieler des Turniers, zusätzlich zu seinen Siegen bei diesem Turnier und beim Borgata-Turnier im September. Er ist sehr stark, sehr aggressiv und extrem gefährlich (wie Sie sehen werden). Mit den drei Calls ist der Pot auf 6.600 $ angewachsen und es kostet Negreanu im Small Blind lediglich 600 $, um mitzuspielen. Bei Money Odds von 11 zu 1 hat Negreanu mit KTo ein viel besseres Blatt, als er benötigt. Tatsächlich könnte er mit nahezu jedem Blatt spielen.

**Dan Alspach:** Alspachs AJo ist im Moment die beste Hand am Tisch, aber natürlich kann er das nicht wissen. Bei bereits vier Callern muss er davon ausgehen, dass er mit mindestens einem Paar, vielleicht auch zweien, konfrontiert ist. Es wäre auch möglich, dass irgendwo am Tisch ein besseres Ass sitzt. Da er nach dem Flop in einer schlechten Position sitzt, lässt er es wohlweislich bei einem Check bewenden.

Im Pot sind jetzt vor dem Flop 7.200 $, mit fünf von den sechs Spielern in der Hand. Auf dem Flop kamen

**Daniel Negreanu:** Mit seinem K♣ hat Negreanu jetzt den Nut Flush Draw, aber mit dem Ass auf dem Board und vier weiteren Callern im Pot hat er mit ziemlicher Sicherheit noch nicht die beste Hand. Vernünftigerweise checkt er.

**Dan Alspach:** Alspach hat Top Pair – Asse mit einem Buben als Kicker. Das ist normalerweise eine starke Hand, hier aber nicht. Bei drei Kreuz auf dem Board und vier weiteren Callern sollten mindestens ein oder zwei Spieler auf Flush Draws sitzen und es gibt eine gewisse Chance, dass jemand seinen Flush bereits vervollständigt hat. Ein Anfänger könnte mit Alspachs Hand eine Menge Geld verlieren. Alspach checkt stattdessen.

**Layne Flack:** Flack hat zwar einen Flush, aber auch Probleme. Als er seinen anfänglichen Call gemacht hat, hat er mit ziemlicher Sicherheit nicht erwartet, dass ihm vier weitere Spieler folgen. Sein erstes Problem ist herauszufinden, wo er mit seiner Hand steht. Wenn jemand anderes auch einen Flush hat, ist dieser nahezu sicher besser als seiner. (Die einzigen verbleibenden Karten, mit denen ein niedrigerer Flush zustande kommt, sind 7♣4♣3♣2♣ und selbst der aggressivste Spieler hätte derart niedrige Karten weggeworfen.) Selbst wenn im Moment kein anderer Spieler einen Flush hat, könnten ein oder zwei auf einen Flush drawen und da Spieler dazu neigen, hohe Karten zu spielen, werden ihn diese Draws wahrscheinlich schlagen, wenn sie sich vervollständigen.

Flack sollte hier einen Einsatz bringen. Slow Play ist jetzt zu gefährlich. Eine Bet in Potgröße wird einige der Drawing Hands verjagen, während sie jemandem mit einem Set erlaubt, in der Hand zu bleiben und all seine Chips zu verlieren. Wenn jemand callt, wird es Flacks Aufgabe sein zu entscheiden, ob derjenige mit einem Flush, mit einem Draw gegen die Odds oder einem unterlegenen Set callt. Dementsprechend setzt Flack ein wenig mehr als Potgröße – 9.000 $ – und erhöht den Pot auf 16.200 $.

Beachten Sie, dass er eine schlechtere Hand, aber eine viel bessere Ausgangslage besäße, wenn er eine Straight statt eines Flush gefloppt hätte und auf dem Board keine gleichfarbigen Karten lägen. Es wäre dann wahrscheinlicher, dass er nicht nur die beste Hand am Tisch hat, sondern auch eine Hand, die nicht überholt werden kann. Das ist charakteristisch für die meisten Calls mit niedrigen gleichfarbigen Karten; floppt man die Straight, gewinnt man nahezu sicher, während ein Flush zu einer gefährlichen, zweischneidigen Situation führt.

**Ted Forrest:** Forrest hat ein Paar Asse, aber kein Kreuz, er ist also in einer gefährlich Situation. Er weiß, dass Flack definitiv in der Lage ist, mit nichts auf dem Flop zu setzen, also entscheidet er, dass es einen Call wert ist, zu schauen, ob Flacks Bet und sein Call die anderen drei Spieler verjagen. Wenn dem so ist, hat er eine Chance. Wenn nicht, ist er nahezu sicher geschlagen. Er callt. Im Pot sind jetzt 25.200 $.

**Freddy Deeb:** Kein Kreuz, kein Paar, kein Draw und ziemlich viel Action bis jetzt. Deeb foldet.

**Daniel Negreanu:** Negreanus Nut Flush Draw bekam gerade Unterstützung durch Forrests Beteiligung am Pot. Es kostet ihn jetzt 9.000 $, um in einem Pot von 25.200 $ mitzuspielen, also bekommt er Odds von nahezu 3 zu 1. Seine Odds, den Flush auf dem Turn zu treffen sind ungefähr 4 zu 1 dagegen und – Turn und River zusammen genommen – 2 zu 1 dagegen. Angesichts der bisherigen Action könnten seine Implied Odds jedoch bedeutend höher sein. Vernünftigerweise callt er. Im Pot sind jetzt 34.200 $.

**Dan Alspach:** Bis hierhin hat er eine Bet in Potgröße gefolgt von zwei Calls gesehen. Ihm werden zwar Pot Odds von nahezu 4 zu 1 geboten, aber er sieht sich drei Gegnern und der eindeutigen Gefahr, dass er bereits von einem Flush geschlagen ist, gegenüber. Er ist momentan der Small Stack am Tisch, aber sein M von 20 ist immer noch intakt; ihm verbleibt also weiterhin eine Menge Spielraum. Wenn er jetzt callt, wird er in eine Hand hineingezogen, die ihn unter Umständen alle seine Chips kosten könnte. Klugerweise foldet er seine Asse.

Es sind noch drei Spieler übrig und im Pot sind jetzt 34.200 $.

Auf dem Turn kommt K♠.

**Daniel Negreanu:** Negreanu glaubt nicht, dass er mit dem König die beste Hand hält; er hat ihm lediglich ein paar zusätzliche Outs verschafft. Abgesehen von den Kreuzkarten, die gegen jede andere Hand Outs sind, geben ihm die beiden verbleibenden Könige gegen jedes Paar Asse oder jede Hand mit zwei Paaren weitere Outs. Die drei verbleibenden Zehnen werden zumindest gut genug sein, ein Paar Asse zu schlagen.

Negreanu entscheidet sich an diesem Punkt zu einem sehr mutigen Manöver. Er übernimmt mit einer Bet von 24.000 $ die Initiative, die ihm lediglich 31.000 $ in seinem Stack verbleiben lässt. Es ist ein No-Limit Semi-Bluff, eine Bet, die in Verbindung mit seinem Call vor dem Flop eine sehr starke Hand suggeriert. Dieser Einsatz eröffnet ihm zwei Gewinnwege; er könnte unverzüglich gewinnen, wenn beide Gegner ihre Karten – was auch immer sie haben – wegwerfen und er hat viele Outs, um auf dem River zu gewinnen, wenn er gecallt wird. Im

Moment repräsentiert seine Bet jedoch einen fertigen Flush, seine beiden Gegner müssen also sehr vorsichtig sein. Im Pot sind jetzt 58.200 $.

**Layne Flack:** Flack weiß, dass er womöglich geschlagen ist, vielleicht aber auch nicht. Der Pot bietet ihm Odds von 2,4 zu 1 und er hat einen fertigen Flush.

Durch die Kombination aus seiner Hand und den Pot Odds wird ein Call verpflichtend, also callt er. Im Pot sind jetzt 82.200 $.

**Ted Forrest:** Bei drei Kreuz auf dem Board und einer großen Bet sowie einem Call vor ihm, weiß Forrest, dass sein Paar Asse nicht ausreichen wird, den Pot zu gewinnen. Er hat Pot Odds von 3,4 zu 1, die einem aber nichts bringen, wenn man Dead Money in den Pot zahlt. Forrest foldet.

Im Pot sind jetzt 82.200 $ und es sind nur noch Negreanu und Flack übrig.

Auf dem River kommt T♣.

**Daniel Negreanu:** Negreanu hat den Nut Flush und da kein Paar auf dem Board liegt, weiß er, dass er gewonnen hat. Die einzige Frage ist: „Wie hoch kann ich meine Bet ansetzen, damit sie noch ausbezahlt wird?" Mit seinem Stack von 31.000 $ entscheidet er sich, 14.000 $ zu setzen. Dieser Einsatz ist so gering, dass die Pot Odds einen Call geradezu erzwingen. Die kleine Bet vermittelt den Eindruck, dass er versucht, zumindest die Hälfte seines verbliebenen Stacks zu bewahren, und damit hoffentlich den Anschein, dass er nicht die Nuts auf der Hand hat. Im Pot sind jetzt 96.200 $.

**Layne Flack:** Bei vier Kreuz auf dem Board verliert Flack, wenn sein Gegner K♣, Q♣ oder J♣ hält, aber er kann gegen jede andere Hand gewinnen. Er ist sich sicher, dass Negreanu wirklich etwas auf der Hand hat, aber der Pot gibt ihm Odds von ungefähr 7 zu 1, also callt er – für den unwahrscheinlichen Fall, dass Negreanu mit zwei Assen oder Königen auf der Hand gespielt oder soeben eine Straight getroffen hat.

Negreanu zeigt den K♣ und gewinnt den Pot.

**Hand Nr. 3:** Die dritte Hand unserer Trilogie ereignete sich, nachdem das Feld auf die letzten beiden Spieler reduziert worden war. Die Blinds lagen jetzt bei 800/1.600 $ und die Antes bei 300 $, also waren 3.000 $ im Anfangs-Pot. Die Situation am Tisch stellte sich folgendermaßen dar:

| | | | |
|---|---|---|---|
| SB/B | Daniel Negreanu | 337.700 $ | A♥7♦ |
| BB | Freddy Deeb | 342.300 $ | A♠K♦ |

Obwohl wir uns im Heads-Up-Finale des Turniers befinden, haben beide Spieler ein M von über 100! Das ist für ein großes Turnier sehr ungewöhnlich und beide, Negreanu und Deeb, reagierten darauf mit einer raffinierten und umsichtigen Spielweise.

**Daniel Negreanu:** Callt lediglich mit seinen A7o. Es ist beim Heads-Up eine starke Hand und Negreanu könnte sicherlich raisen. Beide Spieler haben bisher mit ihren stärkeren Blättern nur gecallt und darauf gehofft, ihrem Gegner eine Falle stellen und am Ende einen großen Pot gewinnen zu können. Bis jetzt ist das noch nicht geschehen und die beiden Spieler hatten während der ganzen Session – mit einem Abstand von ein paar Tausend Chips – immer fast gleich große Stacks.

**Freddy Deeb:** Entscheidet sich – mit Big Slick auf der Hand – 7.000 $ zu raisen. Das ist offensichtlich ein schöner Raise mit einem starken Blatt, der den zusätzlichen Vorteil besitzt, dass Deeb zuletzt seine starken Hände vor dem Flop lediglich gecheckt hatte und Negreanu deshalb nicht weiß, wie diese Bet zu interpretieren ist.

**Daniel Negreanu:** Callt den Einsatz.

Im Pot sind vor dem Flop 17.800 $. Auf dem Flop kommen

**Freddy Deeb:** Deeb hat jetzt Top Pair mit Top Kicker. In der Fernsehaufzeichnung bezeichnete Howard Lederer das als einen großartigen Flop für Deeb, aber dass schwer zu sehen sei, wie er in dieser Hand irgendeine Action bekommen könnte, da Negreanu nicht das Geringste hat. Deeb setzt die geradlinige Behandlung der Hand fort und bettet 16.000 $, beinahe so viel wie im Pot ist. Dies ist eine konsequente Value Bet, die darüber hinaus dem Gegner die für einen Flush Draw notwendigen Odds verweigert. Deeb weiß, dass dieser Flop die meisten Blätter verfehlt haben wird – wenn seine Bet also keine Action hervorruft, wird vermutlich sowieso nichts zu holen sein.

**Daniel Negreanu:** Callt Deebs Einsatz.

Lederers Kommentar war, dass Negreanu keinen Value Call gemacht haben kann; sein Plan muss sein, Deeb auf einer der folgenden Straßen den Pot wegzuschnappen. Mit A7o und lediglich einem Herz sind seine Outs – vorausgesetzt, er denkt, dass er bereits geschlagen ist – ziemlich mickrig. Er könnte denken, dass die drei Asse wahrscheinlich Outs sind (auch wenn wir wissen, dass dem nicht so ist) und er benötigt für den Nut Flush noch zwei Herz auf den letzten beiden Straßen – eine Chance von ungefähr 25 zu 1 dagegen. Niemand callt eine Bet in Potgröße auf Basis einer derart kümmerlichen Ansammlung von Outs. Negreanu hat eindeutig etwas Anderes vor.

Im Pot sind jetzt 49.800 $. Auf dem Turn kommt 4♠.

**Freddy Deeb:** Deebs dringlichstes Problem ist herauszufinden, was Negreanu auf der Hand haben könnte – wenn er überhaupt etwas hat. Zu diesem Zeitpunkt hat Negreanu eine große Bet vor dem Flop und einen Einsatz in Höhe des Pots nach dem Flop gecallt. Das fällt sogar einem aggressiven, trickreichen Spieler schwer, wenn er kompletten Schrott auf der Hand hat. Lassen Sie uns einige mögliche Blätter durchgehen – so wie es Deeb ebenfalls gemacht haben könnte – und schauen, was für Hände Sinn ergeben könnten.

1. **AA und KK:** Da Deeb von jeder dieser Karten eine hat, ist es sehr unwahrscheinlich, dass Negreanu eines dieser Premium-Paare hält. Gute Spieler gehen vernünftigerweise von der Annahme aus, dass – wenn man das Pech hat, beim Heads-Up in eines dieser Paare zu laufen, während man selber ein gutes Blatt hat – es vorherbestimmt ist, alle seine Chips zu verlieren.

2. **Hohe Paare: QQ, JJ und TT:** Diese Hände erklären den Call nach dem Flop, da ein Spieler mit einem dieser Blätter mindestens eine Bet abwarten würde, wenn er mit etwas konfrontiert wird, das gut und gerne ein Bluff sein könnte. Was hier nicht einleuchtet, ist der Call vor dem Flop. Mit diesen Händen muss man das Auftauchen von Overcards fürchten, also würde man damit vor dem Flop reraisen. Negreanu hat lediglich gecallt, was diese Blätter weniger wahrscheinlich macht.

3. **Mittlere Paare: 99, 88 und 77:** Das sind die restlichen Paare bis zu der Sechs auf dem Board. Jedes ist ein eindeutiger Kandidat, wenn man das bisherige Setzverhalten zu Grunde legt. Sie sind gut genug, um damit auf dem Flop zu callen, aber nicht stark genug, dass ein Raise obligatorisch ist. Da lediglich eine Overcard zu diesen Karten gefloppt wurde, ist der Call nach dem Flop nachvollziehbar.

4. **Die Killer-Paare: 66 und 22:** Ein Paar Sechsen passt zum bisherigen Setzverhalten. Ein Paar Zweien ist nicht so eindeutig, da die meisten Spieler angesichts eines heftigen Raise vor dem Flop diese Karten wegwerfen würden. Beide Hände stellen ein potenzielles Desaster für Deeb dar.

5. **Die kleinen Paare: 55, 44 und 33:** Das sind nunmehr unwahrscheinliche Blätter. Mit jedem dieser Paare könnte man den Einsatz vor dem Flop gecallt haben. Bei zwei Overcards und einem Flush Draw auf dem Board wäre ein Call nach dem Flop ziemlich riskant. Diese Paare sind als zweifelhaft abzustempeln.

6. **Zwei Herzkarten:** Da Deeb keine Herzkarte auf der Hand hält, sind noch alle hohen Herzkarten im Spiel und es gibt eine Menge plausibler Karten, die in dieses Raster fallen. A♥K♥ und K♥Q♥

passen perfekt zum Setzverhalten. Jede dieser Hände ist für eine Value Bet vor dem Flop geeignet und jetzt so stark (Top Pair + Flush Draw), dass Negreanu damit eine Falle stellen könnte. K♥J♥ und K♥T♥ ergeben ebenfalls Sinn. Da die Beikarte des Königs niedriger ist, wird der Call vor dem Flop etwas weniger wahrscheinlich. Zwei niedrigere Herzkarten ohne König sind viel unwahrscheinlicher; in diesem Fall sind beide Calls fragwürdig und ihre Kombination noch viel mehr.

7. **Ass-x:** Von diesen sind die einzigen plausiblen Blätter A6 und A2. Mit jedem könnte man aufgrund der Stärke des Asses vor dem Flop gecallt haben und jedes rechtfertigt wegen des Paars einen Call nach dem Flop. Hände mit dem A♥ sind ein wenig wahrscheinlicher als die anderen Asse.

8. **Hände mit Two Pair:** Falls Negreanu jetzt Two Pair auf der Hand hat, hätte er mit K6, K2 oder 62 beginnen müssen. Wahrscheinlich würde man mit keiner dieser Hände eine Bet vor dem Flop callen, aber sicherlich nach dem Flop und damit eine Falle stellen.

Also, was könnte Negreanu angesichts dieser Analyse in diesem Moment haben?
Am wahrscheinlichsten ist eine der folgenden vier Konstellationen:
1. K-x in Herz (A♥K♥, K♥Q♥, K♥J♥, K♥T♥)
2. Ein mittleres Paar: (99, 88, 77)
3. Trips: (66 oder 22)
4. A♥ + ein Paar (A♥6 oder A♥2)

(Wir wissen natürlich, dass Negreanu nichts von alledem hat. Sein Call nach dem Flop war ein kompletter Bluff. Es ist jedoch für Deeb sehr schwierig, zu diesem Schluss zu gelangen. Auch wenn er weiß, dass ein Bluff möglich ist, muss er sich auf die Hände konzentrieren, mit denen Negreanu einen Value Call gemacht haben könnte.)

Im Moment schlägt Deeb alle diese Hände, mit Ausnahme der Trips und A♥K♥ (was Gleichstand bedeutet). Sollte er betten oder checken und damit eine Falle stellen? Ich denke, eine Bet ist das Beste, obwohl auch das andere Manöver sinnvoll ist. Zu diesem Zeitpunkt haben die

Hände aus der zweiten und vierten Gruppe nur ein paar Outs und werden nach einer Bet folden. Die Trips werden wahrscheinlich raisen. Aber die Hände aus der ersten Gruppe werden nicht die für einen Draw notwendigen Odds bekommen. Wenn Negreanu eines dieser Blätter hat und callt, macht er einen Fehler. Mit einem Check gibt man diesen Händen eine Free Card, was sehr teuer werden könnte. Tatsächlich checkt Deeb.

**Daniel Negreanu:** Wahrscheinlich realisiert Negreanu in diesem Moment, dass er nur mit einem Bluff gewinnen kann. Wenn Deeb etwas auf der Hand hat – und das repräsentiert er die ganze Zeit –, sind Asse vermutlich Negreanus einzige Outs. (Wir wissen natürlich, dass dies nicht so ist.) Bei so wenigen wirklichen Outs ist es zwecklos zu checken, um eine Free Card zu erhalten; die Free Card ist wahrscheinlich ohne Bedeutung, während der Check Schwäche repräsentiert, was Deeb dazu ermutigen könnte, eine Bet am Ende zu callen. Negreanu realisiert, dass er Stärke demonstrieren muss und setzt 30.000 $, etwas mehr als die Hälfte des Pots.

**Freddy Deeb:** Callt.

Warum nur ein Call? Warum nicht raisen? Ein Raise auf das Zweifache von Negreanus Einsatz – 60.000 $ oder so – würde die Draws zunichte machen und die Hand mit einem hübschen Profit beenden. Möglicherweise plante Deeb eine noch sorgfältiger ausgearbeitete Falle auf dem River. Aber jetzt nicht zu raisen birgt zwei potenzielle Risiken in sich: Negreanu könnte die Gewinnerhand erhalten (in diesem Fall nicht möglich, aber das wissen nur wir) und es könnte Negreanu ermöglichen, eine Gewinnerhand zu repräsentieren. Alles in allem ein sehr gefährlicher Call.

Im Pot sind jetzt 79.800 $. Auf dem River kommt die 4♥.

**Freddy Deeb:** Die 4♥ ist eine äußerst schlechte Karte für Deeb, da sie einer weiteren Gruppe von Händen den Gewinn verschafft. Deeb setzt jetzt 65.000 $, angesichts seiner Vermutung ist dies ein schlechter Zug. Falls Negreanu eine Hand der 2. oder 4. Gruppe gespielt hat, wird er jetzt seine Hand wegwerfen und kein weiteres Geld mehr verlieren. Falls er eine Hand der 1. oder 3. Gruppe gespielt hat, wird er raisen. Es wäre jedoch besser zu checken und eine Entscheidung zu fällen, wenn Negreanu einen Einsatz macht.

**Daniel Negreanu:** Negreanu begreift, dass er ziemlich sicher raisen muss, um die Hand zu gewinnen. Aber in welcher Höhe?

Anfänger raisen gern um große Beträge, in der Hoffnung, ihre Gegner aus dem Pot zu vertreiben. Aber Negreanu hat schon in der ersten Hand gesehen, dass Deeb großen Respekt vor kleinen, tödlichen Raises am Ende der Setzrunde hat und durchaus in der Lage ist, trotz guter Pot Odds ein Blatt wegzuwerfen. Darüber hinaus weiß er, dass Deeb (aus der zweiten Hand) weiß, dass Negreanu absolut imstande ist, diesen Raise auf der Basis eines guten Blatts zu setzen. Daher callt Negreanu Deebs 65.000-$-Bet und raist nur um weitere 100.000 $. Negreanus Spiel lässt Deeb auf einen Pot von fast 310.000 $ schauen, und für einen Call müsste Deeb lediglich weitere 100.000 $ setzen.

**Freddy Deeb:** Was nun? Negreanus Bets sind vollkommen nachvollziehbar, falls er auf dem Flop ein Set getroffen hat. Sie ergeben auch Sinn, wenn er anfangs mit zwei hohen Herzkarten gespielt hat, einschließlich des K♥. Keine anderen Blätter passen wirklich gut zu diesen Einsätzen. Hat Negreanu sein ganzes Turnier wirklich auf einen eiskalten Bluff gesetzt? (Natürlich wissen wir, dass dem so ist. Aber einem Gegner im Eifer des Gefechts einen solchen Bluff zuzutrauen, ist sehr schwierig.)

Wenn Deeb foldet, hat er in dieser Hand fast 120.000 $ verloren. Da die Spieler alle mit 340.000 $ anfingen, würde er mit seinem Chipstand mehr als 2 zu 1 gegen Negreanu zurückliegen, genau 460.000 $ zu 220.000 $. Aber wenn er callt und verliert, wird der Abstand 560.000 $ zu 120.000 $ betragen, also mehr als 4,5 zu 1. Deeb überlegt eine Weile und entscheidet sich dann, auszusteigen.

Alles in allem eine grandiose Hand. Poker wird seit ungefähr zwei Jahren regelmäßig im Fernsehen übertragen (ich schreibe dies im Frühjahr 2005) und falls ich über die interessanteste und genialste

Hand dieses Zeitraums abstimmen müsste, würde ich diese nehmen. Besonders faszinierend finde ich nicht nur den Mut, in einer kritischen Spielphase ein derartiges Manöver zu starten, sondern auch die Logik und Vorbereitung, die dahinter stecken. Wenn Anfänger versuchen zu bluffen, dann ist es oftmals eine verzweifelte und spontane Entscheidung, nachdem eine viel versprechende Hand sich schlecht entwickelt hat. Diese Art von Bluffs lässt sich relativ leicht entlarven, da die Abfolge der Einsätze keinen Sinn ergibt. Der Schlüssel zu einem großartigen Bluff liegt in den folgenden drei Dingen:

1. Ergeben alle Spielzüge einen Sinn im Zusammenhang mit der Hand, die Sie repräsentieren?
2. Wird Ihr Gegner verstehen, welche Hand Sie repräsentieren?
3. Wenn Ihr Gegner dies versteht, wird er dann folden?

Bei dieser Hand wusste Negreanu aufgrund früherer Beobachtungen, dass Punkt 2 und 3 zutrafen. Deeb wusste, dass Negreanu fähig war, mit den Nuts eine niedrige Bet zu setzen, und Negreanu wusste, dass Deeb vorher schon einmal auf eine niedrige Bet am Ende gefoldet hatte. Er musste also eine Reihe von Einsätzen machen, die einigermaßen vernünftig sind, wenn man entweder einen Drilling oder einen Flush hält. Negreanus Spiel zeigt die Denkweise (und den Mut) eines Pokerspielers auf allerhöchstem Niveau.

# Fazit

Nachdem Sie jetzt *Harrington on Hold'em –Expertenstrategie für No-Limit-Turniere, Band II: Das Endspiel* gelesen haben, sollten Sie ine viel klarere Vorstellung davon haben, wie die späten Phasen eines No-Limit-Hold'em-Turniers zu spielen sind.

**Die erfolgreiche Durchführung von Bluffs ist abhängig von Beobachtungen.** Ob Ihre Bluffs eine hohe Erfolgsquote haben oder nicht, hängt von den Setzmustern Ihrer Gegner ab. Je genauer Sie diese Setzmuster beobachten, desto besser werden Sie der Situation angemessene Manöver auswählen können und desto höher wird die Erfolgsquote Ihrer Angriffe sein. Anfänger neigen dazu, Attacken aus dem Blauen heraus zu starten, um zu sehen, ob sie funktionieren. Vermeiden Sie diese Falle. Die erfahreneren Spieler beobachten ihre Gegner sehr genau und wählen dann ein konkret auf die Situation zugeschnittenes Manöver aus.

**Ihr M bestimmt Ihre Strategie.** Ein hohes M erlaubt Ihnen viele verschiedene Spielstile – konservativ, super-aggressiv oder irgendwo dazwischen. Sie können kleine Probe Bets setzen oder große Bluffs planen und durchführen oder je nach Gegebenheit von Spielstil zu Spielstil wechseln. Sinkt Ihr M, dann reduzieren sich auch Ihre Möglichkeiten. Wenn Ihr M zu niedrig wird, lautet die Frage nicht mehr, ob Sie All-In gehen, sondern nur noch wann.

**Sie müssen sich über die Ms der anderen Spieler am Tisch im Klaren sein.** Während Ihr M Ihre Strategie bestimmt, wird die Strategie Ihrer Gegner von deren M festgelegt. Achten Sie auf den jeweiligen Status Ihrer Gegner und Sie werden eine viel klarere Vorstellung davon haben, was deren Spielzüge bedeuten.

Ein letzter Gedanke, ehe dieser Band abgeschlossen ist. Poker ist – mehr als irgendein anderes Spiel – eine Arena, in der die Erfahrung zählt. Lesen und Studieren ist zwar wichtig, aber es wird Sie nur bis zu einem gewissen Punkt bringen. Um darüber hinaus zu gelangen, müssen Sie spielen, spielen und immer wieder spielen – bis Ihre Instinkte so fein geschliffen sind wie Ihr logischer Verstand. Ich hoffe, dass die

Ideen aus dem ersten und diesem zweiten Band Ihnen dabei helfen werden und die Reise so etwas leichter wird.

Da nun die Betrachtung der allgemeinen Prinzipien von No-Limit-Turnieren abgeschlossen ist, wird sich das nächste Buch auf deren praktische Anwendung konzentrieren. *Band III* wird ein Arbeitsbuch sein, in dem ungefähr 120 Übungsaufgaben behandelt werden, die alle großen Turnieren oder großen Online-Events entstammen. Die Aufgaben werden in Form eines Quizbuchs präsentiert und der Leser wird die Wahl haben, ob er das Buch einfach nur von Anfang bis Ende durchliest oder ob er die Aufgaben durcharbeiten und Punkte sammeln will. Die Antworten zu den Übungsaufgaben werden in Kategorien zusammengefasst, so dass der Leser sehen kann, in welchen Bereichen er sehr gut ist und in welchen er sich verbessern sollte.

# Notizen

# Notizen

# Notizen

# Notizen

# Notizen

# Notizen